하나님이 세상을 이처럼 사랑하사
독생자를 주셨으니
이는 그를 믿는 자마다
멸망하지 않고
영생을 얻게 하려 하심이라
(요한복음 3장 16절 말씀)

토기장이교회

권종미

교육대학교를 졸업하고(1982) 초등교사로 근무하던 중, 한 해 동안 다섯 명의 가족을 잃은 고통과 뒤따른 어둠의 시간을 겪으면서 하나님 아버지께 돌아왔다(2001). 그 후 '너는 말씀을 가르치라' 소리에, 안양대학교 신학대학원에 입학하여(2011), 김창대 교수님으로부터 히브리어와 구약 성경을 배우게 되었다. 현재는 교직을 떠나(2018), 토기장이교회(담임목사 김용이)에서 금요일마다 하나님의 말씀을 전하고 있다.

레위기
LEVITICUS

토기장이교회 권종미

북트리

✦ 추천의 글[1]

토기장이교회 담임목사 김용이

　15년 목회 기간에 창세기에서 요한계시록까지 설교하면서 성경 66권이 하나님의 구원을 계시하는 통일된 책이라는 것을 깨달을 때마다, 구원의 말씀을 성경 66권에 담아 주신 하나님의 은혜에 참으로 감사드리지 않을 수 없다. 그런데 성경 각 권을 설교할수록 시대마다 불안과 혼돈과 무질서의 근원이 하나님의 법을 제대로 지키지 않았기 때문이며, 그 까닭이 시내 산에서 말씀하신 하나님의 법이 기록된 레위기를 몰랐기 때문임을 알게 되면서, 내 마음 한편은 무거워지기 시작했다.

　만약 유대인들이 율법을 주신 하나님을 알았다면 율법을 완성하러 오신 주님의 뜻을 깊이 새겼을 것이다. 누가 감히 율법을 완성하러 왔다고 말할 수 있겠는가? 인간으로서는 불가능하다. 그렇다면 율법을 완성하러 오셨다고 선언하신 예수님은 자신이 하나님이심을 증언한다. 나아가 예수 그리스도께서 율법을 완성하기 위해 오셨다면, 말씀 전체가 율법인 레위기는 예수 그리스도가 핵심인 것이 분명하다.

　그렇다. 레위기의 율법은 예수 그리스도를 계시하는 하나님의 말씀이 분명하다. 제사법이 예수 그리스도께서 이루신 십자가 희생을 반영한다면, 정결 의식, 절기, 안식년, 희년도 예수 그리스도를 계시해야 마땅하지 않은가?

　나는 누군가가 이와 같은 질문에 속 시원히 답해주길 원했다. 나는 이런

---

1) 추천의 글은 토기장이교회에서 레위기 말씀을 함께 배운 분들이 쓰셨다. 레위기 설교는 2020년 겨울부터 2023년 여름까지, 매주 금요일마다 진행되었다.

물음에 답해줄 레위기 해설서가 정말 필요하다고 생각했다. 그래서 나는 그 임무를 우리 교회 전도사님께 부탁했다. 권 전도사님이 2년이 넘도록 온몸으로 씨름하며 설교한 레위기는 우리 교회에 생기를 불어넣었고, 거룩한 법이 품고 있는 인자와 진리의 말씀은 성도들의 마음을 뜨겁게 했다. 그 원고를 모아 책으로 나오게 되어 주님께 감사드린다.

토기장이교회 성도 **오선영**

나는 죄인이다. 나의 내면에 다른 불을 가지고, 두 마음으로 주님을 예배했다. 나는 계속 길을 잃고 헤매며 주님을 배반하려는 유혹에 빠졌다. 수없이 많은 사건과 상황을 겪으며 나는 어둠에 갇혀버렸고, 돌이켜 돌아갈 빛을 찾을 수 없었다. 그러나 주님은 끊임없이 나를 부르셨다. 레위기 말씀을 들으며 나는 주님의 강렬한 부르심을 알았다. 레위기를 통해서 나의 몸에 가득 핀 나병, 차라아트를 보게 되었고 진영 밖 불살라질 수밖에 없는 나와 직면하게 되었다. 그것은 괴롭고 두려운 고통이었으나, 하나님의 은혜였다. 하나님은 죄인인 나에게 제사법을 주심으로 하나님께 나아가는 길을 열어주셨고, 거룩한 대제사장이신 예수 그리스도께서 자신을 제물로 드림으로 완전한 속건제를 이루어 주셨다. 나를 위한 예수님의 완전한 죽음으로 나의 죄는 완전히 용서받았다. 나는 레위기 속에 감춰진 하나님의 사랑과 구원의 비밀을 발견하고 깨달았다. 나는 예수님과 함께 십자가에서 죽었다. 그리고 예수님 안에서 새 생명을 얻었다. 레위기를 통해 주님의 임재 가운데로 인도해 주신 하나님의 은혜에 감사와 찬송을 올려드립니다.

토기장이교회 성도 **김현우**

레위기는 참으로 어렵고 난해하여 읽기가 어려웠던 말씀이다. 그래서 더 열심히 보고 많은 설교를 듣고 나름대로 공부했었다. 제사법을 시작으로 여호와의 절기와 해야 할 것과 하지 말아야 할 것 등 많은 규례와 법도를 접하면서 하나님은 세밀하고 놀라운 방법으로 하나님 나라를 다스리심을 알게 되었다.

몇 해 전, 주님은 나를 토기장이교회로 인도하여 주셨고 금요일마다 레위기 설교를 듣게 하셨다. 처음에는 내가 듣고 배운 내용과 다른 설교 방식과 해석이 나를 혼란하게 했다. 그러나 그 설교를 놓치지 않고 열심히 듣던 중 내가 희미하게 알고 있던 부분, 의심의 구름에 갇혀있던 부분이 하나씩 하나씩 벗겨짐으로 인하여 레위기 내용이 재미있었고 설교에 집중할 수 있었다. 특히 희년을 설교하면서 가난한 자에게 복음을, 포로 된 자에게 자유를, 눈 먼 자에게 다시 보게 함을 그리고 영원한 소유지로 돌아간다는 말씀을 선포하실 때, 나에게도 그 희년이 반드시 임할 것을 기대하는 소망이 생겼다.

시내 산 율법 아래에서는 죽을 수밖에 없는 나, 지옥 갈 수밖에 없는 나, 그런 내가 레위기를 통하여 새 생명을 얻은 자가 되어 희년을 소망하며 하나님을 예배하는 자가 되었다. 그리고 하나님이 기뻐하시는 삶, 하나님을 더 사랑하는 삶으로 살기를 날마다 다짐하는 자가 되었다. 이제 그 긴 시간의 설교가 책으로 나온다고 하니, 설교집을 통해 다시 하나님 말씀의 은혜에 빠지고 싶다.

토기장이교회 성도 **김주환**

　레위기에서 계속 듣는 말씀은 내가 거룩하니 너희도 거룩해야 한다는 말씀이다. 하나님은 거룩하시다. 거룩하신 하나님께 드리는 예물, 거룩하신 하나님의 말씀, 거룩하신 하나님께 드리는 서원 모든 것은 거룩하다. 하나님께 드리는 예물은 아무것이나 드릴 수 없다. 제단에 드릴 수 있는 예물은 소와 양과 염소와 비둘기이다. 개와 돼지는 왜 드릴 수 없는지 이유가 궁금했는데 레위기 말씀을 통하여 하나님께 드리는 예물은 하나님이 정결하다고 지정한 동물이어야 한다는 것을 배웠다. 사람은 스스로 거룩해질 수 없지만, 거룩하신 하나님과 함께 거함으로 거룩해진다. 그런데 거룩하신 하나님과 함께 거하려면 나의 죄를 용서받아야 한다. 제사를 통하여 죄를 용서하시는데 정결한 짐승만 대신할 수 있다고 하시니 나의 마음이 정결하지 않으면 죄 용서를 받지 못할 것 같다. 거룩하신 하나님께 늘 가까이하도록 노력해야겠다.

토기장이교회 성도 **윤봉희**

　레위기 하면 절기, 규례, 수 같은 상징이 많아 어렵고 마음에 벽이 생기게 하여 읽기가 싫었다. 그런데 그 힘든 레위기 말씀을 설교로 들으면서 분명히 알게 된 것은 레위기의 주인공은 예수님이며, 나는 나병환자와 같은 인간이란 것이다. 레위기 말씀을 통해 이렇게 많은 예시로 가르쳐주시는데도 나는 죄인임을 알지 못하고 느끼지 못하는 자였다. 레위기 설교는 여전히 죄 가운데 살아가고 있는 나를 비춰주는 거울이었다. 레위기에서 나는 하나님의 절절한 사랑의 마음을 보았고, 나의 변하지 않는 모습에 절로 탄식이 느껴졌다. 죄로 물든 자는 절대로 하나님 앞에 설 수 없음을 알았다. 그래서 예수님이 오셨다. 이제 나는 나를 위하여 속건제물이 되신 예수님을 꼭 붙잡고 은혜받은 자의 삶을 살아갈 것을 다짐한다.

이제 나의 주인은 주님이시다. 나는 주님의 것이다. 내 마음의 중심을 주님께 향하고 내게 일어나는 모든 일에 주님을 인정하며 주님이 하셨음을 감사함으로 전하는 자로 살아갈 것이다. 이제부터 나는 성경을 읽을 때 모든 주어는 예수님, 하나님으로, 인물의 이름에는 '나'를 대입해서 읽어 보려고 한다. 떨리는 마음으로 주님의 마음을 느낄 수 있을 것 같다.

누구보다 애타는 마음으로 예수님의 사랑을 깨닫고 변화되기를 바라며 힘써 가르쳐주신 권종미 전도사님과 토기장이교회에 수고와 감사의 마음을 전합니다.

토기장이교회 성도 **최우임**

레위기는 언제나 가장 어렵게 느껴졌다. 하나님은 제사법을 참으로 복잡하게 만드신 것 같았다. 다섯 가지 제사법에 무슨 차이가 있는지 몰랐다. 제물도 다르고, 제물을 드리는 방식도 다르고, 무슨 의미인지 알 수 없으니 레위기는 언제나 건너뛰는 책이었다. 하나님은 높은 수준의 제사를 받으시는 분이구나 하고 제멋대로 생각했다. 그런데 레위기 설교를 시작한 첫 예배부터 하나님의 자비하심에 너무도 큰 감동이 밀려와 엉엉 소리 내서 울고 싶었다. 하나님께서 우리를 이렇게 사랑하시다니! 우리의 죄를 용서하시고 영원히 함께하길 원하셔서 이토록 자신을 드러내셨단 말인가?

　죄로 가로막혀 하나님 앞에 나갈 수 없는 우리를 위해 예수님께서 속건제물이 되신 것을 듣고는 그리스도를 더 깊이 알게 되었다. 안식일의 의미가 이토록 크다는 것을 알고 나서, 나는 모든 그리스도인은 레위기를 반드시 알아야 한다는 것을 외치고 싶어졌다. 왜냐하면 레위기를 알수록 주님의 사랑이 얼마나 큰지 깨닫게 되기 때문이다. 나는 레위기를 통해 나의 죄가 얼마나 깊은지 보게 되었다. 또 우리 주님의 자비하심과 긍휼은 어찌 이리도 크시단 말인가? 나는 날마다 진심으로 주님께 사랑을 고백하고 기쁨의 찬송과 경배를 드리고 싶다. 지금의 나는 내가 주님께 받은 사랑 그대로 이웃을 사랑할 수 있도록 기도드린다.

　나는 이 땅의 교회가 레위기 말씀을 통해 은혜와 긍휼히 풍성한 하나님의 성품을 배우고 익혀서 거듭난 주의 백성으로 살아가길 소망한다. 오직 예수, 오직 복음을 전하는 주의 착한 자녀로 살 수 있도록 주님께 간구한다. 레위기 책이 각국의 언어로 번역되어 주님을 사모하는 이들에게 큰 선물이 되길 소망한다. 구약 말씀에 능통한 유대인들이 레위기를 통해 예수 그리스도를 발견하게 되기를 소망한다.

　주님의 성품을 닮아 신실한 순종으로 말씀을 받고 우리에게 가르쳐주신 이 책의 저자인 권종미 전도사님, 진심으로 감사하고 사랑합니다.

토기장이교회 성도 **노인호**

    레위기를 처음 접했을 때 제사법에 관한 책인 줄로만 알고, 한마디로 참 지루한 책이구나 생각하였다. 하지만 한 번, 두 번 전도사님의 설교를 들으며 전도사님이 왜 그리 열변을 토하며 설교하는지 이해하게 되었다. 전도사님은 제사의 특징과 하나님께 제물을 어떻게 준비하며, 어떻게 드릴지에 대한 방법을 상세히 이야기해 주셨다. 가축 희생 제물을 죽이고 번제단에서 태우는 것을 왜 향기로운 제사로 표현하는지, 여호와께서 왜 그 향기를 기뻐하시는지를 알려주셨다. 나는 제사법을 들으면서 하나님이 왜 이런 엄격한 제사법을 만드셨는지 참 신기했다.

    레위기에 유독 많이 나오는 말씀 중 하나가 "나는 너희의 하나님 여호와이니라"이다. 나는 그 말씀이 나와 하나님을 알지 못하는 자들을 구분하시려는 말씀으로 들렸다. '너는 나에게 특별하다' 하심을 강조하시려는 것으로 들렸다. 하나님께서 나에게 정성과 진심으로 예배를 드리라는 말씀으로 들렸다. 나는 나의 모든 예배와 신앙이 하나님께 드리는 제사임을 깨닫게 되었다. 이런 면에서 레위기 말씀은 나의 신앙에 대한 정성과 자세를 새롭게 할 수 있는 계기가 되어주었고, 레위기 설교 시간은 신앙을 새로 정립할 수 있는 시간이 되었다.

    레위기를 통해 성도의 믿음을 점검하고, 하나님께 드리는 정성을 돌아보는 시간이 되기를, 신앙에 새 생명을 불어넣는 시간이 되길 기도합니다.

토기장이교회 성도 **서경숙**

　예배가 그립고 기도하고 싶은 갈증 중에 있을 때 성령님의 인도로 만나게 된 교회가 토기장이교회이다.
　오자마자 들었던 레위기 설교, 한 번도 집중해서 읽어 보지 않았으며, 체계적으로 공부해 보지 않은 레위기, 레위기는 내가 마음으로 다짐하여도 성경 통독에 위기가 찾아오게 만드는 율법책이었다. 그런데 토기장이교회의 권종미 전도사님을 통하여 레위기를 경험하게 되었다.
　그러나 마음 한편엔 신약에서 그 모든 것들이 폐지되었는데 왜 이렇게 구체적으로 공부해야 하는지 의문이 들 때도 있었다. 매번 동물의 가죽을 벗기고, 각을 뜨고, 불에 태우고 하는 무시무시한 제사법은 구약 시대에 태어나지 않는 것에 안도감을 느끼게 할 때도 있었다. 하지만 점점 공부하면서 제사법을 통하여 내 죄를 사하시고 배상과 감사와, 하나님과의 관계를 회복하고, 이웃과 친교 하는 것 등, 제사법은 나의 삶과 매우 밀접한 관계가 있음을 알게 되었다.
　특히 속건제는 나에게 많은 생각을 하게 하는 제사법이었다. 내가 지은 죄로 인하여 상처나 피해를 입은 대상에게 여호와께서 명하시는 대로 구체적 배상을 해야 하는 속건제는 공부하는 내내 내 마음을 불편하게 했다. 지금껏 상처 줬던 일들과 앞으로 나로 인하여 상처받을 수 있는 상황들이 곳곳에 널려 있어서 하나님을 의지하지 않고는 단 1초도 온전히 하나님 말씀대로 살아내지 못함을 깨닫게 되었다.
　제사법을 배우는 동안 나는 50 평생 종교 생활을 정리하고 하나님 아버지를 온전히 믿는 것이 생명의 길임을 가슴으로 받아들였던 시간이 되었다. 내 마음의 중심에 늘 예수 그리스도가 꽂히길 원하며 고백하는 시간이 되었다.

레위기를 공부하는 내내 하나님께서는 나에게 말씀을 통하여 힘과 용기를 주셨다. 하나님께 선택받은 이스라엘 백성들도 거룩한 삶에 실패하고 포로 생활을 했던 것처럼 하나님은 분명히 아신다. 내게 거룩한 삶을 살라고 말씀하셔도 나는 실패하고 거기서 헤어 나올 수 없는 연약한 존재임을 알기에, 그것을 깨닫게 하시려고 나를 향하신 하나님의 절절한 사랑을 '레위기'를 통하여 알게 하신 하나님께 찬양과 영광을 올려드리고 싶다.

끝으로 권종미 전도사님께 감사하며, 삶에 교정의 시간이 필요하신 분, 거룩한 삶을 통하여 하나님께 더 가까이 가기를 소망하시는 분, 다시 오실 예수 그리스도를 기대하시는 분, 하나님의 시선이 내게 임하기를 갈망하는 분, 예수 그리스도를 통하여 복음의 통로와 증인 된 삶을 살기 원하시는 분들에게 이 책을 권하고 싶다.

토기장이교회 성도 **박선희**

자녀로 인하여 하나님 앞에서 몸부림칠 때 하나님의 말씀을 의지해서 기도하고 싶은 마음이 올라왔다. 그때 주님은 토기장이교회로 인도하셔서 말씀을 공부할 수 있게 해 주셨다. 40년 넘게 교회를 다니면서 성경 통독을 하고 싶어, 창세기 출애굽기를 읽고 나면, 레위기는 성경을 덮게 하는 책이었다. 스스로 읽어낼 수 없는 나에게 하나님은 레위기 말씀을 듣는 기회를 주셨고, 지금은 1년에 몇 차례씩 통독하고 있다.

레위기 말씀에는 진멸 당해 죽을 수밖에 없는 나를 위하여 완전한 속건제물이 되신 예수님의 십자가가 있다. 레위기 설교를 들으며 나도 십자가에 매일 죽겠노라 했던 고백이 너무 가벼웠음을 회개하며 눈물을 흘렸다.

레위기는 부정한 나병으로 진영 밖에서 영원히 살아야 할 죄인에게 하나님께서 은혜를 베푸시고 주님의 집으로 돌아오게 하시는 은혜의 말씀이다. 하나님은 진영 밖에 있는 자를 돌아오게 하시기 위해 예수님을 십자가 위에서 진멸 당하게 하셨다.

나는 레위기를 통해 예수님의 십자가가 무엇을 의미하는지, 십자가의 은혜를 깊이 깨닫게 되었다. 십자가를 깨닫게 되면서 어떠한 고난과 고통도 예수 그리스도의 십자가를 생각하면 이길 수 있다는 소망이 생겼다. 십자가의 사랑을 이제는 행해야 함도 깨달았다. 그렇지만 나에게 사랑이 없음도 발견한다. 그러나 예수님의 십자가를 깨달은 지금은 낙심하지 않는다. 죄인인 나에게 사랑을 주셔서 하나님의 은혜를 회복하게 하셨으니, 사랑으로 이웃을 섬기라는 주님의 명령에 순종하려는 자에게 주님께서 사랑을 부어주시지 않겠는가?

토기장이교회 성도 **하혜령**

레위기는 어렵다. 이전에 레위기 설교를 들은 적도 없다. 설교를 듣기 전 레위기를 다섯 번 정도 통독하였지만 무슨 말씀인지 모르고 그냥 읽기만 하였다.

처음 레위기 설교를 들었을 때 마음이 불편해지면서 말씀 듣기가 힘들었다. 상징과 비유가 많아 어렵기도 하고, 우리가 죽을 수밖에 없는 죄인이라고 강하게 말씀하실 때 듣기가 정말 고통스러웠다.

그때마다 나는 '내가 이렇게까지 큰 죄인인가?' 하는 의문이 들면서 레위기 설교를 그만 듣고 싶다는 생각도 잠시 하였다. 그렇지만 설교 듣기를 포기하고 싶지는 않았다. 예수님이 누구신지 정말 알고 싶었기 때문이다.

그렇게 매주 설교를 듣다 보니 '나는 부정한 존재'이고 내장 깊은 곳에 단단한 기름이 많다는 것을 깨달았다. 레위기에서 제사법이 가장 먼저 나오는 것은 하나님은 죄를 사하시고 용서하시기를 기뻐하시기 때문임도 알았다.

레위기를 들으면서 나는 이 땅에서 여덟째 날을 사는 존재임을 깨달았다. 나는 여덟째 날을 사는 자로서 예배를 우선하는 삶을 살 것이다. 나는 아무것도 할 수 없는 존재이지만 예수님을 믿고 신뢰하며 끝까지 믿음을 지킬 것이다. 왜냐하면 거룩하신 예수님께서 나의 죄를 대신하여 친히 십자가에서 죽임을 당하셨기 때문이다. 나에게 영원한 생명을 주시려고 십자가 위에서 죽임을 당하셨다.

레위기 책 출간되는 것이 너무 기대된다. 레위기 설교를 들었어도 아직 모르는 것이 너무 많다. 책이 출간되면 꼼꼼히 읽고 더 공부하고 싶다. 어려운 레위기와 씨름하며 깨달은 말씀을 우리에게 먹여주신 권종미 전도사님께 감사드린다. 늘 말씀대로 살려고 애쓰는 권종미 전도사님이 너무 부럽다.

토기장이교회 성도 **한원숙**

레위기 말씀은 내게 주어진 삶을 내가 어떻게 살아야 하는지 정확히 분명하게 깨닫게 하였다. 다섯 가지 제사는 '나'라는 자가 어떠한 존재인지를 보게 하셨다. 아담이 죄를 짓고 두려움에 숨었을 때 먼저 그 이름을 불러 주셨던 하나님은, 레위기 말씀 안에서 하나님 앞에 두려워 숨었던 그 아담이 바로 나임을 고백하게 했다. 하나님은 죄와 하나가 되어 하나님과 멀어진 나를 '죄의 종'에서 놓이게 하시려고 예수님을 예표하는 제사법을 주셨다. 제사법 속에서 나는 내가 누구인지를 보았고, 또 나를 위해 십자가를 지신 주님을 발견하였다. 제사법은 예수님께서 나의 죄를 위해 십자가 지신 은혜를 아주 세세하게 보여주었다.

레위기는 '이는 내가 사랑하는 아들이라 내가 너를 기뻐하노라' 말씀하신 하나님께서 예수님이 어떠한 분이신지를 깨닫도록 주신 하나님 사랑의 결정체의 책이다. 레위기 말씀을 배우며 만물 중 가장 부패한 것이 사람의 마음이라 하신 말씀이 무엇을 뜻하는지 참으로 뜨겁게 깨달았다. 나의 이익을 위해 살수록 죄는 더 깊어진다는 것과 그 깊어짐이 지옥이라는 것을 다시금 새기며 나의 모든 죄를 사하여 주시기 위해 오신 나의 그리스도 예수님께 진실로 감사하게 되었다. 주님의 십자가 오른편 강도가 예수님께 죄를 고백함으로 주님과 함께 낙원에 있게 된 것처럼, 나도 나의 죄를 예수님께 날마다 고백함으로 지금의 삶이 낙원임을 감사드린다.

레위기 말씀을 통하여 이 땅의 교회가 회복되고, 이스라엘이 회복되고 모든 만물이 회복되길 예수 그리스도 이름으로 기도드립니다. 마라나타 아멘.

토기장이교회 성도 **노승현**

한 해를 시작하면서 성경 통독을 하겠노라고 다짐했을 때, 언제나 처음으로 만나는 큰 산은 레위기였다. 중요하다는 생각은 들지 않았다. 나와는 상관없는, 옆집 가훈 읽듯이 읽어왔으니, 당연히 재미가 없었다. 레위기 공부를 한다고 하셨을 때 지루할 것이라는 생각만 가득했다. '내가 레위기를 읽은 적 없는 것도 아니고…' 다른, 중요한 말씀들도 많은데 왜, 굳이, 내 삶에 적용할 수도 없는 레위기를 공부하라고 하시는지 이해가 되지 않았다. 마음이 열려 있어도 말씀을 받아들이기 어려운데, 꾹 닫힌 마음으로 시작하려니 필기하려는 마음도 들지 않았다. 물론 이 글을 쓰는 지금도 레위기를 완벽하게 이해하고, 숙지하고, 모든 것을 깨우친 것은 아니다. 그렇지만, 레위기를 배우기 전의 내가 교만했다는 것은 확실히 알고 있다.

레위기는 나와 전혀 상관없는 책이 아니며, 현재를 사는 나에게 전달하는 메시지가 분명히 있다는 것이다. 하나님은 인간의 죄를 용서하시겠다는 분명한 각오를 드러내시지만, 특별하게도 레위기에서 크게 드러내고 있다는 것을 공부함으로써 알게 되었다. 이 관점만으로도 레위기를 공부해야 하는 이유가 충분하다고 생각한다. 나는 레위기를 통해 '하나님은 이렇게 연약한 인간을 세세하게 용서하시고, 세밀하게 보듬으시는구나'를 깨달았다. '숨 쉬듯 죄를 짓는 나도 하나님께서는 사랑하시는구나. 이스라엘의 끊임없는 죄에도 하나님께서는 어떻게든 용서하시고 한없이 사랑하실 방법을 주시는구나.' 레위기를 통해 경험한 하나님은 이런 분이셨고, 지금 나와 동행하시는 하나님은 변함없이 이런 분이시라는 것에 감동하지 않을 수가 없다.

이 책이 발간되면 다시 레위기 공부를 하고 싶다. 내가 말씀을 들을 때 놓친 부분도 많고, 한 번 들어서 머리에 남지 않은 부분이 많다는 걸 알기 때문이다. 책을 통해 다시 보는 레위기는 얼마나 새로울지 기대가 된다. 또 그 안에서 하나님께서 새로이 알게 하실 메시지와 그로 변화될 내 생각과 삶을 기대한다. 이 책은 내가 이전에 가졌던 생각같이 '레위기는 마냥 지겹고, 나와는 상관없는 책'이라고 생각하는 사람들을 변화하게 할 것이라 기대한다.

적어도 레위기를 통해 우리와 지금, 함께 하시는 하나님이 어떤 분이신지를 알게 되고, 그 사랑을 온전히 느낄 수 있게 될 것을 기대한다. 또한 나를 포함한 독자들이 레위기라는 산을 넘어 성경 통독이라는 모험을 성공적으로 마치길 소망한다.

토기장이교회 성도 허소영

    하나님 말씀의 깊이는 수면 아래 잠긴 빙하처럼 감히 우리가 헤아릴 수 없다고 생각한다. 나에게 하나님의 말씀은 삶의 어느 시기에는 촌철살인처럼 하나님의 음성으로 들려오기도 하지만, 때로는 어떠한 울림도 없이 무미건조하게 느껴질 때도 많이 있음을 솔직히 고백한다. 이렇게 오르막길과 내리막길을 매번 마주하지만, 감사하게도 하나님을 인격적으로 만난 순간부터 늘 말씀을 더 깊이 있게 알고 싶고 삶으로 체험하고 싶다는 소망의 씨앗을 내 안에 심어주셨다. 권종미 전도사님의 레위기 설교를 매번 듣지도 못했고 잘 이해하지 못하고 넘어간 부분이 많다. 그렇지만 확실하게 배운 것은, 나는 내가 생각한 것보다 훨씬 더 부정한 죄인이라는 사실이다. 레위기 여러 가지 규례를 잘 모르고 읽으면 단순히 구약의 법일 뿐이지만, 전도사님의 설교를 통해 깊이 있게 배운 규례들은 나의 현주소를 가감 없이 보여주는 말씀이었다. 죄인 된 내 모습을 보는 것은 괴로운 일이었으나 동시에, 그 제사법들은 역설적으로 예수님이 우리를 사랑하사 십자가 죽음으로 그 죄의 값을 담당하시어, 믿는 자마다 영생을 얻게 하신 게 얼마나 큰 은혜인지 깨닫게 하였다. 이 놀라운 복음이 내 마음 가운데 뜨겁게 느껴지기를, 그리고 이 말씀들을 붙잡고 매일매일 마음의 부정을 회개할 수 있길 기도해야겠다. 살아있는 레위기 말씀을 깊이 있게 알고 싶은 갈급함이 있으나, 어디서부터 시작할지 몰라 답답하신 분들께서 신앙의 여정 가운데 이 책을 만나 지성소로 나아가는 문이 뻥 뚫리기를 소망한다.

토기장이교회 성도 **최소정**

레위기 하면 떠오르는 것은? 제사법, 다섯 가지 제사 뭐였지? 했던 것이 전부였다. 그런데 이번에 전도사님의 레위기 설교 말씀을 다 듣고 나니 제사뿐 아니라 레위기 전체의 내용이 오직 예수 그리스도의 십자가와 하나님께서 나를 향한 사랑을 나타내고 있음을 알게 되었다. 신약의 사복음서에서 드러난 예수님의 공생애와 십자가 사건이 구약의 레위기 안에 이렇게 촘촘하게 예언으로 함축하고 있음이 참 놀랍다.

나는 레위기를 들으며 내가 얼마나 큰 죄인이며, 또 얼마나 놀라운 은혜 가운데 있는 존재인가를 깨닫고 감격하지 않을 수 없었다. 나의 죄로 인하여 예수님께서 십자가 위에서 당하신 헤렘, 곧 하나님 앞에서 완전한 진멸을 당하신 예수 그리스도를 생각하면 앞으로 나의 삶을 어떻게 영위해 나가야 하는지를 다시 생각하게 된다.

암호와 같은 구절구절 레위기 말씀을 기도와 열정으로 풀어 설교로 알려주신 권종미 전도사님께 감사드리며 말씀을 들은 자로 이전의 죄의 본성을 따르지 않고 온전히 주님의 사랑에 충만한 자로 나와 주변에 예수 그리스도의 빛으로 살기를 원한다.

그동안 레위기를 어렵고 접근하기 어려운 부분으로 생각하고 대충 넘어갔던 성도라면 새로운 레위기 말씀을 통해 레위기에 계시 된 예수 그리스도를 깊이 만나게 될 것을 확신한다.

토기장이교회 전도사 **이지혜**

레위기 말씀을 들으면서 가장 놀라웠던 점은 레위기가 성경 해석의 길잡이 역할을 하는 것이었다. 레위기는 성경 66권의 말씀을 깨닫도록 이끌어준다. 레위기 말씀을 듣는 동안 교회 안에서 하나님과의 관계, 사람과의 관계가 회복되고, 아픈 환경 속에서도 승리의 삶으로 주님께로 인도되는 역사를 보았다.

레위기에서 제사장은 백성을 거룩하신 하나님께로 인도하는 자이다. 교회를 섬기는 자로서 나 또한 그러한 사명이 있다. 그러나 가끔 나는 어떤 모습인가? 나병환자가 무감각한 것처럼, 죄가 내 안에 있는 것도 모르는 영적 무감각에 있지는 않았는가? 레위기 말씀을 들으며 나는 자신에 대해 경각심을 갖게 되었고, 날마다 구원의 감사로 주님 앞에 엎드려서 하나님과 연합된 삶으로 살아야 함을 깨달았다.

이제 나는 죽고 예수님만 나의 주인이 되시길 소망한다. '마라나타! 주님 어서 오십시오.' 고백의 삶으로 살아가길 소망한다. 나 뿐 아니라 모든 믿음의 성도들이 하나님의 말씀, 레위기를 통하여 예수 그리스도의 거룩한 신부로 굳게 세워지기를 기도한다.

✸ 머리글

> **레위기**는
> 정혼하고도 간음하여 반드시 죽임당해야 할 신부(新婦)를 위하여,
> 속건제물 되신 여호와께 온전히 바쳐진 그 사람,
> 예수 그리스도를 계시하는 진리의 말씀입니다.
>
> 토기장이교회 권종미

대부분 레위기는 하나님께서 시내 산에서 이스라엘 자손에게 주신 '언약의 법'으로 해석합니다. 저도 그렇게 받아들였고, 그런 관점에서 레위기 설교를 시작했습니다. 그런데 어느 순간부터 레위기 말씀을 '법'으로만 설교하는 데에 의문이 들기 시작했습니다.

하나님께서 이스라엘 자손에게 주신 '법'이라면, 그 법을 말씀하신 까닭이 있을 것이고, 그 연유를 찾아 하나님의 마음과 뜻을 깨달아, 깨달은 말씀을 가르칠 수 있을 것입니다. 그런데 레위기를 설교할수록 점점 더 말씀을 깨닫지 못하는 어려움에 부딪히게 되었습니다.

특히 레위기 11장을 지나면서 '언약의 법'으로 이해하기에는 어려운 말씀을 많이 만났습니다. 그 말씀들은 아무리 읽고 묵상해도 깨달아지지 않았습니다. 마치 하나님께서 나에게 주시는 '수수께끼' 같았습니다.

수수께끼 같은 말씀을 만날 때마다 답답했습니다. 하나님의 말씀에는 분명 뜻이 있을 텐데, 그 뜻이 무엇인지 도통 알 수 없었기 때문이었습니다.

저만 모른다면 그냥 넘어가면 될 일입니다. 그런데 설교해야 하므로 괴로웠습니다. 저는 고민했습니다. 닦아 놓은 길을 택해 그것을 가르칠 것인지, 아니면 정직하게 '저는 이 말씀을 모릅니다. 하나님께서 가르쳐 주신 만큼 가르치겠습니다.'를 선택해야 했습니다. 저는 후자를 택했습니다. 그래서 레위기를 설교하는 내내 하나님께 기도할 수밖에 없었습니다. 그 수수께끼 같은 말씀의 뜻을 깨닫게 해 달라고 기도하고 기도하였습니다.

거룩하신 하나님,
지금 제가 만나는 수수께끼 같은 말씀은 하나님께서 시내 산에서 모세에게 직접 주신 말씀입니다.
그런데 저는 하나님 아버지께서 모세에게 주신 말씀을 깨닫지 못합니다.
레위기에서 수수께끼 같은 이 어려운 말씀은 무엇을 뜻하시는 것입니까?
하나님 아버지,
레위기의 이 말씀이 이스라엘 자손의 출애굽과 시내 산의 모세와는 너무 멀리 떨어진 시대를 살아가는 우리에게 지금도 여전히 의미가 있는 말씀입니까?
지금도 여전히 의미가 있다면,
모세를 통해 주신 하나님 아버지의 그 말씀을 제가 깨닫도록 인도하여 주십시오.
그 말씀이 거룩하신 아버지를 더 잘 알고 아버지를 더 사랑하기 위해 주신 말씀이라면 지금 깨닫게 해주십시오.
그리하여 예수 그리스도의 피로 사신 주님의 몸 된 교회에 아버지의 뜻을 잘 전할 수 있게 하옵소서.

레위기에서 '수수께끼' 같은 말씀은 여호와께서 시내 산에서 주신 영원한 언약, '안식일 언약'에 따라 안식일을 지키는 자들을 구원하실 것을 계시하는 하나님의 말씀입니다.[2]

여호와께서 시내 산에서 모세를 통해 언약의 말씀을 주실 때, 맨 마지막 단락에 '안식일 언약'이 있습니다(출31:12-18). 여호와는 '안식일 언약'을 '영원한 언약'으로 주십니다(출31:16-17). '영원한 언약'의 의미는 깨어지지 않는 언약이라는 뜻입니다. 이스라엘 자손이 언약을 배반할지라도 영원한 언약은 깨어지지 않습니다.[3] 여호와께서 영원한 언약이라고 하셨으므로,[4] 여호와께서 반드시 안식일 언약을 성취하실 것이기 때문입니다.

여호와는 이스라엘 자손이 영원한 언약, '안식일 언약'을 지킬 수 있도록 안식일과 여호와의 절기로 주십니다(23장). 여호와의 절기에는 '안식일 언약'이 언제 시작되었으며, 안식일 언약 안에 있는 자를 여호와께서 구원하실 것을 세세하게 계시하십니다. 그리고 안식일 언약이 여덟째 날에 완성될 것도 알려주십니다.

---

2) 안식일 언약은 '안식일의 주인'으로 오신 예수 그리스도에 의하여 성취된다.

3) 시내 산 언약 말씀이 끝날 때, 여호와를 배반하는 금송아지 사건이 일어난다(출32장). 모세는 여호와를 배역한 이스라엘 자손 앞에서 언약의 돌판을 깨뜨린다(출32:19). 그러나 여호와께서 영원한 언약, 안식일 언약을 주셨으므로(출31:12-18), 시내 산 언약은 깨어지지 않는다. 모세는 여호와 앞에서 언약의 돌판을 다시 받고(출34:28), 시내 산에서 내려와 이스라엘 자손에게 '안식일 언약'을 천명한다(출35:1-3). 금송아지 사건을 앞뒤로 감싸고 있는 안식일 언약은 이스라엘 자손의 배반에도 깨어지지 않는 영원한 언약으로, 언약 안에 있는 백성을 구원하실 것을 강력하게 드러낸다.

4) '그는 그의 언약 곧 천대에 걸쳐 명령하신 말씀을 영원히 기억하셨으니(시105:8)', "하나님이 인류와 세운 영원히 깨뜨릴 수 없는 언약을 사람들이 어떻게 깨뜨릴 수 있는가? 이는 모순법처럼 들린다." 게리 스미스, 『이사야 1』, 권대영 역, (서울: 부흥과개혁사, 2019), 537

레위기 후반에는 이스라엘 자손이 가나안 땅에 들어가 여호와를 배반하고 떠나갈 것을 말씀합니다. 그러나 여호와는 이스라엘 자손과 시내 산에서 함께 맺은 영원한 언약 '안식일 언약'으로 말미암아, 안식일 언약 안에 있는 백성을 돌아오게 하실 것을 '수수께끼' 말씀으로 계시하십니다.

즉 레위기의 '수수께끼' 말씀은 영원한 언약 '안식일 언약'을 이스라엘 역사 속에서 어떻게 이루실 것인가를 계시하는 말씀입니다.
그 '수수께끼' 말씀은 가나안 땅에 들어간 이스라엘 자손의 역사에서 그대로 이루어집니다. 따라서 성경에 기록된 이스라엘 역사는, 레위기에 계시된 '수수께끼' 말씀이 살아 있는 하나님의 말씀임을 증언하는 기록입니다.

레위기의 '수수께끼' 말씀이 이스라엘 역사 속에서 어떻게 나타났는지를 '한 말씀'으로 보겠습니다.

레위기 19장은 여호와께서 이스라엘 자손 온 회중에게 '여호와의 거룩하심과 같이 거룩하라' 명하시며(19:2), 여호와의 규례와 법도를 지켜 행할 것을 '여호와 이름'을 선포하시며 명령하시는 장입니다(19:37).
그런데 여호와 이름 선포가 특별합니다. 여호와 이름 선포 형식은 '나는 너희의 하나님 여호와이니라', '나는 여호와이니라' 두 형식입니다. 두 형식은 규례와 법도 한 단락이 끝날 때마다 나타나는데, 마치 거룩하신 여호와 이름을 찬양하는 찬송가의 후렴구처럼 규칙적으로 선포됩니다.
두 형식의 여호와 이름 선포는 19장 전·후반부 각각의 규칙으로, 전·후반부에 같은 횟수로 선포됩니다.

19장의 여호와 이름 선포[5]
(★나는 너희의 하나님 여호와이니라 ☆나는 여호와이니라)

전반부(19:2b-18) 형식		가운데	후반부(19:23-37) 형식	
★(19:2b)	☆(19:11-12)	(19:19-22)	★(19:23-25)	☆(19:32)
★(19:3)	☆(19:13-14)		☆(19:26-28)	★(19:33-34)
★(19:4-8)	☆(19:15-16)		☆(219:9-30)	★(19:35-36)
★(19:9-10)	☆(19:17-18)		★(19:31)	☆(19:37)

표와 같이 19장은 거룩하신 여호와 이름이 장엄하게 선포됩니다.[6]

그런데 19장 '**가운데**' 말씀만 여호와의 거룩한 이름 선포가 없습니다.

---

5) 금송아지 사건(출32장) 후에 모세는 여호와께 '**주의 영광**'을 보여 달라고 요청한다. 그때 여호와는 주의 영광을 여호와 이름으로 선포하신다(출34:5). '**여호와께서 이르시되 내가 내 모든 선한 것을 네 앞으로 지나가게 하고 여호와의 이름을 네 앞에 선포하리라** …(출33:19)' 여호와께서 여호와 이름을 선포하시며 모세에게 하신 말씀은 레위기 19장일 것이다. 19장은 특별하게도(unique) 여호와의 말씀 후에 거룩하신 여호와 이름 선포가 규칙적으로 나타난다.

6) 설교자는 레위기 말씀이 19장을 중심으로 다음과 같은 구조를 이룬다고 본다.
  A. 1-7장 : 번제, 소제, 화목제, 속죄제, 속건제
  B. 8-10장 : 거룩한 백성, 제사장 나라의 시작
  C. 11-15장 : 땅에 기는 길짐승으로 인한 부정함의 실제
  D. 16장 : 안식일 중의 안식일(샤바트 샤바톤)
  E. 17장 : 육체의 생명은 피에 있으므로 피가 죄를 속함
  F. 18장 : 땅에 기는 길짐승의 더러운 풍속을 따르지 말라
  G. 19장 : 여호와의 백성에게 주신 여호와의 규례와 법도
  F′. 20장 : 땅에 기는 길짐승을 따르는 자를 향한 여호와의 진노
  E′. 21-22장 : 흠 없는 제사장(과 제물)으로 거룩하게 하시는 여호와
  D′. 23장 : 여호와의 안식일에(샤바트 샤바톤) 안식하라
  C′. 24-25장 : 여호와의 안식에 거하는 자의 거룩한 삶
  B′. 26장 : 거룩한 백성이 받는 복과 언약의 저주
  A′. 27장 : 여호와께 온전히 바쳐진 그 사람(이 드릴 속건제)

"너희는 내 규례를 지킬지어다 네 가축을 다른 종류와 교미시키지 말며 네 밭에 두 종자를 섞어 뿌리지 말며 두 재료로 직조한 옷을 입지 말지며 ²⁰만일 어떤 사람이 다른 사람과 정혼한 여종 곧 아직 속량되거나 해방되지 못한 여인과 동침하여 설정하면 그것은 책망받을 일이니라 그러나 그들은 죽임을 당하지는 아니하리니 그 여인이 해방되지 못하였기 때문이니라 ²¹그 남자는 그 속건제물 곧 속건제 숫양을 회막 문 여호와께로 끌고 올 것이요 ²²제사장은 그가 범한 죄를 위하여 그 속건제의 숫양으로 여호와 앞에 속죄할 것이요 그리하면 그가 범한 죄를 사함 받으리라(19:19-22)"

19장 '가운데' 말씀 19:19-22는 전·후반부와 같이 여호와의 법도와 규례의 한 단락으로 볼 수 있겠지만, 19:20-22는 '수수께끼'입니다.[7]

19:19는[8] 가나안 땅에 들어간 이스라엘 자손이 여호와와 가나안 땅 우상을 함께 섬기지 말라는 말씀입니다. 그러나 가나안 땅에 들어간 이스라엘 자손은 여호와의 규례를 급속히 떠나 여호와와 가나안 땅 우상을 함께 섬기는 혼합 신앙으로 19:19 말씀을 지키지 못하고 여호와를 배반하게 됩니다.

그러나 이스라엘 자손의 죄에도 불구하고, 여호와는 그들과 맺은 영원한 언약에 따라 그들의 죄를 사하실 것을 '수수께끼'로 계시하십니다.

즉 19:20-22는 가나안 땅에 들어가 여호와의 명령을 거역하고 죄를 범하여 여호와의 안식에서 쫓겨난 이스라엘 자손을 향해, 안식일 언약에 따라 그

---

[7] '수수께끼'는 감추어진 계시이다. '감추어진 일은 우리 하나님 여호와께 속하였거니와 나타난 일은 영원히 우리와 우리 자손에게 속하였나니 이는 우리에게 이 율법의 모든 말씀을 행하게 하심이니라(신 29:29)'

[8] 19:19 말씀은 본문 설교 참조

들의 죄를 사하시고 돌아오게 하실 것을 계시하는 말씀입니다.

19:20과 같이 다른 사람과 정혼한 여자와 동침하여 설정하는 악한 죄를 저지른 사건이 이스라엘 역사에 명백하게 기록되어 있습니다.
가나안 땅에서 하나님이 함께하실 때, '정의와 공의'를 행했던(삼하8:15), 이스라엘 역사상 가장 위대한 다윗 왕의 이야기에 있습니다.

사무엘하 11장에서 다윗의 장수 요압과 부하들은 암몬과 전쟁을 위해 랍바를 에워싸고 있을 때, 다윗은 어느 날 저녁, 왕궁 옥상에서 느긋하게 거닐다가 밧세바를 보고 욕정이 일어나 그를 궁으로 불러들입니다.

"만일 어떤 사람이 다른 사람과 정혼한 여종 곧 아직 속량되거나 해방되지 못한 여인과 동침하여 설정하면 그것은 책망 받을 일이니라 그러나 그들은 죽임을 당하지는 아니하리니 그 여인이 해방되지 못하였기 때문이니라(19:20)"

"다윗이 사람을 보내 그 여인을 알아보게 하였더니 그가 아뢰되 그는 엘리암의 딸이요 헷 사람 우리야의 아내 밧세바가 아니니이까 하니 4다윗이 전령을 보내어 그 여자를 자기에게로 데려오게 하고 그 여자가 부정함을 깨끗하게 하였으므로 더불어 동침하매 그 여자가 자기 집으로 돌아가니라(삼하11:3-4)"

다윗이 하룻밤 동침하고 설정함으로 밧세바가 임신하자, 다윗은 그 일을 은폐하려고 밧세바의 남편 우리야를 요압을 통해 최전방으로 보내어 죽임당하게 합니다. 다윗이 자신에게 충성하는 우리야의 아내와 동침하고, 그 일을 감추기 위해 우리야를 죽게 한 행위는, 시내 산에서 맺은 '언약의 법'에 따라 반드시 죽임을 당해야 할 악한 죄입니다.

"누구든지 남의 아내와 간음하는 자 곧 그의 이웃의 아내와 간음하는 자는 그 간부와 음부를 반드시 죽일지니라(20:10)"

"사람을 쳐 죽인 자는 반드시 죽일 것… 사람을 죽인 자는 죽일지니(24:17-21)"

다윗은 시내 산 언약의 법에 따라 반드시 죽임을 당해야 합니다. 그러나 하나님은 다윗을 죽이지 않으십니다.[9] 여호와께서 다윗을 죽이지 않으신 까닭은 레위기 19:20-22 말씀을 이루시기 위함입니다.

여호와는 사무엘을 보내어 다윗에게 기름을 부으셨고, 그를 왕이 되게 하셨습니다. 왕이 된 다윗은 여호와로부터 언약의 말씀을 듣습니다(삼하 7장). 그러므로 누구보다 다윗은 언약의 법을 지켜야 합니다.[10] 그러나 다윗은 그에게 충성하는 부하의 아내와 동침하여 설정함으로 언약의 법을 지키지 못합니다. 그런데 여호와는 다윗을 죽이지 않습니다. 그 까닭은 레위기 19:20에서 찾을 수 있습니다. 다윗은 '아직 해방되지 못하였기' 때문입니다.[11] 다윗은 19:20의 '다른 사람과 정혼한 여종과 간음한 남자'를 대표합니다.

---

9) '나단이 다윗에게 말하되 여호와께서도 당신의 죄를 사하셨나니 당신이 죽지 아니하려니와(삼하 12:13)'
10) 다윗이 우리야의 아내 밧세바와 동침은 언약을 배반하는 이스라엘 자손의 모든 역사를 함축하여 보여준다. 다윗은 이스라엘 자손의 왕으로서 여호와와 함께 맺은 언약 안에 있는 모든 자를 대표한다.
11) 다윗이 '죄의 종'에서 해방되지 못하였음을 의미한다.

19:21-22에서 여호와는 다른 사람과 정혼한 여종과 동침하여 설정하여 여호와의 계명을 지키지 못한 남자에게 '그 속건제물 곧 속건제 숫양'을 회막문 여호와께로 끌고 오라고 하십니다. 그리고 제사장은 그가 범한 죄를 위하여 '그 속건제의 숫양'으로 여호와 앞에 속죄하라 하십니다. 그리하면 그가 범한 죄를 사함 받으리라 말씀하십니다.[12]

언약 안에 있는 자가, 언약의 법을 어겨서, 언약의 법으로 죽임을 당할 수밖에 없는 상황에 있을 때, '속건제'로 사함을 받게 하시는 말씀은 참으로 기쁜 소식입니다. 그런데 이 기쁜 말씀은 아무리 다윗과 같은 위대한 왕도 감당할 수 없는 어려움을 담고 있습니다.

그것은 이 땅 어디에서도 여호와께서 기쁘게 받으시는 속건제물을 구할 수가 없기 때문입니다.

레위기 11장에서 15장은 땅 위의 모든 남자와 여자는 태초의 에덴에서 쫓겨나 '땅에 기는 길짐승'의 땅에서 살아가는 존재로 말씀합니다.

레위기에서 땅은 '땅에 기는 길짐승'에게 속하여 부정하며, 땅에 기는 길짐승은 땅에서 살아가는 남자와 여자의 모든 것을 부정하고 더럽게 만드는 짐승입니다.

부정한 땅에서 부정함 속에 살아가는 남자와 여자가 여호와께서 기뻐하시는, 흠 없는, 거룩한 속건제물을 과연 어디에서 구할 수 있을까요?

---

12) 속건제는 여호와의 언약 안에 있는 자가 신실하지 못하여 여호와의 계명(법)을 범했을 때, 죄의 값을 완전하게 배상하여 여호와와 화목한 관계를 회복하는 제사이다. 본문 설교 참조(5:14-6:7; 6:24-7:10).

오!

시내 산에서 마지막에 주신 언약의 말씀, 영원한 언약 '안식일 언약'에 소망이 있습니다.

모든 생명이 부정한 땅에서 여호와께서 기뻐하시는 속건제물을 구할 수 없다면, 영원한 언약을 맺으신, 언약에 신실하신 여호와께서 언약을 지키시기 위하여 속건제물을 주실 것이기 때문입니다.

놀랍게도 여호와는 거룩한 생명을 주실 것을 땅에 기는 길짐승의 부정함을 말씀하는 11장에서 계시하십니다. 완전하고 흠 없는, 땅에 속하지 않은, 땅에 기는 길짐승에 의해 더럽혀지지 않는 거룩한 씨, 거룩한 생명이 있을 것을 수수께끼 말씀으로 계시하십니다.

"이것들의 주검이 **심을 종자**에 떨어지면 그것이 정하거니와(11:37)"

"**종자**에 물이 묻었을 때에 그것이 그 위에 떨어지면 너희에게 부정하리라(11:38)"

'땅에 기는 길짐승'의 주검이 떨어진 '종자(생명)'는 부정합니다(11:38). 그런데 '심을 종자(11:37)'는 아닙니다! 심을 종자는 '정합니다!!!'.

그것은 심을 종자는 근본이 거룩하기 때문입니다. 근본의 거룩함은 그가 거룩한 곳에서 오실 것을 의미합니다. 따라서 '심을 종자'는 땅의 흙으로 돌아가는 근본이 부정한 남자에게서 나온 '씨'가 아니라, 근본이 거룩한 곳에서 오실 '거룩한 생명'입니다. 그래서 땅에 기는 길짐승은 결코 심을 종자를 부정하게 할 수가 없습니다.

11장 37절에서 '심을 종자'로 계시 된 '거룩한 생명(씨)'은 레위기 마지막 27장에서 '여호와께 온전히 바쳐진 그 사람'으로 드러납니다.

"어떤 사람이 자기 소유 중에서 오직 여호와께 온전히 바친 모든 것은 사람이든지 가축이든지 기업의 밭이든지 팔지도 못하고 무르지도 못하나니 **바친 것은 다 여호와께 지극히 거룩함이며 온전히 바쳐진 그 사람은 다시 무르지 못하나니 반드시 죽일지니라(27:28-29)**"

'땅에 기는 길짐승'은 결코 더럽힐 수 없는 '심을 종자'로 오신 '여호와께 온전히 바쳐진 그 사람'은 19:21-22에서 간음한 남자가 여호와 앞에 드려야 할 '속건제의 숫양'입니다.

간음한 남자는 여호와 앞에 반드시 죽임당할 형벌을 사함 받기 위하여 '여호와께 온전히 바쳐진 그 사람'을 여호와 앞에 속건제물로 드리게 됩니다.

'여호와께 온전히 바쳐진 그 사람'은 간음한 남자를 위하여 여호와 앞에서 반드시 죽임을 당해야 하는 '헤렘'의 형벌을 대신하여 당합니다.
'여호와께 온전히 바쳐진 그 사람'은 지극히 거룩한 자신에게 행하는 '헤렘'을 순순히 받으십니다. 참으로 흠 없는 속건제물로서 반드시 죽임당하여야 할 간음한 남자를 위하여, 완전한 진멸인 헤렘의 형벌을 받으십니다.

여호와 앞에서 헤렘을 당한 '여호와께 온전히 바쳐진 지극히 거룩한 그 사람'은 부정한 무덤 속에 영원히 갇히게 될까요?

그럴 수 없습니다!

땅에 기는 길짐승에 속한 부정한 무덤은 '여호와께 온전히 바쳐진 지극히 거룩한 그 사람'을 영원히 무덤 속에 가둘 수 없습니다.

여호와는 '여호와께 온전히 바쳐진 지극히 거룩한 그 사람'이 어떻게 될 것인가를 이렇게 선포하십니다.

"너희는 내 규례와 법도를 지키라 사람이(하아담) 이를 행하면 그로 말미암아 살리라 나는 여호와이니라(18:5)"

"그의 자손이 그의 백성 중에서 속되게 하지 말지니 나는 그를 거룩하게 하는 여호와임이니라(21:15)"

18:5에서 여호와는 여호와의 규례와 법도를 지키는 '그 사람(하아담)'은 '살리라' 선포하십니다. 이 말씀은 여호와의 규례와 법도를 지키는 '그 사람'은 '거룩한 사람'으로 죽지 않는다는 뜻입니다. 거룩한 사람이 죽지 않음은 21:15에 나타나 있습니다. 21:15에서 여호와는 '나는 그를 거룩하게 하는 여호와'를 선포하십니다. 거룩하신 여호와는 '여호와의 규례와 법도를 지킨 거룩한 그 사람'을 '거룩하게', 거룩하신 여호와와 같이 거룩하게 하시므로, '다시 살게' 하시겠다는 뜻입니다. 즉 18:5와 21:15 말씀은 여호와의 규례와 법도를 지킨 거룩한 그 사람은 여호와께서 거룩하게 하심으로 '그 사람'이 죽어도 여호와께서 다시 살리시겠다는 말씀입니다.

완전한 속건제물로 드려진, 여호와께 온전히 바쳐진 그 사람은 여호와의 법도와 규례를 온전히 순종한 지극히 거룩한 흠 없는 그 사람입니다.

그러므로 '여호와께 온전히 바쳐진 지극히 거룩한 그 사람'은 여호와께서 다시 살리실 것입니다. 다시 살아나게 하심으로 '여호와께 온전히 바쳐진 그 사람'은 거룩하신 여호와께서 보내신 '지극히 거룩한 그 사람'임을 증명할 것입니다. 그 사람은 다시 살아나심으로 자신이 지극히 거룩한 곳에서 오신 분이심을 드러내실 것입니다(행17:31).

'여호와께 온전히 바쳐진 지극히 거룩한 그 사람'은 지극히 거룩하신 곳, 하늘에서 오셨다가 하늘로 올라가실 하나님이십니다.[13]

여호와는 언약 안에 있으나 여호와의 계명을 범하여 마땅히 죽임당할 자를 대신하여, 무슨 허물이든지 사함 받을 수 있는 속건제물을 보내실 것을 율법 속에 감추어 선포하십니다.

"그는 또 그 속건제물을 여호와께 가져갈지니 곧 네가 지정한 가치대로 양 떼 중 흠 없는 숫양을 속건제물을 위하여 제사장에게로 끌고 갈 것이요 [7]제사장은 여호와 앞에서 그를 위하여 속죄한즉 그는 무슨 허물이든지 사함을 받으리라(레6:6-7)"

율법 속에 감추어진 여호와의 계시는 선지자들의 말씀을 통해 더욱 드러납니다.

---

13) '예수께서 이르시되 너희는 아래에서 났고 나는 위에서 났으며 너희는 이 세상에 속하였고 나는 이 세상에 속하지 아니하였느니라 그러므로 내가 너희에게 말하기를 너희가 너희 죄 가운데서 죽으리라 하였노라 너희가 만일 내가 그인 줄 믿지 아니하면 너희 죄 가운데서 죽으리라(요8:23-24)'

"여호와께서 그에게 상함을 받게 하시기를 원하사 질고를 당하게 하셨은즉 그의 영혼을 속건제물로 드리기에 이르면 그가 씨를 보게 되며 그의 날은 길 것이요 또 그의 손으로 여호와께서 기뻐하시는 뜻을 성취하리로다 [11]그가 자기 영혼의 수고한 것을 보고 만족하게 여길 것이라 나의 의로운 종이 자기 지식으로 많은 사람을 의롭게 하며 또 그들의 죄악을 친히 담당하리로다(사53:10-11)"

하나님의 때가 되어 예수님은 다윗의 자손을 위하여[14] '여호와께 온전히 바쳐진 지극히 거룩한 그 사람'으로 오셨습니다.

여호와께서 시내 산에서 이스라엘 자손과 맺은 영원한 언약, 안식일 언약에 따라 여호와의 거룩한 '그 안식일(출31:15)'에, 지극히 거룩한 자신을 속건제물로 드리기 위해 오셨습니다.[15]

<u>율법에 계시 된 말씀 그대로</u> '여호와께 온전히 바쳐진 지극히 거룩한 그 사람' 예수님은 가나안 땅에서 자유를 선포하셨습니다.[16]

"주의 성령이 내게 임하셨으니 이는 가난한 자에게 복음을 전하게 하시려고 내게 기름을 부으시고 나를 보내사 포로 된 자에게 자유를, 눈먼 자에게 다시 보게 함을 전파하며 눌린 자를 자유롭게 하고 [19]주의 은혜의 해를 전파하게 하려 하심이

---

14) '그런즉 다윗이 그리스도를 주라 칭하였으니 어찌 그의 자손이 되겠느냐 하시니라(눅20:44)'
15) 다윗의 범죄로 백성이 재앙을 당할 때 다윗은 '… 주의 손으로 나와 내 아버지의 집을 치소서'하며 여호와께 간절히 아뢴다(삼하24:1-25). 여호와께서 다윗 후손의 아버지가 되겠다고 하셨으므로(삼하7:14), 다윗이 '치소서'라고 아뢴 '내 아버지의 집'은 성전 되신 '예수님'이다(요2:19). 다윗은 성전으로 오실 예수님을 예표하는 하나님의 집터를 준비하는 자가 된다(대상22:1).
16) 25장 본문 설교 참조

라 하였더라(눅4:18-19)"

　　율법에 계시 된 말씀 그대로 여호와의 희년에[17] 여호와께 온전히 바쳐진 지극히 거룩한 그 사람 **예수님**은 진영 밖(골고다)에서 여호와로부터 완전한 진멸, 헤렘을 당하셨습니다.

"예수를 끌고 골고다라 하는 곳(번역하면 해골의 곳)에 이르러 … [25]때가 제삼 시가 되어 십자가에 못 박으니라 … [33]제육 시가 되매 온 땅에 어둠이 임하여 제구 시까지 계속하더니 [34]제구 시에 예수께서 크게 소리 지르시되 엘리 엘리 라마 사박다니 하시니 이를 번역하면 나의 하나님 나의 하나님 어찌하여 나를 버리셨나이까 하는 뜻이라(막15:22, 25, 33-34)"

　　율법에 계시 된 말씀 그대로 '여호와께 온전히 바쳐진 지극히 거룩한 그 사람' **그 이름 예수를 믿음**으로 여호와께 나가는 자는 죄의 종에서 해방되어 영원한 자유를 얻게 하셨습니다.

"진리를 알지니 진리가 너희를 자유롭게 하리라… [34]예수께서 대답하시되 진실로 진실로 너희에게 이르노니 죄를 범하는 자마다 죄의 종이라 [35]종은 영원히 집에 거하지 못하되 아들은 영원히 거하나니 [36]그러므로 아들이 너희를 자유롭게 하면 너희가 참으로 자유로우리라(요8:32, 34-36)"

　　　　　　　　　　　　　　　　　　　　　　　　　　아멘!

---

17) 27장 본문 설교 참조

⁸None of the rulers of this age understood it, for if they had, they would not have crucified the Lord of glory.

⁹However, as it is written:

> "What no eye has seen,
> what no ear has heard,
> and what no human mind has conceived"–

the things God has prepared for those who love him–

¹⁰these are the things God has revealed to us by his Spirit.

(1 CORINTHIANS 2:8-10)

✦ 차례 ✦

추천의 글 4
머리글 20
1:1-2 봐이크라(וַיִּקְרָא) 39
1:3-17 번제 47
2:1-16 소제 57
3:1-17 화목제 67
4:1-5:13 속죄제 77
5:14-6:7 속건제 97
6:8-13 번제의 규례 109
6:14-23 소제의 규례 115
6:24-7:10 속죄제와 속건제 규례 121
7:11-38 화목제물 규례 131
8:1-36 아론과 그 아들들의 기름 부음 받음 145
9:1-24 여덟째 날에 드리는 제사 161
10:1-20 나답과 아비후의 죽음 171
11:1-47 내가 거룩하니 너희도 거룩할지어다 185
12:1-8 부정한 피의 근원을 가진 여자 203

13:1-59 차라아트 걸린 부정한 남자(아담 אָדָם) 215
14:1-57 나병 환자가 정결하게 되는 날의 규례 237
★ 여호와는 왜 모세에게만 말씀하실까? 258
15:1-33 부정한 남자와 부정한 여자 261
★ 정결 규례 요약 276
16:1-34 안식일 중의 안식일 : 일곱째 달 십 일 제사 277
17:1-16 육체의 생명은 피 299
18:1-30 여호와의 규례와 법도를 지키라, 그리하면 살리라① 311
19:1-37 거룩한 백성에게 주신 여호와의 규례와 법도 329
20:1-27 여호와의 규례와 법도를 지키라, 그리하면 살리라② 353
21:1-24 흠이 없는 거룩한 제사장 371
22:1-33 흠이 없는 거룩한 제물 391
23:1-44 여호와의 쉴 안식일에 안식하라 413
24:1-23 안식일의 축복과 여호와의 안식에서 나간 자 447
25:1-55 여호와의 안식에 거하는 자 : 여호와를 경외하는 자 469
26:1-46 안식하는 땅에서의 순종과 불순종 493
27:1-34 여호와께 온전히 바쳐진 지극히 거룩한 그 사람 531

1:1-2
봐이크라(ויקרא)

여호와께서 회막에서 모세를 부르시고
그에게 말씀하여 이르시되 (1:1)

모세오경의 세 번째 책을 '레위기'로 부르게 된 것은 70인역(LXX)에서 기원합니다. 70인역은 히브리어로 된 구약 성경을18) 헬라어로 번역하면서 세 번째 책을 **레위티콘**(Λευϊτικόν)으로 칭했습니다. 후에 구약 성경을 라틴어로 번역한 불가타(Vulgata)역은 레위티콘을 **레비티쿠스**(Leviticus)로 번역하였습니다. 그리고 영어역 킹제임스 역본은 이 명칭을 그대로 이어받았습니다. 한글 성경은 영어 성경의 레비티쿠스를 '**레위기**'로 번역하여 오늘에 이르고 있습니다.19)

---

18) 레위기의 히브리어 이름은 첫 단어 '봐이크라(ויקרא)'이다. '봐이크라'는 '그가 부르셨다'라는 뜻이다.
19) 기동연, 『레위기』, (서울: 생명의 양식, 2019), 16

1:1 여호와께서 회막에서 모세를 부르시고 그에게 말씀하여 이르시되
(봐이크라 엘 모세 봐예다베르 여호와 엘라이브 메오헬 모에드 레모르 וַיִּקְרָא אֶל מֹשֶׁה וַיְדַבֵּר יְהוָה אֵלָיו מֵאֹהֶל מוֹעֵד לֵאמֹר)[20]

레위기 1:1은 '봐이크라 엘 모세'로 시작합니다. 이 어구를 직역하면 '그리고-그가-불렀다-모세를' 입니다. 여기서 '봐이크라'의 역할은 1:1이 출애굽기 40:34-35와 이어지는 말씀임을 알리는 표지 역할을 합니다.[21]

출애굽기 40:34-35 말씀의 상황은 다음과 같습니다.

너는 첫째 달 초하루에 **성막** 곧 **회막**을 세우고(40:2)
↓
[34]①구름이 **회막**에 덮이고 여호와의 영광이 **성막**에 충만하매
[35]**모세가 회막에 들어갈 수 없었으니**
②이는 구름이 **회막** 위에 덮이고 여호와의 영광이 **성막**에 충만함이었으며(40:34-35)

출애굽기 40:2에서 여호와는 모세에게 '**성막 곧 회막(오헬 모에드)**'을[22] 세우라고 명령하십니다. 그리고 40:34-35에서는 '구름이 **회막**에 덮이고 여

---

20) 히브리어는 오른쪽에서 왼쪽으로 읽는다. 원문을 같이 쓴 것은 말씀을 깊이 있게 보기 위함이다.
21) '봐이크라'는 '봐브 계속법+미완료형 동사'로, 이 형식의 문장은 현재 문장 동사가 선행 문장의 동사와 연결되어 있음을 알려준다. '봐이크라'는 레1:1 앞에 있는 출애굽기 40장의 동사와 연결되는데, 40:34-35에 완성된 성막에 여호와의 영광이 충만하여 모세가 회막에 들어가지 못하고 있을 때 여호와께서 모세를 부르시는 상황으로 이어지는 동사이다. 기동연, 『레위기』, 46
22) '오헬 모에드'는 '만남의 장막'이란 뜻이다.

호와의 영광이 **성막**에 충만하매' 말씀을 반복하며(①, ②), '모세가 회막에 들어갈 수 없었으니'를 감싸고 있습니다.

40:34-35에서 반복되는 '구름이 회막에 덮이고 여호와의 영광이 성막에 충만하매' 말씀은 40:2의 명령 '성막 곧 회막'을 세우라는 명령이 이루어진 것을 보여줍니다.
　그런데 모세는 성막 곧 회막에(오헬 모에드) 들어가지 못합니다.
　무슨 문제라도 발생한 것일까요?23)

그때 '회막에서' 모세를 부르시는 소리가 들립니다(레1:1). 회막에서 부르시는 소리를 들었을 때, 여호와의 영광이 충만한 성막을 바라보며 두려움에 떨었던 이스라엘 자손은 기쁨과 안도의 탄성을 터트렸을 것입니다.

<u>모세와 이스라엘 자손이 세운 여호와의 성막이 여호와의 영광이 가득한 회막이 되는 놀라운 역사가 그들의 눈앞에서 일어났기</u> 때문입니다.

여호와 임재의 구름이 회막 위에 덮여 여호와의 영광이 충만한 성막에서, 여호와와 이스라엘 자손이 만나는 '회막'이 되는 것은, 여호와의 '부르심'에 있습니다.
　이것을 40:2와 40:34-35 사이에 있는 **40:16-17** 말씀이 알려줍니다.

출애굽기 40장 세 곳의 말씀과 레위기 1:1을 함께 보겠습니다.

---

23) 이 상황은 굉장한 긴장감을 불러온다. 이스라엘 자손은 시내 산에 강림하신 여호와를 경험하였을 때와 같은 두려움을 느꼈을 것이다(출20:18-21).

① 너는 첫째 달 초하루에 **성막 곧 회막을 세우고**(출40:2)

② 모세가 그같이 행하되 곧 여호와께서 자기에게 명령하신 대로 다 행하였더라 ¹⁷둘째 해 첫째 달 곧 그 달 초하루에 **성막을 세우니라**(출40:16-17)

③ 구름이 회막에 덮이고 여호와의 영광이 성막에 충만하매 ³⁵**모세가 회막에 들어갈 수 없었으니** 이는 구름이 회막 위에 덮이고 여호와의 영광이 성막에 충만함이었으며(출40:34-35)

④ 여호와께서 **회막에서 모세를 부르시고** 그에게 말씀하여 이르시되(레1:1)

②는 모세가 ①명령대로 행하여, 둘째 해 첫째 달 곧 그 달 초하루에 '성막'을 세웠다고 말씀합니다(회막을 세웠다는 말씀은 없음). ①에서 '성막 곧 회막을 세우고' 명령하셨으므로, ①명령은 ②에서 아직 이루어지지 않았습니다. 그 상황이 ③으로 이어집니다. ③에서 '구름이 회막에 덮이고'는 여호와께서 '성막이 곧 회막'이 되게 하시기 위해 임재하심을 말씀합니다. 그러나 모세는 아직 '회막'에 들어가지 못합니다. 그때 ④여호와께서 '회막에서' 모세를 부르십니다.

모세가 여호와의 명령대로 행하여 세운 성막에 여호와께서 임재하십니다. 성막은 여호와의 영광이 가득한 회막이 됩니다. 회막에 임재하신 여호와께서 모세를 부르십니다. 회막에서 모세를 부르심으로 '성막 곧 회막을 세우라(40:2)' 명령이 성취됩니다!

그러므로 1:1의 '여호와께서 회막에서 모세를 부르시고' 말씀은 여호와의 영광이 충만한 '성막'이 여호와와 이스라엘 자손이 만나는 '회막'이 됨을 선포하는 말씀입니다. 여호와는 그 회막에서 모세를 부르시고 말씀하십니다.

1:2 이스라엘 자손에게 말하여 이르라 너희 중에 누구든지(아담 אָדָם) 여호와께 예물을(코르반 קָרְבָּן) 드리려거든(야크리브 יַקְרִיב) 가축 중에서 소나 양으로 예물을 드릴지니라

여호와는 회막에서 모세를 부르시고 모세를 통해 이스라엘 자손에게 말씀하십니다. 영광 가운데 계신 여호와께서 이스라엘 자손에게 직접 말씀하시지 않는 것은, 시내 산에서 이스라엘 자손이 모세를 통해 여호와께 요청하였기 때문입니다.

"당신이 우리에게 말씀하소서 우리가 들으리이다 하나님이 우리에게 말씀하시지 말게 하소서 우리가 죽을까 하나이다(출20:19)"

여호와께서 시내 산 위에 강림하셨을 때 여호와의 영광을 직접 본 이스라엘 자손은 너무나 두려워 모세를 통해 여호와의 말씀 듣기를 요청하였습니다. 여호와는 이스라엘 자손의 요청을 기꺼이 허락하셨습니다(신5:27-29). 그래서 영광 가운데 계신 여호와는 회막에서 모세를 부르시고 모세를 통해 '이스라엘 자손에게' 말씀하여 이르십니다.

'너희 중에 누구든지(아담)'에서 '누구든지'에 해당하는 히브리어는 '아담'

으로, 여호와는 이스라엘 자손이 '아담의 후손'임을 나타내십니다.

'예물을 드리려거든'에서 '예물(코르반)'과 '드리려거든(야크리브)'은 둘 다 '카라브(קָרַב)' 동사에서 나온 말로 '가까이 가다, 가까이 오다'라는 뜻이 들어 있습니다.

따라서 1:2는 여호와께서 모세를 불러 아담의 후손 이스라엘 자손에게 이렇게 전하라고 말씀하시는 것입니다.

"누구든지(아담) 여호와께 **가까이 나아오려거든** … **가축** 중에서 … **예물**을 드릴지니라"

이제 레위기에서 '제사법'을 가장 먼저 말씀하시는 까닭을 알 수 있습니다. 여호와께서 아담에게 가축 예물을 드리라고 하시는 것은 '회막'에 임재하신 여호와께서 아담을 만나기 위함임을 알 수 있습니다(출29:42-43).[24]

창세기에서 '그 사람(하아담 הָאָדָם)'은 여호와의 명령을 어긴 결과, 여호와와 함께 거하던 에덴에서 쫓겨나 다시 들어갈 수 없게 되었습니다(창3:24).

그런데 레위기 1:1-2를 보십시오.

여호와께서 아담의 후손인 이스라엘 자손을 '회막'에서 부르시고 가축 예물을 드림으로 가까이 오라 하십니다.

실로 가축 예물 제사는 에덴에서 쫓겨난 사람이(아담) 어떻게 영광 가운

---

[24] '이는 너희가 대대로 여호와 앞 회막 문에서 늘 드릴 번제라 내가 거기서 너희와 만나고 네게 말하리라 내가 거기서 이스라엘 자손을 만나리니 내 영광으로 말미암아 회막이 거룩하게 될지라(출29:42-43)'

데 거하시는 거룩하신 하나님께 다시 가까이 갈 수 있는지를 알려주시기 위해 주신 제사입니다.

거룩하신 하나님께서 여호와의 명령을 거역하여 에덴에서 쫓겨난 아담을 찾으시려고 하늘에서 내려오셨습니다. 안식할 곳 없는 아담을 긍휼히 여기시고 아담을 부르십니다. 그 부르심을 듣고 여호와께 가까이 나아갈 때, 아담이 영원히 안식하는 곳, 거룩하신 하나님과 함께 영원히 거하는 에덴으로 돌아갈 수 있는 길을 세세하게 가르쳐주시는 말씀이 레위기입니다.

이런 기대와 기쁨을 가지고 레위기 말씀을 함께 배우기를 원합니다.

1:3-17
번제

그는 번제물의 머리에 안수할지니
그를 위하여 기쁘게 받으심이 되어
그를 위하여 속죄가 될 것이라(1:4)

회막에서 모세를 부르신 여호와는 이스라엘 자손이 여호와께 가까이 나아오도록 다섯 가지 제사를 주십니다. 다섯 가지 제사는 1장에서 7장까지 계속되는데 말씀 수신자에 따라 두 단원(單元)으로 나눌 수 있습니다.[25]

1:1-2 서론	
제사법 I: 이스라엘 자손 중심(1:3-6:7)	제사법 II: 제사장 중심(6:8-7:36)
1. 번제 (1:3-17)	1. 번제 (6:8-13)
2. 소제 (2:1-16)	2. 소제 (6:14-23)
3. 화목제(3:1-17)	3. 속죄제(6:24-30)
4. 속죄제(4:1-5:13)	4. 속건제(7:1-7)
5. 속건제(5:14-6:7)	5. 화목제(7:11-36)
7:37-38 결론	

번제는 히브리어로 '올라(עלה)'라고 하며 제물의 가죽을 제외한 전부를 제단에서 불살라 드리는 제사입니다.

번제 말씀은 가축 종류에 따라

소의 번제(1:3-9),

양과 염소의 번제(1:10-13),

새의 번제(1:14-17) 순서로 말씀이 전개됩니다.

---

25) 박철현, 『레위기』, (서울: 솔로몬, 2018), 32

1:3 그 예물이 소의 번제이면 흠 없는 수컷으로(자카르 타밈 זָכָר תָּמִים) 회막 문에서 여호와 앞에 기쁘게 받으시도록 드릴지니라

소의 번제는 '흠 없는 수컷(자카르 타밈)'으로26) 드립니다. '흠 없음(타밈)'의 의미는 '완전함'입니다. 여호와께서 아브람에게 '너는 내 앞에서 행하여 완전하라(창17:1)' 하실 때의 '완전하라' 의미가 '흠 없는'과 같은 뜻입니다. 따라서 번제물 '흠 없는 수컷'은 예배자가 온 마음을 다해 정성껏 준비한 제물로 여호와 보시기에 기쁘게 받으시는 예물을 의미합니다.

1:4 그는 번제물의 머리에 안수할지니 그를 위하여 기쁘게 받으심이 되어 그를 위하여 속죄가 될 것이라

1:3의 '기쁘게 받으시도록' 표현이 1:4에도 반복됩니다. '그를 위하여 기쁘게 받으심이 되어' 말씀은 여호와께서 예배자의 마음을 보고 있음을 강조합니다(잠16:2). 예배자는 여호와께서 기쁘게 받으시도록 마음을 다해 예물을 드려야 합니다. 그러므로 예배자는 자신이 드리는 번제물의 머리에 진실한 마음으로 안수해야 합니다. 여호와는 그러한 예배자에게 속죄의 은혜가 임할 것을 선포하십니다.

1:5-9 그는 여호와 앞에서 그 수송아지를 잡을 것이요 아론의 자손 제사장들은 그 피를 가져다가 회막 문 앞 제단 사방에 뿌릴 것이며 [6]그는 또 그 번제물의 가죽을 벗기고 각을 뜰 것이요 [7]제사장 아론의

---

26) 여호와께 드리는 예물은 '흠 없는 가축'을 드린다. 가축은 주인의 집에서 함께 산다. 주인은 자신의 가축을 누구보다 잘 알 것이다.

자손들은 제단 위에 불을 붙이고 불 위에 나무를 벌여 놓고 8아론의 자손 제사장들은 그 뜬 각과 머리와 기름을 제단 위의 불 위에 있는 나무에 벌여 놓을 것이며 9그 내장과 정강이를 물로 씻을 것이요 제사장은 그 전부를 제단 위에서 불살라 번제를 드릴지니 이는 화제라 여호와께 향기로운 냄새니라

1:5-9는 번제를 드릴 때 예배자와 제사장의 맡은 의식을 말씀합니다. 예배자는 여호와 앞에서 직접 제물을 잡습니다. 제사장은 제물의 피를 가져다가 회막 문 앞 제단 사방에 뿌립니다(1:5). 예배자는 제물의 가죽을 벗기고, 각을 뜨고(1:6), 제물의 내장과 정강이를 물로 씻습니다(1:9). 제사장은 제단 위에 불을 붙이고 불 위에 나무를 벌여 놓고(1:7), 예배자가 뜬 각과 머리와 기름을 제단 위 불이 붙은 나무 위에 놓아(1:8), 제물 전부를 제단 위에서 불살라 여호와께 번제를 드립니다(1:9).

여호와는 이렇게 드리는 소의 번제를 '이는 화제라 여호와께 향기로운 냄새니라' 선포하시며, 여호와께서 기쁘게 받으시는 제사임을 나타내십니다.

여호와는 번제를 '화제'라고 하십니다. 화제는 여호와께 '향기로운 냄새'로 드리는 제사로, 여호와께서 기쁘게 받으시는 제사를 나타냅니다.

1:10-11 만일 그 예물이 가축 떼의 양이나 염소의 번제이면 흠 없는 수컷으로(자카르 타밈 זָכָר תָּמִים) 드릴지니 11그가 제단 북쪽 여호와 앞에서 그것을 잡을 것이요 아론의 자손 제사장들은 그것의 피를 제단 사방에 뿌릴 것이며

양이나 염소로 드리는 번제도 흠 없는 수컷으로(자카르 타밈) 드립니다. 여호와는 소보다 작은 제물인 양과 염소는 제단 북쪽에서 잡으라 하십니다. 아론의 자손 제사장들은 제단 북쪽에서 잡은 번제물의 피를 제단 사방에 뿌립니다.

> **1:12-13** 그는 그것의 각을 뜨고 그것의 머리와 그것의 기름을 베어낼 것이요 제사장은 그것을 다 제단 위의 불 위에 있는 나무 위에 벌여 놓을 것이며 ¹³그 내장과 그 정강이를 물로 씻을 것이요 제사장은 그 전부를 가져다가 제단 위에서 불살라 번제를 드릴지니 이는 화제라 여호와께 향기로운 냄새니라

양, 혹은 염소로 번제를 드리는 예배자는 제물을 잡아 가죽을 벗기고, 각을 뜨고, 머리와 기름을 베어내고, 내장과 정강이를 물로 씻어야 합니다. 제사장은 번제 제물 전부를 가져다가 제단 위에서 불살라 여호와께 향기로운 화제로 드립니다.

제물을 잡을 때는 가축의 급소를 빠르게 찔러 고통 없이 순식간에 생명을 끊는다고 합니다. 가축을 고통 없이 잡는다고 할지라도 생명 있는 존재의 죽음 앞에서 예배자는 하나님께 가까이 가는 것이 얼마나 두려운 일인가를 깨달았을 것입니다. 또한 가축 예물을 받으시고 여호와께 가까이 갈 수 있도록 은혜를 베푸신 여호와께 진실로 감사드리는 시간이 되었을 것입니다.

소, 양, 염소로 번제를 드리는 절차는 대체로 다음과 같은 순서로 드려졌습니다.27)

---

27) 박철현, 『레위기』, 91의 표를 참조함

번제 순서	의식 맡은 자	관련 본문
-제물을 가져옴	예배자	(1:3, 10) 흠 없는 수컷, 받아들여지도록(1:3)
-안수	예배자	(1:4) 안수하여 속죄가 되게 함
-제물을 잡음	예배자	(1:5, 11) 회막 문, 제단의 북쪽
-피를 뿌림	제사장	(1:5, 11) 회막문 앞 제단 사방
-가죽 벗김, 각을 뜸	예배자	(1:6, 12)
※ 제사장이 제단 위에 불을 붙이고 나무를 진열함(1:7, 6:12-13 참조)		
-제물을 제단에 올림	제사장	(1:8, 12)
-내장과 정강이를 씻음	예배자	(1:9, 13)
-제물 전부를 불사름	제사장	(1:9, 13), 가죽 제외(7:8 참조)

1:14-17 만일 여호와께 드리는 예물이 새의 번제이면 산비둘기나 집비둘기 새끼로 예물을 드릴 것이요 [15]제사장은 그것을 제단으로 가져다가 그것의 머리를 비틀어 끊고 제단 위에서 불사르고 피는 제단 곁에 흘릴 것이며 [16]그것의 모이주머니와 그 더러운 것은 제거하여 제단 동쪽 재 버리는 곳에 던지고 [17]또 그 날개 자리에서 그 몸을 찢되 아주 찢지 말고 제사장이 그것을 제단 위의 불 위에 있는 나무 위에서 불살라 번제를 드릴지니 이는 화제라 여호와께 향기로운 냄새니라

번제는 소, 양, 염소로 드리는 번제와 새로 드리는 번제가 있습니다. 새의 번제는 산비둘기나 집비둘기 새끼로 예물을 드립니다. 예배자가 산비둘기나 집비둘기 새끼를 제사장에게 드리면 제사장은 제단으로 가져다가 새의 머리를 비틀어 끊어, 제단 위에서 불사르고, 피는 제단 곁에 흘립니다. 새의 모이

주머니와 더러운 것은 제거하여 제단 동쪽 재 버리는 곳에 던집니다. 또 새의 날개 자리에서 몸을 찢되 완전히 분리되지 않도록 하여 제단 위의 불 위에서 불살라 여호와께 화제로 드립니다.

　새의 번제는 제사장이 전적으로 집전합니다. 그래서 새의 번제는 예배자가 마치 제사장의 손에 있는 새처럼 느껴지게 합니다.
　새의 머리가 제사장의 손에 의해 비틀려 끊어질 때, 예배자는 죽음을 경험합니다. 새의 피가 제단을 흘러내릴 때, 자신이 씻기어짐을 깨닫습니다. 새의 모든 더러운 것이 제단 동쪽 재 버리는 곳에 던져질 때, 내면의 더러움도 다 버려집니다.
　가축 제물에 비하면 너무나 보잘것없는 새를 제물로 드림에도 여호와는 '이는 화제라 여호와께 향기로운 냄새니라(1:17c)' 선포하시니 새의 번제는 참으로 여호와의 은혜를 깨닫게 하는 귀한 제사입니다.

▶▶ **본문 해석**

"그 예물이 소의 번제이면 **흠 없는 수컷으로**(자카르 타밈 זָכָר תָּמִים) 회막문에서 여호와 앞에 기쁘게 받으시도록 드릴지니라 ⁴**그는 번제물의 머리에 안수할지니 그를 위하여 기쁘게 받으심이 되어 그를 위하여 속죄가 될것이라**(1:3-4)"

번제의 예물 '흠 없는 수컷(자카르 타밈)'에는 장차 흠이 없는 완전한 번제물이 여호와께 드려질 날이 있을 것을 내포합니다.

'자카르 타밈'에 담긴 이러한 의미는 수컷을 뜻하는 명사 '자카르(זָכָר)'를 통해 알 수 있습니다. 수컷 '자카르'는 '기억하다(자카르 זָכַר)' 동사에서 나왔습니다.[28] '기억하다(자카르)'는 레위기 후반 26장에서 여호와께서 이스라엘 자손의 조상과 맺은 언약을 여호와께서 잊지 않으시고 '기억하고 계심'을 강력하게 선포하시는 말씀의 절정에서 나타납니다.

> "[42]내가 야곱과 맺은 내 언약과 이삭과 맺은 내 언약을 기억하며(자카르) 아브라함과 맺은 내 언약을 기억하고(자카르) 그 땅을 기억하리라(자카르) [45]내가 그들의 하나님이 되기 위하여 민족들이 보는 앞에서 애굽 땅으로부터 그들을 인도하여 낸 그들의 조상과의 언약을 그들을 위하여 기억하리라(자카르) 나는 여호와이니라(26:42, 45)"

레위기 시작에서 번제의 예물로 '흠 없는 수컷(자카르 타밈)'에 담긴 '기억(자카르)'과 레위기 끝에서 '여호와의 기억하심(자카르)'의 강력한 선포는 '여호와는 기억하시는 하나님'이심을 말씀합니다. 여호와의 기억하심은 이스라엘 자손의 조상과 맺은 언약을 기억하심입니다(신4:31). 조상과 맺은 언약을 기억하심은 그 언약을 신실하게 지키시는 하나님 되심을 의미합니다(신7:9).

가나안 땅에 들어간 이스라엘 자손은 출애굽의 은혜를 속히 잊어버리고

---

28) 명사 '수컷(자카르 זָכָר)'의 동사는 '기억하다(자카르 זָכַר)'이다. 자음은 같고 모음만 다르다.

(신9:16) 여호와와 맺은 언약을 배반하고 떠나지만, 여호와는 언약을 기억하고 지키시므로 그들을 위해 가나안 땅에 여호와의 흠 없는 숫양을(자카르 타밈) 보내실 것입니다.

가나안 땅에서 여호와께서 기쁘게 받으시는 흠 없는 수컷 제물, 완전한 번제물을 드리는 날이 오면, 여호와와 이스라엘 자손이 시내 산에서 함께 맺은 영원한 언약이 이루어질 것입니다. 그날은 아담의 후손에게 완전한 속죄가 이루어지는 날이 될 것입니다.

그리하여 레위기 26장 마지막에 '나는 그들의 하나님이 되겠다!' 여호와 이름으로 선포하신 여호와의 맹세가 가나안 땅에 울려 퍼질 것입니다.

# 2:1-16
소제

네 모든 소제물에 소금을 치라
네 하나님의 언약의 소금을 네 소제에 빼지 못할지니
네 모든 예물에 소금을 드릴지니라(2:13)

소제는(민하 מִנְחָה) 곡식을 예물로 드리는 제사입니다. '민하' 표현은 창세기에도 있는데, 해당 본문에서 '제물'과29) '예물'의30) 뜻으로 쓰였습니다.

소제 말씀은

고운 가루로 드리는 소제(2:1-3),

요리하여 드리는 소제(2:4-10),

소제를 드릴 때의 지킬 사항(2:11-13),

첫 이삭으로 드리는 소제(2:14-16)로 구분할 수 있습니다.

---

29) '세월이 지난 후에 가인은 땅의 소산으로 제물을(민하) 삼아 여호와께 드렸고 아벨은 자기도 양의 첫 새끼와 그 기름으로 드렸더니 여호와께서 아벨과 그의 제물은(민하) 받으셨으나 가인과 그의 제물은 받지 아니하신지라 가인이 몹시 분하여 안색이 변하니(창4:3-5)'

30) '야곱이 거기서 밤을 지내고 그 소유 중에서 형 에서를 위하여 예물을(민하) 택하니(창32:13)'

2:1 누구든지(네페쉬 נֶפֶשׁ) 소제의 예물을 여호와께 드리려거든 고운 가루로 예물을 삼아 그 위에 기름을 붓고 또 그 위에 유향을 놓아

1:2에서는 '누구든지'를 '아담'이라고 하였는데, 소제 말씀은 '누구든지'를 '네페쉬'로 칭하며 시작합니다.31)

소제의 예물은 고운 가루로 드려야 합니다. 고운 가루는 곡식 속 알갱이만 신중히 골라 간 것으로 일반 곡식 가루보다 고급으로 귀한 가루입니다.

그 고운 가루를 예물로 삼아 그 위에 기름을 붓고,32) 또 그 위에 유향을 놓아33) 여호와께 드립니다.

2:2 아론의 자손 제사장들에게로 가져갈 것이요 제사장은 그 고운 가루 한 움큼과 기름과 그 모든 유향을 가져다가 기념물로(아즈카라 אַזְכָּרָה) 제단 위에서 불사를지니 이는 화제라 여호와께 향기로운 냄새니라

소제를 드리는 자는 고운 가루 예물 위에 기름을 붓고 유향을 놓은 다음 그 예물을 제사장에게로 가져갑니다. 제사장은 예물을 제단으로 가져가서 고운 가루 한 움큼과 기름과 모든 유향을 기념물로 제단 위에서 불사릅니다.

---

31) 레위기는 '사람'을 표현할 때 '아담, 네페쉬, 이쉬'로 표현한다. 세 단어 중에서 '네페쉬'로 표현하는 곳이 가장 많은데, 문맥에 따라 네페쉬는 '사람, 생명, 시체'의 뜻으로 해석된다. 레위기 밖에서 '네페쉬'가 가장 많이 쓰이는 곳은 시편이다. 시편에서 네페쉬는 '사람의 영혼, 마음, 목숨, 뜻, 생명, 소원, 탐욕' 등을 표현할 때 주로 사용된다. 특히 '영혼(네페쉬)'이 여호와의 자비와 긍휼을 바랄 때 사용된다.
32) 소제에 붓는 기름은 감람으로 짠 순수한 기름이다(출27:20 참조).
33) 유향은 아라비아 남부 등지의 보스웰리아란 나무의 수지가 흘러내려서 하얗게 굳은 것이다.

'기념물(아즈카라)'도 '기억하다(자카르 זָכַר)'에서 파생한 단어입니다. '고운 가루와 기름과 유향'이 제단 위에서 '기념물'로 불살라질 때 여호와는 그 예물을 향기로운 냄새로 받으시고 예물 드린 자를 기억하십니다.

2:3 그 소제물의 남은 것은 아론과 그의 자손에게 돌릴지니 이는 여호와의 화제물 중에 지극히 거룩한 것이니라(코데쉬 코다쉼 קֹדֶשׁ קָדָשִׁים)

여호와는 소제물의 남은 것을 아론과 그의 자손에게 돌리라고 하시고, 소제물의 남은 것을 '여호와의 화제물 중에서 지극히 거룩한 것이니라(코데쉬 코다쉼)' 하십니다. 이 말씀은 소제물의 남은 것은 지극히 거룩하므로 아무나 먹을 수 없고, 아론과 그의 자손에게 돌려 그들이 회막 뜰 거룩한 곳에서 거룩히 여겨 먹어야 한다는 뜻입니다(6:16-18).

2:4 네가 화덕에(탄누르 תַּנּוּר) 구운 것으로 소제의 예물을 드리려거든 고운 가루에 기름을 섞어 만든 무교병이나 기름을 바른 무교전병을 드릴 것이요

화덕에 구운 것으로34) 소제의 예물을 드리려면 고운 가루에 기름을 섞되, 누룩을 넣어서는 안 됩니다. 여호와께서 무교병이나 무교전병으로 드리라고 하시기 때문입니다.

2:5-6 철판에(마하바트 מַחֲבַת) 부친 것으로 소제의 예물을 드리려거든 고

---

34) 화덕 요리는 화덕(탄누르) 속에 불을 피우고 화덕 벽에 밀가루 반죽을 붙여서 빵을 굽는 방법이다.

운 가루에 누룩을 넣지 말고 기름을 섞어 조각으로 나누고 그 위에 기름을 부을지니 이는 소제니라

철판으로 요리하는 소제 예물은 요리 후에 기름을 붓는 과정이 첨가됩니다. 누룩을 넣지 않고 기름을 섞어 반죽한 덩어리를 조각으로 나누어 철판 위에서 익힙니다. 익힌 조각 위에 기름을 부어 소제 예물로 드립니다.

2:7 네가 냄비의(마르헤세트 מַרְחֶשֶׁת) 것으로 소제를 드리려거든 고운 가루와 기름을 섞어 만들지니라

냄비(마르세헤트)는 주로 튀김 냄비를 가리키므로 고운 가루 반죽을 기름에 튀겨서 만든 요리 방법을 말합니다.35)

2:8-10 너는 이것들로 만든 소제물을 여호와께로 가져다가 제사장에게 줄 것이요 제사장은 그것을 제단으로 가져가서 9그 소제물 중에서 기념할 것을(아즈카라 אַזְכָּרָה) 가져다가 제단 위에서 불사를 지니 이는 화제라 여호와께 향기로운 냄새니라 10소제물의 남은 것은 아론과 그의 아들들에게 돌릴지니 이는 여호와의 화제물 중에 지극히 거룩한 것이니라(코데쉬 코다쉼 קֹדֶשׁ קָדָשִׁים)

여호와는 요리한 소제물을 '여호와께로 가져다가 → 제사장에게 줄 것'이라 말씀하십니다. '여호와께로 가져다가'를 먼저 말씀하심은 여호와께서 소

---

35) 기동연, 『레위기』, 95

제물을 기쁘게 받으심을 나타냅니다. 소제물을 기뻐하심은 '제사장에게 줄 것이요 → 제사장은 제단으로 가져가서'에도 나타나 있습니다. 제사장은 요리한 소제물 일부가 아니라 전부를 제단으로 가져가야 합니다. 이것은 요리한 소제물 전부를 여호와께 드린다는 의미입니다.36) 제사장은 전부를 '제단으로 가져가서 → 소제물 중 기념할 것(아즈카라)'만 제단 위에서 불사릅니다. 여호와는 요리한 소제물을 이렇게 받기를 원하시며 '이는 화제라 여호와께 향기로운 냄새'라 하시며, 여호와께서 기쁘게 받으심을 나타내십니다.

요리한 소제물의 남은 것도 지극히 거룩하므로(코데쉬 코다쉼), 2:3과 같이 아론과 그의 아들들에게 돌려 회막 뜰 거룩한 곳에서 먹어야 합니다.

2:11-12 너희가 여호와께 드리는 모든 소제물에는 누룩을 넣지 말지니 너희가 누룩이나 꿀을 여호와께 화제로 드려 사르지 못할지니라 12처음 익은 것으로는(코르반 레쉬트 קָרְבַּן רֵאשִׁית) 그것을 여호와께 드릴지나 향기로운 냄새를 위하여는 제단에 올리지 말지며

여호와는 모든 소제물에 누룩을 넣지 말라 명하십니다. 또 누룩이나 꿀을37) 여호와께 화제로 드려 사르지 말라 하십니다. 이 명령은 누룩이나 꿀이 들어간 소제물은 제단에서 불살라 여호와께 향기로운 냄새로 드리지 말라는 뜻입니다. 여호와는 처음 익은 것도38) 여호와의 성물로 드리고, 향기로운 냄새를 위해서는 제단에 올리지 말라 명하십니다.

---

36) 기동연, 「레위기」, 95
37) 대추야자와 같은 과일 열매로 만든 시럽의 꿀이다. 이런 예물은 여호와의 성물로서 아론과 그의 자손의 몫으로 돌려진다(민18:8-32 참조).
38) '처음 익은 것'은 과실의 처음 익은 것을 가리킨다.

2:13 네 모든 소제물에 소금을 치라 네 하나님의 언약의 소금을 네 소제에 빼지 못할지니 네 모든 예물에 소금을 드릴지니라

여호와는 모든 소제물에 소금을 칠 것을 명하십니다. 소제물을 드리려면 반드시 '언약의 소금'을 쳐서 여호와께 드려야 합니다.

2:14-16 너는 첫 이삭의(비쿠림 בְּכוּרִים) 소제를 여호와께 드리거든 첫 이삭을(아비브 אָבִיב) 볶아 찧은 것으로 네 소제를 삼되 ¹⁵그 위에 기름을 붓고 그 위에 유향을 더할지니 이는 소제니라 ¹⁶제사장은 찧은 곡식과 기름을 모든 유향과 함께 기념물로 불사를지니 이는 여호와께 드리는 화제니라

'첫 이삭(비쿠림)'은 곡물의 첫 열매이며, '첫 이삭(아비브)'은 '보리의 첫 이삭'을 가리킵니다.39) 보리의 첫 이삭을 소제로 드릴 때는 불에 볶아 찧어야 합니다. 그리고 그 위에 기름을 붓고 유향을 더합니다. 제사장은 찧은 곡식과 기름과 모든 유향을 기념물로 불살라 여호와께 화제로 드립니다.

▶▶본문 해석

"누구든지(네페쉬 נֶפֶשׁ) 소제의 예물을 여호와께 드리려거든 고운 가루로 예물을 삼아 그 위에 기름을 붓고 또 그 위에 유향을 놓아(2:1)"

---

39) 유대력으로 아빕월은(아비브) 보리 추수가 시작되는 계절이다(출9:31; 13:4 참조).

여호와는 여호와께 가까이 나와 소제 드리는 자를 '누구든지(네페쉬)'라고 하십니다.

1장에서는 '아담'이라고 하시고, 2장에서는 '네페쉬'로 칭하십니다. 이것은 여호와께 가까이 나아가는 사람은 '아담'이면서 동시에 '네페쉬'라는 것을 말씀합니다. 아담은 여호와께서 땅의 흙으로 지으신 육체를 지닌 존재를 의미한다면(창2:7a), 네페쉬는 여호와와 교제하는 영적인 존재를 의미합니다(창2:7b).[40]

여호와는 소제를 드리는 자를 '네페쉬'로 칭하며 여호와께 가까이 나가는 자가 정말 살펴야 하는 것은 그의 내면이라는 것을 가르쳐주십니다. 다시 말하면 예배자가 여호와 앞에 가까이 나갈 때, 눈으로 보기에 흠 없는 제물을 드리면 여호와 앞에 거리낌 없이 나갈 수 있는 것 같으나, 정작 여호와는 예물 드리는 자의 내면을 보신다는 것입니다.

여호와께 가까이 나가는 예배자가 자신의 마음을 살펴야 하는 것은 소제 예물로 고운 가루와 기름, 언약의 소금을 드리는 데에 잘 나타납니다.

여호와께 드리는 기름은 감람나무에서[41] 가장 잘 익은 열매를 채취하여 처음 짜낸 기름으로 드립니다. 순수한 기름을 짜내기 위해 감람 열매는 부서

---

[40] '여호와 하나님이 흙으로 사람을(하아담 הָאָדָם) 지으시고 생기를(니쉬마트 하임 מַת חַיִּים נִשְׁ) 그 코에 불어넣으시니 **사람이 생령이 된지라**(봐예히 하아담 레네페쉬 하야 וַיְהִי הָאָדָם לְנֶפֶשׁ חַיָּה)(창2:7)' **생령**은 '살아있는 네페쉬(레네페쉬 하야)'란 뜻이다. 여호와께서 사람을 '네페쉬'로 부르는 까닭은 26장에서 밝혀진다(26:11, 15).

[41] 감람나무는 올리브나무를 가리킨다.

지고 깨어집니다. 소제 예물로 드리는 고운 가루도 단단한 알갱이가 곱게 갈려야 얻어질 수 있습니다. 이런 이미지들은 여호와 앞에 나가는 예배자의 마음이 어떠해야 하는지를 잘 보여줍니다.42)

또 소제의 예물에는 언약의 소금을 넣습니다. 소금이 제맛을 지켜야 하듯(막9:50), 언약도 지켜야 합니다. 여호와는 소제의 예물에 '언약의 소금'을 넣으라는 명령으로, 예배자는 여호와와 맺은 언약을 소금처럼 지키는 자임을 말씀하십니다.

소제의 예물은 여호와께서 어떠한 예배자를 기쁘게 받으시는지를 말씀합니다. 스올과 같은 애굽에서43) 구하여 내신 은혜에 감사하여 고운 가루와 기름처럼 부드럽고 겸손한 마음으로 여호와 앞에 나오는 자, 소제 예물에 넣는 언약의 소금처럼 여호와와 맺은 언약을 신실하게 지키는 자, 이런 예배자를 여호와는 기쁘게 받으십니다.

---

42) 키우치는 여호와께서 제사와 같은 의식을 주신 까닭을 이렇게 표현한다. "인간은 가시적인 것 없이 비가시적인 것에 다가갈 수 없다. 인간은 대부분 자신의 영적 상태를 알지 못한다." 키우치, 『레위기』, 48
43) 애굽은 종종 스올을 상징한다. 마이클 모랄레스, 『레위기 성경신학』, 65

3:1-17
화목제

아론의 자손은 그것을 제단 위의 불 위에 있는
나무 위의 번제물 위에서 사를지니
이는 화제라 여호와께 향기로운 냄새니라(3:5)

화목제(쉘라밈 שְׁלָמִים) 말씀은
소로 드리는 화목제(3:1-5),
작은 네 발44) 가축으로 드리는 화목제(3:6-16),
지방과 피의 섭취 금지에 대한 규례(3:17) 순서로 전개됩니다.

화목제도 번제처럼 가축 예물 제사지만 제물과 의식에 차이가 있습니다. 그 차이를 대략 먼저 살펴보면 다음과 같습니다.

번제	가축의 흠 없는 수컷을 드림
	비둘기로 드릴 수 있음
	가죽을 제외한 제물의 모든 부위를 제단 위에서 불사름
화목제	가축의 흠 없는 수컷과 암컷을 드림
	비둘기는 드리지 않음
	제물의 내장 기름과45) 콩팥 부위만 제단 위에서 불사름

---

44) 작은 네 발 가축은 양과 염소를 말한다.
45) 양으로 화목제를 드릴 때는 '미골에서 벤 기름진 꼬리(3:9)'가 포함된다.

3:1-2 사람이 만일 화목제의 제물을(제바흐 쉘라밈 זֶבַח שְׁלָמִים) 예물로 드리되 소로 드리려면 수컷이나 암컷이나 흠 없는(타밈 תָּמִים) 것으로 여호와 앞에 드릴지니 ²그 예물의 머리에 안수하고 회막 문에서 잡을 것이요 아론의 자손 제사장들은 그 피를 제단 사방에 뿌릴 것이며

'화목제의 제물로(제바흐 쉘라밈)46) 소를 드리려면 소의 수컷이나 암컷 중 흠 없는(타밈) 것으로 드려야 합니다. 화목제물로 소를 드리는 자는 소의 머리에 안수하고 회막 문에서 제물을 잡습니다. 아론의 자손 제사장들은 제물의 피를 제단 사방에 뿌립니다.

3:3-5 그는 또 그 화목제의 제물(제바흐 쉘라밈) 중에서 여호와께 화제를 드릴지니 곧 내장에 덮인 기름과(헬레브 חֵלֶב) 내장에 붙은 모든 기름과 ⁴두 콩팥과(킬야 כִּלְיָה) 그 위의 기름 곧 허리 쪽에 있는 것과 간에 덮인 꺼풀을 콩팥과 함께 떼어낼 것이요 ⁵아론의 자손은 그것을 제단 위의 불 위에 있는 나무 위의 번제물 위에서 사를지니 이는 화제로 여호와께 향기로운 냄새니라

소로 화목제 제물을 드리는 자는 여호와께 드릴 화제를 위해 소의 '내장에 덮인 기름과 내장에 붙은 모든 기름과 두 콩팥과 그 위의 기름 곧 허리 쪽에 있는 것과 간에 덮인 꺼풀'을 모두 떼어내어 제사장에게 드려야 합니다. 제

---

46) 제바흐는 '제사, 제물'의 뜻, 쉘라밈은 '쉘렘(שֶׁלֶם)'의 복수형이다. 쉘렘은 '배상하다, 화목하게 하다' 뜻을 지닌 '샬람(שָׁלַם)' 동사에서 유래한 명사이다.

사장은 화목제물의 모든 기름과 두 콩팥을 제단 위의 불 위에 있는 나무 위의 번제물에서 불살라 여호와께 화제로 드립니다. 여호와는 이렇게 드리는 제사를 '이는 화제라 여호와께 향기로운 냄새니라'를 선포하시며 기쁘게 받으심을 나타내십니다.

> 3:6-8 만일 여호와께 예물로 드리는 화목제의 제물이(제바흐 쉘라밈) 양이면 수컷이나 암컷이나 흠 없는(타밈 תָּמִים) 것으로 드릴지며 [7]만일 그의 예물로 드리는 것이 어린 양이면 그것을 여호와 앞으로 끌어다가 [8]그 예물의 머리에 안수하고 회막 앞에서 잡을 것이요 아론의 자손은 그 피를 제단 사방에 뿌릴 것이며

화목제물이 양이면 수컷이나 암컷 중 흠 없는(타밈) 것으로 드립니다. 화목제를 드리는 자는 양을 여호와 앞으로 끌어와 양의 머리에 안수하고, 회막 앞에서 잡습니다. 제사장은 화목제물 양의 피를 제단 사방에 뿌립니다.

> 3:9-11 그는 그 화목제의 제물(제바흐 쉘라밈) 중에서 여호와께 화제를 드릴지니 그 기름 곧 미골에서 벤 기름진 꼬리와 내장에 덮인 기름과 내장에 붙은 모든 기름과 [10]두 콩팥과(킬야 כִּלְיָה) 그 위의 기름 곧 허리 쪽에 있는 것과 간에 덮인 꺼풀을 콩팥과 함께 떼어낼 것이요 [11]제사장은 그것을 제단 위에서 불사를지니 이는 화제로 여호와께 드리는 음식이니라(레헴 לֶחֶם)

양으로 화목제물을 드리는 자는 여호와께 드릴 화제를 위해 양의 모든 기

름과 콩팥을 떼어내야 합니다. 양에게서 떼어낼 부위는 '그 기름 곧 미골에서 벤 기름진 꼬리와47) 내장에 덮인 기름과 내장에 붙은 모든 기름과 두 콩팥과 그 위의 기름 곧 허리 쪽에 있는 것과 간에 덮인 꺼풀'입니다. 양에게서 이 부위를 떼어내 제사장에게 드리면 제사장은 제단 위에서 불살라 여호와께 화제로 올려드립니다.

이렇게 화제를 드릴 때 여호와는 '이는 화제로 여호와께 드리는 음식이니라(레헴)' 표현하십니다. 여호와는 '음식(레헴)'이라는 표현으로 화목제 제물인 양의 모든 기름과 두 콩팥 부위를 기쁘게 받으심을 나타내십니다.

3:12-16 만일 그의 예물이 염소면 그것을 여호와 앞으로 끌어다가 ^{13}그것의 머리에 안수하고 회막 앞에서 잡을 것이요 아론의 자손은 그 피를 제단 사방에 뿌릴 것이며 ^{14}그는 그중에서 예물을 가져다가 여호와께 화제로 드릴지니 곧 내장에 덮인 기름과 내장에 붙은 모든 기름과 ^{15}두 콩팥과(킬야 כִּלְיָה) 그 위의 기름 곧 허리 쪽에 있는 것과 간에 덮인 꺼풀을 콩팥과 함께 떼어낼 것이요 ^{16}제사장은 그것을 제단 위에서 불사를지니 이는 화제로 드리는 음식이요(레헴 לֶחֶם) 향기로운 냄새라 모든 기름은(헬레브 חֵלֶב) 여호와의 것이니라

염소로 화목제물을 드리는 절차는 양을 드릴 때와 같습니다. 염소는 양처

---

47) 양을 화목제물로 드릴 때, 기름진 꼬리를 떼어내라는 표현이 있는 것은 다른 가축과 달리 팔레스타인 양 중에는 기름진 꼬리가 있기 때문이라고 한다. 기름진 꼬리가 있는 양을 그냥 두면 꼬리가 무거워 땅에 끌려 다치므로 고대에는 기름진 꼬리 부분에 수레를 매어 놓아 꼬리가 땅에 닿지 않게 했다고 한다. 기동연, 『레위기』, 123

럼 기름진 꼬리가 없으므로 염소에게서 떼어낼 부위는 '내장에 덮인 기름과 내장에 붙은 모든 기름과 두 콩팥과 그 위의 기름 곧 허리 쪽에 있는 것과 간에 덮인 꺼풀'입니다. 염소에게서 떼어낸 이 모든 부위를 제사장에게 드리면 제사장은 제단 위에서 불살라 여호와께 화제로 드립니다. 여호와는 염소로 드리는 화목제물에 대하여 '이는 화제로 드리는 음식이요(레헴) 향기로운 냄새라' 선포하시며 기쁘게 받으심을 나타내십니다.

'모든 기름은 여호와의 것이니라(3:16)' 여호와는 제물의 소, 양 염소의 내장에 있는 모든 기름을 여호와의 것이라 하십니다. 이 말씀은 제물로 드리는 소, 양, 염소의 모든 기름은 남김없이 떼어내어 여호와께 화제로 드려야 한다는 뜻입니다. 여호와는 화목제의 제물로 드리는 소, 양, 염소의 모든 기름을 모두 떼어내 제단 위에서 불살라 여호와께 화제로 드릴 것을 명령하십니다.

> 3:17 너희는 기름과(헬레브 חֵלֶב) 피를(담 דָּם) 먹지 말라 이는 너희의 모든 처소에서 너희 대대로 지킬 영원한 규례니라(후카트 올람 חֻקַּת עוֹלָם)

화목제 종결 말씀에서 여호와는 '기름과 피를 먹지 말라' 명령하십니다. 화목제는 예배자가 제물의 남은 고기를 먹게 되므로, 만일 제물의 기름 부위를 다 떼어내지 않거나 제물의 피를 완전히 빼내지 않으면, 예배자가 제물의 기름과 피를 먹게 되어 여호와의 명령을 범하는 죄를 짓게 될 것입니다.
그래서 여호와는 여호와께 드리는 제물의 기름과 피를 먹지 말 것을 모든 처소에서 대대로 지킬 영원한 규례로(후카트 올람) 주시며 반드시 지키라 명령하십니다.

▶▶본문 해석

화목제는 예배자에게 화목제 제물 내장에 있는 '모든 기름과 두 콩팥'을 모두 떼어내어 여호와께 화제로 드릴 것을 매우 강조합니다(7:29-30).

화목제물	여호와께 화제로 드릴 부위
소	그는 … 여호와께 화제를 드릴지니 곧 내장에 덮인 기름과 내장에 붙은 모든 기름과 두 콩팥과 그 위의 기름 곧 허리 쪽에 있는 것과 간에 덮인 꺼풀을 콩팥과 함께 떼어낼 것이요(3:3-4)
양	그는 … 여호와께 화제를 드릴지니 그 기름 곧 미골에서 벤 기름진 꼬리와 내장에 덮인 기름과 내장에 붙은 모든 기름과 두 콩팥과 그 위의 기름 곧 허리 쪽에 있는 것과 간에 덮인 꺼풀을 콩팥과 함께 떼어낼 것이요(3:9-10)
염소	그는 … 여호와께 화제를 드릴지니 내장에 덮인 기름과 내장에 붙은 모든 기름과 두 콩팥과 그 위의 기름 곧 허리 쪽에 있는 것과 간에 덮인 꺼풀을 콩팥과 함께 떼어낼 것이요(3:14-15)

성경에서 기름은(헬레브) 부정적으로 형상화되어 마음을 완고하게 하고, 강퍅하게 하는 교만을[48] 상징합니다.[49] 또 콩팥은(킬야)[50] 사람의 내면

---

[48] '그러므로 교만(가아봐 נַאֲוָה)이 그들의 목걸이요 살찜으로(헬레브) 그들의 눈이 솟아나며 그들의 소득은 마음의 소원보다 많으며 그들은 능욕하며 악하게 말하여 높은 데서 거만하게 말하며 그들의 입은 하늘에 두고 그들의 혀는 땅에 두루 다니도다(시73:6-9)' '교만'과 '살찜(헬레브)'을 동격으로 말씀한다.

깊숙이 숨어 있는 은밀한 욕구를 상징합니다.51)

성경에서 말씀하는 기름과 콩팥의 상징을 고려하면, 제물의 '모든 기름과 두 콩팥'을 제단에서 불살라 여호와께 화제로 드리라는 명령은, 예물 드리는 자의 은밀한 욕구를 제단 위에서 불사르고, 오직 여호와를 경외할 것을 명령하는 의식임을 알 수 있습니다.

이러한 의미는 화제를 받으시는 여호와의 선포에도 잘 나타나 있습니다.

화목제물	여호와의 선포
소	… 이는 **화제**라 여호와께 **향기로운 냄새**니라(3:5b)
양	… 이는 **화제**로 여호와께 드리는 **음식**이니라(3:11b)
염소	… 이는 **화제**로 드리는 **음식**이요 **향기로운 냄새**라(3:16b)

여호와의 명령대로 제물의 모든 기름과 두 콩팥이 제단 위에서 불살라 여호와께 드려질 때 여호와는 '화제'라고 선포하십니다. 여호와께서 기뻐하시는 제사인 화제는 예배자의 내장에 붙어 있는 모든 기름과 두 콩팥이 제단에서 완전하게 불살라지는 것입니다. 내장에 덕지덕지 쌓인 미끌미끌한 기름으로 말미암아 뱃속 깊숙이에서 여호와의 말씀을 밀어내고 거부하는 교만과 완고함을 여호와의 불로 사르는 것입니다. 내장 깊숙이 있는 콩팥처럼 뱃속 은밀한 탐욕을 여호와 앞에 드러내어 여호와의 거룩한 불로 살라 정결해지는 것입니다.

---

49) 키우치, 『레위기』, 95
50) '나 여호와는 심장을 살피며 폐부를(킬야) 시험하고 각각 그의 행위와 그의 행실대로 보응하나니(렘17:10)' '폐부'로 번역된 '킬야'는 '콩팥'이다.
51) 김창대, 『예레미야서의 해석과 신학』, (서울: 새물결플러스, 2020), 220

여호와는 예물 드리는 자가 진실로 여호와 앞에 나아올 때 그의 부정한 내면을 제단 위의 불로 정결하게 하실 것을 이렇게 알려주십니다. 여호와는 이렇게 드리는 제사가 여호와께서 기쁘게 받으시는 '화제'임을 선포하시고 여호와께서 진실로 원하시는 제사가 됨을 '향기로운 냄새', '음식'으로 표현하십니다.52)

---

52) 화목제 말씀은 첫 사람 아담과 여호와께서 다시 화목하게 될 것을 알리시는 말씀이다. 첫 사람 아담은 '생령(살아 있는 네페쉬)'이었으나 여호와의 명령을 어긴 후에는 여호와의 부르심 앞에서 '자신을 숨기는 자'가 되었다(창3:8, 10 참조). 그런 아담에게 여호와는 화목제물을 가지고 여호와 앞으로 나오라 명령하신다. 여호와는 아담 속에 있는 깊은 탐욕을 여호와의 불로 사르고 그를 정결하게 하시어 여호와께서 베푸신 잔치 자리에 함께 앉히시고, 아담과 함께 먹고 마시게 될 것을 화목제 말씀을 통해 보여주신다.

4:1-5:13
속죄제

제사장이 그것으로 회중을 위하여 속죄한즉
그들이 사함을 받으리라(4:20b)

속죄제(하타트 חַטָּאָה) 말씀은
도입(4:1-2),
기름 부음을 받은 제사장의 속죄제(4:3-12),
회중의 속죄제(4:13-21),
족장의 속죄제(4:22-26),
평민의 속죄제(4:27-35),
죄와 부정과 속죄제(5:1-13) 순으로 전개됩니다.

4:1-2 여호와께서 모세에게 말씀하여 이르시되 ²이스라엘 자손에게 말하여 이르라 누구든지(네페쉬 נֶפֶשׁ) 여호와의 계명 중 하나라도 그릇(쉐가가 שְׁגָגָה) 범하였으되

'여호와께서 모세에게 말씀하여 이르시되' 어구는 새 단락을 알리는 도입 문구 역할을 합니다. 여호와는 모세에게 여호와의 말씀을 '이스라엘 자손에게 말하여 이르라' 하십니다.

'여호와의 계명 중 하나라도'는 '**여호와의 모든 계명 중 하나라도**'의 의미입니다.53) '그릇(쉐가가) 범하였으되'란 비고의적이며 의도하지 않고 범했다는 뜻입니다. 따라서 4:2는 이스라엘 자손 중 누구든지 비록 의도하지는 않았으나 여호와의 모든 계명 중 하나라도 그릇 범하였을 때를 가리킵니다.

4:3-7 만일 기름 부음을 받은 제사장이 범죄하여 백성의 허물이(아쉬마 אַשְׁמָה) 되었으면 그가 범한 죄로(하타트 חַטָּאת) 말미암아 흠 없는(타밈 תָּמִים) 수송아지로 속죄제물을 삼아 여호와께 드릴지니 ⁴그 수송아지를 회막 문 여호와 앞으로 끌어다가 그 수송아지의 머리에 안수하고 그것을 여호와 앞에서 잡을 것이요(샤하트 שָׁחַט) ⁵기름 부음을 받은 제사장은 그 수송아지의 피를 가지고 회막에 들어가서 ⁶그 제사장이 손가락에 그 피를 찍어 여호와 앞 곧 성소의 휘장 앞에 일곱 번 뿌릴 것이며 ⁷제사장은 또 그 피를 여호와 앞 곧 회막 안 향단 뿔들에 바르고 그 송아지의 피 전부를 회막 문 앞 번제단 밑

---

53) 원문은 '여호와께서 금지한 모든 계명 중 하나라도'의 의미이다. "여호와께서 금지하신 명령은 '하지 말라'는 명령뿐 아니라 '하라'고 주신 명령을 하지 않은 것도 포함된다." 기동연, 『레위기』, 141

에 쏟을 것이며

기름 부음을 받은 제사장이 여호와의 계명 중 하나라도 범하여 죄를 지으면 백성에게 허물이(아쉬마) 됩니다.54) 여호와는 기름 부음을 받은 제사장이 여호와 앞에 죄를 범하여 백성에게 허물이 되었으면 흠 없는 수송아지를 속죄제물로 삼아 여호와께 드리라고 하십니다. 제사장은 흠 없는 수송아지를 회막 문 여호와 앞으로 끌어다가 그 머리에 안수하여 여호와 앞에서 잡아야 합니다(샤하트). 그리고 제물의 피를 가지고 회막 안으로 들어가, 그 피를 손가락으로 찍어 지성소와 성소를 구분하는 휘장 앞에 일곱 번 뿌려야 합니다. 그리고 휘장 앞에 있는 향단 뿔들에도 제물의 피를 발라야 합니다.

제사장이 회막 안에서 행하는 피 의식 후에 제사장은 속죄제물의 피 전부를 회막 문 앞에 있는 번제단 밑에 쏟아야 합니다.

4:8-10 또 그 속죄제물이 된 수송아지의 모든 기름을 떼어낼지니 곧 내장에 덮인 기름과 내장에 붙은 모든 기름과 ⁹두 콩팥과 그 위의 기름 곧 허리 쪽에 있는 것과 간에 덮인 꺼풀을 콩팥과 함께 떼어내되 ¹⁰화목제 제물의 소에게서 떼어냄 같이 할 것이요 제사장은 그것을 번제단 위에서 불사를 것이며

또 제사장은 속죄제물 수송아지의 모든 기름과 두 콩팥을 '화목제 제물의 소에게서 떼어냄 같이' 떼어내어(3:3-4) 그것을 번제단 위에서 불살라야

---

54) 기름 부음을 받은 제사장이 여호와 앞에 죄를 범하면 백성에게 허물이(아쉬마) 된다. 이 말씀은 첫 사람 아담이 여호와 앞에 죄를 범하여 아담으로 인해 태어난 모든 사람이 여호와 앞에 허물이(아쉬마) 있음을 알려준다(롬5:12).

합니다.

> 4:11-12 그 수송아지의 가죽과 그 모든 고기와 그것의 머리와 정강이와 내장과 ¹²똥 곧 그 송아지의 전체를 진영 바깥 재 버리는 곳인 정결한 곳으로 가져다가 불로 나무 위에서 사르되 곧 재 버리는 곳에서 불사를지라(이사레프 יִשְׂרֹף)

제사장은 번제단에서 불사르지 않은 수송아지의 가죽, 모든 고기, 머리, 정강이, 내장, 똥까지 그 송아지의 전체를 진영 바깥 재 버리는 곳인 정결한 곳으로 가져다가 불로 나무 위에서 사르되 곧 재 버리는 곳에서 불살라야 합니다.55)

> 4:13-15 만일 이스라엘 온 회중이 여호와의 계명 중 하나라도 부지중에 범하여 허물이(아샴 אָשֵׁם) 있었는데 스스로 깨닫지 못하다가(이쉬구 붜네엘람 다바르 메에네 하카할 וְנֶעְלַם דָּבָר מֵעֵינֵי הַקָּהָל) ¹⁴그 범한 죄를 깨달으면(노데아 נוֹדְעָה) 회중은 수송아지를 속죄제로 (하타트 חַטָּאת) 드릴지니 그것을 회막 앞으로 끌어다가 ¹⁵회중의 장로들이 여호와 앞에서 그 수송아지의 머리에 안수하고 그것을 여호와 앞에서 잡을 것이요(샤하트 שָׁחַט)

만일 이스라엘 온 회중이 여호와의 금지 명령 중에서 하나를 행하여, 그

---

55) 번제단에서 불사름은 여호와께 드리는 의미인 '히크티르(הִקְטִיר)'를 사용하고, 진영 바깥 재 버리는 곳에서의 불사름은 완전히 태워 없애는 뜻의 '사라프(שָׂרַף)'를 사용한다. 박철현, 『레위기』, 165

잘못으로 인하여 허물이 있으나 그것이 회중의 눈에 드러나지 않았다가(이쉬구 뵈네엘람 다바르 메에네 하카할),'56) 그 잘못을 깨달으면(노데아)57) 회중은 수송아지로 여호와께 속죄제를 드려야 합니다. 회중은 수송아지를 회막 앞으로 끌어다가 회중의 장로들이 여호와 앞에서 수송아지의 머리에 안수하고 여호와 앞에서 그 수송아지를 잡아야 합니다(샤하트).

4:16-21 기름 부음을 받은 제사장은 그 수송아지의 피를 가지고 회막에 들어가서 17그 제사장이 손가락으로 그 피를 찍어 여호와 앞, 휘장 앞에 일곱 번 뿌릴 것이며 18또 그 피로 회막 안 여호와 앞에 있는 제단 뿔들에 바르고 그 피 전부는 회막 문 앞 번제단 밑에 쏟을 것이며 19그것의 기름은 다 떼어 제단 위에서 불사르되 20그 송아지를 속죄제의 수송아지에게 한 것같이 할지며 제사장이 그것으로 회중을 위하여 속죄한즉 그들이 사함을 받으리라 21그는 그 수송아지를 진영 밖으로 가져다가 첫번 수송아지를 사름 같이 불사를지니 이는 회중의 속죄제니라

기름 부음을 받은 제사장은 회중의 장로가 잡은 수송아지의 피를 가지고 회막 안으로 들어가 제물의 피를 손가락으로 찍어 휘장 앞에 일곱 번 뿌리고, 회막 안 제단 뿔들에도 바릅니다. 그리고 피 전부는 회막 문 앞 번제단 밑에 쏟아야 합니다. 그리고 제사장은 그 수송아지의 기름을 다 떼어내어

---

56) 기동연은 '이쉬구 뵈네엘람 다바르 메에네 하카할'을 '일이 모든 회중의 눈에 숨겨졌었고'로 번역하였다. 기동연, 『레위기』, 159.
57) '스스로 깨닫지 못하다가 그 범한 죄를 깨달으면'은 죄를 범해 허물이 있는 상태임에도 불구하고 범죄 사실을 깨닫지 못하다가 나중에 잘못을 자각하여 알게 됨을 의미한다. 기동연, 『레위기』, 160

'속죄제의 수송아지에게 한 것같이' 제단 위에서 불사릅니다(4:8-10).

여호와는 '제사장이 그것으로 회중을 위하여 속죄한즉 그들이 사함을 받으리라' 선포하십니다. 제사장은 제단 위에서 불사르지 않은 수송아지 전체를 진영 바깥 재 버리는 곳에서 첫 번째 수송아지를 사름 같이 불살라(4:11-12) 회중을 위한 속죄제를 마칩니다.

기름 부음을 받은 제사장의 속죄제와 이스라엘 온 회중을 위한 속죄제는 거의 같은 절차로 진행되는데 두 속죄제를 비교하면 다음과 같습니다.

구분 \ 신분	기름 부음을 받은 제사장(4:3-12)	이스라엘 온 회중(4:13-21)
●속죄제물	흠 없는 수송아지(4:3)	수송아지[58](4:14)
●안수와 도살	여호와 앞에서(4:4)	장로들이 여호와 앞에서(4:15)
●제물의 피	▷성소 휘장 앞에서 7번 뿌림(4:5-6) ▷회막 안 향단 뿔들에 바름(4:7a) ▷피 전부를 번제단 밑에 쏟음(4:7b)	◁같음(4:16-17) ◁같음(4:18a, 제단 뿔들로 표현) ◁같음(4:18b)
●제단에서 불사름	콩팥/기름을 화목제물 소와 같이 떼어 내 제단 위에서 불사름(4:8-10)	속죄제의 수송아지에게 한 것 같이 함(4:19-20a)
●죄사함 선포 유무	없음	있음 : 제사장이 속죄제물로 회중을 위하여 속죄하여 회중이 죄 사함을 받음(4:20b)
●진영 밖 불사름	수송아지 전체를 진영 바깥 재 버리는 곳에서 불사를 것(4:11-12)	첫 번 수송아지를 사름 같이 진영 밖에서 불사름(4:21)

---

58) 기름 부음 받은 제사장의 제물과 비교하여 '흠 없음(타밈)' 표현이 없다.

4:22-24 만일 족장이 그의 하나님 여호와의 계명 중 하나라도 부지중에 (쉐가가 שְׁגָגָה) 범하여 허물이(아샴 אָשֵׁם) 있었는데 ²³그가 범한 죄를 누가 그에게 깨우쳐 주면(호다 הוֹדַע) 그는 흠 없는(타밈 תָּמִים) 숫염소를 예물로(코르반 קָרְבָּן) 가져다가 ²⁴그 숫염소의 머리에 안수하고 여호와 앞 번제물을 잡는 곳에서 잡을지니(샤하트 שָׁחַט) 이는 속죄제라(하타트 חַטָּאה)

족장이59) 여호와의 계명 중 하나라도 부지중에(쉐가가) 범하여 허물이 있을 때 드리는 속죄제입니다. 족장이 부지중에 여호와의 계명을 범해 허물이 있습니다(아샴).60) 그런데 감사하게도 그가 범한 죄를 누군가 그에게 깨닫게 하였습니다(호다).61) 이것은 족장이 가르침을 통해 자신의 죄를 깨닫게 되었음을 의미합니다. 여호와는 죄를 깨달은 족장에게 흠 없는 숫염소를 예물로(코르반) 가져다가 여호와 앞 번제물을 잡는 곳에서 흠 없는 숫염소 머리에 안수하고, 그 숫염소를 잡아서 속죄제를 드리라 하십니다.

4:25-26 제사장은 그 속죄제물의 피를 손가락에 찍어 번제단 뿔들에 바르고 그 피는 번제단 밑에 쏟고 ²⁶그 모든 기름은 화목제 제물의 기름 같이 제단 위에서 불사를지니 이같이 제사장이 그 범한 죄에 대하여 그를 위하여 속죄한즉 그가 사함을 얻으리라

---

59) 족장은 지파의 우두머리를 가리킨다(민1:16 참조).
60) '허물이 있다(아샴)' 의미는 여호와의 계명을 범하여 죄를 범한 자가 징벌을 받아야 하나, 아직은 여호와로부터 징벌을 받지 않는 상태를 의미한다. 존E. 하틀리, 『레위기 WBC 성경 주석』, 김경열 역, (서울: 솔로몬, 2016), 233
61) 호다(הוֹדַע)는 '알다(야다 יָדַע)'의 호팔형(수동태)이다.

제사장은 흠 없는 속죄제물의 피를 손가락에 찍어 번제단 뿔들에 바르고, 제물의 피 전부는 번제단 밑에 쏟습니다. 그 숫염소 제물의 기름은 화목제 제물의 기름 같이 제단 위에서 불사릅니다. 여호와는 '제사장이 그 범한 죄에 대하여 그를 위하여 속죄한즉 그가 사함을 얻으리라' 선포하십니다.

4:27-31 만일 평민의(메암 하아레츠 מֵעַם הָאָרֶץ) 한 사람이(네페쉬 נֶפֶשׁ) 여호와의 계명 중 하나라도 부지중에(쉐가가 שְׁגָגָה) 범하여 허물이 있었는데 ²⁸그가 범한 죄를 누가 그에게 깨우쳐 주면(호다 הוֹדַע) 그는 흠 없는(타밈 תָּמִים) 암염소를 끌고 와서 그 범한 죄로 말미암아 그것을 예물로(코르반 קָרְבָּן) 삼아 ²⁹그 속죄제물의 머리에 안수하고 그 제물을 번제물을 잡는 곳에서 잡을 것이요(샤하트 שָׁחַט) ³⁰제사장은 손가락으로 그 피를 찍어 번제단 뿔들에 바르고 그 피 전부를 제단 밑에 쏟고 ³¹그 모든 기름을 화목제물의 기름을 떼어낸 것 같이 떼어내 제단 위에서 불살라 여호와께 향기롭게 할지니 제사장이 그를 위하여 속죄한즉 그가 사함을 받으리라

평민이 여호와의 계명 중 하나라도 부지중에(쉐가가) 범하여 허물이 있을 때 드리는 속죄제입니다. '평민(메암 하아레츠)'을 직역하면 '그 땅의 백성'이란 뜻입니다. 그 땅의 백성 중 한 사람이 여호와의 계명 중 하나를 부지중에 범하여 허물이 있는데, 누가 그에게 그의 죄를 깨닫게 하였습니다(호다). 여호와는 죄를 깨달은 평민에게 흠 없는 암염소를 예물로 취하여 여호와께 속죄제를 드리라 명하십니다. 죄를 깨달은 백성은 여호와 앞에서 흠 없는 제

물의 머리에 안수하고 번제물을 잡는 곳에서 그 속죄제물을 잡습니다. 제사장은 흠 없는 제물의 피를 손가락으로 찍어 번제단 뿔들에 바르고 그 피 전부를 제단 밑에 쏟습니다. 그리고 제물의 모든 기름을 화목제 제물의 기름같이 떼어내 제단 위에서 불살라 여호와께 향기롭게 드립니다. 여호와는 '제사장이 그 범한 죄에 대하여 그를 위하여 속죄한즉 그가 사함을 받으리라' 선포하십니다.

> 4:32-35 그가 만일 어린 양을 속죄제물로 가져오려거든 흠 없는(타밈 תמים) 암컷을 끌어다가 ³³그 속죄제 제물의 머리에 안수하고 번제물을 잡는 곳에서 속죄제물을 잡을 것이요(샤하트 שחט) ³⁴제사장은 그 속죄제물의 피를 손가락으로 찍어 번제단 뿔들에 바르고 그 피는 전부 제단 밑에 쏟고 ³⁵그 모든 기름을 화목제 어린 양의 기름을 떼낸 것 같이 떼내어 제단 위 여호와의 화제물 위에서 불사를지니 이같이 제사장이 그가 범한 죄에 대하여 그를 위하여 속죄한즉 그가 사함을 받으리라

평민이 속죄제물로 어린 양을 드리려면 흠 없는 암컷을 드립니다. 흠 없는 어린 암컷 양의 속죄제는 흠 없는 암염소 의식과 같습니다. 평민은 흠 없는 어린 양의 머리에 안수하고 번제물을 잡는 곳에서 그 제물을 잡습니다. 제사장은 흠 없는 어린 양 제물의 피를 손가락으로 찍어 번제단 뿔들에 바르고 그 피 전부를 제단 밑에 쏟습니다. 그리고 흠 없는 어린 양의 모든 기름을 '화목제 어린 양의 기름을 떼 낸 것 같이' 떼어내 제단 위에서 '여호와의 화제물 위에서' 불사릅니다. 여호와는 '제사장이 그가 범한 죄에 대하여 그를

위하여 속죄한즉 그가 사함을 받으리라' 선포하십니다.

4:1-35의 네 가지 속죄제는 신분에 따라 제물이 다르고, 말씀(a, b, c)에도 차이가 있습니다.

신분 \ 구분	속죄제물	a.죄를 깨달음	b.죄 사함 선포	c.예물표현
제사장 (4:3-12)	흠 없는 수송아지	<u>없음</u>	<u>없음</u>	<u>없음</u>
온 회중 (4:13-21)	수송아지	있음(4:14)	있음(4:20)	<u>없음</u>
족장 (4:22-26)	흠 없는 숫염소	있음(4:23)	있음(4:26)	있음(4:23)
평민 (4:27-35)	흠 없는 암염소/암양	있음(4:28)	있음(4:31, 35)	있음(4:28)

먼저 속죄제를 드리는 신분에 따른 표현 a를 보면, a에서는 기름 부음을 받은 제사장의 속죄제에서만 죄를 깨닫는 표현이 없습니다. 그런데 온 회중, 족장, 평민이 드리는 속죄제에서는 나타납니다.

b는 온 회중, 족장, 평민의 속죄제에서 죄 사함의 선포가 있습니다. b는 죄를 자각하고 깨닫는 표현이 있을 때(a), 함께 나타납니다.[62]

c는 족장, 평민이 드리는 속죄의 제물을 특별하게도 '**예물**(코르반)'이라고 표현합니다. 속죄제물을 '예물'로 받으시는 표현이 참으로 놀랍습니다.

---

[62] 죄를 자각하거나 깨닫기 위해서는 말씀의 가르침이 있어야 함을 알 수 있다. '네가 호렙산에서 네 하나님 여호와 앞에 섰던 날에 여호와께서 내게 이르시기를 나에게 백성을 모으라 내가 그들에게 내 말을 들려주어 그들이 세상에 사는 날 동안 나를 경외함을 배우게 하며 그 자녀에게 가르치게 하리라 하매(신4:10)'

족장, 평민이 흠 없는 제물로 드리는 속죄제는 '누가 그에게 가르쳐 주면(호다)' 표현이 똑같이 나타납니다.

"그가(족장) 범한 죄를 **누가 그에게 깨우쳐 주면**(호다) 그는 흠 없는 숫염소를 **예물로 가져다가**(4:23)"

"그가(평민) 범한 죄를 **누가 그에게 깨우쳐 주면**(호다) 그는 흠 없는 암염소를 끌고 와서 그 범한 죄로 말미암아 그것을 **예물로 삼아**(4:28)"

a, b, c는 여호와께서 기뻐하시는 속죄제가 어떤 제사인가를 보여줍니다. 여호와께서 기뻐하시는 속죄제는 말씀의 가르침을 받아 여호와께 범한 죄가 무엇인지를 깨닫고 흠 없는 제물로 드리는 제사임을 알 수 있습니다. 여호와는 이렇게 드리는 속죄제물을 '예물'로 기쁘게 받으십니다.

5:1-4는 여호와의 계명 중 하나를 범하여 속죄제를 드려야 할 실제 사례를 말씀합니다.[63]

5:1 만일 누구든지(네페쉬 נֶפֶשׁ) 저주하는 소리를 듣고서도 증인이 되어 그가 본 것이나 알고 있는 것을 알리지 아니하면 그는 자기의 죄를 져야 할 것이요(나사 아본 נָשָׂא עָוֹן) 그 허물이 그에게로 돌아갈 것이며

---

[63] 5:1-13은 4장과 같은 속죄제 말씀이지만 4장과 구분된다. 4장과 5장의 관계에 관해서는 신학자들 사이에 많은 이견이 있다. 설교자는 박철현, 『레위기』, 185-188을 참고했다.

여호와는 만일 누구든지(네페쉬) 어떤 사건의 증인으로서 증언할 것을 '저주하는 소리'로[64] 맹세하였음에도, 자신이 본 것, 알고 있는 것을 증언하지 않는 자는 죄가 있으며, 그 죄의 결과를 자신이 짊어지게 될 것을 선포하십니다(나사 아본).

'그는 자기의 죄를(아본 עָוֹן)져야 할 것이요'에서 '아본'은 여호와의 진노를 가장 많이 일으키는 악한 죄를[65] 가리킬 때 사용하는 표현입니다. 여호와는 마땅히 증언해야 할 증언을 의도적으로 숨길 때 그것을 악한 죄라(아본) 하시며, 그로 인한 형벌을 자신이 담당하게 될 것이라(나사) 하십니다.

5:2 만일 누구든지(네페쉬 נֶפֶשׁ) 부정한 것들 곧 부정한 들짐승의 사체나 부정한 가축의 사체나 부정한 곤충의 사체를 만졌으면 부지중이라고 (뵈네엘람 미메누 וְנֶעְלַם מִמֶּנּוּ) 할지라도 그 몸이 더러워져서(타메 טָמֵא) 허물이(아샴 אָשֵׁם) 있을 것이요

여호와는 만일 누구든지(네페쉬) 부정한 것들, 곧 부정한 들짐승의 사체, 부정한 가축의 사체, 부정한 곤충의 사체를 만지면 부지중이라 할지라도(뵈네엘람 미메누)[66] 그 몸이 더러워져서 허물이 있을 것이라 하십니다.[67] 여호와 앞에 더러움은 사람의 눈에 보이는 더러움이 아닙니다. 여호와께서 더럽다고 하심은 그의 '네페쉬'가 더러워진 것입니다. 여호와는 부정한 것을

---

64) 공적 장소에서 증언자가 진실을 밝히지 않으면 여호와의 저주를 받게 될 것을 선언한 것이다(민5:21 참조). 키우치, 『레위기』, 123.
65) 유진 메릴, 『신명기』, 신윤수 역, (서울: 부흥과 개혁사, 2020), 169
66) 5:2, 3, 4의 '부지중이라 할지라도(뵈네엘람 미메누)'는 인지하지 못한 것을 의미한다. 기동연, 『레위기』, 181
67) 5:2-3은 부정에 관한 말씀을 배워야 함을 전제한다. 이에 관한 말씀은 11장에서 15장이다.

만져서 더러워진 사람에게(네페쉬) '허물이(아샴) 있을 것'이라 하십니다.

5:3 만일 부지중에(뵈네엘람 미메누 וְנֶעְלַם מִמֶּנּוּ) 어떤 사람의(아담 אָדָם) 부정에 닿았는데 그 사람의 부정이 어떠한 부정이든지 그것을 깨달았을 때에는(야다 יָדַע) 허물이(아샴 אָשֵׁם) 있을 것이요

여호와는 누구든지 부지중에 어떤 사람의(아담) 부정에 닿았다가 그 사람의 부정이 어떠한 부정이든지 그것을 깨달았을 때는 허물이 있을 것이라 하십니다. 사람의 부정은 유출병자와 같이 몸이 부정한 자와 접촉한 경우를 들 수 있습니다(15장). 여호와는 부지중이라 할지라도 사람의 부정에 닿았다가 그것을 깨달았을 때는 허물이(아샴) 있을 것이라 하십니다.

5:4 만일 누구든지(네페쉬 נֶפֶשׁ) 입술로 맹세하여 악한 일이든지 선한 일이든지 하리라고 함부로 말하면 그 사람이(하아담 אָדָם) 함부로 말하여 맹세한 것이 무엇이든지 그가 깨닫지 못하다가(뵈네엘람 미메누 מִמֶּנּוּ וְנֶעְלַם) 그것을 깨닫게 되었을 때에는(야다 יָדַע) 그중 하나에 그에게 허물이(아샴 אָשֵׁם) 있을 것이니

여호와는 누구든지 입술로 맹세하여 함부로 말하면 허물이 있을 것이라 하십니다. 입술로 맹세하여 악한 일이든지 선한 일이든지 할 것이라 하고, 후에 함부로 맹세한 것을 깨닫게 되었을 때(야다), 여호와는 그에게 허물이(아샴) 있을 것이라 하십니다.

5:5 이 중 하나에 허물이 있을(아샴 אָשֵׁם) 때에는 아무 일에 잘못하였노라
(하타 חָטָא) 자복하고(히트바다 הִתְוַדָּה)

'이 중 하나에 허물이 있을 때'는 5:1-4와 같이 여호와의 계명 중 하나를 범해 여호와 앞에 허물이 있을 때를 말씀합니다.

'허물이 있다(아샴)'는[68] 죄를 범한 자에게 임할 여호와의 징벌이 아직은 이르지 않은 상태입니다. 그런 허물이 있는 자에게 여호와는 '아무 일에 잘못하였노라(하타)[69] 자복하고'를 명하십니다. 여호와의 계명 중 하나를 부지중에 범하여 여호와께 허물 있는 자가 되었음을 고백하고, 자신이 범한 죄를 회개하라는 명령입니다.

5:6 그 잘못으로(하타트 חַטָּאת) 말미암아 여호와께 속죄제를(아샴 אָשֵׁם) 드리되 양 떼의 암컷 어린 양이나 염소를 끌어다가 속죄제를(하타트 חַטָּא ה) 드릴 것이요 제사장은 그의 허물을(하타트 חַטָּאת) 위하여 속죄할지니라

'그 잘못으로(하타트) 말미암아'에서, '하타트'는 '죄'로 여호와의 모든 계명 중 하나라도 범한 것은 죄(하타트)라는 말씀입니다.[70]
또 '속죄제를(아샴) 드리되'에서 '아샴'은 '벌금(a penalty for the sin)'의 뜻입니다. 따라서 속죄제(하타트)의 '아샴(אָשֵׁם)' 표현은 속죄제가(하타트)

---

68) 4:22 각주 참조
69) '하타'는 '죄를 범하다'의 뜻이다.
70) 5:1은 의도적인 죄로 악한 죄이다. 5:2는 '부정한 것들'을 만졌으나 '부지중에' 있다. 5:3-4는 여호와 앞에 허물 있음을 뒤늦게 깨닫는다.

여호와께 범한 죄를(하타트) '벌금(아샴)'으로 배상하는 의미가 있음을 알 수 있습니다.

> **5:7-10** 만일 그의 힘이 어린 양을 바치는 데에 미치지 못하면 그가 지은 죄를 속죄하기(아샴 אשם) 위하여 산비둘기 두 마리나 집비둘기 새끼 두 마리를 여호와께로 가져가되 하나는 속죄제물을(하타트 חטאת) 삼고 하나는 번제물을(올라 עלה) 삼아 ⁸제사장에게로 가져 갈 것이요 제사장은 그 속죄제물을 먼저 드리되 그 머리를 목에서 비틀어 끊고 몸은 아주 쪼개지 말며 ⁹그 속죄제물의 피를 제단 곁에 뿌리고 그 남은 피는 제단 밑에 흘릴지니 이는 속죄제요(하타트 חטאת) ¹⁰그 다음 것은 것은 규례대로 번제를(올라 עלה) 드릴지니 제사장이 그의 잘못을(하타트 חטאת) 위하여 속죄한즉 그가 사함을 받으리라

여호와는 죄를 위한 벌금으로(아샴 אשם) 어린 양을 바치는 데에71) 힘이 미치지 못하는 자에게 비둘기 두 마리를 여호와께 드리라 명하십니다. 그는 비둘기 두 마리 중 한 마리는 속죄제물로, 한 마리는 번제물로 삼아 제사장에게 가져갑니다. 제사장은 비둘기 두 마리 중 속죄제물을 먼저 드립니다. 속죄제물로 드리는 비둘기는 머리를 비틀어 끊어서 피를 제단 곁에 뿌리고 남은 피는 제단 밑에 흘립니다. 번제로 드리는 비둘기는 번제의 규례대로 제단 위에서 불살라 여호와께 드립니다(1:14-17).
속죄제물로 어린 양을 바치는 데에 힘이 미치지 못하는 자가 가져온 비둘

---

71) 평민은 속죄제의 제물로 '흠 없는 암컷 어린 양'을 드린다(4:32).

기 두 마리로 제사장이 속죄제와 번제를 드려서 속죄하므로, 그는 여호와로부터 죄 사함을 받습니다.

> **5:11-13** 만일 그의 손이 산비둘기 두 마리나 집비둘기 두 마리에도 미치지 못하면 그의 범죄로 말미암아 고운 가루 십분의 일 에바를 예물로(코르반 קׇרְבָּן) 가져다가 속죄제물로(하타트 חַטָּאת) 드리되 이는 속죄제인즉(하타트 חַטָּאת) 그 위에 기름을 붓지 말며 유향을 놓지 말고 ¹²그것을 제사장에게로 가져갈 것이요 제사장은 그것을 기념물로(아즈카라 אַזְכָּרָה) 한 움큼을 가져다가 제단 위 여호와의 화제물 위에서 불사를지니 이는 속죄제라(하타트 חַטָּאת) ¹³제사장이 그가 이 중에서 하나를 범하여 얻은 허물을(하타트 חַטָּאת) 위하여 속죄한즉 그가 사함을 받으리라 그 나머지는 소제물(민하 מִנְחָה) 같이 제사장에게 돌릴지니라

여호와는 속죄의 벌금으로(아샴 אָשָׁם) 두 마리 비둘기조차 여호와께 드릴 수 없는 자를 위하여 고운 가루 1/10 에바를 예물로 드리라 하십니다. 이 예물은 속죄제를 위하여 드리는 예물이므로, 소제처럼(2장) 고운 가루 위에 기름을 붓거나 유향을 놓지 않고 제사장에게 가져갑니다. 제사장은 속죄제물로 가져온 고운 가루 한 움큼을 가져다가 기념물로(아즈카라) 제단 위 여호와의 화제물 위에서 불사릅니다. 기념물로 여호와의 화제물 위에서 불살라진 소제물을 여호와는 속죄제로 받으십니다.[72] 여호와는 '제사장이 그가 이 중에서 하나를 범하여 얻은 허물을 위하여 속죄한즉 그가 사함을 받으리

---

[72] '기념물,' '화제물' 표현은 2장 소제에 집중적으로 나타난다. 여호와는 가난하여 고운 가루로 드리는 속죄제물을 소제처럼 기쁘게 받으심을 나타내신다.

라' 선포하십니다. 고운 가루의 나머지는 소제물 같이 제사장에게 돌립니다.

▶▶본문 해석

5:1-13은 여호와의 계명 중 하나를 범한 허물로 '나사 아본'에 있는 죄인들에게, 말씀의 가르침을 받아(호다) 명하신 제물로 속죄제를 드려 여호와로부터 죄 사함을 받으라는 은혜의 말씀입니다.

5:1은 여호와의 진노를 부르는 정말 악한 죄(아본)입니다.
5:2는 자신이 부정하여도 부지중이라(뵈네엘람 미메누) 깨닫지 못합니다.
5:3은 부지중에(뵈네엘람 미메누) 부정하게 됨은 피하기 어렵습니다.
5:4는 충동적인 맹세로 허물밖에 없는 사람의 단면을 그대로 보여줍니다.

5:5는 5:1과 같이 '나사 아본' 당할 것을 알면서 죄를 범하였든, 5:2-4와 같이 '부지중이라' 모르고 하였든, 여호와의 계명 중 하나를 범해 여호와 앞에 '허물' 있는 어떤 사람도, 여호와 앞으로 '자복하며' 나아올 때 죄를 사함 받을 수 있는 길이 있음을 말씀합니다.

여호와는 '죄의 자복'을 명령하십니다. 죄의 자복은 자신의 죄를 깨닫고 시인하며 여호와의 긍휼을 구하는 것입니다.[73] 죄의 자복은 자신이 지은 죄

---

73) 죄의 자복은 여호와의 계명을 배워 자신이 무엇을 잘못했는지 깨달아야 올바로 할 수 있다(롬3:20).

를 남의 탓으로 돌리지 않는 것입니다.74)

5:6-7에서 여호와는 속죄제물 암컷 어린 양, 염소, 비둘기 두 마리를 '벌금(아샴 אָשָׁם)'이라 하십니다. 속죄제물을 벌금의 뜻인 '아샴'이라 하시는 것은 여호와께 죄를 범하면 반드시 치러야 할 값이 있음을 뜻합니다. 즉 여호와께 드리는 속죄제물은 여호와께 죄를 범하여 치러야 할 값을 제물로 배상하는(아샴) 것입니다.

5:6-13은 죄를 사하시기를 기뻐하시는 여호와의 은혜가 얼마나 큰지를 보여줍니다. 여호와는 속죄제물을 감당할 수 없는 자에게 제물의 값을 낮춰주십니다. 속죄제물로 암컷 어린 양을 바치기 힘든 자에게 비둘기 두 마리로 허락하시고, 이마저 힘든 자에게는 고운 가루 1/10 에바를 드리라 하십니다.

"만일 그의 손이 산비둘기 두 마리나 집비둘기 두 마리에도 미치지 못하면 그의 범죄로 말미암아 고운 가루 십분의 일 에바를 예물로 가져다가 속죄제물로 드리되 이는 속죄제인즉 그 위에 기름을 붓지 말며 유향을 놓지 말고(5:11)"

여호와께서 이렇게 속죄제물의 값을 낮춰주심은 죄인은 누구도 여호와께서 요구하시는 제물을 자신의 힘으로 구할 수 없음을 아시기 때문입니다.75) 긍휼이 풍성하신 여호와는 죄인이 마땅히 여호와께 드려야 할 속죄제물의

---

74) 아담은 선악을 알게 하는 나무의 열매를 먹은 후에 여호와 하나님의 낯을 피하여 숨었다(창3:8). 여호와 하나님이 '이르시되 누가 너의 벗었음을 네게 알렸느냐 내가 네게 먹지 말라 명한 그 나무 열매를 네가 먹었느냐' 물으셨을 때, 아담은 '하나님이 주셔서 나와 함께 있게 하신 여자 그가 그 나무 열매를 내게 주므로 내가 먹었나이다'라고 대답했다(창3:11-12).
75) 여호와께 죄를 지은 자는 누구도 여호와께서 요구하시는 속죄제물을 드릴 수 없다. 그 제물의 값이 너무나 크고 크시기 때문이다(속건제 본문 설교 참조).

값을 마침내 완전히 탕감하여 주십니다(사53:10).

그리하여 죄 있는 자 누구든지 여호와 앞으로 나와 죄 사함 받을 수 있는 놀라운 은혜를 베풀어 주십니다(사53:11-12).

5:14-6:7
속건제

제사장은 여호와 앞에서 그를 위하여 속죄한즉
그는 무슨 허물이든지 사함을 받으리라(6:7)

속건제는 히브리어로 '아샴(אָשָׁם)'이라고 합니다. 아샴(אָשָׁם)은76) 5:6-7에서는 '벌금'의 의미로 쓰였고, 5:14-6:7에서는 속건제 제사 명칭으로 쓰이고 있습니다.77)

　　속건제 말씀은 세 부분으로 구분되는데

　　여호와께 신실하지 못하여 드리는 속건제(5:14-16),

　　속건제를 드려야 하는 죄(5:17-19),

　　이웃에게 악을 행하여 드리는 속건제(6:1-7)로 나눌 수 있습니다.

---

76) 속건제 명칭 '아샴(אָשָׁם)'은 동사 '허물이 있다(아삼 אָשַׁם)'의 명사형이다.
77) 속건제는 '배상' 의미가 강조되므로 속건제를 '배상제'로 칭할 것을 제안한다. 박철현, 『레위기』, 203

5:14 여호와께서 모세에게 말씀하여 이르시되

속건제는 '이스라엘 자손에게 말하여 이르라(4:2)' 같이 말씀 수신자가 따로 없습니다. 속건제 단락에서 여호와는 모세에게만 말씀하십니다.

5:15 누구든지(네페쉬) 여호와의 성물에(미코드쉐 여호와 מִקְדְשֵׁי יהוה) 대하여 부지중에(쉐가가 שְׁגָגָה) 범죄하였으면 여호와께 속건제를(아샴 אָשָׁם) 드리되 네가 지정한 가치를 따라(베에르케카 בְּעֶרְכְּךָ) 성소의 세겔로 몇 세겔 은에 상당한 흠 없는 숫양을 양 떼 중에서 끌어다가 속건제로(아샴 אָשָׁם) 드려서

'누구든지 여호와의 성물에 대하여 부지중에 범죄하였으면'은[78] 여호와께 신실하지 못하여 부지중에 여호와의 성물에[79] 죄를 범하였다는 뜻입니다. 여호와는 신실하지 못하여(마알 מָעַל) 부지중에[80] 성물에 대해 죄를 범한 자에게 속건제를 드리라 명하십니다.

여호와께 신실하지 못해 드리는 속건제는 여호와께서 제사장을 통해 주신 속건제물의 값이 있습니다. 그 값은 '**네가 지정한 가치를 따라(베에르케카) 성소의 세겔로 몇 세겔 은에 상당한 흠 없는 숫양**'입니다.

---

78) 5:15의 '누구든지… 범죄하였으면' 히브리어 원문은 '네페쉬 키 팀올 마알 붸하트아 비쉬가가 미코드쉐 여호와 יְהוָה מִקְדְשֵׁי בִּשְׁגָגָה וְחָטְאָה מַעַל תִמְעֹל כִּי נֶפֶשׁ)'로 '누구든지 <u>신실하지 못하여</u> 부지중에 여호와의 성물에 대하여 죄를 범하면' 뜻이다.
79) 성물은 사람, 가축, 집, 밭, 십일조와 같이 여호와께 봉헌된 것이다. 27장 말씀에 있다.
80) 부지중에(쉐가가)는 '부지불식간에'라는 뜻, 4:2, 22, 27에도 쓰였다.

5:16 성물에 대한 잘못을 보상하되(예살렘 יְשַׁלֵּם) 그것에 오 분의 일을 더하여 제사장에게 줄 것이요 제사장은 그 속건제의(아샴 אָשָׁם) 숫양으로 그를 위하여 속죄한즉 그가 사함을 받으리라

'성물에 대한 잘못을 배상하되(예살렘)'에서 '예살렘'은[81] 완전한 배상이 이루어져 서로의 관계가 '평화로운 상태로 회복되게' 뜻입니다. 따라서 여호와께 신실하지 못하여 여호와의 성물을 범한 잘못을 사함 받는 속건제는 여호와께서 정하신 값을 여호와께 드려서 완전하게 배상하는 제사입니다. 여호와는 여호와의 성물을 범한 자에게 완전한 배상을 위해 성물의 값과 그 값의 오 분의 일을 더하여 제사장에게 주라고 말씀하십니다. 그리고 여호와께서 제사장을 통해 주신 값에 해당하는 속건제 숫양으로 속죄하면 신실하지 못하여 여호와의 성물을 범한 죄를 사함 받을 것이라 하십니다.

5:17-19 만일 누구든지(네페쉬) 여호와의 계명 중 하나를 부지중에(로 야다 לֹא יָדַע) 범하여도 허물이라(아샴 אָשֵׁם) 벌을 당할 것이니(나사 아본 נָשָׂא עָוֺן) [18]그는 네가 지정한 가치대로(베에르케카 בְּעֶרְכְּךָ) 양 떼 중 흠 없는 숫양을 속건제물로 제사장에게로 가져갈 것이요 제사장은 그가 부지중에 범죄한 허물을 위하여 속죄한즉 그가 사함을 받으리라 [19]이는 속건제니(아샴 אָשָׁם) 그가 여호와 앞에 참으로(아숌 אָשֹׁם) 잘못을 저질렀음이니라(아샴 אָשֵׁם)

---

81) '예살렘'은 샬람(שָׁלַם) 동사의 피엘형으로(3:1-2 각주 참조), 완전하게 배상하기 위해 똑같은 종류로 되갚는 것이다(신 7:10 참조). J. G. 맥콘빌, 『신명기』, 강대이·황의무 역, (서울: 부흥과 개혁사, 2019), 203

여호와는 누구든지 여호와의 계명 중 하나를 부지중에(로 야다)[82] 범하여도 '허물이라 벌을 당할 것이니(나사 아본)' 하십니다. 이 말씀은 여호와의 계명을 깨닫지 못해 계명 중 하나를 범하여도 허물이 있으며, 그 죄에 대한 형벌은 자신이 받아야 한다는 뜻입니다(나사 아본).

자신이 담당해야 할 죄의 형벌을 여호와께서 명하신 값의 속건제물로 드리면 '나사 아본'을 면하게 되는 것이 '속건제' 입니다. 그가 드려야 할 속건제물 숫양은 **'네가 지정한 가치대로(베에르케카) 양 떼 중 흠 없는 숫양'**입니다. 이 값은 여호와께서 제사장을 통해 명하신 완전한 배상의 값입니다. 여호와의 명하신 값에 해당하는 속건제물 '흠 없는 숫양'을 제사장에게 드려, 제사장이 속죄하면 여호와의 계명을 범하여 '나사 아본'에 처한 자는 그의 허물을 사함 받게 됩니다.

"이는 속건제니(아샴) 그가 여호와 앞에 참으로(아숌) 잘못을 저질렀음이니라(아샴)(5:19)"[83]

속건제는 여호와 앞에 참으로 잘못한 죄를 사함 받기 위해 드리는 제사입니다. 여호와는 여호와의 계명 중 하나를 부지중에 범하여도 여호와 앞에 참으로 잘못한 것이며, 그 잘못은 여호와께서 제사장을 통해 명하신 값의 속건제의 숫양으로만 사함 받을 수 있음을 선포합니다.

---

82) '부지중에(로 야다 לֹא יָדַע)'는 동사 '야다(יָדַע)'의 부정으로 '야다'는 깨달아 아는 것을 의미한다. 5:2, 3, 4의 '부지중에(뵈네엘람 미메누)'와 비교
83) '이는 속건제니(①아샴 אָשָׁם) 그가 여호와 앞에 참으로(②아숌 אָשֹׁם)) 잘못을 저질렀음이라(③아샴 אָשָׁם)' ①은 명사 '속건제', ②는 부정사 절대형으로 ③의 의미를 강조하며, ③은 '허물이 있다'는 뜻, 같은 어근의 단어를 반복하여 속건제는 '여호와께 참으로 허물이 있는 죄'를 위해 드리는 제사임을 강조한다.

실로 속건제는 여호와께서 명하신 완전한 값의 속건제물 숫양을 여호와 앞에 드려서 '나사 아본'에 처한 자가 그의 허물을 사함 받는 제사입니다.

6:1 여호와께서 모세에게 말씀하여 이르시되

5:14과 같은 도입 어구로 속건제 말씀을 또 주십니다. 6:1-7 말씀은 이웃에게 악을 행하여 드러난 죄를 사함받기 위하여 드리는 속건제입니다.

6:2-3 누구든지(네페쉬) 여호와께 신실하지 못하여 범죄하되 곧 이웃이 맡긴 물건이나 전당물을 속이거나 도둑질하거나 착취하고도 사실을 부인하거나 ³남의 잃은 물건을 줍고도 사실을 부인하여 거짓 맹세하는 등 사람이 이 모든 일 중의 하나라도 행하여 범죄하면

'누구든지 여호와께 신실하지 못하여 범죄하되' 말씀은 '누구든지 범죄하여 신실하지 못한 행동을 여호와께 행하되'[84] 의미입니다. 6:2 말씀은 5:15 말씀을 교차시켜 표현하는데,[85] 이웃에게 죄를 범하는 것은 곧 여호와께 죄를 범하는 불신실함이며(마알) 이는 여호와의 성물을 범한 죄와 같음을 말씀하기 위함입니다.

---

84) 기동연의 사역을 참고함, 기동연, 『레위기』, 210
85) 5:15는 '불신실하다(마알 מָעַל)' 동사가 먼저 나오고, '죄를 범하다(하타 חָטָא)' 동사가 뒤에 나온다. 6:2는 '하타' 동사가 먼저 나오고 '마알' 동사가 뒤에 나온다. 6:2는 '죄를 범하여 여호와께 신실하지 못하다(네페쉬 키 테헤타 우마알라 마알 여호와 נֶפֶשׁ כִּי תֶחֱטָא וּמָעֲלָה מַעַל בַּיהוָה)'의 뜻

'곧 이웃이 맡긴 물건이나… 남의 잃은 물건을 줍고도 사실을 부인하여 거짓 맹세하는 등…' 말씀은 이웃을 속이고 잘못을 감추려고 여호와 이름으로 거짓 맹세를 하는 행위는 여호와 앞에 참으로 잘못한 것이며,86) 그로 인해 자신의 죄를 자신이 담당해야 함을(나사 아본) 말씀합니다(5:17-19).

6:4-5 이는 죄를 범하였고 죄가 있는 자니 그 훔친 것이나 착취한 것이나 맡은 것이나 잃은 물건을 주운 것이나 ⁵그 거짓 맹세한 모든 물건을 돌려보내되(쉴람 שַׁלֵּם) 곧 그 본래 물건의 오 분의 일을 더하여 돌려보낼 것이니 그 죄가(아쉬마 אַשְׁמָה) 드러나는 날에 그 임자에게 줄 것이요

여호와는 이런 죄를 지은 자에게 '이는 죄를 범하였고 죄가 있는 자'라고 분명히 선포하십니다. 죄가 있는 자는 '나사 아본'으로 죄의 형벌을 자신이 담당해야 합니다(5:17). 그런데 여호와는 '그 훔친 것이나 착취한 것이나 … 그 거짓 맹세한 모든 물건을 돌려보내되'라고 하십니다. 여기서 '돌려보내되(쉴람)'는 5:16의 '배상하되(예살렘)'와 같은 동사로,87) 거짓 맹세하여 가로챈 것을 주인에게 돌려주라는 명령입니다. 여호와는 완전한 배상을 위하여 원래 물건에 '오 분의 일을 더하여' 주라고 하십니다. 이웃의 것을 가져간 죄가 드러나는 날에 여호와는 그 물건을 임자에게 돌려주되, 물건과 그 물건 값의 오 분의 일을 더하여 주라고 명하십니다.

---

86) 모세는 '여호와의 이름을 망령되이(쇼브 שָׁוְא) 일컫는 것'과 '이웃에게 하는 거짓(쇼브 שָׁוְא) 증거'를 같은 단어로 표현한다(신5:11, 20).

87) '예샬렘'은 '샬람(שָׁלַם)' 동사의 피엘 미완료형이고, '쉴람'은 피엘 완료형이다.

6:6-7 그는 또 속건제물을 여호와께 가져갈지니 곧 네가 지정한 가치대로(베에르케카 בְּעֶרְכְּךָ) 양 떼 중 흠 없는 숫양을 속건제물을 위하여 제사장에게로 끌고 갈 것이요 ⁷제사장은 여호와 앞에서 그를 위하여 속죄한즉 그는 무슨 허물(아쉬마 אַשְׁמָה)이든지 사함을 받으리라

이웃의 것을 가져간 죄가 드러난 날에 물건과 물건값의 오 분의 일을 더하여 임자에게 돌려준 다음, 그는 여호와께 속건제를 드려야 합니다. 그가 이웃에게 죄를 범함으로 여호와 앞에 불신실하여 여호와께 참으로 잘못을 저질렀기 때문입니다(6:2a; 5:19). 여호와께 참으로 잘못한 자는 속건제를 드려야 합니다(5:17-19).

여호와께 드릴 속건제물은 여호와께서 명하신 속건제물 '네가 지정한 가치대로(베에르케카) 양 떼 중 흠 없는 숫양'입니다. 이웃에게 죄를 범하여 여호와께 불신실한 잘못을 범한 자는 여호와의 명하신 속건제물 **'네가 지정한 가치대로 양 떼 중 흠 없는 숫양'**으로 제사장이 그를 위하여 속죄할 때, 여호와는 그가 무슨 허물(아쉬마)이든지 여호와 앞에서 사함을 받을 것이라 하십니다.

▶▶ 본문 해석

"제사장은 여호와 앞에서 그를 위하여 속죄한즉 그는 무슨 허물(아쉬마)이든지 사함을 받으리라(6:7)"

속건제 말씀은 속죄제와 같은 듯하면서도 다릅니다. 그래서 속죄제와 속건제에 대한 의견이 분분합니다.

속죄제와 속건제는 같은 제사이다?
→ 그런데 왜 속죄제와 속건제를 구별하여 말씀하실까요?

속죄제와 속건제는 다른 제사이다?
→ 속죄제와 속건제 똑같이 죄 사함이 선포되는데 어떻게 다른 제사가 될까요?

먼저 속죄제와 속건제에서 말씀하는 '죄'가 서로 구별되는 '죄'인지 보겠습니다.

속죄제	누구든지(네페쉬) **여호와의 계명 중 하나라도 그릇 범하였으되**… 허물이 되었으면(4:2-3, 13, 22, 27) 만일 누구든지(네페쉬) 저주하는 소리를 듣고서도… 그 허물이 그에게 돌아갈 것이며(나사 아본)(5:1)
속건제	만일 누구든지(네페쉬) **여호와의 계명 중 하나를 부지중에 범하여도 허물이라 벌을 당할 것이니**(나사 아본)(5:17)

속죄제(4:1-5:13)와 속건제(5:14-6:7) 말씀을 살펴보면 속죄제와 속건제를 드려야 하는 '죄'는 같습니다. 속죄제와 속건제에서 말씀하시는 '죄'의 정의는 5:17에 잘 나타나 있습니다. 속죄제와 속건제 모두 **여호와의 계명 중**

하나라도 범한 것을 '죄'라고 하십니다.88) 여호와는 속죄제와 속건제 말씀에서 여호와의 계명을 하나라도 범한 자에게 똑같이 '나사 아본'을 선포하십니다. 그러므로 속죄제와 속건제를 드리는 죄가 구별되지 않습니다.

그럼 속죄제와 속건제는 무엇이 구별되는 제사입니까?
속죄제와 속건제의 차이는 여호와께 드리는 제물에 차이가 있습니다.

속죄제는 신분에 따라, 경제적 능력에 따라 제물이 다릅니다. 속죄제는 여호와께서 명하신 제물을 감당하기 어려우면 제물의 값을 감하여 주십니다. 암컷 어린 양을 드릴 수 없는 자에게 두 마리의 비둘기로 감하여 주시고, 두 마리 비둘기조차 드릴 수 없는 자에게는 고운 가루 1/10 에바로 감하여 주십니다.

그런데 속건제는 그렇지 않습니다. 속건제는 여호와께서 제사장을 통해 주신 값의 흠 없는 숫양을 드려 완전한 배상을 드리는 제사입니다. 여호와께 완전한 배상을 위한 속건제물의 값은 '네가 지정한 가치를 따라(베에르케카) 성소의 세겔로 몇 세겔 은에 상당한 흠 없는 숫양'입니다.

속건제는 여호와께 신실하지 못하여 여호와께 참으로 잘못한 죄를 사함 받는 제사로, 죄의 값을 완전하게 배상하여 여호와와 신실하지 못했던 관계를 회복하게 하고 여호와와 '샬롬'을 누리게 합니다.

즉 속건제는 여호와께서 요구하시는 죄의 값을 완전하게 배상하는 제사로, 무슨 허물이든지 사함 받는 제사입니다.89)

---

88) '여호와의 계명 중 하나라도 그릇 범하여' 말씀은 속죄제 말씀에도 똑같이 선포된다(4: 2, 13, 22, 27). '죄'에 대한 정의는 26장에 있다. 여호와는 '죄'를 여호와의 규례를 멸시하며 마음으로(네페쉬) 여호와의 법도를 싫어하는 것으로 표현하신다(26:15).

그럼 여호와께 드려야 할 완전한 배상, 속건제물의 값은 얼마입니까?

속건제물의 값은 '**네가 지정한 가치를 따라(베에르케카)**⁹⁰⁾ **성소의 세겔로 몇 세겔 은에 상당한 흠 없는 숫양**'입니다. '**성소**'에서 정한 값이란 사람이 정한 값이 아니라 **여호와께서 정하신 값**을 의미합니다. 그러므로 속건제물은 사람은 감당할 수 없는 값입니다(시 49:7-8 참조).

여호와는 흠 없는 속건제물의 값은 사람이 감당할 수 없음을 '성소의 세겔로 몇 세겔 은에 상당한 흠 없는 숫양'이란 표현으로 말씀하십니다. 속건제물은 여호와 보시기에 참으로 만족할 만한 값의 흠 없는 숫양으로 땅에 사는 사람은 감당할 수 없는 너무나 큰 값입니다.

그렇다면 누가 흠 없는 속건제물을 구하여 여호와께 드릴 수 있습니까?

땅에 사는 사람은 누구도 여호와께 드릴 흠 없는 속건제물을 구하여 드릴 수 없습니다. 그래서 여호와는 흠 없는 속건제물을 구할 수 없는 땅의 사람에게 속죄제를 주신 것입니다.

여호와께서 사람들에게 '성소의 세겔로 몇 세겔 은에 상당한 흠 없는 숫양' 속건제물을 보내실 때까지, 땅의 사람은 자신의 힘에 따라 드리는 속죄제로,⁹¹⁾ 속건제의 죄 사함을 똑같이 누리게 하신 것입니다.

---

89) 속건제 6:7은 '무슨 허물이든지(아쉬마) 사함을 받는다'고 선포한다. '아쉬마'는 기름 부음 받은 제사장이 범죄하여 백성의 허물이(아쉬마) 되었으면'에 나오는 표현이다. '죄 사함' 선포가 없는 '기름 부은 받은 제사장의 죄'까지도 사함 받는 제사가 '속건제'이다. 속건제는 완전한 배상의 값, 흠 없는 숫양을 드림으로 여호와의 샬롬이 임함을 보여준다(사 32:17 참조).
90) 이 표현은 27장에서 여호와께 드린 성물의 값을 정할 때 나타난다. 여호와는 제사장을 통해 성물의 값을 정하게 하시는데, 특별하게도 '생명의 값'과 '밭의 값은 여호와께서 정하신 값이 있음에도 불구하고, 제사장이 감하여 줄 수 있게 하신다(27장 본문 설교 참조).
91) 이스라엘 자손에게 주신 속죄제는 참으로 크신 여호와의 은혜이며 사랑이다.

마침내 여호와는 은혜의 때에 지극히 거룩한 속건제물을 땅에 보내셔서 땅에 거하는 사람의 힘으로는 도저히 갚을 수 없는 죄의 값을 남김없이 완전하게 배상하게 하실 것입니다.

그날이 오면 땅에 속한 사람이 지은 모든 죄, '나사 아본'에 처한 모든 죄의 값을 여호와께서 보내신 속건제물이 갚으심으로, 여호와와 땅의 사람 간에 '샬롬(평강)'이 임할 것입니다(요20:19).

여호와의 흠 없는 속건제물이 오실 그날은 레위기의 말씀이 막 선포되는 시내 광야에 있는 이스라엘 자손에게는 아직 먼 훗날입니다.

그래서 여호와는 속건제 말씀을 모세에게만 하십니다(5:14; 6:1).[92]

---

92) 속건제물 '흠 없는 숫양'은 14장 나병 환자 정결 규례에서 좀 더 드러난다.

6:8-13
번제의 규례

불은 끊임이 없이 제단 위에 피워 꺼지지 않게 할지니라(6:13)

6:8-7:38까지는 다섯 가지 제사의 두 번째 단원으로 주로 아론과 그의 자손들에게 주시는 말씀입니다.93)

이 단원은 이스라엘 자손이 여호와께 드린 제물을 아론과 그의 자손이 어떻게 다루어야 하는지를 말씀합니다.

이 단원은 '번제, 소제, 속죄제, 속건제, 화목제'의 순서로 말씀이 전개되는데, '…의 규례는(토라 תּוֹרָה) 이러하니라' 표현이 첫째 단원과 구별됩니다.

---

93)
1:1-2 서론	
제사법Ⅰ: 이스라엘 자손 중심(1:3-6:7)	제사법Ⅱ: 제사장 중심(6:8-7:36)
7:37-38 결론	

6:8-9 여호와께서 모세에게 말씀하여 이르시되 ⁹아론과 그의 자손에게 명령하여(차바 צָוָה) 이르라 번제의 규례는(토라 תּוֹרָה) 이러하니라 번제물은 아침까지 제단 위에 있는 석쇠 위에 두고 제단의 불이 그 위에서 꺼지지 않게 할 것이요

여호와는 모세를 통해 아론과 그의 자손에게 말씀하십니다. 아론과 그의 자손에게 이르시는 여호와의 말씀은 '명령하여 이르라', '번제의 규례는 이러하니라'와 같이 여호와의 명령대로 지킬 것을 나타내십니다.

6:9에서 '규례(토라)' 표현이 처음 나타납니다. 토라의 어원은 '교훈하다, 가르치다'를 뜻하는 '야라(יָרָה)'에서 유래합니다. 따라서 '… 의 규례는 이러하니라' 말씀은 여호와께서 주신 규례를 아론과 그의 자손이 배워 이스라엘 자손에게 가르쳐야 함을 말씀합니다(10:11; 신1:5; 4:5 참조).

"번제물은 아침까지 제단 위에 있는 석쇠 위에 두고 제단의 불이 그 위에서 꺼지지 않게 할 것이요(6:9c)"

6:9의 번제물은 상번제의(출29:38-42; 민28:3 참조) 번제물로 저녁에 드린 번제물입니다. 여호와는 저녁에 드린 번제물이 아침까지 제단 위에 있는 석쇠 위에서 잘 불살라지도록, 제단의 불이 밤새도록 꺼지지 않게 할 것을 아론과 그의 자손에게 명령하십니다.

6:10-11 제사장은 세마포 긴 옷을 입고 세마포 속바지로 하체를 가리고 제단 위에서 불태운 번제의 재를 가져다가 제단 곁에 두고 ¹¹그

옷을 벗고 다른 옷을 입고 그 재를 진영 바깥 정결한 곳으로 가져갈 것이요

제사장은 제단 가까이 나갈 때 하체를 가려야 합니다(출28:42-43 참조). 제사장은 세마포 속바지와 세마포 긴 옷을 입고 제단 위에서 불태운 번제의 재를 가지고 내려와, 제단 곁에 두고, 다른 옷으로 갈아입은 다음, 그 재를 진영 바깥 정결한 곳으로 가져가야 합니다.

6:12 제단 위의 불은 항상 피워 꺼지지 않게 할지니 제사장은 아침마다 나무를 그 위에서 태우고 번제물을 그 위에 벌여 놓고 화목제의 기름을 그 위에서 불사를지며

여호와는 6:9의 명령 '제단 위의 불은 항상 꺼지지 않아야 할지니'를 6:12에서 또 하십니다. 여호와는 아론과 그의 자손이 번제의 규례에서 '제단 위의 불이 항상 꺼지지 않도록 하는 것'이 중요함을 말씀하십니다.

'아침마다 나무를 그 위에서 태우고' 명령은 저녁 번제물을 태운 불이 아침에 올리는 나무에 잘 붙도록 하라는 명령입니다. '저녁에 드린 번제물'을 태운 불이 아침에 태우는 나무에 붙습니다. 아침 나무에 번제의 불이 붙으면 아침 번제물을 그 나무 위에 벌여 불사릅니다. 아침 번제물을 태운 불은 그 날에 드리는 '화목제의 기름'을 불사릅니다.

여호와는 저녁 번제물의 불로 아침 나무에 불을 붙이고, 아침 나무에 붙은 불로 아침 번제물을 태우고, 아침 번제물을 태운 불 위에 그날 화목제의 기름을 불사르게 하여, 제단 위의 불이 항상 꺼지지 않도록 아론과 그의 자손

에게 명령하십니다.

6:13 불은 끊임이 없이 제단 위에 피워 꺼지지 않게 할지니라

여호와는 제단 위의 불이 꺼지지 않도록 세 번째 명령하십니다. 여호와는 제단 위의 불이 꺼지지 않도록 아론과 그의 자손에게 강하게 명령하십니다.

▶▶본문 해석

"… 제단의 불이 꺼지지 않게 할 것이요 … 제단 위의 불은 항상 피워 꺼지지 않게 할지니 … 불은 끊임이 없이 제단 위에 피워 꺼지지 않게 할지니라(6:9, 12, 13)"

여호와는 아론과 그의 자손에게 제단 위의 불이 꺼지지 않도록 세 번이나 명령하십니다(6:9, 12, 13). 그것은 제단 위의 불이 '여호와 앞에서 나온 불'이기 때문입니다(9:24).

9장에서 대제사장으로 위임된 아론은 여호와 앞에서 첫 제사를 여호와께 드리는데, 제사의 모든 의식이 끝날 때 참으로 놀라운 일이 일어납니다.

"모세와 아론이 회막에 들어갔다가 나와서 백성에게 축복하매 **여호와의 영광이 온 백성에게 나타나며 불이 여호와 앞에서 나와** 단 위의 번제물과 기름을 사른지

라 온 백성이 이를 보고 소리 지르며 엎드렸더라(9:23-24)"

9:23-24와 같이 **여호와 앞에서 나온 불이 제단 위의 번제물과 기름을 불사른 것은 여호와의 영광이 제단 위에 불로 임재하심을 보여줍니다.**

여덟째 날에 여호와의 영광이 나타나며 여호와 앞에서 나온 불, 제단의 불로 임하신 거룩하신 여호와는 이스라엘 자손을 거룩하게 하십니다.

"이는 너희가 대대로 여호와 앞 회막 문에서 늘 드릴 번제라 내가 거기서 너희와 만나고 네게 말하리라 **내가 거기서 이스라엘 자손을 만나리니 내 영광을 인하여 회막이 거룩하게 될지라**(출29:42-43)"

제단의 거룩한 불은 아침과 저녁에 드리는 번제물을 불사름으로 회막을 거룩하게 합니다. 회막의 거룩함은 이스라엘 자손의 거룩함을 의미합니다. 여호와의 거룩한 불이 제단 위에서 꺼지지 않음으로 이스라엘 자손은 거룩합니다.
그러므로 제사장은 여호와 영광, 여호와의 거룩한 불이 꺼지지 않도록 지키는 것이 참으로 큰 사명이라는 것을 알 수 있습니다.

6:14-23
소제의 규례

이 소제는 아론의 자손 중 기름 부음을 받고
그를 이어 제사장 된 자가 드릴 것이요
영원한 규례로 여호와께 온전히 불사를 것이니(6:22)

6:14-15 소제의 규례는(토라 תּוֹרָה) 이러하니라 아론의 자손은 그것을 제단 앞 여호와 앞에 드리되 ¹⁵그 소제의 고운 가루 한 움큼과 기름과 소제물 위의 유향을 다 가져다가 기념물로 제단 위에서 불살라 여호와 앞에 향기로운 냄새가 되게 하고

'소제의 규례는 이러하니라' 표현은 6:9과 같은 문장 형식으로 소제의 규례도 여호와께서 모세를 통하여 아론과 그의 자손에게 '명령하여 이르는' 말씀입니다.

아론의 자손은 '그것을(소제물) 제단 앞 여호와 앞에서' 드립니다. 여호와 앞에서 소제물 고운 가루 한 움큼과 기름과 소제물 위의 유향을 다 가져다가 기념물로 제단 위에서 불살라 여호와께서 기쁘게 받으시는 향기로운 냄새로 드려야 합니다.

6:16-17 그 나머지는 아론과 그의 자손이 먹되 누룩을 넣지 말고 거룩한 곳 회막 뜰에서 먹을지니라 ¹⁷그것에 누룩을 넣어 굽지 말라 이는 나의 화제물 중에서 내가 그들에게 주어 그들의 소득이(헬캄 חֶלְקָם) 되게 하는 것이라 속죄제와 속건제 같이 지극히 거룩한즉 (코데쉬 코다쉼 קֹדֶשׁ קָדָשִׁים)

소제물의 나머지는 아론과 그의 자손이 거룩한 회막 뜰에서 먹되 누룩을 넣지 말고 먹어야 합니다. 여호와는 아론과 그의 자손이 남은 소제물을 먹을 때 '누룩을 넣어 굽지 말라' 명령하십니다. 소제물은 여호와의 화제물 중에서 아론과 그의 자손에게 주신 소득으로(헬레크 חֵלֶק) 속죄제와 속건제 같이

- 116 -

지극히 거룩한(코데쉬 코다쉼) 예물이기 때문입니다.

> 6:18 아론 자손의 남자는 모두 이를 먹을지니 이는 여호와의 화제물 중에서 대대로 그들의 영원한 소득이(호크 올람 חק עולם) 됨이라 이를 만지는 자마다 거룩하리라

아론 자손의 남자는94) 소제물의 남은 것을 먹어야 합니다. 소제물은 여호와의 화제물 중에서 대대로 아론 자손의 영원한 소득으로(호크 올람) 주셨기 때문입니다. '이를 만지는 자마다 거룩하리라' 뜻은95) 여호와의 화제물인 소제물을 가까이하는 자는 거룩해야 한다는 뜻으로, 아론의 자손 남자 중 거룩한 자만 소제물을 먹을 수 있습니다.96)

> 6:19 여호와께서 모세에게 말씀하여 이르시되

5:14, 6:1과 같이 이 단락에서는 여호와께서 모세에게만 말씀하십니다.

> 6:20-21 아론과 그의 자손이 기름 부음을 받는 날에 여호와께 드릴 예물은 이러하니라 고운 가루 십분의 일 에바를 항상 드리는 소제물로 삼아 그 절반은 아침에, 절반은 저녁에 드리되 ²¹그것을 기름

---

94) 아론의 자손 '제사장'이라 하지 않고, '아론 자손의 남자'라 하신다(21:21). 아론 자손의 남자는 지극히 거룩한 소제물을 먹을 수 있다(21:22).
95) '이를 만지는 자마다 거룩하리라'는 '이를 만지는 자마다 거룩해야 한다'는 뜻이다. 키우치, 『레위기』, 157
96) 소제물은 지극히 거룩한 제물이다(6:17). 지극히 거룩한 제물은 거룩한 곳에서 거룩한 자가 먹는다(6:26, 29).

으로 반죽하여 철판에 굽고 기름에 적셔 썰어서 소제로 여호와께
드려 향기로운 냄새가 되게 하라

모세에게만 말씀하시는 소제는 '아론과 그의 자손이 기름 부음을 받는 날'부터 드리는 예물로 아침과 저녁에 드리는 소제입니다.
　기름 부음 받은 제사장이 드리는 소제는 '고운 가루 1/10 에바를 항상 드리는 소제물로 삼아 그 절반은 아침에, 절반은 저녁에' 드리되, 고운 가루를 '기름으로 반죽하여 철판에 굽고 기름에 적셔 썰어서' 제단 위에서 불살라 향기로운 냄새로 드립니다.

6:22-23 이 소제는 아론의 자손 중 기름 부음을 받고 그를 이어 제사장
　　　　된 자가 드릴 것이요 영원한 규례로(호크 올람 חָק עוֹלָם) 여호와께
　　　　온전히 불사를 것이니 ²³제사장의 모든 소제물은 온전히 불사르
　　　　고 먹지 말지니라

이 소제는 '아론의 자손 중 기름 부음을 받고 그를 이어 제사장 된 자'가 드립니다. 여호와는 이 소제를 영원한 규례로(호크 올람) 명하십니다. 여호와는 아론의 자손 중 기름 부음을 받고 그를 이어 제사장 된 자가 드리는 소제물은 여호와께 온전히 불사르고 먹지 말라고 명령하십니다.

▶▶본문 해석

"이 소제는 아론의 자손 중 기름 부음을 받고 그를 이어 제사장 된 자가 드릴 것이요 영원한 규례로(호크 올람) 여호와께 온전히 불사를 것이니 제사장의 모든 소제물은 온전히 불사르고 먹지 말지니라(6:22-23)"

여호와께서 아론의 자손 중 기름 부음을 받고 아론을 이어 제사장 된 자가 드리는 소제물을 온전히 불사르고 먹지 말라고 하심은, 기름 부음을 받은 대제사장은 언제나 자신을 거룩히 구별하여 여호와 앞에서 백성의 죄책을 늘 담당하는 자임을 뜻합니다(21:10-12; 출28:36-38).

여호와는 아론을 이어 기름 부음을 받고 제사장 된 자가 드리는 소제를 여호와 앞에 영원한 규례로(호크 올람) 명하십니다. 이것은 기름 부음을 받은 대제사장의 사역이 여호와 앞에서 영원할 것을 의미합니다.

기름 부음을 받은 제사장이 드리는 아침과 저녁에 드리는 소제는 장차 오실 거룩한 대제사장이 하실 사역을 예표합니다(24:9). 그 대제사장은 아론 계열의 제사장이 아니라 하늘에서 오실 거룩한 대제사장이십니다.

여호와는 기름 부음을 받은 제사장이 드리는 매일의 소제를 통해 여호와께서 하실 일을 계시하십니다(6:19).[97]

---

[97] 여호와께서 모세에게만 말씀하시는 단락은 여호와께서 장차 하실 일을 모세에게 계시하는 단락이다(258-260 참조).

6:24-7:10
속죄제와 속건제 규례

제사장은 그것을 다 제단 위에서 불살라
여호와께 화제로 드릴 것이니
이는 속건제니라(7:5)

6:24-25 여호와께서 모세에게 말씀하여 이르시되 ²⁵아론과 그의 아들들에게 말하여 이르라 속죄제의 규례는(토라 תּוֹרָה) 이러하니라 속죄제 제물은 지극히 거룩하니(코데쉬 코다쉼 קֹדֶשׁ קָדָשִׁים) 여호와 앞 번제물을 잡는(티샤헤트 תִּשָׁחֵט) 곳에서 그 제물을 잡을 것이요 (티샤헤트 תִּשָׁחֵט)

6:24-25a를 6:8-9a와 비교하면 후반부가 다릅니다. 6:9a는 '… 명령하여 이르라'이며, 6:25a는 '… 말하여 이르라' 입니다. 따라서 6:24-7:21 말씀은 앞 단락과(6:8-23) 구분되는 새 단락임을 알 수 있습니다.98)

여호와는 아론과 그의 아들들에게 '속죄제의 규례는(토라) 이러하니라' 말씀하시며 이스라엘 자손이 여호와께 드린 속죄제의 제물을 어떻게 다루어야 하는지를 말씀합니다.

여호와는 속죄제 제물이 '지극히 거룩함(코데쉬 코다쉼)'을 말씀하십니다. 이것은 속죄제의 제물을 거룩하게 다루어야 한다는 뜻입니다.

여호와는 속죄제의 제물을 '여호와 앞 번제물을 잡는 곳(1:5, 11)'에서 잡으라 명령하십니다. 이곳은 여호와께서 이스라엘 자손을 만나시는 곳입니다(출29:43).

6:26-28 죄를 위하여 제사 드리는 제사장이(하코헨 함하테 הַכֹּהֵן הַמְחַטֵּא) 그것을 먹되 곧 회막 뜰 거룩한 곳에서 먹을 것이며 ²⁷그 고기에 접촉하는 모든 자는 거룩할 것이며 그 피가 어떤 옷에든지 묻었으면 묻은 그것을 거룩한 곳에서 빨 것이요 ²⁸그 고기를 토기에

---

98) 이 단락은 속죄제의 규례(6:24-30), 속건제의 규례(7:1-10), 화목제의 규례(7:11-21)로 전개된다.

삶았으면 그 그릇을 깨뜨릴 것이며 유기에 삶았으면 그 그릇을 닦고 물에 씻을 것이며

죄를 위하여 제사 드리는 제사장은 회막 뜰 거룩한 곳에서 지극히 거룩한 속죄제 제물 고기를 먹어야 합니다.99)

'그 고기에 접촉하는 모든 자는 거룩할 것이며(6:27a)' 말씀은 속죄제물이 지극히 거룩하므로 속죄제물 고기에 접촉하는 모든 자는 거룩하여, 속죄제물 고기를 거룩하게 다루어야 한다는 뜻입니다. 따라서 거룩한 제물 고기의 피가 어떤 옷에든지 묻었으면 묻은 그것을 거룩한 곳에서 빨아야 합니다.

거룩한 제물 고기를 토기에 삶았으면 그 그릇을 깨뜨리고, 유기에100) 삶았으면 그 그릇은 닦고 물에 씻어야 합니다.

6:29-30 제사장인 남자는(콜 자카르 바코하님 כָּל זָכָר בַּכֹּהֲנִים) 모두 그것을 먹을지니 그것은 지극히 거룩하니라(코데쉬 코다쉼) ³⁰그러나 피를 가지고 회막에 들어가 성소에서 속죄하게 한 속죄제 제물의 고기는 먹지 못할지니 불사를지라

'제사장인 남자는 모두 그것을 먹을지니 그것은 지극히 거룩하니라' 말씀은 속죄제를 집전한 제사장과(6:26) 제사장 남자는 지극히 거룩한 속죄제의 제물을 반드시 먹어야 함을 말씀합니다.

---

99) 제사장이 먹는 속죄제물 고기는 제물의 피가 회막에 들어가지 않은 속죄제물 고기이다 (6:30). 제물의 피가 회막에 들어간 속죄제물 고기는 진영 밖, 재 버리는 곳에서 불살라진다(4:12, 21).
100) '유기' 그릇은 청동으로 만든 그릇이다.

'그러나 피를 가지고 회막에 들어가 성소에서 속죄하게 한 속죄제 제물의 고기는 먹지 못할지니 불사를지라' 기름 부음을 받은 제사장이 그릇 범하여 드리는 속죄제(4:3-12), 온 회중이 허물이 있어 드리는 속죄제(4:13-21)는 제물의 피를 가지고 회막에 들어가므로 그 속죄제물 고기는 먹을 수 없습니다. 제단 위에서 불사르고 남은 제물 전체를 진영 바깥 재 버리는 정결한 곳에서 불살라야 합니다.

7:1-2 속건제의 규례는(토라 תּוֹרָה) 이러하니라 이는 지극히 거룩하니(코데쉬 코다쉼 קֹדֶשׁ קָדָשִׁים) ²번제물을 잡는(이쉬하투 יִשְׁחֲטוּ) 곳에서 속건제의 번제물을 잡을 것이요(이쉬하투 יִשְׁחֲטוּ) 제사장은 그 피를 제단 사방에 뿌릴 것이며

아론과 그의 아들들에게 속건제의 규례를 말씀합니다. 여호와는 속건제가 '지극히 거룩하다(코데쉬 코다쉼)' 하십니다. 따라서 속건제물도 거룩하게 다루어야 합니다.
여호와는 속건제물을[101] 번제물을 잡는 곳에서 잡으라 하시고, 제사장은 속건제물의 피를 제단 사방에 뿌리라 하십니다.

7:3-5 그 기름을 모두 드리되 곧 그 기름진 꼬리와 내장에 덮인 기름과 ⁴두 콩팥과 그 위의 기름 곧 허리 쪽에 있는 것과 간에 덮인 꺼풀을 콩팥과 함께 떼어내고 ⁵제사장은 그것을 다 제단 위에서 불살라 여호와께 화제로 드릴 것이니 이는 속건제라

---

[101] '속건제의 번제물'은 속건제물을 가리킨다. 박철현, 『레위기』, 246

여호와는 제사장에게 속건제물의 기름을 모두 드리라 명령하십니다.102) 여호와는 제사장에게 '기름진 꼬리와 내장에 덮인 기름과 두 콩팥과 그 위의 기름 곧 허리 쪽에 있는 것과 간에 덮인 꺼풀을 콩팥과 함께' 떼어내 그 모든 부위를 제단 위에서 불살라 **여호와께 '화제'로 드리라 하십니다.** '화제' 표현은 여호와께서 향기로 받으시는 기쁘게 받으시는 제사임을 표현합니다.

여호와는 속건제물의 모든 기름 부위를 떼어내 제단 위에서 불살라 <u>여호와께 화제로 드리라 하십니다.</u>103)

> 7:6 제사장인 남자는(콜 자카르 바코하님 כָּל־זָכָר בַּכֹּהֲנִים) 모두 그것을 먹되 거룩한 곳에서 먹을지니라 그것은 지극히 거룩하니라(코데쉬 코다쉼 קֹדֶשׁ קָדָשִׁים)

여호와는 제사장인 남자는 모두 속건제물을 먹되 거룩한 곳에서 먹으라 명하십니다. 속건제물은 지극히 거룩한 제물이기 때문입니다.

> 7:7 속죄제와 속건제는 규례가 같으니(토라 아하트 תּוֹרָה אַחַת) 그 제물은 속죄하는 제사장에게로 돌아갈 것이요

여호와는 속죄제와 속건제는 규례가 같으므로 그 제물은 속죄하는 제사장에게 돌리라 하십니다.

---

102) 속건제물은 '흠 없는 숫양'이므로(5:15), 기름진 꼬리까지 드려야 한다.
103) 여호와는 '속건제'를 여호와께 화제로 드리는 제사로 표현하신다. 속건제를 '화제'로 표현하심은 속건제가 '번제, 소제, 화목제'와 같이 여호와께서 '향기로운 냄새'로 받으시는 제사임을 의미한다.

7:8 사람을 위하여 번제를 드리는 제사장 곧 그 제사장은 그 드린 번제물의 가죽을 자기가 가질 것이며

번제는 제물 전부를 제단 위에서 불사르고 가죽만 남는데(1:6), 여호와는 이 가죽을 번제를 집전한 제사장이 가지라 말씀하십니다.

7:9-10 화덕에 구운 소제물과 냄비에나 철판에서 만든 소제물은 모두 그 드린 제사장에게로 돌아갈 것이니 ¹⁰소제물은 기름 섞은 것이나 마른 것이나 모두 아론의 모든 자손이 균등하게 분배할 것이니라

화덕이나 철판에서 요리하여 드린 소제물은 소제를 드린 제사장에게 돌려야 합니다. 고운 가루 소제물의 남은 것은 기름 섞은 것이든(2:1, 14-15), 마른 것이든(5:11), 아론의 모든 자손이 균등하게 분배합니다.

▶▶본문 해석

속죄제와 속건제는 제사 집전 의식에 차이가 있습니다.

① 이스라엘 자손에게 말하여 이르라 … 만일 족장이 그의 하나님 여호와의 계명 중 하나라도 부지중에 범하여 허물이 있었는데 … 그 숫염소의 머리에 안수하고 여호와 앞 번제물을 잡는 곳에서 잡을지니(샤하트 שחט) 이는 **속죄제라** 제사장은 그 속죄 제물의 피를 손가락에 찍어 번제단 뿔들에 바르고 그 피는 번

제단 밑에 쏟고(4:1, 22, 24-25)

①은 다섯 가지 제사 첫째 단원에[104] 있는 속죄제 말씀입니다. ①의 속죄제는 족장이 드리는 속죄제로 족장이 속죄제물의 머리에 안수하고 속죄제물을 잡습니다. 그리고 제사장은 제물의 피를 제단 뿔들에 바르고 쏟습니다. ①은 속죄제물을 가져온 자가 해야 할 의식과 제사장의 집전 의식을 구별하여 말씀합니다.

② 여호와께서 모세에게 말씀하여 이르시되 … 만일 누구든지 여호와의 계명 중 하나를 부지중에 범하여도 허물이라 벌을 당할 것이니 그는 네가 지정한 가치대로 양 떼 중 흠 없는 숫양을 속건제물로 제사장에게 가져갈 것이요 제사장은 그가 부지중에 범죄한 허물을 위하여 속죄한즉 그가 사함을 받으리라 이는 **속건제니** 그가 여호와 앞에 참으로 잘못을 저질렀음이라(5:14, 17-19)

②도 다섯 가지 제사 첫째 단원에 있는 속건제 말씀입니다. 그런데 ①과 다르게 속건제물을 가져온 자가 해야 할 의식과 제사장의 집전 의식을 말씀하지 않습니다. ②는 '네가 지정한 가치대로 양 떼 중 흠 없는 숫양'을 속건제물로 제사장에게 가져갈 것, 제사장은 그가 부지중에 범죄한 허물을 위해 속죄할 것을 말씀합니다. ①과 같이 제사 집전 의식을 말씀하지 않습니다.

②에서 나타나지 않는 속건제 집전 의식은 다섯 가지 제사 둘째 단원의

[104)]

1:1-2 서론	
제사법Ⅰ: 이스라엘 자손 중심(1:3-6:7)	제사법Ⅱ: 제사장 중심(6:8-7:36)
7:37-38 결론	

'아론과 그의 아들들에게' 말씀하시는 7:1-7에 가서야 나타납니다.

③ **속건제의 규례는 이러하니라** ²이는 지극히 거룩하니 번제물을 잡는(이쉬하투 יִשְׁחֲטוּ) 곳에서 속건제의 번제물을 잡을(이쉬하투 יִשְׁחֲטוּ) 것이요 제사장은 그 피를 제단 사방에 뿌릴 것이며 ³그 기름을 모두 드리되 곧 그 기름진 꼬리와 내장에 덮인 기름과 ⁴두 콩팥과 그 위의 기름 곧 허리 쪽에 있는 것과 간에 덮인 꺼풀을 콩팥과 함께 떼어내고 ⁵제사장은 그것을 다 제단 위에서 불살라 여호와께 화제를 드릴 것이니 이는 **속건제라**(7:1-5)

③은 아론과 그의 아들들에게 주시는 말씀인데(6:25a), 여호와는 ③에서 속건제 제사 집전 의식을 말씀하십니다. 속건제 집전 의식을 ③에서 말씀하시는 것은 속건제는 아론과 그의 아들들, 제사장이 전적으로 집전하는 제사이기 때문입니다.

둘째 단원에서 속죄제물과 속건제물 잡는 말씀을 비교하면 속건제는 제물 잡는 자가 아론과 그의 아들들이라는 것을 알 수 있습니다.

속죄제(6:25c)	속건제(7:2a)
여호와 앞 번제물을 잡는(티샤헤트 תִּשָּׁחֵט) 곳에서 **그 속죄제 제물을** 잡을 것이요(티샤헤트 תִּשָּׁחֵט)	번제물을 잡는(이쉬하투 יִשְׁחֲטוּ) 곳에서 **속건제의 번제물을** 잡을 것이요(이쉬하투 יִשְׁחֲטוּ)

속죄제 말씀 6:25c에서 '그 속죄제 제물을 잡을 것이요'의 동사는 '티샤헤

트'로 표현됩니다.105) 여호와는 아론과 그의 아들들에게 속죄제물을 잡는 동사를 '샤하트'의 니팔형 '티샤헤트'로 말씀하십니다. 속죄제물은 제물을 가져온 자가 잡기에, 여호와는 아론과 아들들에게 '여호와 앞 번제물을 잡게 하는 곳에서 속죄제물을 가져온 자가 잡게 하라'고 말씀하십니다.

그런데 속건제는 제물을 잡는 동사 활용이 다릅니다. 7:2의 '속건제의 번제물을 잡을 것이요'에 사용된 '이쉬하투'는 '샤하트' 칼형(능동) 그대로 사용합니다.106) 칼형 동사는 여호와의 말씀을 받는 아론과 그의 아들들이 직접 속건제의 제물을 잡는 것을 나타냅니다. 즉 속건제는 제사장이 번제물을 잡는 곳에서107) 속건제의 제물을 잡습니다.108)

제사장이 속건제물을 직접 잡는 것은 여호와께서 속건제물을 기뻐하심을 나타냅니다. 이것은 속건제물을 '화제'로 표현하는 데에 잘 나타납니다.

④ 제사장은 그것을 다 제단 위에서 불살라 **여호와께 화제로 드릴 것이니** 이는 **속건제니라**(7:5)

제단 위에서 불살라 여호와께 화제로 드리는 제사는 여호와께서 향기로운

---

105) '티샤헤트'는 ①에서 족장에게 사용한 동사 칼형(능동) '샤하트'의 니팔형(수동) 미완료 여성 3인칭 단수 동사이다.
106) '이쉬하투'는 '샤하트'의 칼형(능동) 미완료 남성 3인칭 복수 동사이다.
107) '번제물을 잡는 곳'이라고 할 때, 6:25c와 같이 '여호와 앞'이라는 표현이 없다. 제사장은 항상 여호와 앞에 있기 때문이다.
108) '그는 네가 지정한 가치대로 양 떼 중 흠 없는 숫양을 속건제물로 제사장에게 가져갈 것이요 제사장은 그가 부지중에 범죄한 허물을 위하여 속죄한즉 그가 사함을 받으리라 (5:18)' 말씀에도 속건제는 제사장이 제사를 집전함이 드러나 있다.

냄새로 받으시는, 여호와께서 기뻐하시는 제사입니다(1:9, 13, 17; 2:2, 9, 16; 3:5, 11, 16). 이 '화제' 표현을 죄를 사함 받기 위해 드리는 속건제에 나타내시는 것은 '속건제물'은 여호와께서 참으로 기뻐하시는 완전한 제물이라는 것을 의미합니다.

속죄제와 속건제의 공통점과 차이점을 정리하면 다음과 같습니다.

① 속죄제와 속건제의 공통점
- 여호와의 계명 중 하나라도 범하여 허물이 있을 때 죄를 사함 받는 제사

　(4:2, 13, 22, 27; 5:1-4; 5:17-19)

② 속죄제와 속건제의 차이점

구분	속죄제	속건제
제물의 값	신분, 드리는 자의 형편에 따라 제물의 값이 다름	네가 지정한 가치를 따라(성소의 세겔로 몇 세겔 은에 상당한) 흠 없는 숫양
제사 집전	속죄제물을 가져온 자가 제물의 머리에 안수하고 여호와 앞에서 제물을 잡음, 제사장이 집전함	속건제물을 여호와께 가져가 제사장에게 드림, 제사장이 여호와 앞에서 전적으로 집전함(6:6-7)
특징	제물을 드리는 자의 힘이 미치지 못하면 제물의 값을 감하여 드릴 수 있음	①여호와께서 정하신 값의 속건제물로 완전하게 배상하는 제사 ②여호와께서 화제로 받으시는 제사

7:11-38
화목제물 규례

내가 이스라엘 자손의 화목제물 중에서
그 흔든 가슴과 든 뒷다리를 가져다가
제사장 아론과 그의 자손에게 주었나니
이는 이스라엘 자손에게서 받을 영원한 소득이니라(7:34)

7:11 여호와께 드릴(야크리브 라여호와 יַקְרִיב לַיהוָה) 화목제물의(제바흐 하쉘라밈 זֶבַח הַשְּׁלָמִים) 규례는(토라 תּוֹרָה) 이러하니라

화목제물 규례도 아론과 그의 아들들에게 주시는 본문에(6:24-7:21) 속해 있습니다. 그런데 화목제물 규례는 6:25과 7:1에서 '…의 규례는 이러하니라'와는 다르게 '여호와께 드릴(야크리브)109) 화목제물의 규례는 이러하니라'로 시작합니다.

7:12-14 만일 그것을 감사함으로(토다 תּוֹדָה) 드리려면 기름 섞은 무교병과 기름 바른 무교전병과 고운 가루에 기름 섞어 구운 과자를 그 감사제물과 함께 드리고 ¹³또 유교병을 화목제의 감사제물과 함께 그 예물로 드리되 ¹⁴그 전체의 예물 중에서 하나씩 여호와께 거제로(테루마 תְּרוּמָה) 드리고 그것을 화목제의 피를 뿌린 제사장들에게로 돌릴지니라

'만일 그것을 감사함으로(토다) 드리려면'은 고난 중에 여호와께서 베푸신 구원의 은혜를 기억하여, 여호와께 감사함으로 가까이 나아오는 자에게 주시는 말씀입니다(시50:22-23; 69:29-31; 116:12-17 참조).

감사함으로 화목제물을 드리려면 기름 섞은 무교병, 기름 바른 무교전병, 고운 가루에 기름 섞어 구운 과자를 감사의 제물과 함께 드려야 합니다. 또 유교병을 화목제의 감사제물과 함께 드려야 합니다.110)

---

109) '드릴'로 번역된 '야크리브'는 동사 '카라브(קָרַב)'의 히필형으로 '가까이 오게 하다'의 뜻이다(1:2). 여호와는 화목제물이 여호와와 친밀한 교제를 위하여 드리는 제사임을 밝히신다.

'그 전체의 예물 중에서 하나씩 여호와께 거제로 드리고 그것을 화목제의 피를 뿌린 제사장들에게로 돌릴지니라' 감사함으로 화목제물을 드리는 자는 전체의 예물 중에서 하나씩을 여호와께 거제로 드리고,111) 거제로 드린 예물은 화목제물의 피를 뿌린 제사장에게 돌려야 합니다.

7:15-17 감사함으로 드리는 화목제물의 고기는 드리는 그날에 먹을 것이요 조금이라도 이튿날 아침까지 두지 말 것이니라 ¹⁶그러나 그의 예물의 제물이 서원이나(네데르 נֶדֶר) 자원하는(네다바 נְדָבָה) 것이면 그 제물을 드린 날에 먹을 것이요 그 남은 것은 이튿날에도 먹되 ¹⁷그 제물의 고기가 셋째 날까지 남았으면 불사를지니(이사레프 יִשָּׂרֵף)

화목제물은 세 그룹이 함께 먹는 제물입니다.112) 첫째는 화목제물의 기름을 제단 위에 불살라 드릴 때 음식으로 받으시는 여호와이시며(3:10, 16), 둘째는 화목제물의 가슴과 오른쪽 뒷다리를 먹는 제사장이며(7:30-32), 셋째는 화목제물을 여호와께 드린 자와 그의 가족과 친지, 백성입니다.113) 여호와는 거룩하신 여호와와 함께 먹게 되는 화목제물의 고기를 어떻게 먹어야 하는지를 자세히 말씀하십니다.

감사함으로 드리는 화목제물은 당일만 먹을 수 있습니다. 여호와는 감사

---

110) '유교병'은 여호와와 예배자의 풍성한 친교를 암시한다. 키우치, 『레위기』, 175
111) 거제는 제물을 위아래로 들어 올리고 내리는 행위이며, 요제는 제물을 좌우로 흔드는 의식이다. 기동연, 『레위기』, 258
112) 기동연, 『레위기』, 260
113) 화목제는 여호와, 제사를 집전한 제사장, 제물을 드린 자와 함께 하는 모든 자가 거룩하신 여호와와 친밀한 교제를 풍성하게 누리는 제사이다.

로 드리는 화목제물을 조금이라도 남겨서 이튿날 아침까지 두지 말라 명하십니다.

서원이나(네데르)114) 자원으로(네다바)115) 드리는 화목제물은 제물을 드린 날과 그 이튿날까지 먹을 수 있습니다. 그러나 삼 일째는 먹을 수 없습니다. 서원이나 자원으로 드린 제물 고기가 셋째 날까지 남았으면 먹지 말고 반드시 불살라야 합니다.

> 7:18 만일 그 화목제물의 고기를 셋째 날에 조금이라도 먹으면 그 제사는 기쁘게 받아들여지지 않을 것이라 드린 자에게도 예물답게 되지 못하고 도리어 가증한 것이(피굴 פִּגּוּל) 될 것이며 그것을 먹는 자는(하네페쉬 הַנֶּפֶשׁ) 그 죄를 짊어지리라(아보나흐 티사 עֲוֺנָהּ תִּשָּׂא)

여호와는 만일 셋째 날에 그 고기를 조금이라도 먹으면 그 제사는 기쁘게 받아들여지지 않을 것이라 하십니다. '드린 자에게도 예물답게 되지 못하고 도리어 가증한 것이 될 것'이란 말씀은 화목제물을 드린 자가 여호와께 기쁘게 받아들여지지 못하고 오히려 여호와 앞에 악취를 내는 가증한 자가 될 것이란 뜻입니다. '그것을 먹는 자는 그 죄를 짊어지리라(아보나흐 티사)' 말씀은116) 셋째 날에 화목제물을 먹는 자에게는 여호와께서 진노하시어 그가 그 죄를 짊어지게 될 것이란 뜻입니다.

---

114) 하나님께 서원한 내용을 이행할 때 드리는 제사로 한나가 사무엘이 젖을 뗀 뒤 성전에 데리고 올라가 서원제를 드리며 서원을 실행하는 말씀에서 볼 수 있다(삼상1:24). 김경렬, 『레위기의 신학과 해석』, 132
115) 기쁨으로 자원해서 드리는 제사이다. 김경렬, 『레위기의 신학과 해석』, 132
116) '아보나흐 티사'는 그의 죄를(아본) 그가 당하게(나사) 될 것이란 뜻

7:19-20 그 고기가 부정한(타메 טָמֵא) 물건에 접촉되었으면 먹지 말고 불사를 것이니라(이사레프 יִשָּׂרֵף) 그 고기는 깨끗한 자만 먹을 것이니 ²⁰만일 몸이 부정한 자가 (하네페쉬 הַנֶּפֶשׁ) 여호와께 속한 화목제물의 고기를 먹으면 그 사람은 자기 백성 중에서 끊어질 것이요(뵈니크레타 하네페쉬 하히 메암메이하 וְנִכְרְתָה הַנֶּפֶשׁ הַהִוא מֵעַמֶּיהָ)

여호와는 화목제물의 고기가 부정한 물건에 접촉되었으면 먹지 말고 불사르라 하십니다. '불사르라(이사레프)'는 '셋째 날까지 남았으면 불사르라' 같이 완전히 태워서 없애라는 말씀입니다.117)

여호와는 화목제물 고기는 '깨끗한 자(콜 타호르)'만 먹을 수 있다고 하십니다. '몸이 부정한 자(7:20)'는 화목제물을 먹을 수 없습니다. 여호와는 몸이 부정한 사람이 화목제물의 고기를 먹으면 <u>그 사람은 자기 백성 중에서 끊어질 것이라 하십니다(뵈니크레타 하네페쉬 하히 메암메이하)</u>. 이 말씀은 여호와의 언약에서 끊어질 것을 의미합니다(창17:14 참조).118)

7:21 만일 누구든지 부정한(타메 טָמֵא) 것 곧 사람(아담 אָדָם)의 부정이나 부정한 짐승이나 부정하고 가증한 무슨 물건을 만지고 여호와께 속한 화목제물의 고기를 먹으면 그 사람도 자기 백성 중에서 끊어지리라(뵈니크레타 하네페쉬 하히 메암메이하 וְנִכְרְתָה הַנֶּפֶשׁ הַהִוא מֵעַמֶּיהָ)

---

117) 4:12, 21의 '불사를지니'와 같다.
118) '뵈니크레타 하네페쉬 하히 메암 메이하' 어구는 여호와와 아브라함의 '할례'언약 말씀에서 처음 나타난다. '할례를 받지 아니한 남자 곧 그 포피를 베지 아니한 **자는 백성 중에서 끊어지리니**(뵈니크레타 하네페쉬 하히 메암메이하) **그가 내 언약을 배반하였음이니라**(창17:14)' '니크레타'는 '언약을 맺다(카라트 כָּרַת)'의 니팔형 동사이다.

'몸이 부정한 사람'은 화목제물을 먹을 수 없습니다. 사람이든지, 짐승이든지, 물건이든지 부정한 무엇을 만진 사람은 '몸이 부정한 사람'입니다. 몸이 부정한 사람이 화목제물의 고기를 먹는 사람은 자기 백성 중에서 끊어질 것을(뵈니크레타 하네페쉬 하히 메암메이하) 또 선포하십니다.

7:22-24 여호와께서 모세에게 말씀하여 이르시되 ²³이스라엘 자손에게 말하여 이르라 너희는 소나 양이나 염소의 기름을 먹지 말 것이요 ²⁴스스로 죽은 것의 기름이나 짐승에게 찢긴 것의 기름은 다른 데는 쓰려니와 결단코 먹지는 말지니라

말씀 수신자가 '아론과 그 아들들(6:25)'에서 '**이스라엘 자손**에게(7:23a)'로 바뀌어 새 단락이 시작됩니다.119)

'너희는 소나 양이나 염소의 기름을 먹지 말 것이요' 말씀은 이스라엘 자손이 여호와께 가축 예물을 드릴 때 그 기름은 모두 떼어내어 제단 위에서 불살라 여호와께 화제로 드려야 한다는 말씀입니다(3:16).120)

'스스로 죽은 것의 기름이나 짐승에게 찢긴 것의 기름은 다른 데는 쓰려니와 결단코 먹지는 말지니라' 스스로 죽은 가축이나 짐승에게 찢긴 가축은 부정합니다(17:15). 여호와는 부정한 짐승의 기름은 다른 데는 쓸 수 있으나 결단코 먹지 말라 말씀하십니다.

---

119) 다섯 가지 제사 둘째 단원에서(6:8-7:36) 6:8-7:21까지는 여호와께서 아론과 그의 자손(아들들)에게 주시는 말씀이며, 7:22-36은 이스라엘 자손에게 주시는 말씀이다.
120) 기름을 먹지 말라는 명령은 여호와께 드리는 가축 예물의 기름을 가리킨다. 기동연, 『레위기』, 128

7:25 사람이 여호와께 화제로 드리는 제물의 기름을 먹으면 그 먹는 자는 자기 백성 중에서 끊어지리라(붜니크레타 하네페쉬 하오켈레트 메암메이하 וְנִכְרְתָה הַנֶּפֶשׁ הָאֹכֶלֶת מֵעַמֶּיהָ)

여호와께 화제로 드리는 제물의 기름은 여호와의 것입니다(3:16). 여호와의 것을 먹는다면 그 사람은 여호와의 성물을 범한 자입니다(5:15). 여호와는 화제로 드려야 할 제물의 기름을 먹는 사람은 자기 백성 중에서 끊어질 것을 또 선포하십니다(붜니크레타 하네페쉬 하오켈레트 메암메이하).

7:26-27 너희가 사는 모든 곳에서 새나 짐승의 피나 무슨 피든지 먹지 말라 ²⁷무슨 피든지 먹는 사람이(네페쉬) 있으면 그 사람은 다 자기 백성 중에서 끊어지리라(붜니크레타 하네페쉬 하히 메암메이하 וְנִכְרְתָה הַנֶּפֶשׁ הַהִוא מֵעַמֶּיהָ)

여호와는 이스라엘 자손이 사는 모든 곳에서 새나 짐승이나 무슨 피든지 먹지 말 것을 명령하십니다. 여호와는 무슨 피든지 먹는 사람이 있으면 그 사람도 자기 백성 중에서 끊어질 것을(붜니크레타 하네페쉬 하히 메암메이하) 선포하십니다.121)

7:28-29 여호와께서 모세에게 말씀하여 이르시되 ²⁹이스라엘 자손에게 말하여 이르라 화목제물을 여호와께 드리려는 자는(함마크리브

---

121) 여호와의 것인 제물의 기름을 먹는 자는 자기 백성 중에서 끊어진다(7:25). '피'를 먹는 자도 자기 백성 중에서 끊어지므로 '피'도 여호와의 것임을 알 수 있다. '피'는 곧 '생명'으로 여호와께서 주신 것이다(17:11).

הַמַּקְרִיב) 그 화목제물 중에서 그의 예물을 여호와께 가져오되

7:29의 말씀 수신자는 7:23과 같은 '이스라엘 자손'입니다. 그런데도 도입 문구로 단락을 구분하여 새 단락으로 '이스라엘 자손'에게 말씀하시는 것은 이 단락의 말씀을 '이스라엘 자손'이 잘 듣고 지켜야 하기 때문입니다.

'화목제물을 여호와께 드리려는 자는 그 화목제물 중에서 그의 예물을 여호와께 가져오되'라고 하십니다. 여호와는 화목제물을 드리며 여호와께 가까이 나아오려는 자는(함마크리브) 어떻게 여호와께 예물을 드려야 하는지를 말씀하십니다.

7:30-31 여호와의 화제물은(이셰 여호와 אִשֵּׁי יהוה) 그 사람이 자기 손으로 가져올지니 곧 그 제물의 기름과 가슴을 가져올 것이요 제사장은 그 가슴을 여호와 앞에 흔들어 요제를(테누파 תְּנוּפָה) 삼고 [31]그 기름은 제단 위에서 불사를 것이며 가슴은 아론과 그의 자손에게 돌릴 것이며

'여호와의 화제물은 그 사람이 자기 손으로 가져올지니' 말씀은 여호와께 가까이 나아오는 자는 여호와께 드릴 화제물을 직접 자기 손으로 가져와 제사장에게 드리라는 뜻입니다.

화목제물로 여호와께 가까이 나오는 자가 직접 자기 손으로 가져와야 할 여호와의 화제물은 '제물의 기름과 가슴'입니다. 제사장은 가져온 여호와의 화제물 중, 제물의 가슴은 여호와 앞에 흔들어 요제를 삼고, 기름은 제단 위

에서 불살라 여호와께 화제로 드립니다(3:3, 9, 14, 16).

제사장이 여호와 앞에 흔들어 요제로 삼은 가슴은 아론과 그의 자손에게 돌립니다.

> 7:32-34 또 너희는 그 화목제물의 오른쪽 뒷다리를 제사장에게 주어 거제를(테루마 תְּרוּמָה) 삼을지니 ³³아론의 자손 중에서 화목제물의 피와 기름을 드리는 자는 그 오른쪽 뒷다리를 자기의 소득으로(레마나 לְמָנָה) 삼을 것이니라 ³⁴내가 이스라엘 자손의 화목제물 중에서 그 흔든 가슴과 든 뒷다리를 가져다가 제사장 아론과 그의 자손에게 주었나니 이는 이스라엘 자손에게서 받을 영원한 소득이니라(레호크 올람 메에트 베네 이스라엘 עוֹלָם מֵאֵת בְּנֵי יִשְׂרָאֵל לְחָק)

또 여호와는 화목제물을 드리는 자는 화목제물의 오른쪽 뒷다리를 제사장에게 주어 거제로 삼게 하여,¹²²⁾ 화목제물의 피와 기름을 드린 제사장이 화목제물 오른쪽 뒷다리를 자기의 소득으로(마나 מָנָה) 삼게 하라 명하십니다.

여호와는 이스라엘 자손의 화목제물 중에서, 여호와 앞에서 흔든 가슴과 여호와께 든 뒷다리는 아론과 그의 자손이 이스라엘 자손에게서 받을 영원한 소득으로(레호크 올람 메에트 베네 이스라엘) 선포하십니다.

> 7:35-36 이는 여호와의 화제물(이셰 여호와 אִשֵּׁי יהוה) 중에서 아론에게 돌릴 것과(미쉬하트 מִשְׁחַת) 그의 아들들에게 돌릴 것이니(우미쉬하

---

122) 제사장에게 거제로 드리는 것은 '여호와께 드림'을 의미한다(7:14).

트 מִשְׁחַת) 그들을 세워 여호와의 제사장의 직분을 행하게 한 날 (베욤 בְּיוֹם) ³⁶곧 그들에게 기름 부은 날에(베욤 בְּיוֹם) 여호와께서 명령하사 이스라엘 자손 중에서 그들에게 돌리게 하신 것이라 (라테트 라헴 לָתֵת לָהֶם) 대대로 영원히 받을 소득이니라(메에트 베네 이스라엘 후카트 올람 레도로탐 מֵאֵת בְּנֵי יִשְׂרָאֵל חֻקַּת עוֹלָם לְדֹרֹתָם)

'이는 여호와의 화제물 중에서 아론에게 돌릴 것과 그의 아들들에게 돌릴 것이니' 말씀은 아론과 그의 아들들은 '여호와의 화제물'을 먹는 자들임을 말씀합니다.123)

화목제물의 가슴과 뒷다리가 아론과 그의 아들들에게 영원한 소득의 기원이 된 날은 여호와께서 아론과 그의 아들들에게 제사장의 직분을 행하게 한 날, 곧 그들에게 기름 부은 날입니다. 이날은 이스라엘 자손이 기름 부음 받은 아론과 그의 아들들을 통해 여호와께 가까이 갈 수 있게 된 날입니다.

"곧 그들에게 기름 부은 날에 여호와께서 명령하사 이스라엘 자손 중에서 그들에게 돌리게 하신 것이라 대대로 영원히 받을 소득이니라(7:36)"

여호와는 이스라엘 자손에게 아론과 그의 아들들이 여호와께 기름 부음을 받아 여호와 앞에서 제사장 직분을 담당하므로, 이스라엘 자손은 여호와께 화목제물을 드릴 때마다 흔든 가슴과 든 뒷다리를 아론과 그의 아들들 제사장에게 주어야 한다고(라테트 라헴) 명령하십니다. 여호와는 이 규례를 이

---

123) '여호와의 화제물을 먹는다'는 뜻은 아론과 그의 아들들이 여호와와 이스라엘 자손 사이를 화목하게 하는 직분을 맡은 자들임을 말씀한다. 본문에서 '기름 부음 받은 날'이 강조되는 까닭이 여기에 있다.

스라엘 자손 대대로 영원히 지키라고 명령하십니다.

7:37 이는 번제와 소제와 속죄제와 속건제와 위임식과 화목제의 규례라
　　　（하토라 הַתּוֹרָה）

지금까지 말씀이 번제, 소제, 속죄제, 속건제, 위임식, 화목제 규례의 말씀이었음을 알려줍니다.

그런데 '… 위임식과 화목제의 규례라' 표현이 독특합니다. 위임식은 8장에서 말씀하시는데, '위임식과 화목제'의 규례로 '위임식(8장)'을 '화목제'보다 앞에 두어 표현하기 때문입니다. 이것은 아론과 그의 아들들이 제사장 '위임식'을 통해 제사장 직분을 행함으로, 여호와와 이스라엘 자손이 화목하게 됨을 깨닫게 하기 위함입니다.

제사장 위임식으로 기름 부음 받은 제사장이 여호와 앞에서 제사를 집전하여 여호와와 이스라엘 자손 간에 '화목'이 이루어집니다. 기름 부음 받은 제사장이 이스라엘 자손의 죄를 담당하여(10:17) 여호와의 성막을 정결하게 할 때(16:30), 여호와는 성막 가운데 거하시며 이스라엘 자손의 하나님이 되십니다. 여호와께서 이스라엘 자손 가운데 거하심으로 이스라엘 자손은 여호와의 백성이 됩니다(출29:44-45; 레26:12).

여호와는 제사장이 기름 부음 받는 위임식을 통해 이스라엘 자손이 여호와와 화목하게 됨을 '위임식과 화목제의 규례라'로 표현하십니다.

7:38 여호와께서 시내 광야에서 이스라엘 자손에게 그 예물을 여호와께 드리라 명령하신 날에(베욤 בְּיוֹם) 시내 산에서 이같이 모세에게 명령 하셨더라

여호와께서 회막에서 모세를 부르시어(1:1) 말씀하신 때와 장소가 어디인지를 알려줍니다. 그때는 '시내 광야에서 이스라엘 자손에게 그 예물을 여호와께 드리라 명령하신 날'입니다. 여호와께서 '시내 광야의 회막'에서 모세를 부르시고 말씀하시는데, 7:38b는 '시내 산에서 이같이 모세에게 명령하셨더라'로 표현합니다. 이 표현은 시내 광야의 회막에서 여호와께서 모세에게 하신 말씀이 곧 시내 산에서 모세에게 하신 말씀과 같음을 의미합니다.

▶▶본문 해석

여호와는 다섯 가지 제사 두 번째 단원에 있는 7:17-21에서 매우 두렵고 무서운 말씀을 선포하십니다.

① 그 제물의 고기가 셋째 날까지 남았으면 불사를지니 만일 그 화목제물의 고기를 셋째 날에 조금이라도 먹으면 그 제사는 기쁘게 받아들여지지 않을 것이라 드린 자에게도 예물답게 되지 못하고 도리어 가증한 것이 될 것이며 그것을 먹는 자는(하네페쉬 הַנֶּפֶשׁ) 그 죄를 짊어지리라(7:17-18)

② 그 고기가 부정한 물건에 접촉되었으면 먹지 말고 불사를 것이니라 그 고기는

깨끗한 자만 먹을 것이니 ²⁰만일 몸이 부정한 자가(하네페쉬 הַנֶּפֶשׁ) 여호와께 속한 화목제물의 고기를 먹으면 그 사람은 자기 백성 중에서 끊어질 것이요(7:19-20)

③ 만일 누구든지 부정한 것 곧 사람의 부정이나 부정한 짐승이나 부정하고 가증한 무슨 물건을 만지고 여호와께 속한 화목제물의 고기를 먹으면 그 사람도(하네페쉬 הַנֶּפֶשׁ) 자기 백성 중에서 끊어지리라(7:21)

①, ②, ③은 여호와께 드린 화목제물을 여호와의 명령에 따라 먹을 것을 말씀합니다.
①에서 그는(하네페쉬) '나사 아본을 당할 것'이라고 하시고, ②와 ③에서 그는(하네페쉬) '자기 백성 중에서 끊어질 것'이라 하십니다. ①, ②, ③에서 여호와의 형벌이 임하는 자를 '그(하네페쉬)'로 표현하시는 것은, 여호와의 형벌은 사람의 '네페쉬'에 임하는 형벌임을 알게 합니다(사53:10-12).
①의 네페쉬에 임하는 '나사 아본'이 어떠한 형벌인가는 ②와 ③에서 알 수 있습니다. **여호와로부터 '나사 아본'이 선포된 자는(하네페쉬) 자기 백성 중에서 '끊어집니다'.**

①, ②, ③ 말씀은 다섯 가지 제사 두 번째 단원에서 '아론과 그의 아들들에게' 주신 단락에 있습니다.124)
따라서 아론과 그의 아들들이 이스라엘 자손이 여호와께 드린 화목제물을 여호와의 명령을 지켜서 먹지 않는다면, 아론과 그의 아들들은 '나사 아본'

---

124) 6:24에서 도입 문구가 있고, 수신자는 아론과 그의 아들들이다(6:25). 아론과 그의 아들들에게 말씀하시는 단락은 7:21까지 계속된다.

을 당하여 자기 백성에게서 끊어질 것입니다.125)

　여호와께서 아론과 그 아들들에게 7:17-21 말씀을 하시는 것은 제사장이 얼마나 두려운 직분인가를 깨닫고, 여호와의 명령에 온전히 순종하여 여호와 앞에 거룩한 제사장으로 살기를 바라시기 때문입니다.126)

---

125) 여호와께서 아론과 그의 아들들에게 여호와의 명령대로 몸을 구별하여 여호와의 성물을 먹으라는 명령은 22장에서 다시 강조된다.
126) 7:17-21은 제사장이 여호와 앞에서 명령대로 행하지 않으면, '나사 아본'을 당하여 백성 중에서 끊어지게 될 것을 말씀한다. 나답과 아비후의 죽음은 이 말씀의 실제 사례이다(10:1-2, 4-5).

8:1-36
아론과 그 아들들의 기름 부음 받음

아론과 그의 아들들이
여호와께서 모세를 통하여 명령하신
모든 일을 준행하니라(8:36)

8장의 제사장 위임식은 다음과 같이 전개됩니다.

A. 여호와께서 모세에게 명령하심(8:1-4)

　　-아론과 아들들, 의복, 관유, 수송아지, 숫양 둘, 무교병 한 광주리 준비(8:1-2)

　　-온 회중을 회막 문에 모음(8:3-4)

B. 모세가 여호와의 명령을 준행함(8:5-30)

　　☆ 여호와께서 모세에게 하신 명령을 모세가 회중에게 선포함(8:5)

　　① 아론과 아들들을 씻김(8:6)

　　② 아론에게 속옷과 대제사장 예복을 입힘, 흉패에 우림과 둠밈을 넣음(8:7-8)

　　③ 아론의 머리에 거룩한 관을 씌움(8:9)

　　④ 성막 안의 모든 기구에 관유를 바르고, 제단에는 관유를 7번 뿌리고, 제단과 그 모든 기구와 물두멍과 그 받침에 관유를 발라 거룩하게 함(8:10-11)

　　⑤ 아론의 머리에 관유를 붓고 그에게 발라 거룩하게 함(8:12)

　　⑥ 아론의 아들들에게 제사장 예복을 입힘(8:13)

　　⑦ 속죄제의 수송아지를 드림(8:14-17)

　　⑧ 번제의 숫양을 드림(8:18-21)

　　⑨ 위임식 숫양을 드림(8:22-30)

A′. 여호와께서 모세를 통해 아론과 그의 아들들에게 명령하심(8:31-35)

　　㉠ 회막 문에서 위임식 고기를 삶아 위임식 광주리 안의 떡과 먹어라(7:31)

　　㉡ 고기와 떡의 나머지는 불사르라(7:32)

　　㉢ 위임식 이레 동안 회막 문에 머무르라(7:33-35)

B′. 여호와께서 모세를 통해 주신 명령을 아론과 그의 아들들이 준행함(8:36)

8:1 여호와께서 모세에게 말씀하여 이르시되

여호와께서 아론과 그의 아들들을 세워 제사장 직분을 행하도록 기름을 부으시는 날입니다(7:35-36). 여호와는 모세에게 온 회중 앞에서 여호와의 명령대로 행하라 이르십니다.

8:2-3 너는 아론과 그의 아들들과 함께 그 의복과 관유와 속죄제의 수송아지와(파르 פַּר) 숫양(아일 אַיִל) 두 마리와 무교병 한 광주리를 가지고 ³온 회중을(에다 עֵדָה) 회막 문에 모으라

여호와는 모세에게 아론과 그의 아들들과 함께 제사장 의복(출28장), 관유(출30:22-33), 속죄제의 수송아지, 숫양 두 마리, 무교병 한 광주리를 가지고(출29:1-3), 온 회중을 회막 문에 모으라고 명령하십니다.

8:4 모세가 여호와께서 자기에게 명령하신 대로 하매 회중이(에다 עֵדָה) 회막 문에 모인지라

모세가 여호와께서 명령하신 대로 하자 '회중'이 회막 문으로 모였습니다. 이스라엘 장로들이 회막 문에 모이고, 백성들은 그 뒤로 모였을 것입니다.

8:5 모세가 회중에게 이르되 여호와께서 행하라고 명령하신 것이 이러하니라 하고(제 하다바르 아쉐르 치봐 여호와 זֶה הַדָּבָר אֲשֶׁר צִוָּה יְהוָה)

모세는 회중에게 '여호와께서 명령하신 것이 이러하니라(제 하다바르 아쉐르 치봐 여호와)'를 선포합니다. 모세는 회막 문에 모인 회중에게 모세가 행하는 일이 여호와의 명령에서 왔으며, 모세가 행하는 일은 곧 여호와의 행하심이라는 것을 알립니다.

① 아론과 아론의 아들들을 씻김(8:6)[127]

8:6 모세가 아론과 그의 아들들을 데려다가 물로 그들을 씻기고

모세는 여호와의 명령대로 아론과 그의 아들들을 데려다가 물로 씻깁니다. 기름 부음 받는 제사장 위임식을 위해 모세는 그들을 물로 씻깁니다.

② 아론에게 대제사장 예복을 입히고, 흉패를 붙이고 우림과 둠밈을 넣음 (8:7-8)

8:7-8 아론에게 속옷을(케토네트 כְּתֹנֶת) 입히며 띠를 띠우고 겉옷을 입히며 에봇을 걸쳐 입히고 에봇의 장식 띠를 띠워서 에봇을 몸에 매고 ⁸흉패를 붙이고 흉패에 우림과 둠밈을 넣고

---

127) 8:6-30은 다음과 같은 구조를 이룬다. 구조의 중심은 D이다.
  A. ① 아론과 아론의 아들들을 씻김(8:6)
    B. ② 아론에게 대제사장 예복을 입혀 흉패를 붙이고 우림과 둠밈을 넣음(8:7-8)
      C. ③ 아론의 머리에 거룩한 관을 씌움(8:9)
        D. ④ 성막 안의 모든 기구에 관유를 바르고, 제단에는 관유를 7번 뿌리고, 제단과 그 모든 기구와 물두멍과 그 받침에 관유를 발라 거룩하게 함 (8:10-11)
      C'. ⑤ 아론의 머리에 관유를 붓고 그에게 발라 거룩하게 함(8:12)
    B'. ⑥ 아론의 아들들에게 제사장 예복을 입힘(8:13)
  A'. ⑦ 속죄제의 수송아지를 드림(8:14-17)
      ⑧ 번제의 숫양을 드림(8:18-21)
      ⑨ 위임식 숫양을 드림(8:22-30)

모세는 여호와의 명령대로 아론에게 속옷과 대제사장 예복을 입힙니다.

(a) 속옷(반포 속옷: 출28:4, 39, 40)을 입히고 : 속옷은(케토네트) 대제사장이 청색 겉옷을(출28:31) 입기 전에 입는 옷으로, 가는 베로 지은 옷입니다(출39:27).

(b) 띠를 띠우고 : 속옷 위에 매는 띠입니다.

(d) 겉옷을 입히며(출29:5, 39:22) : 에봇 받침 청색 겉옷입니다. 이 옷은 가장자리로 돌아가며 한 금방울, 한 석류, 한 금방울, 한 석류가 있습니다(출28:34; 출39:26).

(e) 에봇을 걸쳐 입히고(출28:6-14) : 대제사장은 가는 베로 지은 속옷을 입고, 그 위에 청색 겉옷을 입고, 그 위에 에봇을 입습니다. 에봇은 금실과 청색, 자색, 홍색 실, 가늘게 꼰 베 실로 정교하게 지은 옷입니다.

(f) 에봇의 장식 띠를 띠워서 에봇을 몸에 매고(출39:5) : 에봇 장식 띠로 매어서 에봇이 몸에 고정되도록 합니다.

(g) 흉패를 붙이고 흉패에 우림과 둠밈을 넣고(출28:15-30) : 흉패는 판결에 쓰이는 우림과 둠밈을 넣는 주머니 역할을 합니다.128)

③ 아론의 머리에 거룩한 관을 씌움(8:9)

8:9 그의 머리에 관을 씌우고 그 관 위 전면에 금 패를 붙이니 곧 거룩한 관이라 여호와께서 모세에게 명령하신 것과 같았더라

(h) 머리에 관을 씌우고 관 위 전면에 금 패를 붙이니 거룩한 관이라 : 대제사장의 머리에 쓰는 관129) 전면에는 '여호와께 성결(코데쉬 라여호와

---

128) 길이와 너비가 한 뼘 정도로 두 겹으로 만들어 안에 우림과 둠밈을 넣는다.
129) 대제사장의 관은 터번 형식의 관이다.

קֹדֶשׁ לַיהוה)' 말씀이 새겨진 금패가 붙어 있습니다(출28:36-37).130)
'여호와께 성결' 금패는 여호와 앞에서 드리는 모든 제사가 대제사장의 영적 상태로 인해 받아들여지는 것을 의미합니다. 이것은 이스라엘 자손의 모든 죄책은 대제사장의 내적 거룩함에 달려 있음을 나타냅니다.131)

'여호와께서 모세에게 명령하신 것과 같았더라' 8:5의 선포에 따라 모세가 여호와의 명령대로 준행함을 말씀합니다.

④ 성막 안의 모든 기구에 관유를 바르고, 제단에는 관유를 7번 뿌리고, 제단과 그 모든 기구와 물두멍과 받침에 관유를 발라 거룩하게 함(8:10-11)132)

8:10-11 모세가 관유를 가져다가 성막과 그 안에 있는 모든 것에 발라 거룩하게 하고 11또 제단에 일곱 번 뿌리고 또 그 제단과 그 모든 기구와 물두멍과 그 받침에 발라 거룩하게 하고

모세는 관유를 가져다가 성막과 그 안에 있는 모든 것에 발라 거룩하게 합니다. 또 모세는 관유를 제단에 일곱 번 뿌리고 관유를 제단과 그 모든 기구와 물두멍과 그 받침에 발라 거룩하게 합니다.

⑤ 아론의 머리에 관유를 붓고 그에게 발라 거룩하게 함(8:12)

8:12 또 관유를 아론의 머리에 붓고(야차크 יָצַק) 그에게 발라(마샤흐 מָשַׁח)

---

130) '이 패를 아론의 이마에 두어 그가 이스라엘 자손이 거룩하게 드리는 성물과 관련된 죄책을 담당하게 하라(나사 아본 נָשָׂא עָוֹן) 그 패가 아론의 이마에 늘 있으므로 그 성물을 여호와께서 받으시게 되리라(출28:38)'
131) 키우치, 『레위기』, 196
132) ④ 의식은 8:6-30 구조의 중심(D)이다.

거룩하게 하고

'아론의 머리에 붓고(야차크)'의 '붓다'는 흘러넘치도록 붓는 것입니다. '머리에 있는 보배로운 기름이 수염 곧 아론의 수염에 흘러서 그의 옷깃까지 내림 같고(시133:2)'처럼 모세는 아론의 머리에 관유를 흘러넘치도록 부어 그의 옷깃까지 흘러내리는 관유를 그에게 발라서 아론을 여호와 앞에서 '거룩하게' 합니다.

⑥ 아론의 아들들에게 제사장 예복을 입힘(8:13)

8:13 모세가 또 아론의 아들들을 데려다가 그들에게 속옷을(케토네트 כֻּתֹּנֶת) 입히고 띠를 띠우며 관을 씌웠으니 여호와께서 모세에게 명령하신 것과 같았더라

모세는 여호와의 명령에 따라 아론의 아들들에게 제사장이 입는 속옷(케토네트)과133) 띠와 관을 씌워 예복을 갖추게 합니다.

'여호와께서 모세에게 명령하신 것과 같았더라' 말씀은 여호와께서 모세에게 명령하신 것을(8:5) 모세가 그대로 준행함을 선포합니다.

⑦ 속죄제의 수송아지를 드림(8:14-17)

8:14-17 모세가 또 속죄제의 수송아지를(파르 פַּר) 끌어오니 아론과 그의 아들들이 그 속죄제의 수송아지 머리에 안수하매 [15]모세가 잡고

---

133) '너는 또 그 아들들을 데려다가 그들에게 겉옷을(케토네트 כֻּתֹּנֶת) 입히고(출40:14)' '케토네트'는 일반 제사장들이 입는 겉옷이다.

그 피를 가져다가 손가락으로 그 피를 제단의 네 귀퉁이 뿔에 발라 제단을 깨끗하게 하고 그 피는 제단 밑에 쏟아 제단을 속하여(레카페르 לְכַפֵּר) 거룩하게 하고 16또 내장에 덮인 모든 기름과 간 꺼풀과 두 콩팥과 그 기름을 가져다가 모세가 제단 위에 불사르고 17그 수송아지 곧 그 가죽과 고기와 똥은 진영 밖에서 불살랐으니 여호와께서 모세에게 명령하심과 같았더라

모세는 아론과 그의 아들들의 기름 부음 받는 날 제사를 집전합니다. 모세는 속죄제의 수송아지를 끌어와 아론과 그의 아들들에게 제물의 머리에 안수하게 합니다. 모세는 속죄제의 수송아지를 잡습니다. 모세는 잡은 수송아지 피를 가져다가 제단 네 귀퉁이 뿔에 발라 제단을 깨끗하게 합니다. 그 피는 제단 밑에 쏟아 제단을 속하여 거룩하게 합니다.134) 모세는 수송아지의 내장에 덮인 모든 기름과 간 꺼풀과 두 콩팥과 그 기름을 가져다가 제단 위에서 불사릅니다. 그리고 그 수송아지 가죽과 고기와 똥은 모두 진영밖에서 불사릅니다.

'여호와께서 모세에게 명령하신 것과 같았더라' 말씀은 여호와께서 모세에게 명령하신 것을(8:5) 모세가 그대로 준행함을 선포합니다.

⑧ 번제의 숫양을 드림(8:18-21)

18:18-21 또 번제의 숫양을(아일 אַיִל) 드릴새 아론과 그의 아들들이 그 숫양의 머리에 안수하매 19모세가 잡아 그 피를 제단 사방에

---

134) 8:6-30의 구조에서(8:6의 각주) 8:14-30은 A'이다. A'의 의미는 A'와 짝을 이루는 A(8:6)를 통해 알 수 있다. 제물의 피로 제단에 행하는 의식은 아론과 그의 아들들을 거룩한 제물의 피로 씻어 거룩하게 하는 의식이다(A-A').

뿌리고 ^{20}그 숫양의 각을 뜨고 모세가 그 머리와 각 뜬 것과 기름을 불사르고 ^{21}물로 내장과 정강이들을 씻고 모세가 그 숫양의 전부를 제단 위에서 불사르니 이는 향기로운 냄새를 위하여 드리는 번제로 여호와께 드리는 화제라 여호와께서 모세에게 명령하심과 같았더라

모세는 또 번제의 숫양을 드립니다. 번제물인 숫양의 머리에 아론과 아들들이 안수한 후에, 모세가 번제물 숫양을 잡아 그 피를 제단 사방에 뿌립니다. 모세는 숫양의 각을 뜨고, 숫양 머리, 각 뜬 것, 숫양 기름을 제단 위에서 불사릅니다. 모세는 숫양 내장과 정강이는 물로 씻어서 제단 위에서 불사릅니다. 모세는 번제물 숫양을 제단 위에서 불살라 향기로운 냄새를 위하여 드리는 화제로 여호와께 올려드립니다.

'여호와께서 모세에게 명령하신 것과 같았더라' 여호와께서 모세에게 명령하신 것을(8:5) 모세가 그대로 준행함을 선포합니다.

⑨ 위임식 숫양을 드림(8:22-30)

8:22-24 또 다른 숫양(아일 איל) 곧 위임식의 숫양을 드릴새 아론과 그의 아들들이 그 숫양의 머리에 안수하매 ^{23}모세가 잡고 그 피를 가져다가 아론의 오른쪽 귓부리와 그의 오른쪽 엄지손가락과 그의 오른쪽 엄지발가락에 바르고 ^{24}아론의 아들들을 데려다가 모세가 그 오른쪽 귓부리와 그들의 손의 오른쪽 엄지손가락과 그들의 발의 오른쪽 엄지발가락에 그 피를 바르고 또 모세가 그 피를 제단 사방에 뿌리고

모세는 또 다른 숫양으로 위임식 숫양을 드립니다. 아론과 그의 아들들이 그 숫양의 머리에 안수하고, 모세는 위임식 숫양을 잡습니다. 모세는 위임식 숫양의 피를 아론의 오른쪽 귓부리, 오른쪽 엄지손가락, 오른쪽 엄지발가락에 바릅니다. 또 아론의 아들들의 오른쪽 귓부리, 오른쪽 엄지손가락, 오른쪽 엄지발가락에 바르고, 위임식 숫양의 피를 제단 사방에 뿌립니다.

> 8:25-28 그가 또 그 기름과 기름진 꼬리와 내장에 덮인 모든 기름과 간 꺼풀과 두 콩팥과 그 기름과 오른쪽 뒷다리를 떼어내고 ²⁶여호와 앞 무교병 광주리에서 무교병 한 개와 기름 섞은 떡 한 개와 전병 한 개를 가져다가 그 기름 위에와 오른쪽 뒷다리 위에 놓아 ²⁷그 전부를 아론의 손과 그의 아들들의 손에 두어 여호와 앞에 흔들어 요제를 삼게 하고 ²⁸모세가 그것을 그들의 손에서 가져다가 제단 위에 있는 번제물 위에 불사르니 이는 향기로운 냄새를 위하여 드리는 위임식 제사로 여호와께 드리는 화제니라

모세는 무교병 광주리의(8:2) 떡과 위임식 숫양으로 여호와께 화제를 드립니다. 화제 의식은 다음과 같이 진행됩니다.

(ㄱ) 모세가 위임식 숫양의 기름과 콩팥 부위와 오른쪽 뒷다리를 떼어내어 아론과 그 아들들의 손에 올립니다(8:25-26).

(ㄴ) 모세는 여호와 앞 무교병 광주리에서 세 가지의 무교병 각각 한 개씩을 취하여, 아론과 아들들의 손에 있는 기름진 꼬리와 간 꺼풀과 콩팥과 우편 뒷다리 위에 놓습니다(8:26).

㈐ 모세는 아론과 그의 아들들에게 손 위의 제물들을 여호와 앞에 흔들어 요제를 드리게 합니다(8:27).
㈑ 모세는 요제로 드린 제물을 가져다가 제단 위에서 불살라, 향기로운 냄새를 위하여 드리는 위임식 제사로 여호와께 화제를 드립니다(8:28).

8:29 이에 모세가 그 가슴을 가져다가 여호와 앞에 흔들어 요제를 삼았으니 이는 위임식에 잡은 숫양 중 모세의 몫이라 여호와께서 모세에게 명령하심과 같았더라

이제 모세가 여호와 앞에 요제를 드립니다. 모세가 여호와 앞에 흔들어 드리는 요제는 위임식 숫양의 가슴으로, 모세의 몫입니다(출29:26).
'여호와께서 모세에게 명령하신 것과 같았더라' 여호와께서 모세에게 명령하신 것을(8:5) 모세가 그대로 준행함을 선포합니다.

8:30 모세가 관유와 제단 위의 피를 가져다가 아론과 그의 옷과 그의 아들들과 그의 아들들의 옷에 뿌려서 아론과 그의 옷과 그의 아들들과 그의 아들들의 옷을 거룩하게 하고

모세는 여호와의 명령대로 관유와 제단 위의 피를 가져다가 아론과 그의 옷, 아론의 아들들과 그들의 옷에 뿌려서 거룩하게 합니다.[135]

---

[135] 거룩한 관유와 피를 같이 뿌림은 위임식 숫양의 '피'가 거룩한 피라는 것을 알려준다. 거룩한 관유와 피를 뿌림으로 아론과 그의 옷, 그의 아들들과 그들의 옷은 거룩하게 된다. 아론과 아론의 아들들은 거룩한 관유와 거룩한 피로 뿌림을 받아 거룩한 제사장으로 여호와를 섬기게 된다(출28:1).

8:31-32 모세가 아론과 그의 아들들에게 이르되 내게 이미 명령하시기를 아론과 그의 아들들은 먹으라 하셨은즉 너희는 회막 문에서 그 고기를 삶아 위임식 광주리 안의 떡과 아울러 그 곳에서 먹고 ³² 고기와 떡의 나머지는 불사를지며

    모세는 아론과 그의 아들들에게 여호와의 명령을 전합니다. 아론과 그 아들들에게 주신 여호와의 명령은 위임식 숫양의 고기를 회막 문에서 삶아 광주리 안의 떡과 아울러 먹는 것입니다.
    회막 문은 거룩한 곳입니다(출29:31-32). 여호와는 아론과 그의 아들들이 회막 문에서 위임식 숫양의 고기를 삶고 그곳에서 먹을 것을 명령하십니다. 이 명령은 위임식 숫양이 지극히 거룩한 제물이라는 것을 알게 합니다.136)
    여호와는 위임식 숫양의 고기를 위임식 광주리 안의 떡과 아울러 먹으라고 하십니다. 이 명령 또한 위임식 숫양이 거룩한 제물임을 알게 합니다. 광주리 안의 떡은 '여호와 앞에서' 나온 떡이기 때문입니다(출29:23; 8:26). 여호와 앞은 여호와의 얼굴을 마주하는 거룩한 곳입니다. 여호와의 얼굴을 마주하는 곳의 거룩함은 '거룩한 진설병'을 통해서도 알 수 있습니다(24:9).
    여호와는 아론과 그 아들들에게 거룩한 곳에서 나온 떡과, 거룩한 '위임식 숫양'의 고기를 거룩한 곳에서 먹게 하여, 아론과 그의 아들들을 거룩하게 하십니다.

---

136) 아론과 그의 아들들이 거룩한 곳에서 먹는 위임식 숫양 고기는 '속건제물'이다. '제사장은 다 그것을 제단 위에서 불살라 여호와께 화제로 드릴 것이니 이는 속건제니라 제사장인 남자는 모두 그것을 먹되 거룩한 곳에서 먹을지니라 그것은 지극히 거룩하니라(7:5-6)'

여호와는 아론과 그의 아들들에게 '고기와 떡의 나머지는 불사르며' 명령하십니다. 위임식 숫양은 거룩한 고기로, '타인(자르 זָר)'은 먹지 못합니다(출29:33).137) 여호와는 거룩한 고기와 거룩한 떡의 남은 것은 불사르라 명령하십니다(7:15).

8:33-35 위임식은 이레 동안 행하나니 위임식이 끝나는 날까지 이레 동안은 회막 문에 나가지 말라 ³⁴오늘 행한 것은 여호와께서 너희를 위하여 속죄하게 하시려고 명령하신 것이니 ³⁵너희는 칠 주야를 회막 문에 머물면서 여호와께서 지키라고 하신 것을 지키라 그리하면 사망을 면하리라(벨로 타무투 וְלֹא תָמוּתוּ) 내가 이같이 명령을 받았느니라

여호와는 아론과 그 아들들에게 위임식이 끝나는 날까지 회막 문에 나가지 말 것을 명령하십니다. 8:33-35 말씀은 다음과 같은 구조를 이룹니다.

A. 위임식 이레 동안 회막 문에 나가지 말라(8:33)
  B. 위임식은 여호와께서 속죄하게 하시려고 명령하신 것(8:34)
A'. 칠 주야를 회막 문에 머물러 여호와의 명령을 지키라(8:35a)
  B'. <u>여호와의 명령을 지키면 사망을 면하리라</u>(8:35b)

모세는 위임식 이레 동안 회막 문에 머무르라 명령합니다(A). 회막 문은

---

137) '그들은 속죄물(오탐 אֹתָם) 곧 그들을 위임하며 그들을 거룩하게 하는데 쓰는 것을 먹되 타인은(자르 זָר) 먹지 못할지니 그것이 거룩하기 때문이라(출29:33)' '오탐'은 '그것들'로 위임식 숫양 고기를 가리킨다.

거룩한 곳입니다. 모세는 아론과 아들들이 위임식 칠 주야를 거룩한 회막 문에 머물러 여호와의 명령을 지키라 합니다(A').

위임식은 여호와께서 아론과 그의 아들들을 속죄하게 하시려고 명령하신 것입니다(B). 모세는 아론과 아들들이 위임식 이레 동안 여호와의 명령을 지키면 속죄함을 받아 사망을 면하게 될 것이라 합니다(B').

8:36 아론과 그의 아들들이 여호와께서 모세를 통하여 명령하신 모든 일을 준행하니라

아론과 그의 아들들이 위임식 이레 동안에 모세를 통해 주신 여호와의 명령을 준행하였음이 선포됩니다.

▶▶ 본문 해석

여호와께서 모세를 통해 아론과 그의 아들들에게 주신 명령은(8:31-35) 창세기 1-3장 말씀과 유사합니다.138) 그런데 큰 차이가 있습니다. 창세기

---

138) 창세기 1-3장과 유사/**대조** 이미지들은 다음과 같다.

레위기 8장	창세기 1-3장
이레 동안, 칠 주야(8:33-35)	저녁이 되고 아침이 되니, 일곱째 날(창1장; 2:2-3)
여호와의 명령(8:31, 35)	여호와 하나님의 명령(2:16; 3:11)
먹어야 하는 것(8:31)	동산 각종 나무의 실과(2:16)
먹지 말아야 할 것(8:32)	선악을 알게 하는 나무의 실과(2:17)
지키라고 하신 것(8:35)	에덴에 두사 다스리며 지키게 하심(2:15)
지키면 사망을 면함(8:35)	**명령을 어기고 먹는 날에는 반드시 죽음(2:17)**
회막 문에 거해야 함(8:33, 35)	**에덴 동산에서 쫓겨남(3:24)**

의 '반드시 죽으리라' 선포가(창2:17), 레위기에서 '사망을 면하리라(8:35)'로 역전되었습니다.

창2:16-17	여호와 하나님이 그 사람에게 **명령하여** 이르시되 동산 각종 나무의 열매는 네가 임의로 먹되 ¹⁷선악을 알게 하는 나무의 열매는 먹지 말라 네가 먹는 날에는 **반드시 죽으리라**(모트 타무트 מוֹת תָּמוּת)
레8:34-35	오늘 행한 것은 여호와께서 너희를 위하여 속죄하게 하시려고 **명령하신** 것이니 ³⁵너희는 칠 주야를 회막 문에 머물면서 여호와께서 지키라고 하신 것을 지키라 그리하면 **사망을 면하리라**(로 타무투 לֹא תָמֻתוּ)

여호와는 모세를 통해 아론과 그의 아들들에게 제사장 위임식 이레 동안에 여호와의 명령에 순종하여 사망을 면하라 명령하십니다. 여호와의 명령은 태초의 에덴에서 여호와 하나님의 명령을 어김으로 '반드시 죽으리라'가 선포된 아담의 후손에게, 여호와의 명령에 순종하여 생명을 얻으라는 은혜의 명령입니다.

따라서 제사장 위임식 이레 동안의 칠 주야는 아론과 그의 아들들이 여호와의 거룩한 회막 안에서 여호와 앞에서 나온 거룩한 무교 떡과 여호와께서 주시는 거룩한 고기를 먹으며 새로운 피조물로 새 창조되는 시간입니다.

실로 제사장 위임식은 에덴에서 쫓겨난 아담은 상상할 수도 없는 하나님의 경이로운 구속 사역으로, 아담의 후손이 하나님과 함께 거하게 될 것을 보여줍니다.

그 이야기가 9장에서 이어집니다.

9:1-24
여덟째 날에 드리는 제사

모세와 아론이 회막에 들어갔다가 나와서 백성에게 축복하매
여호와의 영광이 온 백성에게 나타나며
불이 여호와 앞에서 나와 제단 위의 번제물과 기름을 사른지라
온 백성이 이를 보고 소리 지르며 엎드렸더라(9:23-24)

아론과 그의 아들들은 모세를 통해 명령하신 위임식 칠 주야 동안 '여호와께서 지키라고 하신 것'을 지켰습니다(8:31-36).

마침내 여덟째 날이 되자 모세는 아론과 그의 아들들과 이스라엘 장로들을 불러 여호와께 제사를 드리라 명령합니다.

9장 말씀은 다음과 같이 전개됩니다.

A. 모세가 아론과 그의 아들들, 이스라엘 장로들에게 명령함(9:1-4)
 B. 모세가 오늘 여호와의 영광이 나타날 것을 선포함(9:5-6)
A'. 아론이 모세에게 주신 여호와의 명령대로 제사를 집전함(9:7-22)
 B'. 여호와의 영광이 온 백성 앞에 나타남(9:23-24)

9:1 여덟째 날에 모세가 아론과 그의 아들들과 이스라엘 장로들을 불러다가

여덟째 날은 위임식 첫째 날부터 계수하여 여덟째 날입니다.139) 모세는 아론과 그의 아들들, 이스라엘 장로들을 불러 여호와께서 모세를 통해 주신 명령을 여덟째 날에 행하게 하려 합니다.

9:2-4 아론에게 이르되 속죄제를 위하여 흠 없는 송아지를(에겔 עֵגֶל) 가져오고 번제를 위하여 흠 없는 숫양을(아일 אַיִל) 여호와 앞에 가져다드리고 ³이스라엘 자손에게 말하여 이르기를 너희는 속죄제를 위하여 숫염소를(사이르 שָׂעִיר) 가져오고 또 번제를 위하여 일 년 되고 흠 없는 송아지와(에겔 עֵגֶל) 어린 양을(케베스 כֶּבֶשׂ) 가져오고 ⁴또 화목제를 위하여 여호와 앞에 드릴 수소와(쇼르 שׁוֹר) 숫양을(아일 אַיִל) 가져오고 또 기름 섞은 소제물을 가져오라 하라 오늘 여호와께서 너희에게 나타나실 것임이라 하매

모세는 아론에게 속죄제와 번제의 제물을 가져와 여호와께 드리라 명령하고, 이스라엘 자손에게는140) 속죄제와 번제와 화목제와 소제물을 여호와께 드리라 명령합니다. 그리하면 **오늘(여덟째 날)** 여호와께서 아론과 이스라엘 자손에게 나타나실 것이라 선포합니다.

---

139) 9장은 단락을 구분하는 도입 문구 '여호와께서 모세에게 말씀하여 이르시되'가 없다. 8장과 연속됨을 알려준다.
140) 이스라엘 자손은 '이스라엘 장로들'을 가리킬 것이다(9:1).

여덟째 날에 아론과 이스라엘 자손이 여호와 앞에 드릴 제물은 다음과 같습니다.

구분 \ 제물	속죄제	번제	화목제	소제
아론	흠 없는 송아지	흠 없는 숫양	-	-
이스라엘 자손	숫염소	일 년 되고 흠 없는 송아지와 어린 양	수소와 숫양	기름 섞은 소제물

9:5-6 그들이 모세가 명령한 모든 것을 회막 앞으로 가져오고 온 회중이 나아와 여호와 앞에 선지라 ⁶모세가 이르되 이는 여호와께서 너희에게 하라고 명령하신 것이니 여호와의 영광이 너희에게 나타나리라

아론과 이스라엘 자손은 모세의 명령대로 여호와께 드릴 제물을 회막 앞으로 가져왔습니다. 모세는 회막 앞에 선 온 회중에게 '여호와께서 너희에게 하라고 명령하신 것이니 여호와의 영광이 너희에게 나타나리라'를 선포합니다.
모세는 여덟째 날의 명령이 여호와의 명령이며, 여호와의 명령대로 준행할 때, 여호와의 영광이 온 회중 앞에 나타날 것을 선포합니다.

9:7 모세가 또 아론에게 이르되 너는 제단에 나아가 네 속죄제와 네 번제를 드려서 너를 위하여, 백성을 위하여 속죄하고 또 백성의 예물을(코르반 קָרְבַּן) 드려서 그들을 위하여 속죄하되 여호와의 명령대로 하라

모세는 아론에게 제단에 나아가 아론의 속죄제와 번제를 드려 아론을 위하여, 백성을 위하여 속죄하라 명합니다. 또 백성의 예물을 드려서 백성을 위하여 속죄하라 명령합니다. **모세는 아론에게 여덟째 날의 제사를 '여호와의 명령대로 하라'** 이릅니다.

> 9:8-11 이에 아론이 제단에 나아가 자기를 위한 속죄제 송아지를 잡으매 ⁹아론의 아들들이 그 피를 아론에게 가져오니 아론이 손가락으로 그 피를 찍어 제단 뿔들에 바르고 그 피는 제단 밑에 쏟고 ¹⁰그 속죄제물의 기름과 콩팥과 간 꺼풀을 제단 위에서 불사르니 여호와께서 모세에게 명령하심과 같았고 ¹¹그 고기와 가죽은 진영 밖에서 불사르니라(사라프 שָׂרַף)

아론은 제단에 나아가 자기를 위한 속죄제 송아지를 잡습니다. 아론의 아들들이 제물의 피를 아론에게 가져오자, 아론은 손가락으로 그 피를 찍어 제단 뿔들에 바르고 그 피는 제단 밑에 쏟습니다. 속죄제물의 기름과 콩팥과 간 꺼풀을 제단 위에서 불살라 여호와께서 모세에게 명령하신 것 같이 드립니다. 아론은 자기를 위하여 드린 속죄제물의 고기와 가죽은 진영 밖에서 불사릅니다(사라프).

> 9:12-14 아론이 또 번제물을 잡으매 아론의 아들들이 그 피를 그에게로 가져오니 그가 그 피를 제단 사방에 뿌리고 ¹³그들이 또 번제의 제물 곧 그의 각과 머리를 그에게로 가져오매 그가 제단 위에서 불사르고 ¹⁴또 내장과 정강이는 씻어서 단 위에 있는 번제물 위

에서 불사르니라

아론이 번제를 드립니다. 아론이 번제물을 잡고 아론의 아들들은 제물의 피를 아론에게 가져옵니다. 아론은 번제물의 피를 제단 사방에 뿌립니다. 아론의 아들들이 번제물의 각과 머리를 가져오자 아론은 제단 위에서 불사릅니다. 번제물의 내장과 정강이는 씻어서 제단 위에 있는 번제물 위에서 불사릅니다.

> 9:15-17 그가 또 백성의 예물을(코르반 קָרְבָּן) 드리되 곧 백성을 위한 속죄제의 염소를 가져다가 잡아 전과 같이 죄를 위하여 드리고 16 또 번제물을 드리되 규례대로 드리고 17또 소제를 드리되 그중에서 그의 손에 한 움큼을 채워서 아침 번제물에 더하여 제단 위에서 불사르고

아론은 백성의 예물로 속죄제를 드립니다. '속죄제의 염소를 가져다가 잡아 전과 같이 죄를 위하여 드리고'란 아론이 드린 속죄제의 송아지처럼 드렸다는 말씀입니다.141) 또 아론은 백성의 번제물을 규례대로 드리고, 소제를 드립니다. 아론은 기름 섞은 소제물 중에서 그의 손에 한 움큼을 채워서 아침 번제물에 더하여 제단 위에서 불살라 여호와께 드립니다.

> 9:18-21 또 백성을 위하는 화목제물의 수소와 숫양을 잡으매 아론의 아들들이 그 피를 그에게로 가져오니 그가 제단 사방에 뿌리고 19

---

141) 기동연, 『레위기』, 327

그들이 또 수소와 숫양의 기름과 기름진 꼬리와 내장에 덮인 것과 콩팥과 간 꺼풀을 아론에게로 가져다가 ²⁰그 기름을 가슴들 위에 놓으매 아론이 그 기름을 제단 위에서 불사르고 ²¹가슴들과 오른쪽 뒷다리를 그가 여호와 앞에 요제로 흔드니 모세가 명령한 것과 같았더라

아론은 백성을 위하여 화목제를 드립니다. 아론은 화목제물 수소와 숫양을 잡습니다, 아론의 아들들이 그 피를 가져오자 아론은 피를 제단 사방에 뿌립니다. 또 아론의 아들들이 수소와 숫양의 기름과 기름진 꼬리와 내장에 덮인 것과 콩팥과 간 꺼풀을 가져와 화목제물 수소와 숫양의 가슴 위에 놓자, 아론은 가슴들 위에 놓인 그 기름을 제단 위에서 불사릅니다. 아론은 화목제물의 가슴들과 오른쪽 뒷다리를 여호와 앞에서 흔들어 모세가 명령한 것 같이 요제로 드립니다.

9:22 아론이 백성을 향하여 손을 들어(봐잇사 וַיִּשָּׂא) 축복함으로(봐이바르켐 וַיְבָרְכֵם) 속죄제와 번제와 화목제를 마치고 내려오니라(봐예레드 וַיֵּרֶד)

아론은 모세의 명령대로 제단에 나가 백성의 예물을 여호와께 드렸습니다. 아론은 백성을 향하여 손을 들어(봐잇사) 축복함으로(봐이바르켐) 여덟째 날의 제사를 마치고 내려옵니다(봐예레드).[142]

---

142) 9:22-24에는 봐브(ו) 계속법 동사가 연속적으로 나타나 아론이 여덟째 날의 제사를 모세의 명령대로 마치자, 여호와의 영광이 백성에게 나타나고, 여호와 앞에서 나온 불이 제단의 번제물과 기름을 태우고, 이를 본 백성이 여호와께 경배함이 연이어 일어난 일이었

9:23-24 모세와 아론이 회막에 들어갔다가(봐야보 וַיָּבֹא) 나와서(봐예츠우 וַיֵּצְאוּ) 백성에게 축복하매(봐이바라쿠 וַיְבָרֲכוּ) 여호와의 영광이 온 백성에게 나타나며(봐예라 וַיֵּרָא) ²⁴불이 여호와 앞에서 나와(봐테체 וַתֵּצֵא) 제단 위의 번제물과 기름을 사른지라(봐토칼 תֹאכַל) 온 백성이 이를 보고(봐야르 וַיַּרְא) 소리 지르며(봐야론누 וַיָּרֹנּוּ) 엎드렸더라(봐이플루 וַיִּפְּלוּ).

모세와 아론이 회막에 들어갔다가143) 나와서 백성에게 축복하자 여호와의 영광이 온 백성에게 나타났습니다. '불이 여호와 앞에서 나와' 여호와의 영광은 여호와 앞에서 나온 불로 제단에 임했습니다. '제단 위의 번제물과 기름을 사른지라' 여호와의 영광, 여호와 앞에서 나온 불은 제단 위에 임하여 제단 위의 번제물과 기름을 삼켰습니다(봐토칼).144)

여호와의 영광이 제단 위에 불로 임하심으로 여호와와 이스라엘 자손이 제단 위에서 만나는 역사가 시작되었습니다(출29:42-46).

'온 백성이 이를 보고 소리 지르며 엎드렸더라' 여호와의 영광이 시내 산 위에 임하셨던 날에는 이스라엘 자손은 죽을까 두려워 떨었습니다(출20:19; 신5:25). 그런데 **아론이 모세의 명령대로 행하여 여호와의 영광이 제단 위**

음을 보여준다.
143) 여덟째 날 제사가 끝나자 모세는 아론과 함께 회막에 들어간다(이전까지는 모세만 들어갔다). 이것은 여덟째 날에 아론이 여호와 앞에서 백성의 죄책을 늘 담당하는 거룩한 대제사장으로 세워졌음을 상징한다(출28:38).
144) '봐토칼'은 먹다, 태워버리다, 삼키다 뜻을 가진 '아칼(אָכַל)' 동사의 봐브 계속법 미완료형이다.

의 불로 임한 여덟째 날에는 이스라엘 온 백성이 기쁨의 경외로 여호와 앞에 엎드려 경배드립니다.

▶▶본문 해석

아론과 아들들의 기름 부음을 받는 위임식과(8장) 아론이 집전하는 여덟째 날의 제사는(9장) 말씀 구조가 같은 형태로 나타납니다.

8장 구조	9장 구조
A. 여호와께서 모세에게 명령하심(8:1-4)	A. 모세가 아론에게 명령함(9:1-4)
B. 모세가 여호와의 명령대로 위임식을 준행함(8:5-30)	B. 모세가 여호와의 영광이 나타날 것을 선포함(9:5-6)
A′. 여호와께서 모세를 통해 아론과 그의 아들들에게 명령하심(8:31-35)	A′. 모세의 명령대로 아론이 제사를 집전함 (9:7-22)
B′. 아론과 그의 아들들이 모세를 통해 주신 여호와의 명령을 준행함(8:36)	B′. 모세가 선포한 대로 여호와의 영광이 제단에 임함(9:23-24)

8장과 9장 구조는 여호와께서 모세를 통해 명령하신 대로 아론이 행할 때 여호와의 영광이 온 백성에게 임함을 보여줍니다.

8, 9장의 구조는 기름 부음을 받은 대제사장이 여호와께서 모세를 통해 주신 명령대로 행하여 여호와께 제사를 올려 드릴 때. 백성은 거룩하신 여호와의 영광 가운데 거할 수 있게 됨을 보여줍니다.

"내가 거기서 이스라엘 자손을 만나리니 내 영광으로 말미암아 회막이 거룩하게 될지라 내가 그 회막과 제단을 거룩하게 하며 아론과 그의 아들들도 거룩하게 하여 내게 제사장 직분을 행하게 하며 내가 이스라엘 자손 중에 거하여 그들의 하나님이 되리니(출29:43-45)"

여덟째 날에 아론이 여호와께서 모세를 통해 주신 명령대로 제사를 올려 드리자 여호와의 영광이 온 백성에게 나타났습니다. 여호와의 영광이 임한 곳은 거룩하게 됩니다. 여호와의 영광이 임하여 회막에 거하는 아론과 그의 아들들은 거룩합니다. 거룩한 아론과 그 아들들은 여호와 앞에서 거룩한 제사장의 직분을 담당합니다. 거룩한 아론과 그의 아들들이 여호와 앞 제단 위에 이스라엘 자손의 제물을 드릴 때, 여호와는 제단 위의 불로 이스라엘 자손을 만나시며, 이스라엘 자손을 거룩하게 하십니다. 그리하여 거룩하신 여호와께서 이스라엘 자손 중에 거하시며 그들의 하나님이 되십니다.

여덟째 날은 거룩하신 여호와께서 그의 영광을 백성에게 나타내시며 이스라엘 자손의 하나님 되심을 온 세상에 공포하신 날입니다.

여덟째 날은 기름 부음을 받아 대제사장으로 위임된 아론이 모세를 통해 주신 여호와의 명령대로 행하여 열린 날입니다.

10:1-20
나답과 아비후의 죽음

불이 여호와 앞에서 나와 그들을 삼키매
그들이 여호와 앞에서 죽은지라(10:2)

10장은 도입 문구 없이 아론의 아들 나답과 아비후가 여호와 앞에서 죽은 사건으로 시작하는데, 봐브 계속법 동사로 표현합니다(10:1-2). 이것은 두 사람의 죽음이 9:22-24에 이어 일어난 사건임을 나타냅니다.

10:1-2 아론의 아들 나답과 아비후가 각기 향로를 가져다가(봐이크후 קְחוּ וַיִּ) 여호와께서 명령하시지 아니하신 다른(자라 זָרָה) 불을 담아(봐이트누 וַיִּתְּנוּ) 여호와 앞에 가져다가(봐야크리부 וַיַּקְרִבוּ)145) 분향하였더니(봐야시무 וַיָּשִׂימוּ) ²불이 여호와 앞에서 나와(봐테체 וַתֵּצֵא) 그들을 삼키매(봐토칼 וַתֹּאכַל) 그들이 여호와 앞에서 죽은지라(봐야무투 וַיָּמֻתוּ)

10:1-2를 박철현은 이렇게 번역하였습니다.146)

¹그리고147) 아론의 아들들인 나답과 아비후가 각자 자기 향로를 **취하였다**(봐이크후). **그리고** 그 안에 불을 **두었다**(봐이트누). **그리고** 그 위에 향을 **올려놓았다**(봐야시무). **그리고** 여호와께서 그들에게 명령하시지 않은 허락되지 않은(자라) 불을 여호와 앞으로 **가져갔다**(봐야크리부). ²**그러자** 불이 여호와 앞에서 **나왔다**(봐테체). **그리고** 그들을 **삼켰다**(봐토칼). **그래서** 그들이 여호와 앞에서 **죽었다**(봐야무투).

아론의 아들 나답과 아비후는 각자 자기 향로를 취하여 불을 담아 향을 올려 여호와 앞으로 가져갔습니다. 그런데 그들이 향로에 담은 불은 여호와께서 명령하시지 않은 '허락되지 않은(자라)' 불이었습니다.148) 그들이 여호와 앞으로 그 향로를 가져가자 불이 여호와 앞에서 나와 두 사람을 삼켰습

---

145) 개역 개정 성경은 '여호와 앞에'로 번역했다.
146) 박철현, 『레위기』, 311.
147) '그리고, 그러자, 그래서'는 봐브(ו) 계속법의 'ו'를 번역한 것이다.
148) '다른'으로 번역된 '자라(זָרָה)'는 '이상한, 이방의, 불법적인'의 뜻이다. 16:12는 향로에 담아야 할 불을 '여호와 앞 제단 위에서 피운 불'로 말씀한다.

니다. 그래서 나답과 아비후는 여호와 앞에서 죽었습니다.

여덟째 날에 아론이 모세의 명령대로 제사를 마치고 모세와 함께 회막에 들어갔다가 나와서 백성에게 축복하자, 여호와의 영광이 온 백성에게 나타나며 여호와 앞에서 나온 불이 제단 위의 번제물과 기름을 삼켰습니다.

그런데 바로 '그 불'이 여호와께서 명령하시지 않은 다른(자라) 불을 담아 여호와 앞에 분향하는 나답과 아비후를 삼켜버렸습니다.149)

> 10:3 모세가 아론에게 이르되 이는 여호와의 말씀이라 이르시기를 나는 나를 가까이하는 자 중에서 내 거룩함을 나타내겠고(에카데쉬 אֶקָּדֵשׁ) 온 백성 앞에서 내 영광을 나타내리라(에카베드 אֶכָּבֵד) 하셨느니라 아론이 잠잠하니

충격적인 상황에서 모세는 급히 아론에게 여호와의 말씀을 전합니다.

여호와는 '나는 나를 가까이하는 자 중에서 내 거룩함을 나타내겠고(에카데쉬) 온 백성 앞에서 내 영광을 나타내리라(에카베드)'150) 말씀하십니다.

모세가 전한 여호와의 말씀은 여호와를 가까이 섬기는 제사장은 여호와의 명령에 순종하여 섬김으로, 여호와께서 거룩히 여기심을 받으시며, 온 백성 앞에서 영광을 받게 되신다는 뜻입니다.

---

149) 10:2의 '불이 여호와 앞에서 나와서 … 삼켰다' 표현은 히브리어 원문으로 9:24a와 같다.
150) '에카데쉬'는 '내가 거룩히 여김을 받아야 한다'는 뜻, '에카베드'는 '내가 영광스럽게 되어야 한다'는 뜻이다. 에카베드와 에카데쉬가 동의어로 사용되었다. "제사장을 통해 하나님이 거룩히 여김을 받는 것은 하나님의 율법과 규정을 바르게 지키는 것을 통해 이루어진다." 기동연, 『레위기』, 350

'아론이 잠잠하니' 아론은 모세가 전한 여호와의 말씀을 알아들었습니다. 대제사장 아론은 모세가 전한 여호와의 말씀을 듣고 두 아들의 죽음 앞에 요동하지 않고 잠잠합니다.

> **10:4-5** 모세가 아론의 삼촌 웃시엘의 아들 미사엘과 엘사반을 불러 그들에게 이르되 나아와 너희 형제들을 성소 앞에서 진영 밖으로 메고 나가라 하매 ⁵그들이 나와 모세가 말한 대로 그들을 옷 입은 채 진영 밖으로 메어내니

모세는 아론의 삼촌 웃시엘의 아들 미사엘과 엘사반을 불러내어 죽은 나답과 아비후를 성소 앞에서 진영 밖으로 메고 나가라고 명령합니다.
'그들을 옷 입은 채 진영 밖으로 매어내니' 표현은 여호와 앞에서 나온 불이 나답과 아비후를 삼킬 때, 입은 옷은 불타지 않았음을 의미합니다. 여호와 앞에서 나온 불은 나답과 아비후를 삼켰으나, 그들이 입은 옷은 삼키지 않았습니다.[151]

> **10:6-7** 모세가 아론과 그의 아들 엘르아살과 이다말에게 이르되 너희는 머리를 풀거나 옷을 찢지 말라 그리하여 너희가 죽음을 면하고 여호와의 진노가 온 회중에게 미침을 면하게 하라 오직 너희 형제 이스라엘 온 족속은 여호와께서 치신(사라프 שָׂרַף) 불로 말미암아 슬퍼할 것이니라 ⁷여호와의 관유가 너희에게 있은즉 너희는

---

151) 나답과 아비후는 여호와께서 명령하시지 않은 불을 여호와께 가까이 가져감으로 자기 백성 중에서 끊어지는 형벌을 당하였다. '그들을 옷 입은 채 진영 밖으로 매어내니' 표현은 영혼이(네페쉬) 끊어졌음을 표현한다(7:17-21).

회막 문에 나가지 말라 그리하면 죽음을 면하리라 그들이 모세의 말대로 하니라

일촉즉발 상황에서 모세는 아론에게 여호와의 말씀을 이르고(10:3), 나답과 아비후의 주검을 진영 밖으로 내보내고(10:3-5), 다시 아론과 그의 아들 엘르아살과 이다말에게 여호와를 가까이하는 제사장의 거룩함을 지키라 명령합니다.

모세는 아론과 그의 아들들에게 '너희는 머리를 풀거나 옷을 찢지 말라 그리하여 너희가 죽음을 면하고 여호와의 진노가 온 회중에게 미침을 면하게 하라'152) 전합니다.

기름 부음을 받은 제사장이 죄를 범하면 온 백성에게 허물이 됩니다(4:3). 모세는 아론과 그의 아들들이 부정하게 되어 여호와의 진노가 온 회중에게 미치지 않도록 명령합니다.

모세는 '오직 너희 형제 이스라엘 온 족속은 여호와께서 치신(사라프) 불로 말미암아 슬퍼할 것이니라' 명합니다.153) 또 모세는 아론과 남은 아들들에게 '여호와의 관유가 너희에게 있은즉 너희는 회막 문에 나가지 말라 그리하면 죽음을 면하리라' 명합니다.

---

152) '머리를 풀고 옷을 찢는' 행위는 나병 환자가 자기의 부정함을 외치는 표현이다(13:45). 아론과 그의 아들들이 머리를 풀고 옷을 찢는 행위를 한다면 거룩하신 여호와 앞에서 자신들이 부정하다고 외치는 것이다. 여호와를 가까이하는 자들이 부정하면 불이 여호와 앞에서 나와 그들을 또 사르게 될 것이다(10:1-2).
153) '여호와께서 치신(사라프) 불'은 '진영 밖에서 불사르니라(사라프)(9:11)'와 같은 동사이다. 여호와 앞에서 나온 불은 진영 밖에서 속죄제물을 불사르듯, 나답과 아비후를 불살랐다. 모세는 이스라엘 온 족속에게 나답과 아비후가 이렇게 죽은 것을 슬퍼하라 명한다.

모세가 아론과 그의 아들들에게 이르는 말은 여호와의 입에서 나온 말씀입니다. '그들이 모세의 말대로 하니라' 아론과 그 아들들은 모세의 말을 듣고 그대로 준행합니다.

10:8-11 여호와께서 아론에게 말씀하여 이르시되 ⁹너와 네 자손들이 회막에 들어갈 때에는 포도주나(야인 יַיִן) 독주를(쉐카르 שֵׁכָר) 마시지 말라 그리하여 너희 죽음을 면하라 이는 너희 대대로 지킬 영영한 규례라(후카트 올람 레도로테켐 חֻקַּת עוֹלָם לְדֹרֹתֵיכֶם) ¹⁰그리하여야 너희가 거룩하고 속된 것을 분별하며 부정하고 정한 것을 분별하고 ¹¹또 나 여호와가 모세를 통하여 모든 규례를(콜 하후킴 כָּל הַחֻקִּים) 이스라엘 자손에게 가르치리라

여호와께서 아론에게 직접 말씀하십니다.154) 여호와는 아론과 그의 자손들은 회막에 들어갈 때 포도주나 독주를(쉐카르)155) 마시지 말라 명하십니다. 여호와는 아론에게 이 명령을 지켜서 '죽음을 면하라' 하시며, 이것을 아론과 그 자손 대대로 지킬 영원한 규례로(후카트 올람 레도로테켐) 주십니다.156)

그리고 여호와는 아론에게 제사장이 해야 할 직무를 직접 말씀합니다.

---

154) 10:8-11은 모세를 통하지 않고 아론에게 직접 말씀하시는 본문이다.
155) '쉐카르'는 '취하게 하는 것'이란 뜻이다. 포도즙을 짜고 난 찌꺼기를 증류시켜 만든 브랜디로 알콜 농도가 20~60%에 해당한다. 필립 J.킹 & 로렌스 E. 스태거 공저, 『고대 이스라엘 문화』, 임미영 역, (서울: CLC, 2014), 156
156) 나답과 아비후의 죽음이 술과 관련 있다고 본다. 키우치, 『레위기』, 234

첫째는 아론과 그의 자손이 거룩하고 속된 것, 부정하고 정한 것을 분별해야 한다고 하십니다.

둘째는 아론과 그의 자손이 모세를 통하여 말씀하신 여호와의 모든 규례를 이스라엘 자손에게 가르쳐야 한다고 말씀하십니다.

여호와를 가까이하는 제사장은 거룩함과 속됨, 부정함과 정함을 반드시 분별해야 합니다. 그리하여 이스라엘 자손에게도 가르쳐야 합니다. 여호와는 모세를 통하여 말씀하신 '여호와의 모든 규례(콜 하후킴)'를 이스라엘 자손에게 가르칠 책무가 제사장에게 있음을 말씀하십니다.

10:12-13 모세가 아론과 그 남은 아들 엘르아살에게와 이다말에게 이르되 여호와께 드린 화제물 중 소제의 남은 것은 지극히 거룩하니(코데쉬 코다쉼 קֹדֶשׁ קָדָשִׁים) 너희는 그것을 취하여 누룩을 넣지 말고 제단 곁에서 먹되 ¹³이는 여호와의 화제물 중 네 소득과 네 아들들의 소득인즉 너희는 그것을 거룩한(카도쉬 קָדוֹשׁ) 곳에서 먹으라 내가 명령을 받았느니라

모세는 아론과 남은 아들들에게 소제의 남은 것은 지극히 거룩하니(코데쉬 코다쉼) 누룩을 넣지 말고 거룩한 곳 제단 곁에서 먹으라 명령합니다. 소제물은 여호와의 화제물 중 여호와께서 아론과 그 아들들에게 영원한 소득으로 주신 것으로 거룩한 곳에서 먹어야 합니다(6:16-18).

10:14-15 흔든(테누파 תְּנוּפָה) 가슴과 들어 올린(테루마 תְּרוּמָה) 뒷다리는

너와 네 자녀가 너와 함께 정결한(타호르 טָהוֹר) 곳에서 먹을지니 이는 이스라엘 자손의 화목제물 중에서 네 소득과(호크카 חָקְךָ) 네 아들들의 소득으로(뷔호크 וְחָק) 주신 것임이니라 15그 들어 올린 뒷다리와 흔든 가슴을 화제물의 기름과 함께 가져다가 여호와 앞에 흔들어 요제를 삼을지니 이는 여호와의 명령대로 너와 네 자손의 영원한 소득이니라(레호크 올람 לְחָק עוֹלָם)

모세는 아론에게 화목제물 중 흔든 가슴과 들어 올린 뒷다리는 여호와께서 아론과 아들들의 소득으로 주신 것이므로, 정결한 곳에서[157] 자녀들과 함께 먹으라고 명합니다.

"그 들어 올린 뒷다리와 흔든 가슴을 화제물의 기름과 함께 가져다가 여호와 앞에 흔들어 요제를 삼을지니 이는 여호와의 명령대로 너와 네 자손의 영원한 소득이니라(10:15)"

여호와는 아론과 그의 아들들을 세워 제사장의 직분을 행하게 한 날, 화목제물 중에서 흔든 가슴과 든 뒷다리는 아론과 그의 아들들이 이스라엘 자손에게서 받을 영원한 소득이 될 것을(레호크 올람 메에트 베네 이스라엘) 선포하셨습니다(7:34-36).

모세는 그 말씀과 같이 화목제물 중 들어 올린 뒷다리와 흔든 가슴을 화목제물의 기름과 함께 가져다가 여호와 앞에 흔들어 요제를 삼음으로, 아론과 그의 자손에게 영원한 소득으로(레호크 올람) 선포합니다.

---

[157] 제사장 가족으로서 성물을 먹을 수 있는 자에 대한 말씀은 22:1-9에 있다.

10:16-18 모세가 속죄제 드린 염소를 찾은즉(다로쉬 다라쉬 דָּרֹשׁ דָּרַשׁ) 이미 불살랐는지라 그가 아론의 남은 아들 엘르아살과 이다말에게 노하여 이르되 ¹⁷이 속죄제물은 지극히 거룩하거늘(코데쉬 코다쉼 קֹדֶשׁ קָדָשִׁים) 너희가 어찌하여 거룩한(하코데쉬 הַקֹּדֶשׁ) 곳에서 먹지 아니하였느냐 이는 너희로 회중의 죄를 담당하여(라켐 라세트 에트 아본 하에다 לָכֶם לָשֵׂאת אֶת עֲוֹן הָעֵדָה) 그들을 위하여 여호와 앞에 속죄하게 하려고 너희에게 주신 것이라 ¹⁸그 피는 성소에 들여오지 아니하는 것이었으니 그 제물은 너희가 내가 명령한 대로 거룩한 곳에서 먹었어야 했을 것이니라

모세는 아론이 백성을 위하여 여호와께 드린 속죄제물 염소를 찾고 또 찾았습니다(다로쉬 다라쉬). 모세가 열심히 찾아본즉 그 속죄제물 염소는 이미 진영 밖에서 불살라졌습니다(9:15).

모세는 노하여 아론의 남은 아들 엘르아살과 이다말에게 '이 속죄제물은 지극히 거룩하거늘 너희가 어찌하여 거룩한 곳에서 먹지 아니하였느냐'며 질책합니다.[158]

모세는 여호와께서 아론과 그의 아들들에게 속죄제물을 거룩한 곳에서(10:12) 먹게 한 까닭을 이렇게 말합니다.

"이는 <u>너희로 회중의 죄를 담당하여(라켐 라세트 에트 아본 하에다) 그들을 위하여 여호와 앞에 속죄하게 하려고 너희에게 주신 것이라</u>(10:17b)"

---

[158] 백성을 위한 속죄제물의 피는 성소에 들어가지 않았으므로, 지극히 거룩한 속죄제물은 아론과 그의 아들들이 거룩한 곳에서 먹어야 한다(6:29-30).

모세는 여호와께서 아론과 그 아들들에게 지극히 거룩한 속죄제물을 거룩한 곳에서 먹으라 명하신 것은 '**너희로 회중의 죄(아본)를 담당하게 하여(나사) 그들을 위하여 여호와 앞에 속죄하게 하려고 주신 것**'이라 말합니다.

모세의 말은 **제사장은 백성이 여호와께 드린 속죄제물을 거룩한 곳에서 먹음으로 백성의 죄를 담당하는 자**임을 밝히고 있습니다.159)

"그 피는 성소에 들여오지 아니하는 것이었으니 그 제물은 너희가 내가 명령한 대로 거룩한 곳에서 먹었어야 했을 것이니라(10:18)"

모세는 아론과 그의 아들들이 지극히 거룩한(코데쉬 코다쉼) 속죄제물을 거룩한 곳에서 먹지 않았음을 너무나 안타깝게 말하고 있습니다.

10:19-20 아론이 모세에게 이르되 오늘 그들이 그 속죄제와 번제를 여호와께 드렸어도 이런 일이 내게 임하였거늘 오늘 내가 속죄제물을 먹었더라면 여호와께서 어찌 좋게 여기셨으리요 ²⁰모세가 그 말을 듣고 좋게 여겼더라

아론은 자신과 남은 아들들이 그 속죄제물을 먹지 않은 까닭을 이렇게 말합니다.

"오늘 그들이(나답과 아비후) 여호와께 속죄제와 번제를 드렸어도 죽었는데,

---

159) 10:17의 '너희가… 먹지 아니하였느냐'의 '먹다(아칼 אָכַל)'와 9:23의 '불이… 사른지라(봐토칼)'의 '사르다(아칼 אָכַל)'는 같은 동사이다.

내가 지극히 거룩한 여호와의 제물을 먹었다면 여호와의 눈에 어찌 좋게 보이시겠습니까?(10:19)"

모세는 아론의 대답을 기쁘게 받습니다. 아론의 대답을 듣고 모세가 좋게 여긴 마음은 여호와께서 아론의 대답을 기쁘게 받으신 마음을 대변하는 것 같습니다.

▶▶본문 해석

"이 속죄제물은 지극히 거룩하거늘(코데쉬 코다쉼) 너희가 어찌하여 거룩한 곳에서 먹지 아니하였느냐 이는 너희로 회중의 죄를 담당하여(나사 아본) 그들을 위하여 여호와 앞에서 속죄하게 하려고 너희에게 주신 것이니라(10:17)"

출애굽기 28장에서160) 여호와는 아론에게 '코데쉬 라여호와' 순금 패를 매단 관을 머리에 쓰게 하여 이스라엘 자손이 여호와께 드리는 성물과 관련한 죄책을 늘 담당하게(나사 아본) 하십니다.

---

160) '너는 또 순금으로 패를 만들어 도장을 새기는 법으로 그 위에 새기되 여호와께 성결(코데쉬 라여호와 קֹדֶשׁ לַיהוָה)이라 하고 37그 패를 청색 끈으로 관 위에 매되 곧 관 전면에 있게 하라 38이 패를 아론의 이마에 두어 그가 이스라엘 자손이 거룩하게 드리는 성물과 관련된 죄책을 담당하게 하라(**뵈나사** 아하론(아론) 에트 **아본** 하코다쉼 וְנָשָׂא אַהֲרֹן אֶת עֲוֹן הַקֳּדָשִׁים) 그 패가 아론의 이마에 늘 있으므로 그 성물을 여호와께서 받으시게 되리라(출28:36-38)'

기름 부음을 받은 아론은 여덟째 날에 여호와 앞에서 나온 불이 제단에 임함으로 백성의 죄를 늘 담당하는 제사장 사역을 시작합니다.

그런데 그 여덟째 날에 아론과 아들들은 회막 뜰 거룩한 곳에서 먹어야 할 백성을 위한 지극히 거룩한 속죄제물을 먹지 못합니다. 백성을 위한 속죄제물의 피가 성소에 들어가지 않았음에도, 거룩한 곳에서 먹지 못합니다. 이미 진영 밖에서 불살랐기 때문입니다(9:15).

"아론이 모세에게 이르되 오늘 그들이 그 속죄제와 번제를 여호와께 드렸어도 이런 일이 내게 임하였거늘 오늘 내가 속죄제물을 먹었더라면 여호와께서 어찌 좋게 여기셨으리요(10:19)"

모세의 질책에(10:17) 대답하는 아론은(10:19), 자신과 아들들이 기름 부음 받은 제사장으로 위임되었으나 이스라엘 온 회중의 죄를 늘 담당하는 거룩한 제사장이 될 수 없음을 여호와께 고백하는 말씀입니다.

아론과 그의 아들들이 이스라엘 자손의 죄를 담당하는 거룩한 제사장의 직분을 감당할 수 없다면, 누가 거룩한 제사장으로서 이스라엘 온 회중의 죄를 늘 담당할 수 있을까요?

아론과 이스라엘 자손은 그들의 모든 죄를 늘 담당하여, 여호와와 온 회중 사이의 화목을 이룰 수 있는 '거룩한 제사장'을 세워주시길 여호와께 간절히 구해야 합니다.

11:1-47
내가 거룩하니 너희도 거룩할지어다

이것들의 주검이 심을 종자에 떨어지면
그것이 정하거니와(11:37)

11장은161) '짐승과 새와 물에서 움직이는 모든 생물과 땅에 기는 모든 길짐승에 대한 규례(11:46)'입니다.

11장은 다음과 같은 순서로 말씀이 전개됩니다.

A. 도입(11:1)
B. 이스라엘 자손이 지켜야 할 생물의 종류에 따른 규례(11:2-43)
　① 짐승과 새와 물에서 움직이는 모든 생물에 대한 규례(11:2-28)
　② 땅에 기는 길짐승에 대한 규례(11:29-43)
C. 내가 거룩하니 너희도 거룩할지어다(11:44-45)
D. 끝맺음 : 분별(11:46-47)

---

161) 나답과 아비후의 사건 후에 11-15장은 '부정(타메 טָמֵא)'에 관해 말씀한다. 여호와와 함께 거하는 백성이 여호와 앞에서 부정하면 죽는다(15:31). 11장에서 15장은 '부정함'이 어디에서 왔는지를 밝히며, 이스라엘 자손은 그들을 부정하게 하는 것에서 떠날 것을 말씀한다.

11:1 여호와께서 모세와 아론에게 말씀하여 이르시되

11장은 여호와께서 '모세와 아론에게' 말씀하십니다. 11:1과 같은 문구는 11장에서 15장까지 네 번 나타납니다(11:1; 13:1; 14:33; 15:1).

11:2-8 이스라엘 자손에게 말하여 이르라 육지의 모든 짐승 중 너희가 먹을 만한 생물은 이러하니 ³모든 짐승 중 굽이 갈라져 쪽발이 되고 새김질하는 것은 너희가 먹되 ⁴새김질하는 것이나 굽이 갈라진 짐승 중에도 너희가 먹지 못할 것은 이러하니 낙타는 새김질은 하되 굽이 갈라지지 아니하였으므로 너희에게 부정하고(타메 טמא) ⁵사반도 새김질은 하되 굽이 갈라지지 아니하였으므로 너희에게 부정하고(타메 טמא) ⁶토끼도 새김질은 하되 굽이 갈라지지 아니하였으므로 너희에게 부정하고(타메 טמא) ⁷돼지는 굽이 갈라져 쪽발이로되 새김질을 못하므로 너희에게 부정하니(타메 טמא) ⁸너희는 이러한 고기를 먹지 말고 그 주검도 만지지 말라 이것들은 너희에게 부정하니라(타메 טמא)

11장 말씀 수신자는 '이스라엘 자손'으로, 이스라엘 자손 모두가 지켜야 할 말씀입니다. 여호와는 이스라엘 자손에게 육지의 모든 짐승 중, 굽이 갈라져 쪽발인 것과 새김질하는 짐승을 먹으라고 말씀하십니다. 육지 짐승 중 여호와의 말씀 기준에서 하나라도 벗어나면 그 짐승은 먹을 수 없습니다. 여호와는 낙타, 사반, 토끼, 돼지를 예로 들어 부정한 짐승을 알려주십니다.

짐승 종류	여호와의 말씀에 적합성 여부		판정
	새김질 여부	쪽발 여부	
낙타	○	×	부정함
사반	○	×	부정함
토끼	○	×	부정함
돼지	×	○	부정함

여호와는 너희가 먹지 못할 것은 '… 너희에게 부정하고 …'를 반복하십니다(11:4, 5, 6, 7, 8). 육지의 모든 짐승 중 이스라엘 자손이 '먹지 못하는 것'은 '부정한 짐승'입니다. **부정한 짐승은 여호와의 말씀에 맞지 않는 것입니다.** 여호와는 '부정한 짐승'을 주변에서 쉽게 볼 수 있는 낙타, 사반, 토끼, 돼지로 말씀하십니다. 여호와는 보이는 대로 먹지 말고, 여호와의 말씀대로 먹으라고 말씀합니다. 여호와의 말씀에서 벗어난 짐승은 부정합니다. 여호와는 부정한 짐승의 고기를 먹지 말고 그 주검도 만지지 말라고 하십니다.

11:9-12 물에 있는 모든 것 중에서 너희가 먹을 만한 것은 이것이니 강과 바다와 다른 물에 있는 모든 것 중에서 지느러미와 비늘 있는 것은 너희가 먹되 ¹⁰물에서 움직이는 모든 것과 물에서 사는 모든 것 곧 강과 바다에 있는 것으로서 지느러미와 비늘 없는 모든 것은 너희에게 가증한 것이라(쉐케츠 שֶׁקֶץ) ¹¹이들은 너희에게 가증한 것이니(쉐케츠 שֶׁקֶץ) 너희는 그 고기를 먹지 말고 그 주검을 가증히 여기라(테샤케추 תְּשַׁקְּצוּ) ¹²수중 생물에 지느러미와 비늘 없는 것은 너희가 혐오할 것이니라(쉐케츠 שֶׁקֶץ)

여호와는 물에서 사는 것 중에서 이스라엘 자손이 먹을 만한 것을 말씀하십니다. 강, 바다와 다른 모든 물에 사는 것 중에서 먹을 만한 것은 '지느러미와 비늘 있는 것'입니다.

물에 사는 것 중 먹을 만한 것	가증한 것
지느러미와 비늘 있는 것	지느러미와 비늘 없는 것

여호와는 물에 있는 것 중 지느러미와 비늘 없는 것을 '가증한 것'이라고 하십니다. 여호와는 수중 생물에 지느러미와 비늘 없는 것은 먹지 말고 그 주검을 가증히 여기라고 하십니다. 여호와는 **수중 생물에 지느러미와 비늘 없는 것을 혐오하라** 말씀하십니다.

11:13-19 새(하오프 הָעוֹף) 중에 너희가 가증히 여길 것은(테샤케추 תְּשַׁקְּצוּ) 이것이라 이것들이 가증한즉(쉐케츠 שֶׁקֶץ) 먹지 말지니 곧 독수리와 솔개와 물수리와 [14]말똥가리와 말똥가리 종류와 [15]까마귀 종류와 [16]타조와 타흐마스와 갈매기와 새매 종류와 [17]올빼미와 가마우지와 부엉이와 [18]흰 올빼미와 사다새와 너새와 [19]황새와 백로 종류와 오디새와 박쥐니라

새 중에 여호와께서 가증히 여기라고 말씀하신 새는 ①독수리, ②솔개, ③물수리, ④말똥가리, ⑤말똥가리 종류, ⑥까마귀 종류, ⑦타조, ⑧타흐마스, ⑨갈매기, ⑩새매 종류, ⑪올빼미, ⑫가마우지, ⑬부엉이, ⑭흰 올빼미, ⑮사다새, ⑯너새, ⑰황새, ⑱백로 종류, ⑲오디새, ⑳박쥐로 총 스무 종류입니다.

여호와는 '이것들이 가증한즉 먹지 말지니' 하십니다. 그러므로 이스라엘 자손은 이 종류의 새들을 먹어서는 안 됩니다.

11:20-23 날개가 있고 네발로 기어 다니는 곤충은(쉐레츠 שֶׁרֶץ) 너희가 혐오할 것이로되(쉐케츠 שֶׁקֶץ) ²¹다만 날개가 있고 네 발로 뛰는 다리가 있어서 땅에서 뛰는 것은 너희가 먹을지니 ²²곧 그 중에 메뚜기 종류와 베짱이 종류와 귀뚜라미 종류와 팥중이 종류는 너희가 먹으려니와 ²³오직 날개가 있고 기어 다니는 곤충은(쉐레츠 שֶׁרֶץ) 너희가 다 혐오할 것이니라(쉐케츠 שֶׁקֶץ)

11:20-23은 다음과 같은 구조를 이룹니다.

A. 날개 있고 네발로 기어 다니는 곤충은(쉐레츠) 혐오할 것(쉐케츠)(11:20)
 B. 날개 있고 네 발에 뛰는 다리가 있어 땅에서 뛰면 먹을 수 있음(11:21)
 B'. 날개 있고 네 발에 뛰는 다리가 있어 먹을 수 있는 곤충들(11:22)
A'. 날개 있는데 기어 다니는 곤충은(쉐레츠) 혐오할 것(쉐케츠)(11:23)

A-A'는 혐오해야 할 곤충이며, B-B'는 먹을 수 있는 곤충입니다. A-A'와 B-B'의 공통점은 '날개'입니다. 차이점은 A-A'의 날개는 날지 못하는 날개입니다. A-A'는 날개가 있는데 네발로 기어 다닙니다.162) 여호와는 날지 못하는 날개를 가진 A-A'와 같은 곤충을(쉐레츠) 혐오하라고(쉐케츠) 하십니다.163)

---
162) 이 곤충들이 가진 날개는 가짜 날개이다. 날개가 있어도 날아오를 수 없다.
163) '쉐레츠'와 '쉐케츠'는 언어유희(wordplay)를 이룬다.

11:24-28 이런 것은 너희를 부정하게 하나니(티탐마우 תִּטַּמָּאוּ) 누구든지 이것들의 주검을 만지면 저녁까지 부정할 것이요 ²⁵그 주검을 옮기는 모든 자는 그 옷을 빨지니 저녁까지 부정하리라 ²⁶굽이 갈라진 모든 짐승 중에 쪽발이 아닌 것이나 새김질 아니하는 것의 주검은 다 네게 부정하니 만지는 자는 부정할 것이요 ²⁷네 발로 다니는 모든 짐승 중 발바닥으로 다니는 것은 다 네게 부정하니 그 주검을 만지는 자는 저녁까지 부정할 것이며 ²⁸그 주검을 옮기는 자는 그 옷을 빨지니 저녁까지 부정하리라 그것들이 네게 부정하리라

11:24-28 말씀은 다음과 같은 구조를 이룹니다.

A. **이런 것은 너희를 부정하게 하나니** 누구든지 이것들의 주검을 만지면 저녁까지 부정할 것이요 그 주검을 옮기는 모든 자는 그 옷을 빨지니 저녁까지 부정하리라(11:24-25)

  B. 굽이 갈라진 모든 짐승 중에 쪽발이 아닌 것이나 새김질 아니하는 것의 주검은 다 네게 부정하니 만지는 자는 부정할 것이요(11:26)

A′ 네 발로 다니는 모든 짐승 중 발바닥으로 다니는 것은 다 네게 부정하니 그 주검을 만지는 자는 저녁까지 부정할 것이며 그 주검을 옮기는 자는 그 옷을 빨지니 저녁까지 부정하리라 **그것들이 네게 부정하리라**(1:27-28)

짝을 이루는 A와 A′는 볼드체 외에는 말씀 내용이 거의 같습니다. 그래서 A와 A′의 볼드체만 따로 모으면 다음과 같습니다.

A 이런 것은 너희를 부정하게 하나니(티탐마우)164)
A' **네 발로 다니는 모든 짐승 중 발바닥으로 다니는 것**, 그것들이 네게 부정하리라

A-A'의 볼드체는 이스라엘 자손을 정말로 부정하게 하는 짐승이 무엇인지를 말씀합니다.

여호와는 '네 발로 다니는 모든 짐승 중 발바닥으로 다니는 것', 그것들이 이스라엘 자손을 부정하게 한다고 말씀하십니다.

A-B-A'에서 중심의 B(11:26)는 '네 발로 다니는 모든 짐승 중 발바닥으로 다니는 짐승의 부정함'을 11:3에 빗대어 말씀하신 것입니다.

B. **굽이 갈라진 모든 짐승 중에 쪽발이 아닌 것이나 새김질 아니하는 것**의 주검은 다 네게 부정하니 만지는 자는 부정할 것이요(11:26)

11:3 모든 짐승 중 굽이 갈라져 쪽발이 되고 새김질 하는 것은 너희가 먹되

네 발로 다니는 짐승 중 발바닥으로 다니는 짐승은(A') 쪽발이 아니며, 새김질도 하지 않습니다(B). 여호와는 쪽발이 아니며, 새김질하지 않는 짐승, **네 발 모두 발바닥으로 다니는 짐승은 이스라엘 자손을 부정하게 하므로**(A-A'), 그것의 주검을 만지는 자마다 부정할 것이라 하십니다(B).

11:29-30 땅에 기는 길짐승 중에 네게 부정한 것은 이러하니 곧 두더지와 쥐와 큰 도마뱀 종류와 30도마뱀붙이와 육지 악어와 도마뱀

---

164) '티탐마우'는 히트파엘 동사이다(11:43 각주 참조)

과 사막 도마뱀과 카멜레온이라

여호와는 '네 발로 다니는 모든 짐승 중 발바닥으로 다니는 것(11:27)'을 11:29에서 '땅에 기는 길짐승'으로 표현하시며, '네게 부정하다' 하십니다. 여호와는 땅에 기는 길짐승의 예로 '두더지와 쥐와 큰 도마뱀 종류와 도마뱀붙이와 육지 악어와 도마뱀과 사막 도마뱀과 카멜레온'을 말씀하십니다. 땅에 기는 길짐승들은 쪽발이 아니며, 새김질하지 않습니다. 이 짐승들은 이스라엘 자손에게 부정합니다.

11:31 모든 기는 것 중 이것들은 네게 부정하니 그 주검을 만지는 모든 자는 저녁까지 부정할 것이며

여호와는 땅에 기는 길짐승이 부정하므로 그 주검을 만지는 모든 자는 저녁까지 부정하다 하십니다.

11:32-35 이런 것 중 어떤 것의 주검이 나무 그릇에든지 의복에든지 가죽에든지 자루에든지 무엇에 쓰는 그릇에든지 떨어지면 부정하여지리니 물에 담그라 저녁까지 부정하다가 정할 것이며 [33] 그것 중 어떤 것이 어느 질그릇에(헤레스 חֶרֶשׂ) 떨어지면 그 속에 있는 것이 다 부정하여지나니 너는 그 그릇을 깨뜨리라 [34] 먹을 만한 축축한 식물이 거기 담겼으면 부정하여질 것이요 그 같은 그릇에 담긴 마실 것도 부정할 것이며 [35] 이런 것의 주검이 물건 위에 떨어지면 그것이 모두 부정하여지리니 화덕이든

지 화로이든지 깨뜨려버리라 이것이 부정하여져서 너희에게 부정한 것이 되리라

여호와는 '땅에 기는 길짐승의 주검'이 물건에 떨어지면 그 물건이 부정하여진다고 하십니다. 여호와는 땅에 기는 길짐승의 주검이 떨어져 부정하게 된 물건을 다루는 방법을 말씀하십니다.

땅에 기는 길짐승의 주검이 떨어진 물건	부정 여부(시간)	정결 의식
나무 그릇, 의복, 가죽, 자루 등	부정함(저녁까지)	물에 담금
질그릇(속에 있는 것 다 포함)	부정함	그릇을 깨뜨림
화덕, 화로와 같은 것	부정함	깨뜨림

땅에 기는 길짐승의 주검이 떨어져 부정해진 물건은 정결 의식을 거쳐 정결해지든지, 깨뜨려 지든지입니다. 나무나 가죽, 의복, 자루와 같은 물건은 저녁까지 부정하고, 물에 담금으로 정해집니다. 질그릇처럼 흙으로 만든 것은 깨뜨려야 합니다. 흙으로 만든 화덕과 화로도 깨뜨려야 합니다.

11:36-38 샘물이나 물이 고인 웅덩이는 부정하여지지 아니하되(아크 마으얀 우보르 미크웨 마임 이흐예 타호르 מִקְוֵה מַיִם יִהְיֶה טָהוֹר אַךְ מַעְיָן וּבוֹר) 그 주검에 닿는 것은 모두 부정하여질 것이요 ³⁷ 이것들의 주검이 심을 종자에(제라 제루아 아쉐르 이자레아 זֶרַע זֵרוּעַ אֲשֶׁר יִזָּרֵעַ) 떨어지면 그것이 정하거니와(타호르 טָהוֹר) ³⁸ 만일 종자에(제라 זֶרַע) 물이 묻었을 때에 그것이 그 위에 떨

어지면 너희에게 부정하리라(타메 טָמֵא)

땅에 기는 길짐승의 주검에 닿은 물건은 부정하게 됩니다. 그러나 땅에 기는 길짐승의 주검이 떨어져도 여전히 정한 것이 있습니다.
11:36-38은 다음과 같은 구조를 이룹니다.

  a. 참으로165) **샘물이나 물이 고인 웅덩이는 정함**(타호르)(11:36a)
   b. 그것들의 주검에 닿는 것은 모두 부정하게 됨(11:36b)
  a'. 그것들의 주검이 **심을 종자에 떨어지면 그것은 정함**(타호르)(11:37)
   b'. 물이 종자에 묻었을 때 그것들의 주검이 그 위에 떨어지면 너희에게 부정함(11:38)

땅에 기는 길짐승의 주검에 닿는 모든 것은 부정하게 되지만(b), 샘물과 물이 고인 웅덩이의 물, 심을 종자(제라 제루아 아쉐르 이자레아)는 정합니다(a-a'). 그런데 물이 묻은 종자에(제라) 그것들의 주검이 떨어지면 종자는 부정하게 됩니다(b').

11:39-40 너희가 먹을 만한 짐승이 죽은 때에 그 주검을 만지는 자는 저녁까지 부정할 것이며 ⁴⁰그것을 먹는 자는 그 옷을 빨 것이요 저녁까지 부정할 것이며 그 주검을 옮기는 자도 그의 옷을 빨 것이요 저녁까지 부정하리라

---

165) '아크 마으얀 우보르 미크붸 마임 이흐예 타호르'는 '참으로(아크) 샘물과 웅덩이의 물은 정하다(타호르)'라는 뜻이다.

'먹을 만한 짐승이 죽은 때'란 먹을 수 있는 짐승이 스스로 죽거나 사나운 짐승에 찢겨서 죽은 경우입니다(17:15; 출22:31 참조). 먹을만한 짐승의 주검을 만지는 자는 저녁까지 부정합니다. 그 고기를 먹는 자는 옷을 빨아야 하며 저녁까지 부정합니다. 또 그 주검을 옮기는 자도 옷을 빨아야 하며 저녁까지 부정합니다.

11:41-42 땅에 기어다니는 모든 길짐승은 가증한즉 먹지 못할지니(쉐케츠 후 로 예아켈 שֶׁקֶץ הוּא לֹא יֵאָכֵל) ⁴²곧 땅에 기어다니는 모든 기는 것 중에 배로(가혼 נָחוֹן) 밀어 다니는 것이나(홀레크 הוֹלֵךְ) 네 발로 걷는 것이나 여러 발을 가진 것이라 너희가 먹지 말지니 이것들은 가증함이니라(로 토켈룸 키 쉐케츠 헴 כִּי שֶׁקֶץ הֵם לֹא תֹאכְלוּם)

11:41-42 말씀은 다음과 같은 구조를 이룹니다.

A. 땅에 기어 다니는 모든 길짐승은 가증하므로 먹지 못함(쉐케츠 후 로 예아켈)(11:41)
  B. 땅에 기어 다니는 가증한 짐승 : ①배로 밀어 다니는 것, ②네 발로 걷는 것, ③여러 발을 가진 것(11:42a)
A'. 이것들은 가증하므로 먹지 말 것 (로 토켈룸 키 쉐케츠 헴)(11:42b)

여호와는 B에서 **땅에 기어 다니는 가증한 짐승**으로 ①배로(가혼) 밀어 다니는 것(홀레크), ②네 발로 걷는 것, ③여러 발을 가진 것, 세 종류를 말씀하십니다.

①, ②, ③에서 가장 가증한 짐승은 무엇일까요?

①, ②, ③에서 가장 가증한 짐승은 '배'로 밀어 다니는 ①입니다. ②, ③은 발이 여럿 있어서 적어도 배로 기어 다니지는 않습니다. 발에 굽이 없어서 발바닥 피부가 땅에 닿는 부정한 짐승입니다(11:27) '몸 전체(배)'로 땅을 기어 다니지는 않습니다.

말씀을 통해 여호와께서 이스라엘 자손에게 정말 '가증한 짐승'으로 알리시려는 것은 B의 ①입니다. 여호와는 **배로 밀어 다니는 짐승**'이 이스라엘 자손에게 **가증함**'을 알리시고 그 짐승과 닮은 것까지도 '가증하게 여길 것'을 명령하십니다. 또 그 가증한 짐승과 그것과 닮은 짐승류를 **절대 먹지 말 것**'을 말씀하십니다(A-A′).

즉 A-B-A 구조는 여호와께서 '①배로 밀어 다니는 짐승'이 가증하므로, '배로 밀어 다니는 짐승을 먹지 말 것을'을 말씀하시는 것입니다.

'배로(가혼) 다니는(텔레크)166) 짐승' 말씀은 창세기 3장 14절에 처음 나타납니다.

"여호와 하나님이 뱀에게 이르시되 네가 이렇게 하였으니 네가 모든 가축과 들의 모든 짐승보다 더욱 저주를 받아 배로(가혼) 다니고(텔레크 חֵלֵךְ) 살아 있는 동안 흙을 먹을지니라(창3:14)"

---

166) 뱀을 '배로(가혼) 걷는(할라크) 짐승'으로 표현한 곳은 창3:14과 레11:42뿐이다. 창3: 14의 '텔레크'는 '걷다(할라크 הָלַךְ)'의 미완료형 동사이고, 레11:42의 '홀레크'는 '걷다(할라크)'의 분사이다.

- 197 -

여호와는 11:41-42 말씀을 통해 이스라엘 자손이 '가증하게 여겨야 하는 짐승'이 '뱀'이며, 뱀을 먹지 말 것을 밝히십니다. '뱀을 먹지 말라'는 말씀은 '뱀이 먹으라고 한 것을 먹지 말라'는 말씀입니다.167)

배로 걷는 뱀은 이스라엘 자손의 모든 것을 더럽혀 이스라엘 자손이 여호와 앞에서 가증히 여김을 받게 합니다. 그러므로 이스라엘 자손은 땅에 기는 길짐승, 가증한 뱀을 결단코 가까이하지 말아야 합니다. 가증한 뱀과 그것을 닮은 것까지도 혐오하며 멀리해야 합니다.

> 11:43 너희는 기는 바 기어다니는 것 때문에 자기를(나프쇼테켐 נַפְשֹׁתֵיכֶם)
> 가증하게 되게 하지 말며 또 그것 때문에 스스로 더럽혀(티탐메우
> תִּטַּמְּאוּ) 부정하게 되게(뵈니트메템 וְנִטְמֵתֶם) 하지 말라

여호와는 이스라엘 자손에게 '기는 바 기어 다니는 것 때문에' 자기를(나프쇼테켐)168) 가증하게 되게 하지 말라 하십니다. 여호와는 배로 걷는 뱀 때문에, 뱀을 가까이하는 자가 되어 여호와 앞에 이스라엘 자손의 영혼이 가증하게 여김을 받게 하지 말라 하십니다.

'그것 때문에 스스로 더럽혀 부정하게 되게 하지 말라' 여호와는 이스라엘 자손이 배로 걷는 뱀의 말을 듣고 행하여 <u>자기 자신을 더럽혀(티탐메우)</u>169) 여호와 앞에 부정하게(뵈니트메템) 되지 말라 하십니다.

---

167) 에덴에서 여자는 뱀이 먹으라고 한 것을 먹어 여호와의 명령을 거역했다(창3:1-6). 11장은 뱀이 먹으라는 것을 먹지 말고 여호와께서 먹으라고 한 것을 먹으라는 말씀이다. 즉 여호와의 명령을 듣고 그 명령을 지키라는 말씀이다.
168) '나프쇼테켐'은 직역하면 '너희들의 영혼, 생명'이란 뜻이다.
169) '티탐메우'는 '히트파엘' 동사이다. 히트파엘은 동사의 주어가 자기 자신에게 반복적으로 하는 행동을 나타내거나(재귀 반복), 자기 자신을 어떤 상태에 이르게 함을 나타낸다(재귀 작위적). 윌리엄스, 『윌리엄스 히브리어 구문론』, 96

11:44-45 나는 여호와 너희의 하나님이라(키 아니 여호와 엘로헤켐 כִּי אֲנִי יהוה אֱ‍) 내가 거룩하니(키 카도쉬 כִּי קָדוֹשׁ) 너희도 몸을 구별하여 거룩하게 하고(뵈히트카디쉬템 וְהִתְקַדִּשְׁתֶּם) 땅에 기는 길짐승으로 말미암아 스스로(나프쇼테켐 נַפְשֹׁתֵיכֶם) 더럽히지 말라 ⁴⁵나는 너희의 하나님이 되려고 너희를 애굽 땅에서 인도하여 낸 여호와라 내가 거룩하니 너희도 거룩할지어다(뷔흐이템 케도쉼 키 카도쉬 아니 וִהְיִיתֶם קְדֹשִׁים כִּי קָדוֹשׁ אָנִי)

11:44-45를 히브리어 어순대로 읽으면 다음과 같은 구조를 이룹니다.

  A. 나는 여호와 너희의 하나님이기 때문이다(11:44a).
   B. 너희는 너희 자신을 거룩하게 하라. 내가 거룩하기 때문이다(11:44b).
    C. 땅에 기는 길짐승으로 말미암아 너희 생명을(나프쇼테켐) 더럽히지 말라(11:44c)
  A′. 너희의 하나님이 되려고 너희를 애굽 땅에서 인도하여 낸 나는 여호와이기 때문이다 (11:45a).
   B′. 너희는 거룩할지어다. 내가 거룩하기 때문이다(11:45b).

이스라엘 자손에게 '너희 자신을 거룩하게 하라(뵈히트카디쉬템)'170) 하시는 하나님은 거룩하신 여호와 이스라엘 자손의 하나님이십니다(B-A). 이스라엘 자손에게 '너희는 거룩할지어다' 하시는 하나님은 이스라엘 자

---

170) '너희 자신을 거룩하게 하다(히트카디쉬템)'도 히트파엘 동사이다. 여호와는 이스라엘 자손이 '뱀'을 따르면 '자신을 더럽혀(티탐메우)' 부정하게 된다고(니트메템) 하신다(11:43). 반대로 이스라엘 자손이 거룩하신 여호와를 따르면 '너희 자신을 거룩하게 한다(히트카디쉬템)' 하신다(11:44).

손의 하나님이 되시려고 그들을 애굽 땅에서 인도하여 내신 거룩한 여호와이십니다(B′-A′)

부정한 땅 애굽에서 이스라엘 자손을 구원하여 그들의 하나님이 되신 여호와는 거룩하십니다. 이스라엘 자손은 그들의 하나님이신 거룩하신 여호와와 같이 자신을 구별하여 거룩해야 합니다. 땅에 기는 길짐승을 따라가 그들의 생명을 더럽혀서는 안 됩니다(C).

> **11:46-47** 이는 짐승과 새와 물에서 움직이는 모든 생물과 땅에 기는 모든 길짐승에 대한 규례니(토라 תּוֹרָה) 부정하고 정한 것과 먹을 생물과 먹지 못할 생물을 분별한 것이니라

여호와는 모세와 아론에게 주신 말씀이 짐승과 새와 물에서 움직이는 모든 생물과 땅에 기는 모든 길짐승에 관한 규례(토라)라고 하십니다.171)

이스라엘 자손은 여호와의 말씀대로 부정하고 정한 것을 분별하고, 먹을 것과 먹지 못할 것을 분별하여 그 말씀대로 지켜야 합니다.

▶▶**본문 해석**

모든 짐승 중 이스라엘 자손에게 부정한 짐승은 '땅에 기는 길짐승'입니다(11:29-38, 41-43). 여호와는 이스라엘 자손에게 땅에 기는 길짐승의 주검에 닿는 모든 것은 부정하여진다고 선포하십니다(11:36b).

---

171) 규례는 아론과 아들들이 이스라엘 자손에게 가르쳐야 할 하나님의 말씀이다(10:10-11).

그런데 여호와는 땅에 기는 길짐승의 주검이 떨어져도 부정하여지지 아니하는 것으로 샘물과 웅덩이의 물을 말씀하시고(11:36a), 땅에 기는 길짐승의 주검이 떨어져도 정한 것으로 '**심을 종자**'를 선포하십니다.

"이것들의 주검이 **심을 종자에**(제라 제루아 아쉐르 이자레아 זֶרַע זֵרוּעַ אֲשֶׁר יִזָּרֵעַ) 떨어지면 그것이 **정하거니와**(타호르 טָהוֹר)(11:37)"

심을 종자로 번역된 '제라 제루아 아쉐르 이자레아'는172) '씨(제라), 뿌린 것(제루아), 그것이 뿌려질 것이다(이자레아)' 세 낱말이 합해진 단어로, 세 낱말은 모두 '씨를 뿌리다(자라 זָרַע)'와 관련되는 단어입니다.

여호와는 이 특별한 단어로 표현된 '**심을 종자**'는 땅에 기는 길짐승의 주검이 닿아도 '**정하다**(타호르)'를 선포하십니다.

'심을 종자'는 어떠한 '종자(씨)'이기에 땅에 기는 길짐승의 주검에 닿아도 여전히 정할까요?173)

그것은 '씨(제라 זֶרַע)'를 똑같이 세 번 반복하는 창세기 22장과 26장에서 찾을 수 있습니다.

"내가 네게 큰 복을 주고 ①**네 씨가**(자르아카 זַרְעֲךָ) 크게 번성하여 하늘의 별과 같고 바닷가의 모래와 같게 하리니 ②**네 씨가**(자르아카 זַרְעֲךָ) 그 대적의 성문을

---

172) 제라, 제루아는 '씨를 뿌리다(자라 זָרַע)'에서 유래한 명사, '아쉐르(אֲשֶׁר)'는 관계 대명사, '이자레아'는 자라(זָרַע)의 니팔 미완료형이다.
173) "정결한 것이 어떤 것을 거룩하게 만들지 않지만, **거룩한 것은 항상 정결하다**" 존 E. 하틀리, 『레위기』, 341 : 하틀리의 해석에 의하면 '심을 종자'는 '거룩한 종자'임을 알 수 있다.

차지하리라 또 ③**네 씨로**(자르아카 זַרְעֲךָ) 말미암아 천하 만민이 복을 받으리니 이는 네가 나의 말을 준행하였음이니라 하셨다 하니라(창22:17-18)"

"①**네 자손을**(자르아카 זַרְעֲךָ) 하늘의 별과 같이 번성하게 하며 이 모든 땅을 ②**네 자손에게**(레자르아카 לְזַרְעֲךָ) 주리니 ③**네 자손으로 말미암아**(베자르아카 בְזַרְעֲךָ) 천하 만민이 복을 받으리라(창26:4)"

창세기에서 여호와는 아브라함과 이삭에게 각각 '**네 씨**(자르아카 זַרְעֲךָ)'를174) 세 번 말씀하시며, '**네 씨**'로 인해 천하 만민이 복을 받게 할 것을 맹세하셨습니다.

여호와는 아브라함과 이삭에게 언약하신 '**네 씨**'를 레위기 11:37에서 '**심을 종자**'로 드러내십니다.

여호와께서 아브라함과 이삭에게 언약하신 **네 씨, 심을 종자**는 땅에 기는 길짐승의 주검에 닿아도 '**정합니다**(타호르)'.

왜냐하면 아브라함과 이삭에게 언약하신 **네 씨, 심을 종자**는 <u>하늘에서 오실 것</u>이기 때문입니다.175)

---

174) '네 씨(자르아카)' = [씨(제라 זֶרַע) + 2인칭 단수 대명사 접미(에카 ךָ)] 이다.
175) 11:36-38의 a-b-a′-b′ 구조에서 '샘물, 웅덩이의 물(a)'과 '심을 종자(a′)'는 짝을 이룬다. 물은 하늘에서 땅으로 내려와 다시 하늘로 올라간다. '심을 종자'도 그러하시다. '하늘에서 내려온 자 곧 인자 외에는 하늘에 올라간 자가 없느니라(요3:13)'

12:1-8
부정한 피의 근원을 가진 여자

그 여인이 어린 양을 바치기에 힘이 미치지 못하면
산비둘기 두 마리나 집비둘기 새끼 두 마리를 가져다가
하나는 번제물로, 하나는 속죄제물로 삼을 것이요
제사장은 그를 위하여 속죄할지니 그가 정결하리라(12:8)

12:1 여호와께서 모세에게 말씀하여 이르시되

도입 문구로 새 단락이 시작됩니다.

12:2 이스라엘 자손에게 말하여 이르라 여인이(이샤 אִשָּׁה) 임신하여(타즈리아 תַזְרִיעַ) 남자를(자카르 זָכָר) 낳으면 그는 이레 동안 부정하리니 (타메아 טָמְאָה) 곧 월경할 때와 같이 부정할 것이며

여호와는 '여인이 임신하여(타즈리아) 아들을(자카르) 낳으면'으로 말씀을 시작합니다. 여인의 임신은 일반적으로 '하라(הָרָה)' 동사를 이용하여 표현합니다(창4:1).176) 그런데 12:2에서 여호와는 여인의 임신을 '씨를 뿌리다, 열매를 맺다(자라 זָרַע)'의 사역형 동사 '타즈리아(תַזְרִיעַ)'로177) 표현합니다. 또 여인이 임신하여 낳은 아들을 '벤(בֵּן)'이라고 하지 않고 '자카르'라고 합니다. '자카르'는 '생물학적 남성성'을 드러내는 표현입니다.178)

이렇게 여호와는 여자의 임신을 '타즈리아'라 하시고, 여인이 출산한 아들을 '자카르'라 하시며 여인이 출산한 남자를 '씨(열매), 종자로서의 남자'로 표현하십니다(11:38).

'그는(그녀는) 이레 동안 부정하리니' 남자를 출산한 여자는 월경할 때와 같이 이레 동안 부정합니다(15:19-24). 출산한 여자가 이레 동안 부정하므

---

176) '아담이 그의 아내 하와와 동침하매 하와가 임신하여(봐타하르 וַתַּהַר) 가인을 낳고 이르되 내가 여호와로 말미암아 득남하였다 하니라(창4:1)' '봐타하르'는 칼 동사 '하라(הָרָה)'의 봐브 계속법 미완료
177) '타즈리아(תַזְרִיעַ)'는 '씨뿌리다, 열매를 맺다' 뜻의 '자라(זָרַע)' 동사의 히필형이다.
178) 기동연, 『레위기』, 418

로 여자에게서 태어난 남자도 이레 동안 부정합니다.

12:3 여덟째 날에는 그 아이의 포피를 벨 것이요

여호와는 남자가 태어나면 여덟째 날에 포피를 베라고 하십니다. 여덟째 날에 포피를 베는 의식은 '할례'입니다. 할례는 여호와와 아브라함과 맺은 영원한 언약의 표징으로 할례를 받은 자는 여호와와 아브라함이 맺은 언약 안에 있음을 나타냅니다(창17:10-14).

12:4 그 여인은 아직도 삼십삼 일을 지내야 산혈이(담 דָּם) 깨끗하리니 정결하게 되는 기한이 차기 전에는 성물을 만지지도 말며 성소에 들어가지도 말 것이며

여호와는 남자를 출산한 여인은 7일의 부정한 기간과 33일을 지내야 산혈이(담) 깨끗하리라고 하십니다. 여호와는 이 기한이 차기 전에는 성물을 만지지도 말고, 성소에 들어가지도 말라고 하십니다. 이 말씀은 남자를 출산한 여인은 40일을 채울 때까지는 여호와께 가까이 나갈 수 없음을 의미합니다. 여호와의 얼굴을 구하는 것이 복입니다(민6:24-26). 그런데 여호와는 남자를 출산한 여인에게 40일 동안 여호와께 가까이 오지 말라 명하십니다.

12:5 여자를(네케바 נְקֵבָה) 낳으면 그는 두 이레 동안 부정하리니 월경할 때와 같을 것이며 산혈이(담 דָּם) 깨끗하게 됨은 육십육 일을 지내야 하리라

여호와는 '여자를 낳으면'이라고 하십니다. 여기서도 '딸(바트 בַּת)'이라 하지 않고 '여자(네케바)'라고 하십니다. 여자는 모든 산 자의 어머니가 됩니다(창3:20).179) 여호와는 산 자의 어머니인 여자가, 산 자의 어머니가 될 여자를 낳으면 그녀는 두 이레 동안 월경할 때와 같이 부정하며, 산혈은 66일을 지내야 깨끗하게 될 것이라 하십니다.

여자를 출산한 여인은 두 이레의 14일과 66일을 합하여 80일 동안 성물을 만지지도 못하고, 성소에 들어갈 수 없습니다.

막 생명을 출산한 여인과 앞으로 출산하게 될 여자, 모든 산 자의 어머니가 되는 '여자'는 여호와께서 정하여 놓으신 시간까지 여호와께 가까이 나갈 수 없습니다.

12:6-7 아들이나(벤 בֵּן) 딸이나(바트 בַּת) 정결하게 되는 기한이 차면 그 여인은 번제를 위하여 일 년 된 어린 양을 가져가고 속죄제를 위하여 집비둘기 새끼나 산비둘기를 회막 문 제사장에게로 가져갈 것이요 ⁷제사장은 그것을 여호와 앞에 드려서 그 여인을 위하여 속죄할지니 그리하면 산혈이(마꼬르 담 מְקוֹר דָּם) 깨끗하리라 이는 아들이나(자카르 זָכָר) 딸을(네케바 נְקֵבָה) 생산한 여인에 대한 규례니라(토라 תּוֹרָה)

출산한 여인이 여호와의 명하신 정결 기한을 채우면 여호와는 여인이 낳은 자녀를 '아들이나 딸'로 칭하시며, 여자의 출산을 기뻐하시는 여호와의

---

179) '아담이 그의 아내의 이름을 하와라(하봐 חַוָּה) 불렀으니 그는 모든 산 자의 어머니가 됨이더라(창3:20)' '하봐(חַוָּה)'는 '생명을 주는 자'를 뜻한다.

마음을 드러내십니다.

산혈을 흘렸던 여인은 정결 기한을 채운 뒤에 여호와께 가까이 나갈 수 있습니다. 여인은 번제물로 일 년 된 어린 양과 속죄물로 비둘기 한 마리를 회막 문 제사장에게로 가져갑니다. 제사장은 출산한 여인이 가져온 제물을 여호와 앞에 드려 여인을 위하여 속죄합니다. 제사장이 여인을 속죄함으로, 여인의 산혈은(마꼬르 담)180) 깨끗하게 됩니다. 제사장의 속죄는 여인의 '피의 근원'을 깨끗하게 하여 여인을 여호와 앞에 정결하게 합니다.

여호와는 '이는 아들이나 딸을 생산한 여인에 대한 규례(토라)'로 선포하시며 이스라엘 자손이 이 규례를 반드시 지킬 것을 말씀하십니다.

12:8 그 여인이 어린 양을 바치기에 힘이 미치지 못하면 산비둘기 두 마리나 집비둘기 새끼 두 마리를 가져다가 하나는 번제물로, 하나는 속죄제물로 삼을 것이요 제사장은 그를 위하여 속죄할지니 그가 정결하리라

출산한 여인이 여호와께 드려야 할 번제물은 '일 년 된 어린 양'입니다. 그런데 여인이 일 년 된 어린 양을 바치기에 힘이 미치지 못하면, 여호와는 여인에게 산비둘기 두 마리나 집비둘기 새끼 두 마리를 하나는 번제물로, 하나는 속죄제물로 삼아 제사장에게 드리라 합니다. 제사장이 비둘기 두 마리로 여인을 위하여 속죄하면 여인은 정결하게 됩니다.

---

180) '마꼬르(מָקוֹר)'는 원천, 근원, 샘'의 뜻이다. 12:7의 '마꼬르 담'은 여자가 출산할 때마다 '피의 근원'이 터짐을 알려준다. 이로 인해 출산한 여인은 부정하며(15:19, 25), 피의 근원이 깨끗해질 때까지 영적 고통의 시간을 겪는다.

여호와께서 힘이 미치지 못하는 여인을 위하여 제물을 낮춰 주시는 것은 제사장이 그녀를 위하여 여호와 앞에서 속죄하여야만 그 여자의 부정한 피의 근원이(마꼬르 담) 정결하게 되기 때문입니다.

▶▶본문 해석

"… 여인이 임신하여 남자를 낳으면 그는 이레 동안 부정하리니 곧 월경할 때와 같이 부정할 것이며 … 그 여인은 아직도 삼십삼 일을 지내야 산혈이 깨끗하리니 정결하게 되는 기한이 차기 전에는 성물을 만지지도 말며 성소에 들어가지도 말 것이며(12:2, 4)"

출산한 여인이 40일 동안 여호와 앞에 가까이하지 못하도록 하신 것은 태초의 여자에게 여호와 하나님께서 내리신 심판입니다.[181] 태초의 여자가 뱀의 꾐으로 여호와 하나님의 명령을 거역하고 뱀이 먹으라고 한 것을 먹었을 때, 여호와 하나님은 여자를 심판하십니다(창3:16).[182]

"또 여자에게 이르시되 내가 네게 임신하는 고통으로 크게 더하리니 네가 수고하고 자식을 낳을 것이며 너는 남편을 원하고 남편은 너를 다스릴 것이니라(창3:16)"

---

181) 성경에서 40은 심판/시험을 상징한다(창7:17; 민13:25 참조). 유진 메릴, 『신명기』, 230.
182) 여자는 심판받으나 여자가 출산한 남자가 여덟째 날에 받는 할례 언약 안에서 여호와 앞에 다시 서는 날을 소망한다. 할례 언약은 새 언약을 예표한다(레26:41; 신30:6; 렘31:33; 요20:17).

여호와 하나님께서 여호와 하나님의 명령을 거역한 태초의 여자에게 내리신 심판은 두 가지입니다.

① 내가 네게 임신하는 고통으로 크게 더하리니 네가 수고하고 자식을 낳을 것
② 너는 남편을 원하고 남편은 너를 다스릴 것

여호와 하나님께서 태초의 여자에게 선포하신 심판 ①은 레위기 12:2-5로 이루십니다.

여자는 출산할 때 육체적 고통을 겪습니다. 거기에 더하여 부정한 피의 근원을 가진 여자는(12:7; 15:30)[183] 출산 때마다 부정한 피의 근원이 터져 부정한 산혈을 흘리게 됩니다. 여자가 부정한 산혈을 흘리는 40일은 여호와께 속한 어떤 것도 만지거나 가까이할 수 없게 하는 영적 고통의 시간입니다. 그래서 여자는 생명의 출산 때마다 육체의 고통과 부정한 피의 근원이 터져서 여호와 앞에 설 수 없는 영적 고통의 시간을 감내해야 합니다.

여인이 출산할 때마다 겪는 육체적·영적 고통은 여호와의 말씀을 거역하고 뱀의 말을 듣고 행한 결과로, 여호와로부터 받은 심판 ①입니다.

여호와께서 여자에게 선포하신 심판 ②는 레위기 12:6-8로 이루십니다.

그런데 12:6-8은 여자에게 주신 심판이 아니라 부정한 피의 근원을 가진 여자를 정결하게 하실 '어린 양'을 보내실 것을 계시하는 말씀입니다.

---

[183] 15:30은 여자의 유출이 '부정한 유출'이라고 밝힌다. '제사장은 그 한 마리는 속죄제로, 다른 한 마리는 번제로 드려 <u>유출로 부정한</u>(미조브 툼아타흐 מִזּוֹב טֻמְאָתָהּ) 여인을 위하여 여호와 앞에서 속죄할지니라(15:30)' '미조브 툼아타흐'는 '그녀의 부정한 유출로부터' 뜻이다. 여자의 부정한 유출은 그녀의 **부정한 피의 근원**(마코르 담)'으로부터 나오는 '유출'이다.

12:8에서 정결하게 되는 날에 두 마리 비둘기로 속죄함을 받는 여인은 여호와의 심판을 받은 여자에게서(창3:16) 태어난 여자입니다(레12:5).

여자에게서 태어난 여자는 부정한 피의 근원이 있습니다. 여자는 부정한 피의 근원을 스스로는 어찌할 수 없습니다. 여자에게 있는 부정한 피의 근원을 정결하게 하기 위해서는 정결하게 되는 날에 '일 년 된 어린 양' 제물이 있어야 합니다. 그러나 여자는 '어린 양' 제물을 갖추기에는 힘이 미치지 못합니다. 그래서 여호와는 여자에게 '두 마리 비둘기'로 제물의 값을 낮추어 주십니다. 그 은혜에 더하여, 부정한 피의 근원으로 인하여 월경 때마다, 출산 때마다 부정한 피를 흘리는 여자를 위해, 장차 여호와께서 '일 년 된 어린 양'을 보내시어 여자의 '부정한 피의 근원'을 정결하게 하실 것을 여덟째 날의 '할례'를 통해 언약하십니다(12:3).

요한복음 4장에서 한 유대인 남자는 우물가에서[184] 사마리아 여자를 만나 그녀에게 '물을 좀 달라'고 합니다. 여자는 유대인 남자에게 왜 사마리아 여자에게[185] 물을 달라고 하는지 묻습니다.

"네가 만일 하나님의 선물과 또 네게 물 좀 달라 하는 이가 누구인 줄 알았더라면 네가 그에게 구하였을 것이요 **그가 생수를 네게 주었으리라**(요4:10)"

---

[184] '우물가' 모티프는 결혼 이미지를 나타낸다. 아브라함의 종은 아브라함의 고향 메소보다미아 나홀의 성 우물가에서 이삭의 아내가 될 '리브가'를 만났다(창24:15). 야곱도 그의 아내가 될 '라헬'을 우물가에서 만났고(창29:10), 모세도 그의 아내가 될 '십보라'를 우물가에서 만났다(출2:15).
[185] '사마리아 여자'는 '부정한 피의 근원'을 가진 여자를 대표한다.

사마리아 여자는 유대인 남자에게 시큰둥하게 묻습니다.

"당신이 야곱보다 더 크니이까?(요4:12c)"

"이 물을 마시는 자마다 다시 목마르려니와 내가 주는 물을 마시는 자는 영원히 목마르지 아니하리니 내가 주는 물은 그 속에서 영생하도록 솟아나는 샘물이 되리라(요4:13-14)"

부정함으로 고통받는 사마리아 여자는 그 물을 마시고 싶습니다.

"주여 그런 물을 내게 주사 목마르지도 않고 또 여기 물 길으러 오지도 않게 하옵소서(요4:15)"

유대인 남자는 사마리아 여자의 깊은 수치, 부정함을 건드립니다.

"가서 네 남편을 불러오라(요4:16)"

사마리아 여자는 유대인 남자에게 자신의 부정함을 감추고 싶습니다.

"나는 남편이 없습니다(요4:17a)."

유대인 남자는 사마리아 여자의 말을 듣고 그녀의 깊은 부정함을 그녀 밖으로 꺼내어 부정함의 실상을 눈으로 보게 합니다.

"네가 남편이 없다 하는 말이 옳도다 ¹⁸너에게 남편 다섯이 있었고 지금 있는 자도 네 남편이 아니니 네 말이 참되도다(요4:17b-18)"

사마리아 여자는 그 유대인 남자 앞에서 자신의 부정함을 숨길 수 없음을 알았습니다. 그녀는 자신의 부정함에 직면해야 할 때가 왔음을 알았습니다.

그녀는 유대인 남자에게 자신의 '부정한 피의 근원'을 씻기 위해 어디에서 하나님께 예배드려야 할지를 묻습니다.

"우리 조상들은 이 산에서 예배하였는데 당신들의 말은 예배할 곳이 예루살렘에 있다 하더이다(요4:20)"

"너희는 알지 못하는 것을 예배하고 우리는 아는 것을 예배하노니 이는 구원이 유대인에게서 남이라 ²³아버지께 참되게 예배하는 자들은 영과 진리로 예배할 때가 오나니 곧 이때라 아버지께서는 자기에게 이렇게 예배하는 자들을 찾으시느니라 ²⁴하나님은 영이시니 예배하는 자가 영과 진리로 예배할지니라(요4:22-24)"

유대인 남자는 구원이 유대인에게서 남을 선포합니다. 그리고 놀랍게도 그 유대인 남자는 '거룩하신 하나님'을 '아버지'로 부릅니다. 그리하여 자신이 '다윗의 자손'으로 오신 '메시야'임을 드러냅니다.[186]

---

186) '… 내가 네 몸에서 날 네 씨를(자르아카 זַרְעֲךָ) 네 뒤에 세워 … 그는 내 이름을 위하여 집을 건축할 것이요 … 나는 그에게 아버지가 되고 그는 내게 아들이 되리니(삼하7:12-14; 요20:17 참조)'

사마리아 여자는 자신을 '메시야'라고 하는 유대인 남자 앞에서 너무나 놀라 입을 다물 수가 없습니다. 그래서 정말 확인할 필요가 있습니다.

"메시야 곧 그리스도라 하는 이가 오실 줄을 내가 아노니 그가 오시면 모든 것을 우리에게 알려주시리이다(요4:25)"

자신을 메시야로 밝힌 유대인 남자는 사마리아 여자에게 그녀의 '마코르 담'을 씻어 주려고 그녀의 일곱 번째 남편이 왔음을 알려줍니다.

"예수께서 이르시되 네게 말하는 내가 그라 하시니라(요4:26)"

요한복음 4장은 여자에게 있는 부정한 피의 근원을 씻는 '생수'를 줄 '어린 양' 예수 그리스도께서 가나안 땅에 오셨음을 증언합니다.

"제사장은 그것을(어린양)[187] 여호와 앞에 드려서 그 여인을 위하여 속죄할지니 그리하면 산혈이(마코르 담) 깨끗하리라(12:7a)"

---

[187] '… 그것을 드려서(뵈히크리보 וְהִקְרִיבוֹ) …'의 동사 접미사는 '오(וֹ)'로, '그것(וֹ)'은 '어린 양'을 가리킨다.

13:1-59
차라아트 걸린 부정한 남자(아담 אָדָם)

이는 나병 환자라 부정하니
제사장이 그를 확실히 부정하다고 할 것은
그 환부가 그 머리에 있음이니라(13:44)

13장은 나병(차라아트 צָרַעַת) 말씀입니다.188) '차라아트'는 '몹시 괴롭다, 나병에 걸리다'의 뜻을 지닌 '차라(צָרַע)'에서 유래한 명사로 '차라아트에 걸린 자'는 말로 표현할 수 없는 '괴로운 병'에 걸린 것을 의미합니다.

13장은 사람(아담) 피부에 발생한 차라아트(13:2-46), 섬유로 만들어진 의복이나 가죽으로 만든 것에 발생한 차라아트(13:47-58)로 말씀이 전개됩니다.189)

13:1 도입 문구

13:2-8 사람에게 발생한 차라아트(서론)

    13:9-17 오래 된 차라아트의 분명한 증상 : 생살

    13:18-23 종기로 인한 차라아트

    13:24-28 화상으로 인한 차라아트

    13:29-37 머리, 수염에 발생하는 옴과 차라아트

    13:38-39 차라아트가 아닌 피부 색점

    13:40-44 환부가 머리에 있는 나병 환자

    13:45-46 나병 환자들은 진영 밖에서 살아야 함

13:47-59 의복·가죽으로 만든 것에 발생한 차라아트

---

188) 설교자는 나병을 '차라아트'로 표기한다.
189) 나답과 아비후가 죽은 후(10장), 여호와는 여호와 앞에서 부정한 사람의 실상을 말씀으로 보이신다. 11장은 부정함이 '뱀'에서 왔음을 말씀한다(창3:14). 12장은 뱀의 말을 듣고 선악을 알게 하는 나무의 열매를 먹은 여자가 받은 심판을 말씀한다(창3:16). 13-14장은 여자의 말을 듣고 금하신 열매를 먹은 남자(아담)를 나병 걸린 자로 비유하시고(13:1-59; 창3:17-19 참조), 사람(아담)의 나병은 가나안 땅에서(14:33-53), 정결하게 하는 제사장에 의해 여덟째 날에 정결하게 될 것을 계시하신다(14:1-32).

13:1 여호와께서 모세와 아론에게 말씀하여 이르시되

여호와께서 모세와 아론에게 함께 말씀하십니다. 차라아트를 진찰하는 자가 제사장이기 때문입니다.

13:2 만일 사람이(아담 אָדָם) 그의 피부에 무엇이 돋거나(세에트 שְׂאֵת) 뾰루지가 나거나 색점이 생겨서 그의 피부에 나병 같은 것이(네가 차라아트 נֶגַע צָרַעַת) 생기거든 그를 곧 제사장 아론에게나 그의 아들 중 한 제사장에게로 데리고 갈 것이요

여호와는 모세와 아론에게 '만일 사람이(아담)[190] 그의 피부 …'로 말씀을 시작하십니다.

'그의 피부에 무엇이 돋거나(세에트)'에서 세에트는 차라아트의 중요한 징후입니다.[191] 여호와는 피부에 돋은 뾰루지와 색점 같은 것이 차라아트 환부(네가 차라아트)처럼 보이면, 증상 있는 자를 곧 제사장 아론에게나 그의 아들 중 한 제사장에게로 데리고 가라 하십니다.

13:3 제사장은 그 피부의 병을(하네가 הַנֶּגַע) 진찰할지니 환부의 털이 희어졌고 환부가 피부보다 우묵하여졌으면 이는 나병의 환부라(네가 차라아트 נֶגַע צָרַעַת) 제사장이 그를 진찰하여 부정하다(티메 טִמֵּא) 할 것

---

190) '만일 사람(아담)이… ' 표현은 '아담에게(아담) 이르시되 네가 네 아내의(이샤 אִשָּׁה) 말을 듣고…(창3:17)'를 연상하게 한다.
191) '세에트'는 '차라아트'를 확정하는데 결정적이다(레13:2, 10, 19, 28, 43; 14:56). 이 단어는 창4:7에서 처음 나타난다. '네가 선을 행하면 어찌 낯을(세에트) 들지 못하겠느냐…(창4:7)'

이요

제사장은 피부의 병을 진찰하여 환부의 털이 희어지고, 환부의 피부가 우묵하면, 나병의 환부로(네가 차라아트) 진찰합니다. 제사장은 나병 환부가 있는 자에게 '부정하다(티메)'192) 선언합니다.

13:4-6 피부에 색점이 희거나 우묵하지 아니하고 그 털이 희지 아니하면 제사장은 그 환자를 이레 동안 가두어 둘 것이며 ⁵이레 만에 제사장이 그를 진찰할지니 그가 보기에 그 환부가(하네가 הִנֵּה) 변하지 아니하고 병색이 피부에 퍼지지 아니하였으면 제사장이 그를 또 이레 동안을 가두어 둘 것이며 ⁶이레 만에 제사장이 또 진찰할지니 그 환부가(하네가 הִנֵּה) 엷어졌고 병색이 피부에 퍼지지 아니하였으면 피부병이라(미스파하트 מִסְפַּחַת) 제사장이 그를 정하다(티하르 טִהַר) 할 것이요 그의 옷을 빨 것이라 그리하면 정하리라

제사장이 진찰하여 피부의 색점이 희거나 우묵하지 아니하고, 털이 희지 아니하면, 제사장은 그 환자를 이레 동안 격리한 후에 다시 진찰합니다.193) 이레 후에도 제사장이 보기에 환부가 변하지 아니하고, 병색이 피부에 퍼지지 아니하였으면, 이레 동안 더 격리합니다. 두 번째 이레 후에 환부가 엷어졌고, 병색이 피부에 퍼지지 아니하였으면 이는 '피부병'입니다. '피부병'으로 판명되면 제사장은 '정하다(티하르)'194) 선언합니다. 격리되었던 자는

---

192) 티메(טִמֵּא)는 타메(טָמֵא)의 강조형(피엘형)이다.
193) 제사장이 차라아트로 판별할 때는 여호와의 판별 말씀과 일치해야 한다.
194) 티하르(טִהַר)는 타헤르(טָהֵר)의 강조형(피엘형)이다.

그의 옷을 빨고 정하게 됩니다.

> 13:7-8 그러나 그가 정결한지를 제사장에게 보인 후에 병이(하미스파하트 הַמִּסְפַּחַת) 피부에 퍼지면 제사장에게 다시 보일 것이요 ⁸제사장은 진찰할지니 그 병이(하미스파하트 הַמִּסְפַּחַת) 피부에 퍼졌으면 그를 부정하다(티메 טִמֵּא) 할지니라 이는 나병임이니라(차라아트 צָרַעַת)

그러나 '정하다' 선언 후에 그 병이 피부에 퍼지면 제사장에게 다시 보여야 합니다. 제사장이 진찰하여 그 병이 피부에 퍼졌으면 제사장은 그에게 '부정하다(티메)' 선언합니다. 그 병은 차라아트입니다.

> 13:9 사람에게(아담 אָדָם) 나병이(네가 차라아트 נֶגַע צָרַעַת) 들었거든 그를 제사장에게로 데려갈 것이요(후바 הוּבָא)

사람에게(아담) 나병이 들었으면 그 사람을 제사장에게 데려가야 합니다.

> 13:10-11 제사장은 진찰할지니 피부에 흰 점이 돋고(세에트 שְׂאֵת) 털이 희어지고 거기 생살이(바사르 하이 בְּשָׂר חַי) 생겼으면 ¹¹이는 그의 피부의 오랜 나병이라(차라아트 노쉐네트 צָרַעַת נוֹשֶׁנֶת) 제사장이 부정하다(티메 טִמֵּא) 할 것이요 그가 이미 부정하였은즉 가두어 두지는 않을 것이며

제사장이 나병 든 사람을 진찰하여 피부에 흰 점이 돋고(세에트), 그 자리의 털이 희어지고, 그 자리에 생살이 생겼으면 이는 그의 피부의 오랜 나병(차라아트 노쉐네트)입니다.

13:3과 비교하면 돋은 자리가 우묵하지 않고 그 자리에 '생살'이 생겼다는 것이 다릅니다. 오랜 나병은 '**생살**'이 특징입니다. 흰 점이 돋고 그 자리에 '생살'이 생긴 자는 나병이 이미 오래된 자이므로 제사장은 그를 '부정하다' 선언합니다. 이미 부정하므로 가두지 않습니다.195)

13:12-13 제사장이 보기에 나병이(하차라아트 הַצָּרַעַת) 그 피부에 크게 발생하였으되 그 환자의 머리부터 발끝까지 퍼졌으면 ¹³그가 진찰할 것이요 나병이(하차라아트 הַצָּרַעַת) 과연 그의 전신에 퍼졌으면 그 환자를 정하다(티하르 טִהַר) 할지니 다 희어진 자인즉 정하거니와(타호르 טָהוֹר)

13:11의 오랜 나병이(하차라아트) 제사장이 보기에 피부에 크게 발생하여 그 환자의 머리부터 발끝까지 퍼졌으면, 제사장은 그의 나병이 전신에 퍼졌는지를 진찰합니다. 제사장의 진찰로 그 나병이 전신에 퍼진 것이 확실하면 제사장은 그에게 '정하다' 선언합니다. 여호와는 나병이 전신에 퍼져 머리부터 발끝까지 다 희어진 자에게 정하다 하십니다.

13:14-17 아무 때든지 그에게 생살이(바사르 하이 בָּשָׂר חַי) 보이면 그는 부정한즉 ¹⁵제사장이 생살을(바사르 하이 בָּשָׂר חַי) 진찰하고 그

---

195) 나병 환자는 병 있는 날 동안은 진영 밖에서 산다(13:45-46).

를 부정하다(티메 טָמֵא) 할지니 그 생살은(바사르 하이 בָּשָׂר חַי) 부정한 것인즉 이는 나병이며(차라아트 צָרַעַת) ¹⁶그 생살이(바사르 하이 בָּשָׂר חַי) 변하여 다시 희어지면 제사장에게로 갈 것이요 ¹⁷제사장은 그를 진찰하여서 그 환부가(하네가 הַנֶּגַע) 희어졌으면 그 환자를 정하다(티하르 טִהַר) 할지니 그는 정하니라

13:10-17 말씀은 다음과 같은 구조를 이룹니다.

A. 세에트 자리에 생살이 생기면 오랜 나병으로 부정함(13:10-11)
B. 나병이 크게 발생하여 머리부터 발끝까지 희어지면 정함(13:12-13)
A'. 아무 때든지 생살이 보이면 부정하며 나병임(13:14-15)
B'. 생살이 변하여 다시 희어지면 정함(13:16-17)

'생살'은 오랜 나병이며 생살은 부정합니다(A-A'). 부정한 생살이 다 희어지면 정합니다(B-B'). A-B-A'-B'는 오랜 나병으로 생긴 생살이 모두 변하여 하얗게 되면 정함을 말씀합니다.

생살이 생기는 것은 '오랜 나병'이라 하였으므로(13:10-11), '나병이 그 피부에 크게 발행하였으되 머리부터 발끝까지 퍼졌으면 … 그를 정하다 할지니(13:12-13)' 말씀은 머리부터 발끝까지 오랜 나병으로 온몸에 생살이 생겼고, 온몸에 생긴 생살이 하얗게 변하여 희게 된 것을 말씀합니다.

나병이 발생하여 머리부터 발끝까지 다 희어지려면, 먼저 머리부터 발끝까지 나병이 발하여 생살이 생겨야 합니다. 그리고 머리부터 발끝까지 발생

한 생살이 희게 되어야 합니다. 생살은 오랜 나병으로 생기므로, 생살이 다 희게 되려면 오랜 시간이 걸릴 것입니다. 더군다나 아무 때든지 다시 생살이 보이면 새로 생긴 생살이 희게 될 때까지 또 기다려야 합니다. 머리부터 발끝까지 오랜 시간 나병이 발하여 생살이 생기고, 그 생긴 생살이 다 하얗게 변하는 날이 과연 언제 올까요?

차라아트는 낫기 어려운 병입니다. 계속 퍼지는 병이며(13:8), 생살은 오랜 시간에 걸쳐 생깁니다(13:10). 머리부터 발끝까지 생살이 생겨서 모두 하얗게 변해야 정합니다(13:12-13). 생살은 하얗게 변했다가 또 생깁니다(13:14). 차라아트는 실로 낫기 어렵습니다(13:10-17).

> **13:18-19** 피부에 종기가 생겼다가 나았고(니르파 נִרְפָּא) ¹⁹그 종처에 흰 점이 돋거나(세에트 שְׂאֵת) 희고 불그스름한(레바나 아담다메트 אֲדַמְדֶּמֶת לְבָנָה) 색점이 생겼으면 제사장에게 보일 것이요

여호와는 피부에 발생한 종기가 나았는데 '그 종처에 흰 점이 돋거나(세에트) 희고 불그스름한(레바나 아담다메트) 색점이 생겼으면'[196] 제사장에게 보이라 하십니다.

> **13:20** 그는 진찰하여 피부보다 얕고 그 털이 희면 그를 부정하다 할지니 이는 종기로 된 나병의 환부임이니라(네가 차라아트 נֶגַע צָרַעַת)

제사장은 희고 불그스름한 색점(아담다메트) 부위를 진찰하여 그 자리가

---

196) '불그스름한(아담다메트)' 색점은 나병의 중요한 징후이다(13:19, 24, 42, 43, 49; 14:37).

피부보다 얕고, 그 자리의 털이 희면 '부정하다' 선언합니다. 이는 종기로 된 나병 환부입니다.

13:21-23 그러나 제사장이 진찰하여 거기 흰 털이 없고 피부보다 얕지 아니하고 빛이 엷으면 제사장은 그를 이레 동안 가두어 둘 것이며 ²²그 병이 크게 피부에 퍼졌으면 제사장은 그를 부정하다(티메 טָמֵא) 할지니 이는 환부임이니라(네가 נֶגַע) ²³그러나 그 색점이 여전하고 퍼지지 아니하였으면 이는 종기 흔적이니 제사장은 그를 정하다(티하르 טִהַר) 할지니라

제사장이 종기가 있었던 자리의 희고 불그스름한 색점(아담다메트) 부위를 진찰하여 흰 털이 없고, 피부보다 얕지 않고, 빛이 엷으면, 그를 이레 동안 격리합니다. 격리 기간에 피부에 퍼지면 제사장은 그를 부정하다 선언합니다. 그러나 이레 동안 격리 후에도 색점이 여전하고 퍼지지 아니하면 종기 흔적이기 때문에 제사장은 그를 정하다 선언합니다.

13:24-25 피부가 불에 데었는데 그 덴 곳에 불그스름하고 희거나(레바나 아담데메트 לְבָנָה אֲדַמְדֶּמֶת) 순전히 흰색 점이 생기면 ²⁵제사장은 진찰할지니 그 색점의 털이 희고 그 자리가 피부보다 우묵하면 이는 화상에서 생긴 나병인즉(차라아트 צָרַעַת) 제사장이 그를 부정하다(티메 טָמֵא) 할 것은 나병의 환부가(네가 차라아트 נֶגַע צָרַעַת) 됨이니라

피부가 불에 덴 자리에 희고 불그스름하거나(레바나 아담데메트),197) 순전히 흰색 점이 생기면 제사장이 진찰합니다. 제사장이 진찰하여 불에 덴 자리의 색점의 털이 희고, 그 자리가 피부보다 우묵하면, 이는 화상에서 생긴 차라아트입니다. 제사장은 차라아트 환부 있는 자를 부정하다 선언합니다.

13:26-28 그러나 제사장이 보기에 그 색점에 흰 털이 없으며 그 자리가 피부보다 얕지 아니하고 빛이 엷으면 그는 그를 이레 동안 가두어 둘 것이며 27이레 만에 제사장이 그를 진찰할지니 만일 병이 크게 피부에 퍼졌으면 그가 그를 부정하다(티메 טָמֵא) 할 것은 나병의 환부임이니라(네가 차라아트 נֶגַע צָרַעַת) 28만일 색점이 여전하여 피부에 퍼지지 아니하고 빛이 엷으면 화상으로 부은 것이니 제사장이 그를 정하다(티하르 טִהַר) 할 것은 이는 화상의 흔적임이니라

그러나 제사장이 보기에 불에 덴 자리의 색점 부위에 흰 털이 없고, 그 자리가 피부보다 얕지 않고, 빛이 엷으면 그를 이레 동안 격리합니다. 이레 만에 제사장이 다시 진찰하여 병이 피부에 크게 퍼졌으면 나병의 환부이므로 그를 '부정하다' 선언합니다. 그러나 퍼지지 아니하고 빛이 엷으면 화상으로 부은 것이므로 제사장은 그를 '정하다' 선언합니다.

13:29-30 남자나(이쉬 אִישׁ) 여자의(이샤 אִשָּׁה) 머리에나(로쉬 רֹאשׁ) 수염

---

197) 13:19의 '희고 불그스름한'과 13:24의 '불그스름하고 희거나'의 뜻은 같다.

에 환부가 있으면 ³⁰제사장은 진찰할지니 환부가 피부보다 우묵하고 그 자리에 누르스름하고 가는 털이 있으면 그가 그를 부정하다(티메 טָמֵא) 할 것은 이는 옴이니라(네테크 נֶתֶק) 머리에나 수염에 발생한 나병임이니라(차라아트 צָרַעַת)

남자나(이쉬) 여자의(잇샤)198) 머리나 수염에 환부가 있으면 제사장은 진찰하여 그 환부가 피부보다 우묵하고, 그 자리에 누르스름하고 가는 털이 있으면 제사장은 '부정하다' 선언합니다. 머리에 있는 환부는 '옴'으로, 옴은 머리나 수염에 발생한 차라아트입니다.

13:31-34 만일 제사장이 보기에 그 옴의 환부가(네가 하네테크 נֶגַע הַנֶּתֶק) 피부보다 우묵하지 아니하고 그 자리에 검은 털이 없으면 제사장은 그 옴 환자를 이레 동안 가두어 둘 것이며 ³²이레 만에 제사장은 그 환부를 진찰할지니 그 옴이 퍼지지 아니하고 그 자리에 누르스름한 털이 없고 피부보다 우묵하지 아니하면 ³³그는 모발을 밀되 환부는 밀지 말 것이요 제사장은 옴 환자를 또 이레 동안 가두어 둘 것이며 ³⁴이레 만에 제사장은 그 옴을 또 진찰할지니 그 옴이 피부에 퍼지지 아니하고 피부보다 우묵하지 아니하면 그는 그를 정하다(티하르 טָהֵר) 할 것이요 그는 자기의 옷을 빨아서 정하게 되려니와

---

198) 레위기에서 사람(아담)을 남자(이쉬), 여자(이샤)로 표현할 때는 사람이 육체적 측면과 영적인 측면을 함께 지닌 존재로서 관계를 맺는 존재임을 나타낸다. 키우치, 『레위기』, 37

만일 제사장이 보기에 그 옴의 환부가 피부보다 우묵하지 않고, 그 자리에 검은 털이 없으면, 제사장은 옴 환자를 이레 동안 격리합니다. 이레 후에 제사장은 그 옴 환자를 진찰하여 옴이 퍼지지 않고, 누르스름한 털이 없고, 피부보다 우묵하지 않으면, 머리와 수염에 있는 환부를 제외한 곳의 모발을 밀고 또 이레 동안 격리합니다. 이레 만에 제사장은 그 옴 환자를 진찰하여 옴이 피부에 퍼지지 않고, 피부보다 우묵하지 않으면 제사장은 그를 '정하다' 선언합니다. 그는 자기의 옷을 빨고 정하게 됩니다.

> 13:35-36 깨끗한 후에라도 옴이 크게 피부에 퍼지면 ³⁶제사장은 그를 진찰할지니 과연 옴이 피부에 퍼졌으면 누른 털을 찾을 것 없이 그는 부정하니라(타메 טָמֵא)

깨끗한 후에라도 옴이 크게 피부에 퍼지면 제사장은 그를 진찰합니다. 옴이 피부에 크게 퍼진 자는 누른 털을 찾을 것 없이 부정합니다.

> 13:37 그러나 제사장이 보기에 옴이 여전하고 그 자리에 검은 털이 났으면(뵈세아르 샤호르 차마흐 보 וְשֵׂעָר שָׁחֹר צָמַח בּוֹ) 그 옴은 나았고(니르파 נִרְפָּא) 그 사람은 정하니(타호르 טָהוֹר) 제사장은 그를 정하다(티하르 טִהַר) 할지니라

'옴이 여전하고'는 옴이 퍼지지 않았다는 뜻입니다. 제사장이 보기에 옴이 퍼지지 않고 '**그 자리에 검은 털이 났으면**(뵈세아르 샤호르 차마흐 보)' 그 옴은 치유된 것입니다(니르파).199)

여호와는 제사장이 보기에 옴이 퍼지지 않고 '옴이 있던 자리에 검은 털이 난 자'를 정하다 선언하라 하십니다.

13:38-39 남자나 여자의 피부에 색점(베하로트 בֶּהָרֹת) 곧 흰색 점이(베하로트 레바노트 בֶּהָרֹת לְבָנֹת) 있으면 ³⁹제사장은 진찰할지니 그 피부의 색점이 부유스름하면(케호트 레바노트 כֵּהוֹת לְבָנֹת) 이는 피부에 발생한 어루러기라 그는 정하니라(타호르 טָהוֹר)

남자와 여자의 피부에 색점, 곧 흰색 점이 있으면 제사장은 진찰합니다. 제사장이 진찰하여 피부의 색점이 부유스름하면(케호트 레바노트) 그것은 피부에 발생한 어루러기입니다. 어루러기가 있는 자는 정합니다.

13:40-41 누구든지(이쉬 אִישׁ) 그 머리털이 빠지면 그는 대머리니(케레아흐 קֵרֵחַ) 정하고 ⁴¹앞머리가 빠져도 그는 이마 대머리니(기베아흐 גִּבֵּחַ) 정하니라

남자의(이쉬) 머리털이 빠지면 대머리이므로(케레아흐) 정합니다. 남자의 앞머리가 빠지면 이마 대머리이므로(기베아흐) 정합니다.

13:42 그러나 대머리나(바카라하트 בְּקָרַחַת) 이마 대머리에(바가바하트 בַגַּבַּחַת) 희고 불그스름한(라반 아담담 לָבָן אֲדַמְדָּם) 색점이 있으면 이는 나

---

199) 13:10-17은 '차라타트'가 실로 낫기 어려움을 말씀한다. 그러나 '그 자리에 검은 털이 났으면' 차라아트가 나은 것이다. 13:37은 여호와께서 차라아트를 치유하실 것을 말씀한다.

병이(차라아트 צָרַעַת) 대머리에나 이마 대머리에(베카라흐토 오 베가바흐토 בְקָרַחְתּוֹ אוֹ בְגַבַּחְתּוֹ) 발생함이라

그러나 남자의 대머리나(바카라하트)200) 이마 대머리에(바가바하트)201) '희고 불그스름한(라반 아담담) 색점'이 있으면 '차라아트'입니다. 이것은 대머리나 이마 대머리에(베카라흐토 오 베가바흐토) 발생한 차라아트 입니다.

13:43-44 제사장은 그를 진찰할지니 그 대머리에나 이마 대머리에(베카라흐토 오 베가바흐토) 돋은 색점이 희고 불그스름하여(레바나 아담데메트) 피부에 발생한 나병과(차라아트) 같으면 44이는 나병 환자라(이쉬 차루아 אִישׁ צָרוּעַ) 부정하니 제사장이 그를 확실히 부정하다고 할 것은(후 타메 후 탐메 예탐메엔누 יְטַמְּאֶנּוּ הוּא טָמֵא הוּא טָמֵא) 그 환부가 그 머리에 있음이니라(베로쇼 니그오 נִגְעוֹ בְּרֹאשׁוֹ)

제사장이 진찰하여 대머리나 이마 대머리에 돋은 색점이 희고 불그스름하여(레바나 아담데메트) 피부에 발생한 차라아트와 같으면(13:19, 24) 그는 '나병에 걸린 남자(이쉬 차루아)'입니다.

'제사장이 그를 확실히 부정하다고 할 것은 그 환부가 그 머리에 있음이니라' 말씀은 그의 환부가(니그오), 그의 머리에 있기에(베로쇼), 나병에 걸린

---

200) '카라하트'는 대머리로 만들다, 털을 뽑다는 뜻의 동사 '카라흐(קָרַח)'에서 유래한 명사이다. 13:40의 '대머리(케레아흐)도 '카라흐'에서 유래한 명사이다.
201) '가바아트'는 13:41의 '이마 대머리(기베아흐)'와 동형에서 유래했다.

남자는(이쉬 차루아) 여호와 앞에 확실히 부정하다는(후 타메 후 탐메 예탐메엔누)202) 뜻입니다.

13:45-46 나병 환자는(하차루아 아쉐르 보 하네가 הַצָּרוּעַ אֲשֶׁר בּוֹ הַנֶּגַע) 옷을 찢고 머리를 풀며 윗입술을 가리고 외치기를 부정하다 부정하다 할 것이요 ⁴⁶병 있는(하네가 보 הַנֶּגַע בּוֹ) 날 동안은 늘 부정할 것이라 그가 부정한즉 혼자(바다드 בָּדָד) 살되 진영 밖에서 살지니라

나병 환부가 있는 자는(하차루아 아쉐르 보 하네가) 옷을 찢고 머리를 풀며 윗입술을 가리고, '부정하다 부정하다' 외쳐야 합니다. '병 있는(하네가 보) 날 동안은 늘 부정할 것이라' 나병 환부가 있는 자는 병 있는 날 동안 늘 부정합니다. 그는 '부정한즉 혼자(바다드) 살되 진영 밖에서 살지니라' 나병 환부가 있는 자는 진영 밖으로 나가서 혼자 살아야 합니다. 나병 환부가 있는 날 동안 늘 부정하기 때문입니다.

13:47-49 만일 의복에 나병 색점이(네가 차라아트 נֶגַע צָרַעַת) 발생하여 털옷에나 베옷에나 ⁴⁸베나 털의 날에나 씨에나 혹 가죽에나 가죽으로 만든 모든 것에 있으되 ⁴⁹그 의복에나 가죽에나 그날에나 씨에나 가죽으로 만든 모든 것에 병색이 푸르거나 붉으면(예라크라크 오 아담담 יְרַקְרַק אוֹ אֲדַמְדָּם) 나병의 색점이라(네가 차라아트 נֶגַע צָרַעַת) 제사장에게 보일 것이요

---

202) '그는 부정하다(후 타메)' '그는 실로 부정할 것이다(후 탐메 예탐메엔누)'

13:47-49는 <u>의복에 발생한 차라아트</u>의 서론 부분으로 다음과 같은 구조를 이룹니다.

A. 만일 의복에 나병 색점이(네가 차라아트) 발생하여(13:47a)
B. 털옷에나 베나 털의 날에나 씨에나 혹 가죽에나 가죽으로 만든 모든 것에 있으되(13:47b-48)
B.' 그 의복에나 가죽에나 그날에나 씨에나 가죽으로 만든 모든 것에(13:49a)
A'. 병색이 푸르거나 붉으면 나병의 색점이라(네가 차라아트)(13:49b)
결론 : 제사장에게 보일 것이요(13:49c)

의복에 발생한 나병 색점은 푸르거나 붉습니다(예라크라크 오 아담담)(A-A'). 나병 색점이 발생하는 의복은 털옷, 베옷, 가죽, 가죽으로 만든 모든 것입니다(B-B').
의복에 푸르거나 붉은 나병 색점이 발생하면 제사장에게 보여야 합니다.

13:50 제사장은 그 색점을 진찰하고 그것을 이레 동안 간직하였다가

제사장은 의복에 발생한 푸르거나 붉은(예라크라크 오 아담담) 나병 색점을 진찰하고 이레 동안 간직합니다. 이레 동안 간직하는 것은 의복에 발생한 나병 색점이 퍼지는지, 퍼지지 않는지를 보기 위함입니다.

13:51-52 이레 만에 그 색점을(하네가 הנגע) 살필지니 그 색점이 그 의복의 날에나 씨에나 가죽에나 가죽으로 만든 것에 퍼졌으면 이는

(하네가 הַנֶּגַע) 악성 나병(차라아트 맘에레트 צָרַעַת מַמְאֶרֶת)이라 그것이 부정하므로 ⁵²그는 그 색점 있는 의복이나 털이나 베의 날이나 씨나 모든 가죽으로 만든 것을 불사를지니(사라프 שָׂרַף) 이는 악성 나병인즉(차라아트 맘에레트 צָרַעַת מַמְאֶרֶת) 그것을 불사를지니라(티사레프 תִּשָּׂרֵף)

13:51-52는 다음과 같은 구조로, 악성 나병이 든 의복은 부정하므로 불살라야 함을 강조합니다.

A. 이레 만에 살폈을 때 색점이 의복이나 가죽으로 만든 것에 퍼졌음(13:51a)
B. 이는 악성 나병으로(차라아트 맘에레트) 부정함(13:51b)
A'. 색점 있는 의복이나 가죽으로 만든 것을 불사름(사라프)(13:52a)
B'. 이는 악성 나병으로(차라아트 맘에레트) 불살라져야함(티사레프)(13:52b)

나병 색점 있는 것을 이레 동안 간직한 후에, 제사장이 살펴서 색점이 의복이나 가죽으로 만든 것에 퍼졌으면, 그것은 불살라야 합니다(A-A'). 여호와는 의복이나 가죽으로 만든 것에 생긴 나병 색점이 퍼졌으면 이는 악성 나병이며, 악성 나병은 부정하므로 불살라져야 한다고 하십니다(B-B').

13:53-54 그러나 제사장이 보기에 그 색점이(하네가 הַנֶּגַע) 그 의복의 날에나 씨에나 모든 가죽으로 만든 것에 퍼지지 아니하였으면 ⁵⁴제사장은 명령하여 그 색점 있는 것을(하네가 הַנֶּגַע) 빨게 하고 또 이레 동안 간직하였다가

색점 있는 것을 이레 동안 간직한 후에, 제사장이 보기에 의복이나 가죽으로 만든 것에 나병 색점이 퍼지지 아니하였으면, 제사장은 명령하여 그 색점 있는 것을 빨게 합니다. 그리고 또 이레 동안 간직하게 합니다.

두 번째 이레 후에 제사장은 색점 빤 것을 진찰합니다. 제사장은 그것을 진찰하여 그림의 ①, ②, ③, ④ 같이 진행합니다.

<색점 있는 의복을 빨게 하고, 이레 후에 제사장의 진찰 과정>

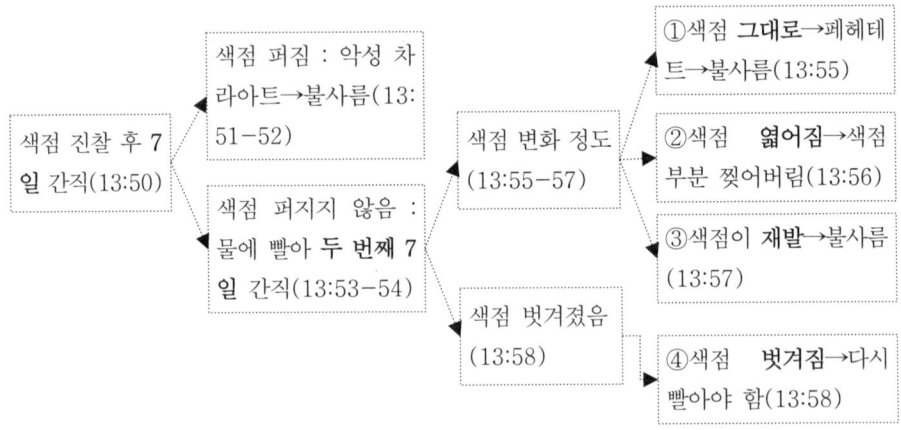

13:55 그 빤 곳을 볼지니 그 색점의 빛이 변하지(하파크 הָפַךְ) 아니하고 그 색점이 퍼지지(파사 פָּשָׂה) 아니하였으면 부정하니 너는 그것을 불사르라(티쉬레펜누 תִּשְׂרְפֶנּוּ) 이는 가죽에 있든지 속에 있든지(베카라흐토 오 베가바흐토 בְקָרַחְתּוֹ אוֹ בְגַבַּחְתּוֹ) 악성 나병이라(페헤테트 פְּחֶתֶת)

그림 ①입니다. 색점 있는 자리를 **제사장이 명령하여** 물에 빨게 하고 이레 후에 제사장이 그곳을 다시 보았을 때, '그 색점의 빛이 변하지 아니하고 퍼지지 아니하였으면'203) 그것은 부정합니다. 제사장은 그것을 불살라야 합니다. '이는 거죽에 있든지(베카라흐토) 속에 있든지(베가바흐토)'204) 악성 나병(페헤테트)입니다.205)

13:56 빤 후에 제사장이 보기에 그 색점이 엷으면(케헤 כֵּהָה) 그 의복에서나 가죽에서나 그날에서나 씨에서나 그 색점을 찢어 버릴 것이요

그림 ②입니다. 제사장이 보기에 빤 곳의 색점이 엷어졌으면, 색점이 이전보다 약해졌으면 색점 있던 부분을 찢어 버리라 하십니다.

13:57 그 의복의 날에나 씨에나 가죽으로 만든 모든 것에 색점이 여전히(오드 עוֹד) 보이면 재발하는 것이니 너는 그 색점 있는 것을 불사를 지니라(티쉬레펜누 תִּשְׂרְפֶנּוּ)

그림 ③입니다. 제사장이 보기에 색점이 계속(오드) 보이면 재발하는 것입니다. 여호와는 색점이 여전히 보이는 것을 불사르라 하십니다(13:55).

13:58 네가 빤 의복의 날에나 씨에나 가죽으로 만든 모든 것에 그 색점이

---

203) 제사장이 명령하여 빨게 하였음에도 나병 색점이 빠지지 않았다는 것은 제사장의 명령을 거역했다는 뜻이다. 제사장의 명령은 여호와의 명령을 뜻한다.
204) 이는 거죽에 있든지 속에 있든지(베카라흐토 오 베가바흐토)' 표현은 13:42-43에서 '대머리에'와 '이마 대머리에'서 사용된 표현과 같다.
205) '페헤테트'는 13:51-52의 '악성 나병(차라아트 맘에레트)'과 다른 단어이다. 레13:55에서 유일하게 쓰였다. 하틀리는 '악성(페헤테트)'을 '부식, 부패'라는 뜻으로 해석한다. 존 E. 하틀리, 『레위기』, 405

벗겨졌으면 그것을 다시 빨아야 정하리라

그림 ④입니다. 색점 있는 곳을 물에 빨도록 하여 이레 보관 후에 색점이 벗겨졌을 때입니다. '그 색점이 벗겨졌으면'은 제거되었다는 뜻입니다. 이레 후에 제사장이 살펴서 나병 색점이 '벗겨졌으면' 그것은 다시 빨아야 합니다. 여호와는 나병 색점 벗겨진 것을 '**다시 빨아야 정하리라**' 하십니다.

> 13:59 이는 털옷에나 베옷에나 그날에나 씨에나 가죽으로 만든 모든 것에 발생한 나병 색점의(네가 차라아트 נֶגַע צָרַעַת) 정하고 부정한 것을 진단하는 규례니라(토라 תּוֹרָה)

여호와는 지금까지 말씀이 털옷, 베옷, 가죽으로 만든 모든 것에 발생한 나병 색점의 정함과 부정함을 진단하는 규례라고 선포하십니다.[206]

▶▶**본문 해석**

부정한 의복과 가죽 말씀은 11장에도 있습니다. 여호와는 땅에 기는 길짐승의 주검이 집 안에 있는 나무 그릇, 의복, 가죽, 자루에 떨어지면 부정하여지므로, 물에 담그라 하십니다.

---

206) 13:59는 13장 말씀이 '털옷, 베옷, 가죽으로 만든 모든 것'에 발생한 나병 색점을 진단하는 규례라고 한다. '옷과 가죽'은 아담의 피부를 비유한다.

"이런 것 중 어떤 것의 주검이 나무 그릇에든지 **의복에든지 가죽에든지 자루에든지 무엇에 쓰는 그릇에든지 떨어지면 부정하여지리니** 물에 담그라 저녁까지 부정하다가 정할 것이며(11:32)"

11장에서 부정한 '의복이나 가죽'은 물에 담그면 정하게 됩니다.

그런데 13:55의 의복이나 가죽은 나병 색점이 발생하여 물에 빨았으나 색점이 없어지지 않습니다.

"그 빤 곳을 볼지니 그 색점의 빛이 변하지 아니하고 그 색점이 퍼지지 아니하였으면 **부정하니 너는 그것을 불사르라** 이는 거죽에 있든지 속에 있든지(베카라흐토 오 베가바흐토) **악성 나병**(페헤테트)이라(13:55)"

13:55는 사람이(아담) 악성 나병에 걸렸음을 비유하는 말씀입니다.[207] 여호와 보시기에 아담은(13:2, 9) '거죽에 있든지 속에 있든지'[208] 악성 나병에 걸려 '불살라질' 위기에 있습니다.

---

207) 13:47-59의 의복이나 가죽의 나병 색점은 나병에 걸린 아담의 피부를 비유한다. 여호와는 사람(아담) 나병 색점의 불그스름함을 '아담담'으로 표현하는데(13:19, 24, 42 43, 49), 이 표현은 의복에 발생한 나병 색점과 같다(13:49). 나병 색점의 '아담담'은 '아담'이 나병에 걸렸음을 표현한다. 사람의(아담) 나병은 하나님의 은혜 없이는 치유될 수 없다(13:9-17; 37)
208) '거죽에 있든지 속에 있든지(베카라흐토 오 베가바흐토)' 표현은 남자의 머리에 나병이 발생한 '대머리와 이마 대머리(13:42, 43)'에 사용된 표현이다. 머리에 나병 색점이 있는 남자는 확실히 부정하다(13:44). 남자(아담) 머리의 나병은 **페헤테트**이다(13:55).

그래서 여호와는 나병 걸린 남자 '이쉬 차루아'에게 진영 밖으로 나가서 '옷을 찢고 머리를 풀며 윗입술을 가리고 외치기를 부정하다 부정하다' 외치라 하십니다(13:45). 악성 나병에 걸려 불살라질 위기에 있는 그를 긍휼히 여겨 고쳐주시도록, 쉬지 말고 부르짖으라 하십니다(출15:26 참조).

"네가 빤 의복의 날에나 씨에나 가죽으로 만든 모든 것에 **그 색점이 벗겨졌으면 그것을 다시 빨아야 정하리라**(13:58)"

여호와께 부르짖음으로 사람의(아담) 나병 색점이 나왔습니다(14:3). 그런데 여호와는 그것을 '<u>다시 빨아야</u>' 정하게 된다고 하십니다.209)

그 말씀이 계속 이어집니다.210)

---

209) 이스라엘 자손이 애굽 땅에서 육체의 고통으로 여호와께 부르짖어(출2:23), 여호와는 그들을 부정한 땅 애굽에서 분리하여 내셨다(출14:30). 그러나 애굽 땅에서 나온 이스라엘 자손의 영혼은(나프쇼테켐) **가나안 땅에서 유월절 어린 양의 피로 정결하게 된다.** 8장 구조 참조(8:6-30의 A-A′).
210) 차라아트 말씀은 아담의 영혼이(네페쉬) 나병과 같이 부정함을 말씀한다.

14:1-57
나병 환자가 정결하게 되는 날의 규례

제사장은 그 속건제물의 피를 취하여
정결함을 받을 자의
오른쪽 귓부리와 오른쪽 엄지 손가락과 오른쪽 엄지 발가락에
바를 것이요(14:14)

14장도 나병 말씀입니다. 13장처럼 두 단락으로 나눌 수 있습니다. 표로 보면 다음과 같습니다.

구분	내용	말씀을 받는 자
14:1-32	나병 환자가 정결하게 되는 날의 규례[211]	모세
14:33-53	가나안 땅의 집에 발생한 나병 색점 규례[212]	모세와 아론
14:54-57	맺음 : 각종 나병 환부에 대한 규례	

---

211) 이 규례는(14:1-32) ①14:1-20, ②14:21-32로 나뉜다. ②는 '여덟째 날에 힘이 미치지 못한 자'를 위한 규례이다.
212) 가나안 땅의 집에 발생한 나병 색점 말씀은 '의복에서 발생한 나병 색점(13:47-59)' 말씀과 같이 '비유'이다. 아담의 나병이(영혼의 나병) '가나안 땅'에서 치유될 것을 말씀한다.

14:1 여호와께서 모세에게 말씀하여 이르시되

14장은 '여호와께서 모세에게 말씀하여 이르시되'로 시작하고, '… 에게 이르라'가 없습니다. 14:1-32 말씀은 **여호와께서 모세에게만 말씀하시는** 단락입니다.213)

14:2 나병 환자가(하메초라 הַמְּצֹרָע) 정결하게 되는 날의 규례는(토라 תּוֹרָה) 이러하니 곧 그 사람을 제사장에게로 데려갈 것이요(후바 הוּבָא)

여호와는 나병 환자를 '하메초라'214)라고 하십니다. 하메초라는 '나병에 걸린 자'란 뜻이므로, 정결함을 받기까지 '나병에 걸린 자'를 의미합니다.
    모세에게 '정결하게 되는 날의 규례'를 말씀하심은 나병에 걸린 자가 정결하게 되는 '날'이 반드시 있을 것을 알려줍니다.215)

'곧 그 사람을 제사장에게로 데려갈 것이요' 여호와는 나병 환자가 정결하게 되는 날에, 그 사람을 곧 제사장에게로 데려가라 명하십니다.

---

213) 여호와께서 모세에게만 말씀하시는 단락은 5:14; 6:1, 19; 14:1; 22:26; 23:26이다.
214) '메초라(מְצֹרָע)'는 '차라(צָרַע)' 동사의 푸알(수동) 분사로, '나병에 걸린 (자)' 뜻이다. '나병 환자(메초라)'의 복수형은 '나병 환자들(메초라임 מְצֹרָעִים)'이다(왕하7:3, 8). 이 단어는 애굽 이름 '미츠라임(מִצְרַיִם)'과 언어유희를 이룬다. '메초라' 표현은 아담의 후손은 부정한 땅 애굽(미츠라임)에서 나온 나병 환자들(메초라임)과 같음을 비유한다.
215) 나병 환자가 정결하게 되는 날의 규례는 세 단계로 진행된다(14:3-20). ①나병 환부가 나은 자가 진영 안으로 들어오기까지(14:3-8), ②자기 장막 밖에서 일곱째 날에 몸을 씻음(14:9), ③여덟째 날에 회막 문 여호와 앞에서 제사장에 의해 드리는 제사로(14:10-20) 구분된다. 14:21-32는 여덟째 날의 제사에서 힘이 미치지 못하는 자를 위한 규례이다.

14:3-4 제사장은 진영에서 나가 진찰할지니 그 환자에게 있던 나병 환부가(네가 차라아트 נֶגַע צָרַעַת) 나았으면(니르파 נִרְפָּא) ⁴제사장은 그 정결함을 받을 자를(하미타헤르 הַמִּטַּהֵר) 위하여 명령하여 살아 있는 정결한 새(치포림 צִפֳּרִים) 두 마리와 백향목과 홍색 실과 우슬초를 가져오게 하고

제사장은 진영 밖으로 나가 진찰합니다. 제사장이 환자를 진찰하여 나병 환부가 나았으면, 제사장은 명령하여 '정결함을 받을 자(하미타헤르)'를216) 위하여 정결한 새(치포림) 두 마리,217) 백향목, 홍색 실, 우슬초를 가져오게 합니다.218)

14:5-7 제사장은 또 명령하여 그 새 하나는 흐르는 물 위 질그릇 안에서 잡게 하고 ⁶다른 새는 산 채로 가져다가 백향목과 홍색 실과 우슬초와 함께 가져다가 흐르는 물 위에서 잡은 새의 피를 찍어(타발 טָבַל) ⁷나병에서(하차라아트 הַצָּרַעַת) 정결함을 받을 자(하미타헤르 הַמִּטַּהֵר)에게 일곱 번 뿌려(힛자 הִזָּה) 정하다(티하르 טִהַר) 하고 그 살아 있는 새는 들에 놓을지며

제사장은 또 명령하여 살아 있는 정결한 새 한 마리를 흐르는 물219) 위

---

216) '나병 환자(14:2)'는 14:4부터 '정결함을 받을 자'로 표현된다.
217) 들에서 자유롭게 사는 '새'로 참새와 같은 새이다. 기동연, 『레위기』, 475
218) 백향목은 솔로몬의 성전 건축에 주재료로 사용되었다(왕상 5장 참조). 홍색 실은 성막 재료(출25:4, 26:1 등)와 제사장의 의복 재료(출28:5, 6 등), 우슬초는 유월절 의식에 (출12:22) 처음 사용되었으며, 정화 의식에 사용된다(민19:6, 18, 시51:7).
219) '흐르는 물'은 '살아 있는 물'이란 뜻이다. 이 물은 '샘물이나 물이 고인 웅덩이는 부정하여지지 아니하되(레11:36)'의 물로 '정결하게 하는 물'이다.

질그릇 안에서 잡게 합니다. 제사장은 다른 살아 있는 정결한 새 한 마리와 백향목, 홍색 실, 우슬초를 함께 흐르는 물 위 질그릇 안에서 잡은 새의 피에 적셔서(타발)220) '정결함을 받을 자'에게 7번 뿌립니다(힛자).221) 그리고 제사장은 '정하다' 선언 후에 살아 있는 새는 들에 놓아줍니다.

> **14:8** 정결함을 받는 자는(하미타헤르 הַמִּטַּהֵר) 그의 옷을 빨고 모든 털을 밀고 물로 몸을 씻을 것이라 그리하면 정하리니(타헤르 טָהֵר) 그 후에 진영에 들어올 것이나 자기 장막 밖에 이레를 머물 것이요

제사장이 진영 밖에서 행하는 의식을 마치면, '정결함을 받을 자'는 그의 옷을 빨고, 모든 털을 밀고, 물로 몸을 씻어서 정하게 됩니다. 그 후에 '정결함을 받을 자'는 진영 안으로 들어옵니다. 그러나 자기 장막 안으로 들어갈 수는 없습니다. 진영 안에 있는 자기 장막 밖에서 이레를 머물러야 합니다.

> **14:9** 일곱째 날에 그는 모든 털을 밀되 머리털과 수염과 눈썹을 다 밀고 그의 옷을 빨고 몸을 물에 씻을 것이라 그리하면 정하리라(타헤르 טָהֵר)

정결함을 받을 자가 자기 장막 밖에서 머물면서, 일곱째 날이 되면 그는 몸의 모든 털을 밀어야 합니다. 머리털, 수염, 눈썹까지 다 밉니다. 그리고 옷을 빨고 몸을 물에 씻습니다. 그리하면 정하게 됩니다.

---

220) 동사 '타발(טָבַל)'은 '담그다(dip)'의 뜻이다.
221) '힛자'는 동사 '나자(נָזָה)'의 히필형으로 '뿌리다(sprinkle)' 뜻

14:10 여덟째 날에 그는 흠 없는 어린 숫양 두 마리와 일 년 된 흠 없는 어린 암양 한 마리와 또 고운 가루 십분의 삼 에바에 기름 섞은 소제물과 기름 한 록을 취할 것이요

여덟째 날에 그는 흠 없는 어린 숫양 두 마리, 일 년 된 흠 없는 어린 암양 한 마리,222) 고운 가루 십분의 삼 에바에 기름 섞은 소제물, 기름 한 록을223) 취합니다.

14:11-12 정결하게 하는 제사장은(하코헨 함타헤르 הַכֹּהֵן הַמְטַהֵר) 정결함을 받을 자와(하미타헤르 הַמִּטַּהֵר) 그 물건들을 회막 문 여호와 앞에 두고 ¹²어린 숫양 한 마리를 가져다가 기름 한 록과 아울러 속건제를(아샴 אָשָׁם) 드리되 여호와 앞에 흔들어 요제를(테누파 תְּנוּפָה) 삼고

'정결하게 하는 제사장'은 정결함을 받을 자를 위하여 제사 드리는 제사장입니다. 정결하게 하는 제사장은 정결함을 받을 자와 제물들을 회막 문 여호와 앞에 둡니다. 정결하게 하는 제사장은 제물 중 흠 없는 어린 숫양 한 마리를 취하고 기름 한 록을 가져다가 속건제를 드리되, 여호와 앞에 흔들어 요제를 삼아 드립니다.

---

222) 흠 없는 어린 숫양 두 마리중 한 마리는 속건제(14:12-18), 한 마리는 번제(14:19b-20), 일 년 된 흠 없는 어린 암양 한 마리는 속죄제로(14:19a) 드린다.
223) 약 0.3L

14:13 그 어린 숫양은 거룩한 장소 곧 속죄제와 번제물 잡는(이쉬하트 שַׁ֣ח) 곳에서 잡을 것이며(샤하트 שָׁחַט) 속건제물은 속죄제물과 마찬가지로 제사장에게 돌릴지니 이는 지극히 거룩한 것이니라

정결하게 하는 제사장은 속건제물 흠 없는 어린 숫양을 거룩한 장소, 속죄제와 번제물을 잡는 곳에서 잡습니다. 속건 제물은 속죄제물과 같이 지극히 거룩하므로 제사장에게 돌아갑니다.

14:14 제사장은(하코헨 הַכֹּהֵן) 그 속건제물의 피를 취하여 정결함을 받을 자의(하미타헤르 הַמִּטַּהֵר) 오른쪽 귓부리와 오른쪽 엄지손가락과 오른쪽 엄지발가락에 바를 것이요

정결하게 하는 제사장은 그 속건제물의 피를 취하여 정결함을 받을 자의 오른쪽 귓부리, 오른쪽 엄지손가락, 오른쪽 엄지발가락에 바릅니다. 속건제물의 피를 정결함을 받을 자의 신체 오른쪽 부위에 바르는 이 의식은, 제사장 위임식에서 위임식 숫양의 피로 아론과 그의 아들들의 오른쪽 신체에 바르는 의식과 같습니다(8:23-24).

14:15-18 제사장은 또 한 록의 기름을 취하여 자기 왼쪽 손바닥에 따르고 ¹⁶오른쪽 손가락으로 왼쪽 손의 기름을 찍어(타발 טָבַל) 그 손가락으로 그것을 여호와 앞에 일곱 번 뿌릴(힛자 הִזָּה) 것이요 ¹⁷손에 남은 기름은 제사장이 정결함을 받을 자의(하미타헤르) 오른쪽 귓부리와 오른쪽 엄지손가락과 오른쪽 엄지발가락

곧 속건제물의 피 위에 바를 것이며 ¹⁸아직도 그 손에 남은 기름은 제사장이 그 정결함을 받는 자의(하미타헤르) 머리에 바르고 제사장은 여호와 앞에서 그를 위하여 속죄하고

정결하게 하는 제사장은 또 기름 한 록을 취하여 그 기름을 왼쪽 손바닥에 따르고, 오른쪽 손가락으로 왼쪽 손의 기름을 적셔서(타발), 여호와 앞에 일곱 번 뿌립니다(힛자). 제사장은 또 손에 남은 기름으로 속건제물의 피를 바른 오른쪽 신체 세 곳, 즉 정결함을 받을 자의 오른쪽 귓부리, 엄지손가락, 엄지발가락에 바릅니다. 그리고 아직도 제사장의 손에 남은 기름은 제사장이 정결함을 받을 자의 머리에 발라서 여호와 앞에서 정결함을 받을 자를 위하여 속죄합니다.

14:19-20 또 제사장은 속죄제를 드려 그 부정함으로 말미암아 정결함을 받을 자를(하미타헤르) 위하여 속죄하고 그 후에 번제물을 잡을 것이요 ²⁰제사장은 그 번제와 소제를 제단에 드려 그를 위하여 속죄할 것이라 그리하면 그가 정결하리라(타헤르 טהר)

또 제사장은 일 년 된 흠 없는 어린 암양 한 마리로 부정함으로 말미암은 정결함을 받을 자를 위해 속죄제를 드립니다. 그리고 흠 없는 어린 숫양 한 마리를 번제물로 잡습니다. 제사장은 번제와 소제를(고운 가루 3/10 에바에 기름 섞은 소제물) 제단에 드려서 정결함을 받을 자를 위하여 속죄합니다. 제사장의 속죄로 정결함을 받을 자는 정결하게 됩니다(타헤르).

14:21-23 만일 그가 가난하여 그의 힘이 미치지 못하면 그는 흔들어(테누파 תְּנוּפָה) 자기를 속죄할 속건제를(아샴 אָשָׁם) 위하여 어린 숫양 한 마리와 소제를 위하여 고운 가루 십분의 일 에바에 기름 섞은 것과 기름 한 록을 취하고 ²²그의 힘이 미치는 대로 산비둘기 둘이나 집비둘기 새끼 둘을 가져다가 하나는 속죄제물로, 하나는 번제물로 삼아 ²³여덟째 날에 그 결례를(토호라 טָהֳרָה) 위하여 그것들을 회막 문 여호와 앞 제사장에게로 가져갈 것이요

'만일 그가 가난하여 힘이 미치지 못하면'은224) 14:10의 제물을 갖출 힘이 되지 못함을 말씀합니다. 가난한 자는 '흔들어 자기를 속죄할 속건제물로 어린 숫양 한 마리, 소제를 위해 고운 가루 1/10 에바에 기름 섞은 것, 기름 한 록'을 취합니다. 또 그의 힘이 미치는 대로 산비둘기 둘이나 집비둘기 새끼 둘을 가져다가, 하나는 속죄제물로 하나는 번제물로 삼아, 여덟째 날의 정결례를 위하여 그것들을 회막 문 여호와 앞 제사장에게로 가져갑니다.

14:24-25 제사장은 속건제의 어린 양과 기름 한 록을 가져다가 여호와 앞에 흔들어 요제를(테누파 תְּנוּפָה) 삼고 ²⁵속건제의 어린 양을 잡아서 제사장은 그 속건제물의 피를 가져다가 정결함을 받을

---

224) 14:10과 14:21-22의 정결 규례 제물을 비교하면 표와 같다.

14:10	14:21-22
• **흠 없는** 어린 숫양 두 마리	• 어린 숫양 한 마리
• 일 년 된 **흠 없는** 어린 암양 한 마리	• 소제물 : 고운 가루 1/10 에바 + 기름
• 소제물 : 고운 가루 3/10 에바 + 기름	• 기름 한 록
• 기름 한 록	• 산비둘기 둘이나 집 비둘기 새끼 둘

자의 오른쪽 귓부리와 오른쪽 엄지손가락과 오른쪽 엄지발가락에 바를 것이요

제사장은 속건제의 어린 양과 기름 한 록을 가져다가 여호와 앞에 흔들어 요제를 삼습니다. 그리고 제사장은 속건제의 어린 양을 잡아서 그 속건제물의 피를 가져다가 정결함을 받을 자의 오른쪽 귓부리, 엄지손가락, 엄지발가락에 바릅니다.

14:26-29 제사장은 그 기름을 자기 왼쪽 손바닥에 따르고 ²⁷오른쪽 손가락으로 왼쪽 손의 기름을 조금 찍어 여호와 앞에 일곱 번 뿌릴 것이요(힛자 הִזָּה) ²⁸그 손의 기름은 제사장이 정결함을 받을 자의 오른쪽 귓부리와 오른쪽 엄지손가락과 오른쪽 엄지발가락 곧 속건제물의 피를 바른 곳에 바를 것이며 ²⁹또 그 손에 남은 기름은 제사장이 그 정결함을 받는 자의 머리에 발라 여호와 앞에서 그를 위하여 속죄할 것이며

제사장은 그 기름을 자기 왼쪽 손바닥에 따르고 오른쪽 손가락으로 왼쪽 손의 기름을 조금 찍어(힛자) 여호와 앞에 일곱 번 뿌립니다. 그 손의 기름은 제사장이 정결함을 받을 자의 오른쪽 귓부리, 엄지발가락, 엄지손가락, 곧 속건제물의 피를 바른 곳에 바릅니다. 또 제사장의 손에 남은 기름은 그 정결함을 받는 자의 머리에 발라 여호와 앞에서 그를 위하여 속죄합니다.

14:30-32 그의 힘이 미치는 대로 산비둘기 한 마리나 집비둘기 새끼 한 마리를 드리되 ³¹곧 그의 힘이 미치는 대로 한 마리는 속죄제로, 한 마리는 소제와 함께 번제로 드릴 것이요 제사장은 정결함을 받을 자를 위하여 여호와 앞에 속죄할지니 ³²나병 환자로서(네가 차라아트 נֶגַע צָרַעַת) 그 정결예식에(토호라 טָהֳרָה) 그의 힘이 미치지 못한 자의 규례가(토라 תּוֹרָה) 그러하니라

그의 힘이 미치는 대로 산비둘기 한 마리나 집비둘기 새끼 한 마리를 드리되, 그의 힘이 미치는 대로 한 마리는 속죄제로, 한 마리는 소제와 함께 번제로 드려 제사장은 정결함을 받을 자를 위하여 속죄합니다.

14:33 여호와께서 모세와 아론에게 말씀하여 이르시되

여호와께서 모세에게만 말씀하시는 단락이(14:1-32) 끝나고, 여호와께서 '모세와 아론에게 말씀하여 이르시되'로 새 단락이 시작됩니다.

14:34 내가 네게 기업으로 주는 가나안 땅에(키 타보우 엘 에레츠 가나안 아쉐르 아니 노텐 כִּי תָבֹאוּ אֶל אֶרֶץ כְּנַעַן אֲשֶׁר אֲנִי נֹתֵן) 너희가 이를 때에 너희 기업의 땅에서 어떤 집에 나병 색점을(네가 차라아트 נֶגַע צָרַעַת) 발생하게 하거든(붸나타티 וְנָתַתִּי)

여호와는 참으로 두려운 말씀을 하십니다. 여호와께서 기업으로 주신 가나안 땅의 집에서 '나병 색점'이 발생할 것이며, 가나안 땅의 집에 발생하는

나병 색점은 여호와께서 행하신 일이라고 하십니다.

14:35-36 그 집 주인은 제사장에게 가서 말하여 알리기를 무슨 색점이 집에 생겼다 할 것이요 ³⁶제사장은 그 색점을 살펴보러 가기 전에 그 집 안에 있는 모든 것이 부정을 면하게 하기 위하여 그 집을 비우도록 명령한 후에 들어가서 그 집을 볼지니

여호와는 가나안 땅의 집에 나병 색점이 보이면 그 집 주인은 '색점 발생'을 제사장에게 알리라 하십니다. 제사장은 색점을 살펴보러 가기 전에 그 집 안 모든 것의 부정을 면하게 하기 위해 집을 비우도록 명령하고 그 집을 보라 하십니다.

집에 발생한 나병 색점 진단 과정은 그림과 같이 진행됩니다(14:35-53).

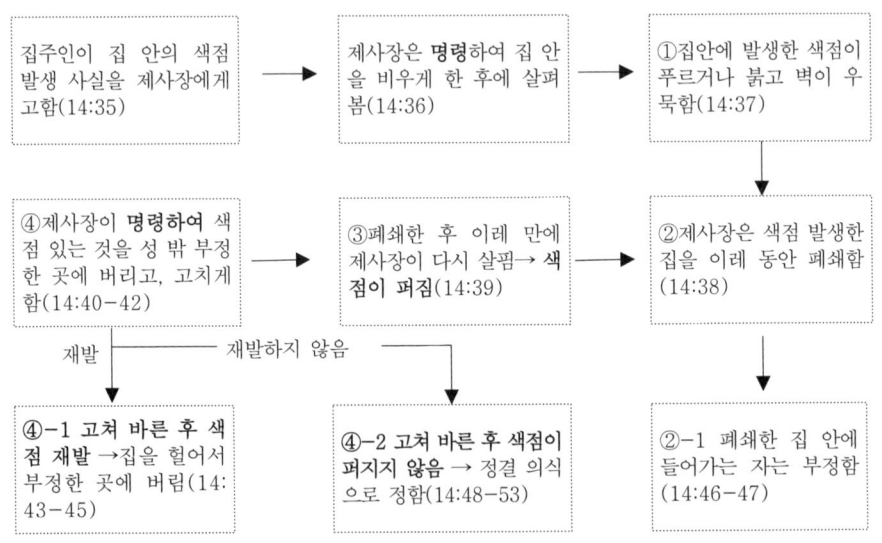

14:37-38 그 색점을 볼 때에 그 집 벽에 푸르거나 붉은 무늬의(예라크라코트 오 아담다모트 יְרַקְרַקֹּת אוֹ אֲדַמְדַּמֹּת) 색점이 있어 벽보다 우묵하면 ³⁸제사장은 그 집 문으로 나와 그 집을 이레 동안 폐쇄하였다가

그림 ①과 ②입니다. 제사장이 집의 색점을 볼 때 그 집 벽에 푸르거나 붉은 무늬의(예라크라코트 오 아담다모트) 색점이 있어 우묵하면225) 제사장은 그 집 문으로 나와 그 집을 이레 동안 폐쇄해야 합니다.

14:39-42 이레 만에 가서 또 살펴볼 것이요 그 색점이 벽에 퍼졌으면 ⁴⁰그는 명령하여 색점 있는 돌을 빼내어 성 밖 부정한 곳에 버리게 하고 ⁴¹또 집 안 사방을 긁게 하고 그 긁은 흙을 성 밖 부정한 곳에 쏟아버리게 할 것이요 ⁴²그들은 다른 돌로 그 돌을 대신하며 다른 흙으로 집에 바를지니라

그림 ③과 ④입니다. 제사장이 집을 이레 동안 폐쇄 후에 보았을 때 벽에 그 색점이 퍼졌으면, 제사장은 명령하여 색점 있는 돌을 빼내고 집 안 사방을 긁게 하여, 빼낸 돌과 긁은 흙을 성 밖 부정한 곳에 버리게 합니다. 버린 돌과 흙 대신에 다른 돌과 흙으로 그 집을 고쳐 바르게 합니다.

---

225) 집 벽에 발생한 '푸르거나 붉은 무늬 색점' 표현은 13:49의 의복과 가죽에 생긴 색점과 같은 표현이다. 13:50에서는 이레 동안 간직하고, 14:38에서는 이레 동안 폐쇄한다. 집 벽이 '우묵하면' 표현은 13:20, 21, 26의 나병이 발생한 피부가 '얕다'는 표현과 같다.

14:43-45 돌을 빼내며 집을 긁고 고쳐 바른 후에 색점이 집에 재발하면 ⁴⁴제사장은 또 가서 살펴볼 것이요 그 색점이 만일 집에 퍼졌으면 악성 나병인즉(차라아트 맘에레트 צָרַעַת מַמְאֶרֶת) 이는 부정하니 ⁴⁵그는 그 집을 헐고 돌과 그 재목과 그 집의 모든 흙을 성 밖 부정한 곳으로 내어갈 것이며

그림 ④-1입니다. 색점 있는 돌을 빼내고 집을 긁고 고쳐 바른 후에, 색점이 재발하면 제사장은 집에 또 가서 살펴보아야 합니다. 제사장이 보아서 색점이 다시 퍼졌으면 '악성 나병(차라아트 맘에레트)'입니다.226) 여호와는 악성 나병은 부정한즉 '그 집을 헐라' 하십니다. 그 집을 완전히 부수라는 뜻입니다. 부순 집의 돌, 재목, 모든 흙을 성 밖 부정한 곳으로 내어가라 하십니다.

14:46-47 그 집을 폐쇄한 날 동안에 들어가는 자는 저녁까지 부정할 것이요 ⁴⁷그 집에서 자는 자는 그의 옷을 빨 것이요 그 집에서 먹는 자도 그의 옷을 빨 것이니라

그림 ②-1입니다. 집 벽에 색점이 있어 제사장에 의해 집이 폐쇄되었는데, 폐쇄한 날 동안에 그 집에 들어가는 자에게 여호와는 저녁까지 부정하다 하십니다. 폐쇄된 집에서 눕거나(자거나), 그 집에서 먹는 자는 그의 옷을 빨라고 하십니다.

---

226) 고쳐 바른 집에 재발한 악성 나병은(차라아트 맘에레트) 13:51-52의 의복과 가죽에 퍼진 악성 나병과(차라아트 맘에레트) 같다.

14:48-53 그 집을 고쳐 바른 후에 제사장이 들어가 살펴보아서 색점이 집에 퍼지지 아니하였으면 이는 색점이 나은 것이니(니르파 נִרְפָּא) 제사장은 그 집을 정하다(티하르 טִהַר) 하고 ⁴⁹그는 그 집을 정결하게 하기 위하여 새(치포림 צִפֳּרִים) 두 마리와 백향목과 홍색 실과 우슬초를 가져다가 ⁵⁰그 새 하나는 흐르는 물 위 질그릇 안에서 잡고 ⁵¹백향목과 우슬초와 홍색 실과 살아 있는 새를 가져다가 잡은 새의 피와 흐르는 물을 찍어 그 집에 일곱 번 뿌릴 것이요 ⁵²그는 새의 피와 흐르는 물과 살아 있는 새와 백향목과 우슬초와 홍색 실로 집을 정결하게 하고 ⁵³그 살아 있는 새는 성 밖 들에 놓아 주고 그 집을 위하여 속죄할 것이라 그러면 정결하리라(타헤르 טָהֵר)

그림 ④-2입니다. 여호와는 색점이 발생한 집을 고쳐 바른 후에 제사장이 살펴보아서 색점이 집에 퍼지지 않았으면 색점이 나은 것이라(니르파) 하십니다. 여호와는 색점이 나은 집을 제사장이 '정하다' 선언하라 하십니다.

여호와는 제사장에게 집을 정결하게 하는 의식을 집전하라 하십니다. 색점이 나은 집을 정결하게 하기 위한 제물은 14:3-7과 같습니다. 제사장은 새 두 마리, 백향목, 홍색 실, 우슬초를 가져다가, 새 하나는 흐르는 물 위 질그릇 안에서 잡고, 백향목과 우슬초와 홍색 실과, 다른 살아 있는 새를 가져다가 잡은 새의 피와 흐르는 물을 찍어 그 집에 일곱 번 뿌립니다. 그리고 살아 있는 새는 성 밖 들에 놓아줍니다. 여호와는 제사장이 이같이 그 집을 위하여 속죄하면 그 집이 정결하리라(타헤르) 선포하십니다.

14:54-57 이는 각종 나병 환부에 대한 규례니(토라 תּוֹרַה) 곧 옴과 [55]의복과 가옥의 나병과 [56]돋는 것과 뾰루지와 색점이 [57]어느 때는 부정하고 어느 때는 정함을 가르치는 것이니(레호로트 לְהוֹרֹת) 나병의 규례가(토라 תּוֹרַה) 이러하니라

14:54-57은 13장과 14장에 이르는 나병 규례를 요약하는데 다음과 같은 구조를 이룹니다.

  A. 이는 각종 나병 색점에 관한 규례(14:54a)
  B. 옴, 의복과 가옥의 나병, 돋는 것, 뾰루지와 색점(14:54b-56)
  B′. **어느 때는 부정하고 어느 때는 정함을 가르치기 위한 것**(14:57a)
  A′. 이는 나병의 규례(14:57b)

중심은 B′입니다.[227] 나병 규례는(토라 תּוֹרַה) 어느 때는 부정하고 어느 때는 정함인지를 **가르치기 위한 것**(레호로트)'입니다.

여호와는 모세와 아론에게 이스라엘 자손에게 나병 규례를 가르치라 하십니다.[228] 이스라엘 자손의 하나님 여호와는 그들 가운데 거하시는 거룩하신 하나님이시기 때문입니다(11:44-45).

---

227) B′는 11장 종결 말씀과(11:47) 유사하다. 11장은 '땅에 기는 길짐승'을 분별하여 떠나라는 말씀이고, 13-14장은 '땅에 기는 길짐승'을 떠나서 '악성 나병'과 같은 부정함으로 되돌아가지 말 것을 말씀한다.
228) 여호와의 규례는 '가르치고 배우기 위해 주신 것'이다. 여호와의 규례를 배워 여호와와 같이 거룩함으로 여호와와 함께 거하도록 주신 것이다(26:11-12).

▶▶본문 해석

"내가 네게 기업으로 주는 가나안 땅에 너희가 이를 때에 너희 기업의 땅에서 어떤 집에 나병 색점을(네가 차라아트) 발생하게 하거든(14:34)"

가나안 땅에 들어간 이스라엘 자손의 집에 여호와께서 나병을 발생하게 하겠다는 말씀은 깨닫기도 어렵고, 받아들이기도 어렵습니다(14:33-53). 여호와께서 기업으로 주신 땅에서 여호와께서 '나병 색점'을 발생하게 하시겠다고 하시니 말입니다.

그런데 이 말씀도 의복과 가죽에 발생한 나병같이(13:47-59) 아담의 몸에 발생한 나병을 가나안 땅의 집에 발생한 나병으로 비유한 말씀입니다.

14장에서 여호와는 나병 환자를 '메초라(14:2)'로 부르며 시작합니다.
메초라의 복수형은 메초라임으로(나병환자들), 애굽 이름 '미츠라임'과 언어유희(wordplay)를 이룹니다. 여호와께서 나병 환자를 '메초라'로 부르시는 것은, 이스라엘 자손(아담)은 땅에 기는 길짐승의 부정한 땅, '미츠라임'에서229) 나온 부정한 자들, '메초라임'과 같음을 알리시기 위함입니다.
여호와는 메초라임과 같은 이스라엘 자손의 부정함을 가나안 땅 집에 발생한 나병 색점 비유를 통해 가나안 땅에서 치유하실 것을 알려주십니다.

가나안 땅의 집에 발생한 나병 색점을 제사장의 명령에 따라 고쳐 바른

---

229) 이사야에서 애굽은 사망의 땅 스올로 표현된다(사28:15)

후, 제사장이 다시 살펴보아서 색점이 퍼지지 아니하였으면, 여호와는 '색점이 나은 것이니(니르파)' 하십니다(14:48). 가나안 땅의 집에 발생한 나병 색점은 여호와께서 발생하게 하신 것이므로(14:34), 나병 색점이 나았다면(14:48) 여호와께서 낫게 하신 것입니다. 이것은 여호와만이 부정한 나병을 치유하실 수 있음을 나타냅니다. 여호와는 가나안 땅에서, 이스라엘 자손의 나병을 치유하시고 정결하게 하실 것을 가나안 땅의 집에 발생한 나병 색점 비유로 말씀하십니다.230)

가나안 땅에서 나병 색점이 정결하게 되는 날은 언제일까요?

그날은 여덟째 날이 될 것입니다.

여호와는 모세에게 가나안 땅의 여덟째 날에 나병에서 정결함을 받을 자를 위해 드려질 제사를 전반부(14:1-20), 후반부(14:21-32) 말씀으로 자세히 알려주십니다.

첫째로 가나안 땅에서 정결함을 받을 자를 위해 드리는 여덟째 날 제사는 '흠 없는 속건 제물'을 드리는 제사가 될 것입니다.

여덟째 날 제사는 제사장이 숫양 한 마리와 기름 한 록을 요제로 삼아 속

---

230) 시내 산에서 맺은 안식일 언약은(출31:12-17) 이스라엘 자손이 일곱째 날(안식일)을 지키며(출35:1-3), 여덟째 날을 기다리는 백성임을 의미한다(14:3-8). 일곱째 날을 지키는 자는(14:9), 여덟째 날에 정결하게 하는 제사장에 의해 정결함을 인침 받게 될 것이다(14:10-20). 가나안 땅의 집에 발생한 나병 색점 정결 의식이 14:4-7의 의식으로 끝나는 것은, 가나안 땅에서 이스라엘 자손은 일곱째 날의 안식일을 지키면서, 시내 산 언약대로 반드시 임할 '큰 안식일(출31:15)'을 소망해야 함을 말씀한다(23장 본문 설교 참조).

건제를 드리는 제사로 시작합니다.

전반부(14:1-20) 여덟째 날 제사 제물	후반부(14:21-22) 여덟째 날 제사 제물
•<u>**흠 없는**</u> 어린 숫양 두 마리 •일 년 된 <u>**흠 없는**</u> 어린 암양 한 마리 •소제물 : 고운 가루 3/10 에바 + 기름 •기름 한 록	•어린 숫양 한 마리 •산비둘기 둘이나 집 비둘기 새끼 둘 •소제물 : 고운 가루 1/10 에바 + 기름 •기름 한 록

속건제는 여호와의 성물을 범하여[231] 완전한 배상의 값을 치르는 제사로, '흠 없는 숫양'을 드리는 제사입니다(5:14-19). 따라서 속건제로 시작하는 여덟째 날 제사는 **흠 없는 숫양으로 드리는** 전반부 제사입니다.

둘째로 가나안 땅에서 정결함을 받을 자를 위해 드리는 여덟째 날 제사는 전반부의 '정결하게 하는 제사장(14:11)'에 의해 집전될 것입니다.

후반부 여덟째 날 제사는 '가난하여 그의 힘이 미치지 못하면(14:21, 22)' 과 '그의 힘이 미치는 대로(14:30, 31, 32)' 표현이 규례가 끝날 때까지 계속됩니다.

여기서 14:21, 22의 '그'와 14:30, 31, 32의 '그'는 <u>서로 다른 '그'입니다</u>. <u>14:21, 22의 '그'</u>는 '가난하여 그의 힘이 미치지 못하는 자'입니다. 그런데 <u>14:30-31의 '그'</u>는 제사장이 의식을 집전 중이므로 '<u>그의 힘이 미치는 대로</u>' <u>의 '그'</u>는 '<u>제사장</u>'입니다. 즉 14:30, 31에서 '그는 힘이 미치는 대로' 표현은 후반부의 제사장은 '**전반부의 제사장**'과 다르게 '힘에 미치지 못하는 제사장'

---

[231] 나병은 여호와의 성물을 범한 죄에 속한다(5:14-6:7). 이스라엘 자손은 여호와의 종이다(25:55). 여호와의 성물이다(렘2:3).

임을 말씀합니다.

나병 환자가 정결하게 되는 여덟째 날 제사가 '전반부의 제사장'에 의해 집전되어야 하는 것은 전, 후반부 제사의 종결 표현을 통해서 더 확실히 알 수 있습니다.

전반부 종결 표현(14:20)	후반부 종결 표현(14:31)
제사장은 그 번제와 소제를 제단에 드려 그를 위하여 속죄할 것이라 <u>그리하면 그가 정결하리라</u>	<u>곧 그의 힘이 미치는 대로</u> 한 마리는 속죄제로, 한 마리는 소제와 함께 번제로 드릴 것이요 제사장은 정결함을 받을 자를 위하여 **여호와 앞에 속죄할지니**

전반부 제사는 '… 그리하면 그가 정결하리라(타헤르)'를 선포합니다. 그런데 후반부는 '… 여호와 앞에 속죄할지니'로 끝납니다.232)

즉 후반부 정결 예식의 '가난함'은 이중적입니다. 여덟째 날의 제물을 갖추지 못하는 가난함과 여덟째 날 제사를 집전하는 제사장의 가난함을233) 동시에 의미합니다.

그래서 후반부 여덟째 날의 제사는 나병에서 정결함을 받을 자를 향해 '정결하리라' 선포가 나타나지 않습니다.

여호와는 가나안 땅에서 여덟째 날에 나병에서 정결함을 받기 위해서는

---

232) 전반부 제사장은(14:11) '**정결하게 하는 제사장**(하코헨 함 타헤르)'으로 불리며, 그에 의해 '**정결함을 받을 자**(하미타헤르)'는 '**정결하리라**(타헤르)' 말씀이 선포된다(14:20).
233) 아론의 고백을 기억하라. '아론이 모세에게 이르되 오늘 그들이 그 속죄제와 번제를 여호와께 드렸어도 이런 일이 내게 임하였거늘 오늘 내가 속죄제물을 먹었더라면 여호와께서 어찌 좋게 여기셨으리요(10:19)' 아론 계열의 제사장은 '그의 힘이 미치지 못하는' 가난한 제사장이다.

'흠 없는 숫양 속건제물'로 '정결하게 하는 제사장'에 의하여 집전될 것이며, 그때 정결함을 받을 자는 '정결하게 될 것'을 말씀하십니다.[234]

'정결하게 하는 제사장'만이 '흠 없는 숫양 속건제물'을 취하여 여호와 앞에서 완전한 배상의 속건제를 드림으로, 머리에 나병 색점이 있어 여호와 앞에 확실히 부정한 나병 환자(이쉬 차루아)의 부정을 씻어 정결하게 하시기 때문입니다.

---

[234] 가나안 땅에 정결하게 하는 제사장이 오실 때까지 이스라엘 자손은 아론 계열의 제사장에 의해서 나병으로부터 정결하게 함을 받는다. 14:20과 14:53의 마지막에 똑같이 '타헤르(טָהֵר)'가 선포된다.

※ 도입 문구 '여호와께서 모세에게 말씀하여 이르시되(14:1)'의 해석

★ 여호와는 왜 모세에게만 말씀하실까?

11장에서 15장은 '정결 규례'로 주제적 공통성을 갖고 있으며, 각 장 도입 문구는 동심원 구조를 이룹니다. 그런데 유독 12장만 구조에서 벗어납니다.

A. 여호와께서 모세와 아론에게 말씀하여 이르시되 이스라엘 자손에게 말하여 이르라(11:1-47)

12장: 여호와께서 모세에게 말씀하여 이르시되 이스라엘 자손에게 말하여 이르라(12:1-8)

  B. 여호와께서 모세와 아론에게 말씀하여 이르시되(13:1-59)

    C. 여호와께서 모세에게 말씀하여 이르시되(14:1-32)

  B'. 여호와께서 모세와 아론에게 말씀하여 이르시되(14:33-57)

A'. 여호와께서 모세와 아론에게 말씀하여 이르시되 이스라엘 자손에게 말하여 이르라(15:1-33)

12장은 여인이 '남자'를 낳으면 이레 동안 부정하며 여인에게서 태어난 남자는 여덟째 날에 '할례'를 행하라는 명령으로 시작합니다. '할례' 명령은 모세 이전 아브라함에게 주신 언약입니다(창17장). 아브라함에게 주신 할례 언약이 12장에서 출산한 여인의 정결 규례로 모세 시대에 확장됩니다.

즉 12장은 할례 언약이 모세 시대에 '출산한 여인의 정결 규례'로 확장 선포된 말씀이라 할 수 있습니다. 그리고 12장 외의 정결 규례인 11, 13, 14,

15장은 여호와께서 모세 시대에 주신 말씀입니다. 그래서 역사적으로 앞선 12장을 맨 앞으로 위치시키고, 모세(와 아론)에게 주신 11장에서 15장까지 도입 문구를 배열하면 아래와 같이 규칙적인 구조를 이루게 됩니다.

12장: 여호와께서 모세에게 말씀하여 이르시되 이스라엘 자손에게 말하여 이르라(12:1-8)

A. 여호와께서 모세와 아론에게 말씀하여 이르시되 이스라엘 자손에게 말하여 이르라(11:1-47)

B. 여호와께서 모세와 아론에게 말씀하여 이르시되(13:1-59)

C. 여호와께서 모세에게 말씀하여 이르시되(14:1-32)

B′. 여호와께서 모세와 아론에게 말씀하여 이르시되(14:33-57)

A′. 여호와께서 모세와 아론에게 말씀하여 이르시되 이스라엘 자손에게 말하여 이르라(15:1-33)

12장을 제외한 11-15장은 A-B-C-B′-A′ 구조를 이루며, 말씀 중심은 C가(14:1-32) 됨을 알 수 있습니다.

그렇다면 12장 도입 문구는 어떤 역할을 하는 것일까요?
12장 도입 문구와 C의 도입 문구 14:1을 함께 보겠습니다.

"**여호와께서 모세에게 말씀하여 이르시되** 이스라엘 자손에게 말하여 이르라(12:1-2a)"

"**여호와께서 모세에게 말씀하여 이르시되**(14:1)"

두 도입 문구의 차이는 '이스라엘 자손에게 말하여 이르라'의 유무입니다. 여호와는 14:2-32의 말씀을 모세에게만 하시고 '이스라엘 자손에게 말하여 이르라' 하지 않으십니다. 여기서 12장이 어떠한 말씀인가를 기억하면 됩니다. 12장은 아브라함에게 주신 할례 언약이 모세 시대에 모든 이스라엘 자손에게 가르쳐야 하는 정결 규례로 선포됩니다. 여호와는 오래전 아브라함에게 '할례'로 여호와의 뜻을 계시하셨고, 이제 모세에게 이스라엘 자손 모두가 지켜야 할 정결 규례로 말씀하십니다.

그렇다면 14:1에서 여호와께서 모세에게 '이스라엘 자손에게 말하여 이르라' 말씀하지 않으신 것은, C(14:2-32)의 말씀, 나병 환자가 여덟째 날에 정결하게 되는 규례는 장차 여호와께서 하실 일을 모세에게 계시로 주신 말씀이 아니겠습니까?

그렇습니다!

C는 여호와께서 가나안 땅에서 행하실 일을 모세에게 계시하시는 말씀입니다. 레위기에서 모세에게만 계시하시고,[235] '이스라엘 자손에게 말하여 이르라' 하시지 않지만, 때가 차면 여호와의 선지자들을 통해 C 말씀을 '이스라엘 자손에게 말하여 이르라' 하실 때가 있을 것입니다.

여호와는 모세에게 계시하신 C 말씀을 가나안 땅의 선지자들을 통해 드러내시고, 그 말씀 그대로 반드시 성취하실 것입니다(눅24:44).[236]

---

[235] '주 여호와께서는 자기의 비밀을 그 종 선지자들에게 보이지 아니하시고는 결코 행하심이 없으시리라(암3:7)'

[236] 공관복음은 예수님께서 예루살렘에서 십자가에서 돌아가실 날이 가까워질 때, 모세와 엘리야가 예수님의 죽음에 관해 말씀함을 증언한다(마17:3; 막9:4; 눅9:30). 모세에게 계시하신 그 일을 모세가 변화산에서 예수님을 만나게 하심으로, 여호와는 말씀하신 대로 이루심을 우리가 알게 하신다.

15:1-33
부정한 남자와 부정한 여자

남녀가 동침하여 설정하였거든 둘 다 물로 몸을 씻을 것이며
저녁까지 부정하리라(15:18)

15장은 남자와 여자의 몸에서 정상적, 비정상적으로 흘러나오는 유출의 부정함에 관해 말씀합니다.

15장은 15:18을 중심으로(D) 전반부는 남자의 심각한 유출과 평범한 유출, 후반부는 여자의 평범한 유출과 심각한 유출로 나뉘어 다음과 같은 구조를 이룹니다.[237]

    A. 여호와의 말씀(15:1-2a)
      B. 남자의 심각한 유출(15:2b-15)
        C. 남자의 평범한 유출(15:16-17)
        D. 남자와 여자의 성관계(15:18)
        C'. 여자의 평범한 유출(15:19-24)
      B'. 여자의 심각한 유출(15:25-30)
    A'. 여호와의 말씀(15:31)
    종결(15:32-33)

---

[237] 키우치, 『레위기』, 356

15:1 여호와께서 모세와 아론에게 말씀하여 이르시되

14:33과 같이 여호와께서 '모세와 아론에게' 함께 말씀하십니다.

15:2-3 이스라엘 자손에게 말하여 이르라 누구든지(이쉬 이쉬 אִישׁ אִישׁ) 그의 몸에(바사르 בְּשָׂרוֹ) 유출병이 있으면 그 유출병으로 말미암아 부정한 자라 ³그의 유출병으로 말미암아(미조보 툼아토 히 הִוא טֻמְאָתוֹ מִזּוֹבוֹ) 부정함이 이러하니 곧 그의 몸에서 흘러나오든지 그의 몸에서 흘러나오는 것이 막혔든지 부정한즉

'누구든지(이쉬 이쉬)'는 관용구로서 '어떤 남자든지'라는 뜻이며,238) '그의 몸(바사르)'은 남자의 성기를 완곡하게 표현한 말입니다. 따라서 15:2는 어떤 남자든지 성기에서 유출이 있으면 그는 유출로 인해 부정하다는 뜻입니다. 15:3은 <u>남자 몸의 유출이 부정함을 강조하는데</u>239) 몸에서 흘러나오든지, 몸에서 흘러나오는 것이 막혔든지 '부정하다' 합니다.

15:4-6 유출병이 있는 자가 눕는 침상은 다 부정하고 그가 앉았던 자리도 다 부정하니 ⁵그의 침상에 접촉하는 자는 그의 옷을 빨고 물로 몸을 씻을 것이며 저녁까지 부정하리라 ⁶유출병이 있는 자가 앉았던 자리에 앉는 자는 그의 옷을 빨고 물로 몸을 씻을 것이요 저녁까지 부정하리라

---

238) 키우치, 『레위기』, 354
239) '미조보 툼아토 히'는 '**그의** 부정한 **그의** 유출로 인하여'란 뜻으로, 15:30의 '미조브 툼아타흐' 어구와 유사한데, '**그**'가 강조된다.

유출병이 있는 남자는 부정하므로, 유출병자가 눕는 침상과 앉았던 자리도 부정합니다. 따라서 유출병자의 침상에 접촉한 자도 부정하게 되고(15:5), 유출병자가 앉았던 자리에 앉은 자도 부정하게 됩니다(15:6). 여호와는 유출병자의 침상과 그가 앉았던 자리에 접촉하여 부정하게 된 자는 자신의 옷을 빨고, 물로 몸을 씻고, 저녁까지 부정하다 하십니다.

15:7-8 유출병이 있는 자의 몸에 접촉하는 자는 그의 옷을 빨고 물로 몸을 씻을 것이며 저녁까지 부정하리라 [8]유출병이 있는 자가 정한 자에게 침을 뱉으면 정한 자는 그의 옷을 빨고 물로 몸을 씻을 것이며 저녁까지 부정하리라

15:5-6은 유출병자가 사용하는 물건에 닿은 간접 접촉이라면, 15:7-8은 유출병이 있는 자와 직접 접촉에 관한 말씀입니다. 그런데 간접이든 직접이든 부정함에는 차이가 없습니다. 여호와는 유출병이 있는 자의 몸에서 나오는 것이 부정함을 '침'으로 알려주십니다. 유출병이 있는 자가 정한 자에게 침을 뱉으면 정한 자는 부정하게 됩니다. 그는 옷을 빨고 물로 몸을 씻어야 하며, 저녁까지 부정합니다.

15:9-11 유출병이 있는 자가 탔던 안장은 다 부정하며 [10]그의 몸 아래에 닿았던 것에 접촉한 자는 다 저녁까지 부정하며 그런 것을 옮기는 자는 그의 옷을 빨고 물로 몸을 씻을 것이며 저녁까지 부정하리라 [11]유출병이 있는 자가 물로 그의 손을 씻지 아니하고 아무든지 만지면 그자는 그의 옷을 빨고 물로 몸을 씻을 것이며 저녁

까지 부정하리라

'안장'과 '그의 몸 아래에 닿았던 것'의 부정함은 유출병이 있는 자의 유출이 어디에서 유출하는지를 암시합니다. 은밀한 부위에서 나오는 유출은 부정하므로 안장과 같이 몸 아래 부위에 닿는 것들을 부정하게 만듭니다.

여호와는 유출병자가 앉았던 물건을 옮기는 자는 그의 옷을 빨고, 물로 몸을 씻고, 저녁까지 부정하다 하십니다. 또 유출병자가 자기의 손을 씻지 않고 아무든지 만지면 그 사람은 옷을 빨고, 물로 몸을 씻고, 저녁까지 부정하다 하십니다.

15:4-11은 유출병이 있는 자와 간접·직접적으로 접촉한 자가 부정하게 됨을 다음과 같은 구조로 반복하고 있습니다.

 a. 유출병이 있는 자와 간접 접촉(침상, 자리)으로 부정해짐(15:4-6)
 b. 유출병이 있는 자와 직접 접촉(몸, 침)으로 부정해짐(15:8)
 a'. 유출병이 있는 자와 간접 접촉(안장, 몸 아래 닿은 것)으로 부정해짐(15:9-10)
 b'. 유출병이 있는 자와 직접 접촉(씻지 않은 손)으로 부정해짐(15:11)

a-b-a'-b' 구조는 몸에 유출병이 있는 자의 부정함을 강조하고, 부정한 유출병자와의 간접·직접 접촉한 자도 부정함을 알려줍니다.

15:12 유출병이 있는 자가 만진 질그릇은 깨뜨리고 나무 그릇은 다 물로 씻을지니라

여호와는 유출병자가 만진 나무 그릇은 다 '물로 씻으라' 하시지만, 유출병자가 만진 질그릇은 '깨뜨리라' 하십니다. 유출병자가 만진 '질그릇을 깨뜨리라' 말씀은 11:33 말씀과 유사합니다.

"그것 중 어떤 것이 어느 질그릇에 떨어지면 그 속에 있는 것이 다 부정하여지나니 너는 그 그릇을 깨뜨리라(11:33)"

11:33 질그릇은 '땅에 기는 길짐승의 주검'이 떨어진 질그릇이고, 15:12의 질그릇은 유출병자가 만진 질그릇입니다. 여호와는 두 질그릇에 대하여 똑같이 깨뜨리라 하십니다. 여호와의 똑같은 '질그릇을 깨뜨리라' 말씀은 길짐승의 주검의 부정함과 유출병자의 부정함이 같음을 의미합니다.

15:13-15 유출병이 있는 자는 그의 유출이 깨끗해지거든 그가 정결하게 되기 위하여 이레를 센 후에 옷을 빨고 흐르는 물에 그의 몸을 씻을 것이라 그러면 그가 정하리니 ¹⁴여덟째 날에 산비둘기 두 마리나 집비둘기 새끼 두 마리를 자기를 위하여 가져다가 회막 문 여호와 앞으로 가서 제사장에게 줄 것이요 ¹⁵제사장은 그 한 마리는 속죄제로 다른 한 마리는 번제로 드려 그의 유출병으로 말미암아 여호와 앞에서 속죄할지니라

여호와는 유출병이 있는 남자가 유출이 깨끗해지면 이레를 세어 옷을 빨고, 흐르는 물에 몸을 씻으면 정하게 되리라 하십니다. 여호와는 그에게 여덟째 날에 산 비둘기 두 마리나 집비둘기 새끼 두 마리를 가져다가 회막 문

여호와 앞으로 가서 제사장에게 주라 하십니다. 여호와는 제사장에게 그가 가져온 두 마리 비둘기 중 한 마리는 속죄제로, 다른 한 마리는 번제로 드려 그의 유출병으로 말미암아 여호와 앞에서 속죄하라 하십니다.

15:16-17 설정한 자는 전신을(콜 베사로 כָּל־בְּשָׂרוֹ) 물로 씻을 것이며 저녁까지 부정하리라 ¹⁷정수가(쉬크바트 자라 שִׁכְבַת־זֶרַע) 묻은 모든 옷과 가죽은 물에 빨 것이며 저녁까지 부정하리라

남자의 일상적이고 정상적 유출에 관한 말씀입니다. 여호와는 설정한 자는 전신을 물로 씻으라 하십니다. 또 정수가 묻은 옷이나 가죽을 물에 빨고 저녁까지 부정하다 하십니다. 15:17은 남자가 설정할 때 흘리는 '정수'인 '제라(זֶרַע)'의240) 부정함을 말씀합니다.

15:18 남녀가 동침하여(붸이샤 아쉐르 이쉬카브 이쉬 וְאִשָּׁה אֲשֶׁר יִשְׁכַּב אִישׁ) 설정하였거든 둘 다 물로 몸을 씻을 것이며 저녁까지 부정하리라

여호와는 남자와(이쉬) 여자가(이샤) 동침하여 남자가 여자에게 설정하면 남자와 여자 둘 다 물로 몸을 씻어야 하며, 저녁까지 부정하다 하십니다.

15:19 어떤 여인이 유출을 하되 그의 몸에(비브사라흐 בִּבְשָׂרָהּ) 그의 유출이 피이면 이레 동안 불결하니 그를 만지는 자마다 저녁까지 부정

---

240) 남자의 정수(제라)는 남자에게서 나오는 '씨, 종자'이다. 15:16-17은 남자가 설정할 때 흘리는 '종자'의 부정함을 말씀한다. 이 종자는 11:38의 '종자'로, '땅에 기는 길짐승'의 주검이 떨어진 종자임을 의미한다.

할 것이요

여자의 몸에서 매월 정기적으로 나오는 유출에 관한 말씀입니다. '그의 몸'에서 '몸'은 남자의 '몸'을 가리킬 때와 같은 완곡한 표현입니다. 여자의 몸에서 나오는 정기적 피의 유출은 이레 동안 여자를 불결하게 합니다. 여호와는 여자의 정기적 유출 기간에 여자를 만진 자도 저녁까지 부정하다 하십니다.

> 15:20-23 그가 불결할 동안에는 그가 누웠던 자리도 다 부정하며 그가 앉았던 자리도 다 부정한즉 [21]그의 침상을 만지는 자는 다 그의 옷을 빨고 물로 몸을 씻을 것이요 저녁까지 부정할 것이며 [22]그가 앉은 자리를 만지는 자도 다 그들의 옷을 빨고 물로 몸을 씻을 것이요 저녁까지 부정할 것이며 [23]그의 침상 위에나 그가 앉은 자리 위에 있는 것을 만지는 모든 자도 저녁까지 부정할 것이며

15:20-23은 같은 내용이 반복되면서 다음과 같은 구조를 이룹니다.

a. 불결기 여자가 누웠던 침상과 앉았던 자리가 부정함(15:20)
 b. 여자의 침상을 만진 자는 옷을 빨고 물로 몸을 씻고 저녁까지 부정함(15:21)
 b'. 여자가 앉았던 자리를 만진 자도 옷을 빨고 물로 몸을 씻고 저녁까지 부정함(15:22)
a'. 여자의 침상 위, 앉은 자리 위의 것을 만진 자도 저녁까지 부정함(15:23)

여호와는 불결기 여자가 눕거나 앉았던 자리는 부정하여, 그녀가 눕고 앉았던 침상과 앉은 자리를 만진 자도 부정하게 되어 옷을 빨고, 물로 몸을 씻고, 저녁까지 부정하다 하십니다.

여기서 a와 a'를 주의 깊게 볼 필요가 있습니다. a는 불결기 여자의 몸에 닿은 것(침상과 같은)을 가리킨다면 a'는 불결기 여자의 몸이 닿은 물건의 위에 있는 물건을 만지기만 해도 부정하다 하십니다. a'는 불결기 여자의 부정함이 얼마나 부정한지를 말씀합니다.241)

15:24 누구든지(이쉬 אִישׁ) 이 여인과 동침하여 그의 불결함에 전염되면 이레 동안 부정할 것이라 그가 눕는 침상은 다 부정하니라

여호와는 불결기 여자와 동침하여 그의 불결함에 전염되는 남자는 이레 동안 부정하다고 하십니다. '그가 눕는 침상은 다 부정하니라'의 '그'는 불결기 여자와 동침하여 불결함에 전염된 남자입니다. 불결기 여자의 불결함에 전염된 남자가 눕는 침상은 다 부정합니다(15:20). 여자의 불결함에 전염된 남자가 누웠던 침상이 부정하므로 그 침상을 만진 사람(15:21), 그 침상 위에 있는 물건을 만진 사람도 부정하게 됩니다(15:23).

15:25-27 만일 여인의 피의 유출이 그의 불결기가 아닌데도 여러 날이 간다든지 그 유출이 그의 불결기를 지나도 계속되면 그 부정을 유출하는 모든 날 동안은 그 불결한 때와 같이 부정한즉 26그의 유출이 있는 모든 날 동안에 그가 눕는 침상은 그에게 불결한

---

241) 출산한 여인이 흘리는 산혈의 부정함이 이와 같다(12:2-5).

때의 침상과 같고 그가 앉는 모든 자리도 부정함이 불결한 때의 부정과 같으니 ²⁷그것들을 만지는 자는 다 부정한즉 그의 옷을 빨고 물로 몸을 씻을 것이며 저녁까지 부정할 것이요

여호와는 여인의 불결기가 정기적 기간이 아닌데도 여러 날을 지나 계속될 때, 여인의 피를 흘리는 모든 기간은 불결기와 같이 부정하다 하십니다. '그 부정을 유출하는 모든 날 동안은 그 불결한 때와 같이 부정한즉' 말씀은 여인의 피 흘리는 기간이 곧 '부정함'을 유출하는 기간임을 말씀합니다. 여인이 부정함을 유출하는 기간에는 그녀가 눕는 자리, 앉는 자리와 그 위의 것들을 모두 부정하게 합니다. 따라서 그 여인의 침상과 앉은 자리를 만진 자, 그 위의 것을 만진 자도 그의 옷을 빨고, 물로 몸을 씻어야 하며, 저녁까지 부정합니다(15:19-23).

15:28-30 그의 유출이 그치면 이레를 센 후에야 정하리니 ²⁹그는 여덟째 날에 산비둘기 두 마리나 집비둘기 새끼 두 마리를 자기를 위하여 가져다가 회막 문 앞 제사장에게로 가져갈 것이요 ³⁰제사장은 그 한 마리는 속죄제로 다른 한 마리는 번제로 드려 유출로 부정한(미조브 툼아타흐 מִזּוֹב טֻמְאָתָהּ) 여인을 위하여 여호와 앞에서 속죄할지니라

여호와는 여인의 비정상적 유출이 그치면 이레를 센 후에 정하리라 하십니다. 유출이 그친 여자는 여덟째 날에 자기를 위하여 산비둘기 두 마리나 집비둘기 새끼 두 마리를 회막 문 앞 제사장에게로 가져가라 하십니다. 제사

장은 두 마리 중 한 마리는 속죄제로, 다른 한 마리는 번제로 드려 유출로 부정했던 여인을 위해 여호와 앞에서 속죄하라 하십니다.

15:31 너희는 이와 같이 이스라엘 자손이 그들의 부정에서(미툼아탐 מִטֻּמְאָתָם) 떠나게 하여(뵈히자르템 וְהִזַּרְתֶּם) 그들 가운데에 있는 내 성막을 그들이 더럽히고(베타메암 בְּטַמְּאָם) 그들이 부정한 중에서(베툼아탐 בְּטֻמְאָתָם) 죽지 않도록 할지니라

'너희는… 떠나게 하여(뵈히자르템)'는[242] '너희는… 구별하여 떠나라' 뜻입니다. 여호와께서 가증히 여기시는 부정함을(미툼아탐) 구별하여 부정함에서 떠나라는 말씀입니다.

'그들 가운데 있는 내 성막을 그들이 더럽히고' 말씀은 여호와께서 이스라엘 자손 가운데 함께 거하시므로, 이스라엘 자손이 부정함 가운데 거하면 그것은 곧 여호와의 성막을 더럽히게 됨을 말씀합니다.

'그들이 부정한 중에서 죽지 않도록 할지니라' 말씀은 이스라엘 자손이 부정함에 머물러 여호와의 성막을 더럽히면, 마침내는 거룩하신 성막에서 나답과 아비후를 살랐던 불이 나와 죽음을 맞게 될 것을 말씀합니다.

여호와는 이스라엘 자손이 부정함에서 떠나도록 하여 그들 가운데 거하시는 여호와의 성막을 더럽혀 이스라엘 자손에게 나답과 아비후와 같은 죽음이 임하지 않기를 말씀하십니다.

---

242) '힛지르(הִזִּיר)'는 '헌신하다, 구별하다, 봉헌하다'는 뜻의 '나자르(נָזַר)' 동사의 히필형이다. 힛지르는 여호와 앞에 나실인(네제르 נֵזֶר) 같이 구별하라는 뜻이다(민6:2, 3, 5, 6, 12 참조).

15:32-33 이 규례는 유출병이 있는 자와(하자브 הַזָּב) 설정함으로 부정하게 된 자와 ³³불결기의 앓는 여인과 유출병이 있는(하자브 הַזָּב) 남녀와 그리고 불결한 여인과 동침한 자에 대한 것이니라

15:32-33 말씀은 다음과 같이 배열되어 있습니다.[243]

    A. 유출병이 있는 자와 설정하는 남자(15:2-18)
    B. 불결기의 앓는 여인(15:19-23)
    C. 유출병이 있는 남자와 여자(15:2-15, 25-30)
    D. 불결한 여인과 동침하는 남자(15:24)

A에서 유출병이 있는 자나 설정하는 남자는 '부정한 남자'입니다.
B의 불결기의 앓는 여인도 '부정한 여자'입니다. 그래서 A, B, C, D 배열은 이렇게 정리할 수 있습니다.

    A. 부정한 남자
    B. 부정한 여자
    C. 부정한 남자와 여자
    D. 부정한 여자(B)와 동침하는 부정한 남자(A)

A, B, C, D는 남자와 여자가 '부정함'에서 벗어날 수 없음을 보여줍니다. 부정한 남자와 부정한 여자의 동침은 사람이 처음부터 '부정함' 가운데서 태

---

[243] 키우치, 『레위기』, 372

어남을 말씀합니다(12장).

그래서 여호와는 모세와 아론을 통해 여호와의 규례를 주시고 이스라엘 자손이 지킬 것을 강력히 명령하십니다.

'그들 가운데에 있는 내 성막을 그들이 더럽히고 그들이 부정한 중에서 죽지 않도록 할지니라' 모세와 아론에게 주신 여호와의 명령은 거룩하신 여호와 앞에서 이스라엘 자손이 부정함 가운데 죽지 않기를 바라시는 여호와의 간절한 호소입니다.

▶▶본문 해석

11, 15장은 말씀 수신자, 말씀 내용, 전개 형식이 유사하게 전개됩니다.

11장	15장
11:1-2a 도입 문구(모세와 아론에게…)	15:1-2a 도입 문구(모세와 아론에게…)
11:2b-42 부정한 짐승에 관한 규례	15:2b-30 부정한 남자와 여자에 관한 규례
11:33 질그릇… 깨뜨리라	15:12 질그릇… 깨뜨리라
11:44-45 여호와의 말씀(가르침)	15:31 여호와의 말씀(가르침)
11:46-47 요약	15:32-33 요약

11, 15장 말씀의 유사함은 11:33과 15:12, 11:44과 15:31에서 특히 잘 나타납니다.

11:33	15:12
그것 중 어떤 것이 <u>어느 질그릇에 떨어지면</u> 그 속에 있는 것이 다 부정하여지나니 너는 <u>그 그릇을 깨뜨리라</u>	유출병이 있는 자가 만진 <u>질그릇은 깨뜨리고 나무 그릇은 다 물로 씻을지니라</u>

11:33의 질그릇은 땅 위에 기는 길짐승의 주검이 떨어진 질그릇으로, 질그릇과 그 속에 있는 것이 다 부정하여지므로, 질그릇을 깨뜨리라 하십니다.

15:12의 질그릇은 유출병이 있는 남자가 만진 질그릇으로, '나무 그릇'은 물로 씻되, 질그릇은 깨뜨리라 하십니다.

11:33, 15:12 말씀은 땅 위에 기는 길짐승의 주검이 닿은 질그릇의 부정함과 유출병이 있는 남자의 부정함이 같음을 말씀합니다. 이것은 유출병이 있는 남자의 부정함이 땅에 기는 길짐승에서 왔음을 말씀합니다.

11:44	15:31
나는 여호와 너희의 하나님이라 내가 거룩하니 너희도 몸을 구별하여 거룩하게 하고 땅에 기는 길짐승으로 말미암아 ▶스스로(나프쇼테켐) 더럽히지 말라	너희는 이와 같이 이스라엘 자손이 그들의 부정에서 떠나게 하여 그들 가운데에 있는 ▶내 성막을 그들이 더럽히고 그들이 부정한 중에서 죽지 않도록 할지니라

11:44에서 여호와는 **땅에 기는 길짐승으로 말미암아 '<u>너희들의 생명을(나프쇼테켐)</u>'을 더럽히지 말라** 선포하십니다.

15:31에서 여호와는 이스라엘 자손이 <u>그들의 부정에서 떠나게 하여 그들 가운데 있는 <u>여호와의 성막을 더럽혀</u>244) 그들이 <u>부정한 중에서 죽지 않도</u>

록 하라 선포하십니다.

11:44과 15:31은 '땅에 기는 길짐승'에서 떠나야 이스라엘 자손이 그들의 생명을(나프쇼테켐) 더럽히지 않고 죽지 않게 됨을 말씀합니다.

11:33과 15:12, 11:44과 15:31은 이스라엘 자손의 생명을 더럽혀 부정함으로 여호와 앞에서 죽게 하는 것이 '땅에 기는 길짐승(뱀)'임을 말씀합니다.

---

244) 11:44에서 '생명(영혼)의 더럽힘'은 15:31에서 '여호와의 성막을 더럽힘'으로 표현된다(고전6:19-20).

★ 11~15장 정결 규례 요약

구분	도입 문구	규례 내용	정결 예식
11장 (A)	여호와께서 모세와 아론에게 말씀하여 이르시되 이스라엘 자손에게 말하여 이르라	먹을 수 있는/없는 짐승(11:1-47)	옷을 빪→저녁까지 부정
12장	여호와께서 모세에게 말씀하여 이르시되 이스라엘 자손에게 말하여 이르라	출산한 여인 (12:1-8)	이레/두 이레(여 출산)/동안 부정함 여덟째 날 : 남자아이의 포피를 벨 것 출산한 여인의 정결 기간 남:7+33=40일/여:14+66=80일 번제-어린 양/비둘기, 속죄제-비둘기
13장 (B)	여호와께서 모세와 아론에게 말씀하여 이르시되	사람의 피부 나병 (13:1-46)	진영 밖-'부정하다' 외침, 혼자 삶
		옷의 나병 색점 (13:47-59)	빪→불사름/ 빪→다시 빪
14장 (C)	여호와께서 모세에게 말씀하여 이르시되	나병의 정결 규례 (14:1-32)	살아있는 정결한 새 두 마리/백향목/홍색실/우슬초-한 마리의 새를 흐르는 물 위 질그릇 안에서 잡아 그 피로 정하게 함 옷 빨고/털 밀고/물로 몸 씻고 진영에 들어옴→자기 장막 밖에서 이레를 머묾 일곱째 날에 털 밀고 옷 빨고 몸을 물에 씻음 여덟째 날에 속건제/속죄제/번제 드림
(B')	여호와께서 모세와 아론에게 말씀하여 이르시되	가나안 땅에 있는 집의 나병 색점 (14:33-57)	새 두 마리/백향목/홍색실/우슬초-한 마리의 새를 흐르는 물 위 질그릇 안에서 잡아 그 피로 정하게 함
15장 (A')	여호와께서 모세와 아론에게 말씀하여 이르시되 이스라엘 자손에게 말하여 이르라	부정한 유출-남자 (15:1-15)	이레를 센 후 옷 빨고 흐르는 물에 몸을 씻음 여덟째 날에 비둘기 둘로 속죄제/번제 드림
		설정(15:16-17) 남녀동침(15:18)	전신을 물로 씻음 물로 몸을 씻음-저녁까지 부정
		부정한 유출-여자 (15:19-33)	이레를 센 후에 정함 여덟째 날에 비둘기 둘로 속죄제/번제 드림

※ 모든 정결 예식은 여덟째 날에 마친다.

16:1-34
안식일 중의 안식일 : 일곱째 달 십 일 제사

그가 지성소에 속죄하러 들어가서
자기와 그의 집안과 이스라엘 온 회중을 위하여 속죄하고 나오기까지는
누구든지(콜 아담 כָּל אָדָם) 회막에 있지 못할 것이며(16:17)

16장은 나답과 아비후가 죽은 후에 여호와께서 모세에게 주신 말씀으로 시작합니다. 이것은 그들의 죽음이 16장의 배경이 됨을 알려줍니다.

16장은 일곱째 달 십 일 제사를 위한 준비, 제물, 집전 의식에 관하여 다음과 같은 순서로 전개됩니다.

16:1-2　　서론(발단)
16:3-5　　아론이 성소에 들어갈 때 취할 제물과 아론이 입는 옷
16:6-10　 아론을 위한 속죄제물과 백성을 위한 속죄제물
16:11-20　일곱째 달 십 일 제사
　　① 16:11-17 지성소와 회막의 정화
　　② 16:18-19 제단의 정화
　　③ 16:20-22 아사셀 염소를 보냄
　　④ 16:23-25 번제와 속죄제물의 기름을 제단에서 불사름
　　⑤ 16:26-28 진영 밖에서 들어오는 자의 정화
16:29-34b 일곱째 달 십 일 제사를 영원히 지키라 명령하심
16:34c　　여호와의 명령대로 일곱째 달 십 일 제사를 드림

16:1 아론의 두 아들이 여호와 앞에 나아가다가(베코르바탐 בְּקָרְבָתָם) 죽은 후에 여호와께서 모세에게 말씀하시니라

'아론의 두 아들이 여호와 앞에 나아가다가 죽은 후에 여호와께서 모세에게 말씀하시니라' 말씀은 16장이 여호와께서 나답과 아비후와 같은 죽음이 다시는 일어나지 않도록 주신 말씀임을 알 수 있습니다.

16:2 여호와께서 모세에게 이르시되 네 형 아론에게 이르라 성소의 휘장 안 법궤 위 속죄소 앞에 아무 때나 들어오지 말라 그리하여 죽지 않도록 하라 이는 내가 구름 가운데에서 속죄소 위에 나타남이니라

여호와는 모세를 통해 아론이 아무 때나 성소의 휘장 안에 들어와서 죽지 않도록 하라 말씀하십니다. 여호와께서 구름 가운데 속죄소 위에 나타나시기 때문입니다.

성소의 휘장 안은 '지성소'를 가리킵니다. 회막에서 지성소는 휘장 안에 있습니다. 지성소에는 증거판이 들어 있는 궤가 있고, 이 궤를 속죄소가 덮고 있습니다(출26:33-34).

'내가 구름 가운데서 속죄소 위에 나타남이니라' 말씀은 출애굽기 40:34-35와 같은 상황을 말씀합니다. 구름이 회막에 덮이고 여호와의 영광이 성막에 충만할 때 모세도 회막에 들어갈 수 없었습니다. 여호와는 속죄소 위에 구름 가운데 여호와의 얼굴, 여호와의 영광을 드러내십니다. 사람은 여호와의 영광, 여호와의 얼굴을 보면 죽습니다(출33:18, 20; 사6:1-5).

여호와는 모세를 통해 아론이 지성소 안에 아무 때나 들어와 여호와의 영

광을 보고 죽지 않도록 말씀하십니다.

> 16:3-5 아론이 성소에 들어오려면 수송아지를 속죄제물로 삼고 숫양을 번제물로 삼고 ⁴거룩한 세마포 속옷을 입으며 세마포 속바지를 몸에 입고 세마포 띠를 띠며 세마포 관을 쓸지니 이것들은 거룩한 옷이라 물로 그의 몸을 씻고 입을 것이며 ⁵이스라엘 자손의 회중에게서 속죄제물로 삼기 위하여 숫염소 두 마리와 번제물로 삼기 위하여 숫양 한 마리를 가져갈지니라

여호와는 아론이 성소에 들어올 때 드려야 하는 제사를 말씀하십니다. 아론은 수송아지를 속죄제물로, 숫양을 번제물로 삼아야 합니다. 또 아론은 거룩한 세마포 속옷, 세마포 속바지, 세마포 띠. 세마포 관을 써야 합니다. 여호와는 아론이 입어야 할 옷을 '거룩한 옷'이라 하십니다. 아론은 '거룩한 옷'을 입을 때, 물로 몸을 씻고 입어야 합니다. 그리고 아론은 이스라엘 회중의 속죄제물로 숫염소 두 마리, 번제물로 숫양 한 마리를 취해야 합니다.

16:3-5는 다음과 같은 구조로, 아론이 입는 거룩한 옷을 강조합니다.

a. 아론을 위한 속죄제물과 번제물(16:3)
b. 아론이 입어야 할 거룩한 옷(16:4)
a'. 아론이 취할 백성을 위한 속죄제물과 번제물(16:5)

아론은 구름 가운데 임하시는 여호와의 영광이 나타나는 지성소에 들어가

기 위하여 그의 몸을 물로 씻고 머리부터 발끝까지 '**세마포**'로 지은 **거룩한 옷**으로 입어야 합니다(b). 그리고 여호와께서 명하시는 제물을 취하여 지성소에 들어가야 합니다(a-a').

> **16:6-10** 아론은 자기를 위한 속죄제의 수송아지를 드리되 자기와 집안을 위하여 속죄하고 ⁷또 그 두 염소를 가지고 회막 문 여호와 앞에 두고 ⁸두 염소를 위하여 제비 뽑되 한 제비는 여호와를 위하고(라여호와 לַיהוָה) 한 제비는 아사셀을 위하여(라아자젤 לַעֲזָאזֵל) 할지며 ⁹아론은 여호와를 위하여 제비 뽑은 염소를 속죄제로 드리고 ¹⁰아사셀을 위하여 제비 뽑은 염소는 산 채로 여호와 앞에 두었다가 그것으로 속죄하고 (레카페르 알라이브 לְכַפֵּר עָלָיו) 아사셀을 위하여 광야로 보낼지니라

여호와는 아론에게 먼저 아론을 위한 속죄제의 수송아지를 드리게 하십니다. 아론이 드리는 속죄제의 수송아지는 아론과 집안의 속죄를 위해 드리는 속죄제물입니다.

또 여호와는 아론에게 이스라엘 자손의 회중을 위한 속죄제물로 두 마리 염소를 회막 문 여호와 앞에 두고, 제비를 뽑으라 하십니다. **한 제비는 여호와를 위하여 뽑고(라여호와), 한 제비는 아사셀을 위하여(라아자젤) 뽑으라 하십니다.**[245] 여호와를 위하여 제비 뽑은 염소는 여호와 앞에 속죄제로 드리고, 아사셀을 위하여 제비 뽑은 염소는 산 채로 여호와 앞에 두었다가 '그것으로 속죄하기 위하여(레카페르 알라이브)'[246] 광야로 보내라 하십니다.

---

245) 라여호와, 라아자젤 염소의 의미는 23장 설교 본문을 참조하라(23:26-32).
246) '레카페르 알라이브(16:10)'는 '그것으로 속죄하기 위하여' 뜻이다.

16:11 아론은 자기를 위한 속죄제의 수송아지를 드리되 자기와 집안을 위하여 속죄하고 자기를 위한 그 속죄제 수송아지를 잡고

아론은 자기와 집안을 속죄하기 위하여 속죄제물 수송아지를 잡아야 합니다. 16:11은 다음과 같은 구조를 이룹니다.

  a. 아론은 자기를 위한 속죄제의 **수송아지를 드리되**(16:11a)
    b. 자기와 집안을 위하여 **속죄하고**(16:11b)
  a'. (아론은) 자기를 위한 속죄제의 **수송아지를 잡고**(16:11c)

a-b-a'는 '동사의 변화'를 통해 속죄가 어떻게 임하는지를 보여줍니다. 아론의 속죄제물은(a) 아론에 의해 **죽임을 당합니다**(a'). <u>아론의 속죄제물은 아론에 의해 죽임을 당함으로</u>, **아론과 그의 집안을 속죄합니다**(b).

16:12-13 향로를 가져다가 여호와 앞 제단 위에서 피운 불을 그것에 채우고 또 곱게 간 향기로운 향을 두 손에 채워 가지고 휘장 안에 들어가서 ¹³여호와 앞에서 분향하여 향연으로 증거궤 위 속죄소를 가리게 할지니 그리하면 그가 죽지 아니할 것이며

여호와는 아론이 향로를 가져다가 여호와 앞 제단 위에서 피운 불을 향로에 채우고, 곱게 간 향기로운 향을 두 손에 채워서 휘장 안으로 들어가라 하십니다. 아론은 향로와 향으로 여호와 앞에서 분향하여 향연으로 증거궤 위 속죄소를 가려야 합니다.247) 그리하여야 아론이 여호와의 지성소 안으로

들어와도 죽지 않을 것이라 하십니다.

16:14 그는 또 수송아지의 피를 가져다가 손가락으로 속죄소 동쪽에 뿌리고 또 손가락으로 그 피를 속죄소 앞에 일곱 번 뿌릴 것이며

여호와는 아론에게 향의 연기로 휘장 안에 있는 속죄소를 가린 후에, 수송아지의 피를 가지고 휘장 안으로 들어가라 하십니다. 아론에게 자신의 손가락으로 수송아지의 피를 찍어 속죄소 동쪽에 뿌리고, 또 손가락으로 속죄소 앞에 일곱 번 뿌리라 하십니다.

16:15 또 백성을 위한(라암 לָעָם) 속죄제 염소를 잡아 그 피를 가지고 휘장 안에 들어가서 그 수송아지 피로 행함 같이 그 피로 행하여 속죄소 위와 속죄소 앞에 뿌릴지니

여호와는 아론에게 백성을 위한 속죄제 염소를 잡아[248] 그 피를 가지고 휘장 안에 들어가서 수송아지 피로 행함 같이 숫염소의 피를 속죄소 위와 속죄소 앞에 뿌리라 하십니다.[249]

---

[247] 향로에 번제단 위의 불을 넣고 향을 피워서 지성소와 성소를 나누는 **휘장 안으로 밀어 넣어** 향의 연기가 속죄소를 가리게 하였다. 기동연, 『레위기』, 558

[248] 이 염소는 16:8-9에서 '여호와를 위하여(라여호와)' 제비 뽑은 염소이다. '여호와를 위하여 제비 뽑은 염소'는 '백성을 위한(라암) 속죄제물의 피'로 여호와께 드려진다.

[249] 아론은 지성소를 향해 4번 왕복했을 것이다. ①제단의 불로 피운 향이 담긴 향로를 지성소에 놓기 위해 ② 자신의 속죄제물 수송아지의 피를 속죄소 위에 뿌리기 위해 ③ 백성의 속죄제물 염소의 피를 뿌리기 위해 ④ 지성소에 있는 향로를 꺼내기 위해, 또 아론은 속죄제물의 피로 지성소를 속죄할 때 휘장 밖에 있는 '분향단'을 속죄하였을 것이다. '아론이 일 년에 한 번씩 이 향단 뿔을 위하여 속죄하되 속죄제의 피로 일 년에 한 번씩 대대로 속죄할지니라 이 제단은 여호와께 지극히 거룩하니라(출30:10)'

16:16 곧 이스라엘 자손의 부정(미툼오트 베네 이스라엘 מִטֻּמְאֹת בְּנֵי יִשְׂרָאֵל)과 그들이 범한(미피쉬에헴 מִפִּשְׁעֵיהֶם) 모든 죄로(레콜 하토탐 חַטֹּאתָם) 말미암아 지성소를 위하여 속죄하고 또 그들의 부정한 중에 있는 회막을 위하여 그같이 할 것이요

여호와는 아론이 행하는 속죄제물의 피를 드리는 의식으로 이스라엘 자손의 부정들과(툼오트 טֻמְאֹת),250) 그들의 반역들과(페샤임 פְּשָׁעִים)251), 그들의 죄들로(하타오트 חַטֹּאות) 말미암아 지성소를 위하여 속죄하라 하십니다. 또 그들의 부정한 중에 있는 회막을 위하여 그같이 하라 하십니다.

'그들의 부정한 중에 있는 회막을 위하여 그같이 할 것이요' 말씀은 구름 가운데 여호와의 영광을 나타내는 지성소가 있는 회막이 이스라엘 자손의 부정과 반역과 죄로 말미암아 '부정함' 가운데 있음을 말씀합니다.

16:17 그가 지성소에 속죄하러 들어가서 자기와 그의 집안과 이스라엘 온 회중을 위하여 속죄하고 나오기까지는 누구든지(콜 아담 כָּל אָדָם) 회막에 있지 못할 것이며

여호와는 아론이 지성소에 속죄하러 들어가서 자기와 그의 집안과 이스라엘 온 회중을 위하여 속죄하고 나오기까지는 누구도(콜 아담) 회막에 있지 못할 것이라 하십니다.

---

250) '부정들(툼오트 טֻמְאֹת)', '반역들(페샤임 פְּשָׁעִים)', '죄들(하타오트 חַטֹּאות)'은 죄에 관한 삼중적 표현이다. 삼중 표현을 대표하는 것은 맨 앞의 '부정들'이다. 김경열, 『레위기의 신학과 해석』, 249
251) 16:16의 '그들이 범한(우미피쉬에헴)'은 '그들의 반역'이란 뜻이다.

'누구든지 회막에 있지 못할 것이며'의 '누구든지'는 육체를 지닌 모든 사람(콜 아담)입니다. 이 제사는 '거룩한 옷'을 입은 아론만이 여호와 앞에서 드릴 수 있습니다. 아론은 거룩한 옷을 입고, 자신과 그의 집안과 이스라엘 온 회중을 위한 속죄제물의 피를 가지고, 여호와의 영광이 임재하신 지성소와 회막을 속죄해야 합니다.252)

16:18-19 그는 여호와 앞 제단으로 나와서 그것을 위하여 속죄할지니 (뵈키페르 알라이브 וְכִפֶּר עָלָיו) 곧 그 수송아지의 피와 염소의 피를 가져다가 제단 귀퉁이 뿔들에 바르고 ¹⁹또 손가락으로 그 피를 그 위에 일곱 번 뿌려(힛자 הִזָּה) 이스라엘 자손의 부정에서 (미툼오트 베네 이스라엘 מִטֻּמְאֹת בְּנֵי יִשְׂרָאֵל) 제단을 성결하게(뵈티하로 뵈키드쇼 וְטִהֲרוֹ וְקִדְּשׁוֹ) 할 것이요

여호와는 아론에게 여호와 앞 제단으로 나와서 '그것으로 속죄하라(뵈키페르 알라이브)253) 하십니다. 여호와께서 아론에게 주신 명령은 곧 그 수송아지의 피와 염소의 피를 가져다가 제단 귀퉁이 뿔들에 바르고 또 손가락으로 그 피를 그 위에 일곱 번 뿌려 이스라엘 자손의 부정들에서(툼오트) 제단을 성결하게 하라는 명령입니다. 여기서 '성결하게(뵈티하로 뵈키드쇼)' 동사는 '정결하게 하다(티하르 טהר)'와 '거룩하게 하다(키데쉬 קדשׁ)' 두 개의 동사로 이루어져 있습니다. 따라서 '제단을 성결하게 할 것이요' 말씀은 '제단

---

252) 아론이 '거룩한 옷'을 입고 홀로 휘장 안에 들어가 속죄제물의 피를 드리는 제사는 예수께서 홀로 십자가 지실 것을 예표한다.
253) '뵈키페르 알라이브'는 '그것으로 속죄할지니'로 '수송아지와 염소의 피로' '제단을 속죄하라'는 뜻이다.

을 정결하게 하고 거룩하게 하라'는 명령입니다.

16:18-19는 a-b-a′ 구조를 이룹니다. 이 구조는 제단에 행하는 속죄제물의 피 의식이 이스라엘 자손을 정결하게 하고 거룩하게 하는 의식임을 보여줍니다.

a. 그는 <u>여호와 앞 제단으로 나와 그것으로 속죄하라</u>(16:18a)
b. 그는 **수송아지의 피와 염소의 피로 제단 귀퉁이 뿔에 바르고 손가락으로 그 피를 그 위에 일곱 번 뿌려라**(16:18b-19a)
a′. 그는 <u>이스라엘 자손의 부정에서 제단을 정결하게, 거룩하게 하라</u>(16:19b)

a에서 여호와는 '제단을 그것으로 속죄하라' 하시고, a′에서는 '이스라엘 자손의 부정 가운데 있는 제단을 성결하게 하라' 하십니다. a-a′ 관계는 제단과 이스라엘 자손이 역동적 관계에 있음을 알려줍니다.

15:31은 이스라엘 자손이 부정에서 떠나지 않으면, 여호와의 성막을 더럽힘으로 말미암아 부정한 중에서 죽게 될 것이라 말씀합니다. 15:31의 뜻을 a-a′ 관계로 알 수 있습니다. a-a′는 여호와 앞에 있는 제단은 이스라엘 자손의 영적 상태로, 제단의 성결함은 이스라엘 자손의 성결함을 나타냅니다. 즉 **제단은 이스라엘 자손을 나타냅니다.**[254]

---

254) 출애굽기 29:37-46은 여호와께서 제단에서 이스라엘 자손을 만나겠다고 하신다. '내가 거기서 이스라엘 자손을 만나리니 내 영광으로 말미암아 회막이 거룩하게 될지라(출29:43)' 여호와께서 회막에 임하시면 회막이 거룩하게 되며 회막 안에 있는 제단도 거룩하게 된다(출29:44). 제단의 거룩함은 이스라엘 자손의 거룩함을 나타낸다.

b는 제단의 속죄 곧 이스라엘 자손의 속죄는 속죄제물의 피로 이루어짐을 보여줍니다. 거룩한 옷을 입은 아론이 속죄제물의 피를 제단 뿔에 바르고, 제단에 뿌려서 제단이 속죄함을 받는 것은, 곧 이스라엘 자손이 속죄제물의 피로 모든 부정함에서 속죄함을 받는 것을 의미합니다.255)

실로 속죄제물의 피를 제단에 바르고 뿌려서 제단을 성결하게 하는 의식은, 여호와 앞에서 부정하여 죽임을 당할 수밖에 없는 이스라엘 자손을 위해 속죄제물의 피로 정결하게 하며 거룩하게 하는 의식입니다.

16:20-22 그 지성소와 회막과 제단을 위하여 속죄하기를 마친 후에 살아 있는 염소를 드리되 ²¹아론은 그의 두 손으로 살아 있는 염소의 머리에 안수하여 이스라엘 자손의 모든 불의와(콜 아보노트 베네 이스라엘 כָּל עֲוֹנֹת בְּנֵי יִשְׂרָאֵל) 그 범한(콜 피쉬에헴 כָּל פִּשְׁעֵיהֶם) 모든 죄를(레콜 하토탐 לְכָל חַטֹּאתָם) 아뢰고(히트바다 הִתְוַדָּה) 그 죄를 염소의 머리에 두어 미리 정한 사람에게(베야드 이쉬 이티 בְּיַד אִישׁ עִתִּי) 맡겨 광야로 보낼지니 ²²염소가 그들의 모든 불의를(콜 아보노트 כָּל עֲוֹנֹת) 지고(붜나사 נָשָׂא) 접근하기 어려운 땅에 이르거든 그는 그 염소를 광야에 놓을지니라

여호와는 아론에게 지성소와 회막과 제단을 속죄제물의 피로 속죄한 후에, 살아 있는 염소를 드리라 하십니다. 살아 있는 염소는 '아사셀을 위하여

---

255) 속죄제물의 피를 제단 귀퉁이 뿔에 바르는 의식은 나병 환자가 정결하게 되는 여덟째 날 의식과 유사하다(14:10-20). 여덟째 날에 정결하게 하는 제사장은 나병에서 정결함을 받을 자의 신체 오른쪽 특정 부위에 속건제물의 피와 기름을 바른다.

(라아자젤) 제비 뽑은 염소'로 산 채로 여호와 앞에 두었다가 '미리 정해진 사람'에 의해 광야로 보내어지는 염소입니다(16:10).

'살아있는 염소'를 광야로 보내는 의식은 아론이 '그의 두 손으로 염소의 머리에 안수하여 이스라엘 자손의 모든 불의와 모든 반역과 모든 죄를 아룀'으로 시작됩니다. 여기서 16:21의 표현은 16:16과 같은 형식으로, 16:16을 반복합니다.

16:16   부정들(툼오트)   반역들(페샤임)   죄들(하타오트)

16:21   모든 불의(콜 아보노트) 모든 반역(콜 페샤임) 모든 죄(콜 하타오트)

16:16에서 이스라엘 자손의 '부정들(툼오트)'은 16:21에서 여호와 앞의 모든 불의로(콜 아보노트) 표현됩니다. 여호와 앞에서 모든 '불의(아본)'는 여호와의 진노를 일으키며 그 형벌을 직접 담당해야 합니다(나사). 그런데 여호와는 이스라엘 자손이 담당해야 할 진노와 형벌을 아론의 '두 손 안수와 아룀으로(히트봐다)'256) **살아 있는 염소의 머리에 두게 하십니다.**

살아 있는 염소는 이스라엘 자손의 모든 불의를(콜 아보노트)257) 지고, **미리 정해진 사람에 의하여** 광야로 보내어집니다. 살아 있는 염소는 이스라엘 자손의 모든 불의를 담당하여, 사람이 접근하기 어려운 광야에 이르러 홀로 남습니다. 살아 있는 염소는 광야에서 홀로 죽음을 맞게 될 것입니다.

---

256) '아뢰고(히트봐다)'는 '이 중 하나에 허물이 있을 때에는 아무 일에 잘못하였노라 자복하고(히트봐다)(5:5)'와 같은 단어이다.
257) 16:22의 '염소가 그들의 모든 불의(콜 아보노트)를 지고' 말씀은 '모든 불의'가 이스라엘 자손의 모든 죄를 대표하는(26:40) 표현임을 알 수 있다.

16:23 아론은 회막에 들어가서 지성소에 들어갈 때에 입었던 세마포 옷을 벗어 거기 두고

16:23은 아론이 아사셀 염소를 광야로 보낼 때까지 '거룩한 옷(16:4)'을 입고 집전했음을 알 수 있습니다.258) 여호와는 아론에게 회막에 들어가 지성소에 들어갈 때 입었던 세마포 옷, 지금까지 입었던 거룩한 옷을 벗어 회막 안에 두라고 하십니다.259)

16:24-25 거룩한 곳에서 물로 그의 몸을 씻고 자기 옷을 입고 나와서 자기의 번제와 백성의 번제를 드려 자기와 백성을 위하여 속죄하고 25속죄제물의 기름을 제단에서 불사를 것이요

여호와는 아론에게 거룩한 곳에서 물로 그의 몸을 씻고 자기 옷을 입고 나와 자기의 번제와 백성의 번제를 드려 자기와 백성을 위하여 속죄하라 하십니다. 아론은 여호와의 말씀에 따라 거룩한 곳에서 거룩한 세마포 옷을 벗어 거기 두고 물로 그의 몸을 씻은 다음에, 그의 옷을 입고 나와 자기와 백성의 번제를 드려서 자기와 백성을 위하여 속죄하고, 또 속죄제물의 기름을 제단에서 불사릅니다.

---

258) 아론이 '거룩한 옷'을 입고 집전한 것은 일곱째 달 십 일 제사는 거룩한 대제사장이 담당하는 제사라는 것을 의미한다. 아론이 입은 '거룩한 옷'은 장차 '여호와께 온전히 바쳐진 그 사람이 반드시 죽임을 당하여(27:28-29)', 지극히 거룩한 자신을 속건제물로 드리게 될 것을 예표한다.
259) 거룩한 옷은 회막의 어느 한 곳에 두었을 것이다. 기동연, 『레위기』, 575

16:26-28 염소를 아사셀에게 보낸 자는 그의 옷을 빨고 그의 몸을 씻은 후에 진영에 들어갈 것이며 ²⁷속죄제 수송아지와 속죄제 염소의 피를 성소로 들여다가 속죄하였은즉 그 가죽과 고기와 똥을 밖으로 내다가 불사를 것이요 ²⁸불사른 자는 그의 옷을 빨고 물로 그의 몸을 씻은 후에 진영에 들어갈지니라

여호와는 염소를 아사셀에게 보낸 자는 옷을 빨고 물로 그의 몸을 씻은 후에 진영에 들어가라 하십니다. 또 속죄제물의 피가 성소에 들어갔으므로 속죄제물의 남은 부위는 진영 바깥 재 버리는 곳인 정결한 곳으로 가져다가 불사르라 하십니다. 그리고 진영 밖에서 속죄제물을 불사른 자도 옷을 빨고 물로 그의 몸을 씻은 후에 진영에 들어가라 하십니다.

16:29-31 너희는 영원히 이 규례를(후카트 올람 חֻקַּת עוֹלָם) 지킬 것이라 일곱째 달 곧 그달 십 일에 너희는 스스로(나프쇼테켐 נַפְשֹׁתֵיכֶם) 괴롭게 하고(테아누 תְּעַנּוּ) 아무 일도 하지 말되 본토인이든지 너희 중에 거류하는 거류민이든지 그리하라 ³⁰이날에(바욤 하제 הַיּוֹם הַזֶּה) 너희를 위하여 속죄하여 너희를 정결하게 하리니 너희의 모든 죄에서 너희가 여호와 앞에서 정결하리라 ³¹이는 너희에게 안식일 중의 안식일인즉(샤바트 샤바톤 שַׁבַּת שַׁבָּתוֹן) 너희는 스스로(나프쇼테켐 נַפְשֹׁתֵיכֶם) 괴롭게 할지니(뵈이니템 וְעִנִּיתֶם) 영원히 지킬 규례라(후카트 올람 חֻקַּת עוֹלָם)

16:29-31 말씀은 다음과 같은 구조를 이룹니다.

A. 너희는 영원히 이 규례를 지켜라(후카트 올람)(16:29a)

B. 일곱째 달 곧 그달 십 일에 너희 모두는 스스로(나프쇼테켐) 괴롭게 하고 아무 일도 하지 말라(16:29b)

C. 바로 이날에 너희를 속죄하여 정결하게 할 것이다 : 너희의 모든 죄에서 여호와 앞에 정결하게 될 것이다(16:30).

B'. 이는 안식일 중의 안식일이니 스스로(나프쇼테켐) 괴롭게 하라(16:31a)

A'. (너희에게) 영원히 지킬 규례니라(후카트 올람)(16:31b)

여호와는 이스라엘 자손에게 16장의 제사를 영원한 규례로(후카트 올람) 지키라고 하십니다(A-A').

영원한 규례로 지켜야 하는 일곱째 달 십 일에 이스라엘 자손은 스스로(나프쇼테켐)260) 괴롭게 하고 아무 일도 하지 말아야 합니다(B).

'스스로 괴롭게 하고'는 부정하며(16:19), 불의한(16:21) 영혼으로 인해 괴로워하며 여호와 앞에 그 잘못을 고백해야 한다는 뜻입니다. 여호와는 이 날을 '안식일 중의 안식일(샤바트 샤바톤)'로 칭하시며, '스스로 괴롭게 하라' 말씀을 반복하십니다(B').261)

중심 C는 영원한 규례로 주신 일곱째 달 십 일, 안식일 중의 안식일이 어떤 날인지를 알려줍니다. 이날은 이스라엘 자손을 속죄하여 정결하게 하는 날입니다. 안식일 중의 안식일인 이날에 여호와는 이스라엘 자손의 모든 죄에서 속죄하여 여호와 앞에 정결하게 하십니다(16:30).262)

---

260) '나프쇼테켐'은 '너희들의 네페쉬(영혼)'이다(11:44). 일곱째 달 십 일 제사는 땅에 기는 길짐승에 의해 더럽혀져 여호와 앞에 가증하게 된 아담의 영혼을 정결하게 하는 제사이다.

261) '괴롭게 하고(16:29)'와 '괴롭게 할지니(16:31)'는 '자기를 낮추다, 괴롭히다' 뜻의 '아나(עָנָה)'동사의 피엘형이다.

C의 16:30을 히브리어 원문으로 직역하면 다음과 같습니다.263)

"이날에 그가 너희를 위하여 속죄하여 너희를 정결하게 할 것이다. 너희의 모든 죄들로부터 너희가 여호와 앞에 정결하게 될 것이다(16:30)"

여호와는 일곱째 달 십 일, 안식일 중의 안식일에 이스라엘 자손을 속죄하여 정결하게 하는 일을 '그가' 할 것이라 하십니다. 16장 문맥에서 '그'는 아론이 하는 것으로 볼 수 있습니다.

16장에서 여호와는 아론에게 거룩한 옷을 입고, 속죄제물의 피를 가지고 지성소와 회막과 제단을 속죄하라 하셨습니다. 그런데 16:30은 아론이 입는 거룩한 세마포 옷, 여호와께 드릴 속죄제물의 피, 아사셀 염소를 모두 합하여 '그가'로 표현합니다. 또 여호와는 '그가 … 정결하게 **할 것이다**'와 '**너희가** … 정결하게 **될 것이다**'로 '그가 정결하게 함으로', '**너희가** 정결하게 될 것'을 말씀하십니다.

> **16:32-33** 기름 부음을 받고 위임되어 자기의 아버지를 대신하여 제사장의 직분을 행하는 제사장은 속죄하되 세마포 옷 곧 거룩한 옷을 입고 33지성소를 속죄하며 회막과 제단을 속죄하고 또 제사장들과 백성의 회중을 위하여 속죄할지니

여호와는 일곱째 달 십 일 제사를 집전하는 자는 '기름 부음을 받고 위임

---

262) 안식일 중의 안식일에 여호와는 이스라엘 자손을 정결하게 하신다. 시내 산에서 주신 '안식일 언약'의 의미가 드러나기 시작한다(출31:12-18).
263) 박철현, 『레위기』, 453

되어 자기의 아버지를 대신하여 제사장의 직분을 행하는 대제사장'이 해야 한다고 하십니다. 여호와는 기름 부음을 받고 위임된 대제사장은 세마포 옷, 거룩한 옷을 입고 이 제사를 집전해야 한다고 하십니다. 대제사장은 일곱째 달 십 일에 세마포 거룩한 옷을 입고, 지성소를 속죄하며, 회막과 제단을 속죄하고, 또 제사장들과 백성의 회중을 위하여 속죄하여야 합니다.

> **16:34** 이는 너희가 영원히 지킬 규례라(후카트 올람 חֻקַּת עוֹלָם) 이스라엘 자손의 모든 죄를 위하여 일 년에 한 번 속죄할 것이니라 아론이 여호와께서 모세에게 명령하신 대로 행하니라

여호와는 이 규례를 이스라엘 자손이 '영원한 규례'로 지킬 것을 세 번째 말씀하십니다. 여호와는 일 년에 한 번 이 규례를 행하여 이스라엘 자손의 모든 죄를 속죄하라고 모세를 통해 선포하십니다.

'아론이 여호와께서 모세에게 명령하신 대로 행하니라(16:34c)'

16:34c의 히브리어 원문은 '그리고 <u>그가</u> 여호와께서 모세에게 명령하신 대로 행하니라'입니다.264) 16:34c의 말씀을 16:30과 함께 보면 다음과 같습니다.

> "이날에 <u>그가</u> 너희를 위하여 속죄하여 너희를 정결하게 할 것이다. 너희의 모든 죄들로부터 너희가 여호와 앞에 정결하게 될 것이다(16:30)"

---

264) 기동연, 『레위기』, 587

"그리고 <u>그가</u> 여호와께서 모세에게 명령하신 대로 행하니라(16:34c)"

16:30에서 여호와께서 영원한 규례로 주신 말씀을, 16:34c는 '**그가** 여호와께서 모세에게 명령하신 대로 행하니라'로 선포합니다.

16:34c는 여호와께서 이스라엘 자손에게 주신 영원한 규례, 일곱째 달 십일 제사, 안식일 중의 안식일에 '**그가**' 이스라엘 자손을 속죄하여 정결하게 하는 그 놀라운 은혜가 이미 시작되었음을 알려줍니다.

▶▶본문 해석

"너희는 영원히 이 규례를 지킬 것이라 **일곱째 달 곧 그달 십 일**에 <u>너희는 스스로 괴롭게 하고</u> 아무 일도 하지 말되 본토인이든지 너희 중에 거류하는 거류민이든지 그리하라 ³⁰이날에 너희를 위하여 속죄하여 너희를 정결하게 하리니 너희의 모든 죄에서 너희가 여호와 앞에서 정결하리라 ³¹이는 너희에게 **안식일 중의 안식일인즉**(샤바트 샤바톤) <u>너희는 스스로 괴롭게 할지니</u> 영원히 지킬 규례라(16:29-31)"

일곱째 달 십 일은265) 가나안 땅에 거하는 이스라엘 자손을 위하여 여호와의 정하신 날이 되면 '안식일 중의 안식일(16:31)'이 그 땅에 임하게 될 것을 계시합니다.

---

265) 일곱째 달 십 일은 이스라엘 민간력으로 <u>첫째 달 십 일</u>이다(종교력 <u>첫째 달 십 일</u>은 <u>유월절 어린 양을 준비하는 날</u>이다).

"여호와께서 애굽 땅에서 모세와 아론에게 일러 말씀하시되 이달을 너희에게 달의 시작 **곧 해의 첫 달이 되게 하고** 너희는 이스라엘 온 회중에게 말하여 이르라 **이달 열흘에** 너희 각자가 어린 양을 취할지니 각 가족대로 그 식구를 위하여 어린 양을 취하되(출12:1-3)"

여호와는 애굽 땅에서 해의 첫 달을 새로 주시고, 그달 열나흗날 밤(열닷샛날), 열 번째 재앙으로 애굽 땅의 모든 처음 난 것을 치셨습니다. 바로의 장자로부터 옥에 갇힌 사람의 장자까지, 처음 난 모든 것을 치셨습니다.
그때 이스라엘 자손은 여호와의 말씀대로 행하여 **첫째 달 십 일에 취한 어린 양을, 열나흗날 해질 때에 잡아,** 양의 피를 집 인방과 문설주에 바르고, 그 집에서 **어린 양의 고기와 무교병과 쓴 나물을 먹음으로,** 여호와께서 그 집의 문을 넘으셨기에(유월), 애굽 사람들에게는 **장자의 죽음으로 울부짖었던 밤**이, 이스라엘 자손에게는 어린 양의 피를 바른 집 안에서 **편히 안식하는 밤**이 되었습니다(출12:4-13).

나답과 아비후의 죽음 후에(16:1)[266], 여호와는 모세를 통해 일곱째 달 십 일에 스스로 괴롭게 하라 하십니다(16:29, 31). 아론 두 아들의 **죽음** 후, 여호와는 아론에게 **일곱째 달 십 일 제사**를 드리게 하시고, 그날에 이스라엘 자손에게 '**스스로 괴롭게 하라**' 하심은, '**일곱째 달 십 일**'이 '**쓴 나물을 먹음으로 스스로 괴롭게 하여**' '**죽음**'을 넘긴 '**유월절**'과 같은 날이 됨을 의미합니다. 다시 말하면 '아론의 장자 나답(과 아비후)의 죽음 후'에 '일곱째 달 십 일(민간력 첫째 달 십 일)'의 제사를 주시고, 그날에 '스스로 괴롭게 하라'

---

266) '나답과 아비후'는 **아론** 아들의 **첫째**(장자)와 둘째이다(출6:23).

명령은 애굽 땅에 임했던 유월절 같은 날이, 가나안 땅에 들어간 이스라엘 자손에게 '일곱째 달 십 일'로 임할 것을 계시합니다.

애굽 땅에서 여호와는 애굽의 장자를 침으로 바로의 종으로 붙들려 있는 이스라엘 자손을 구하여 내셨습니다. 그와 같이 여호와는 가나안 땅에 들어가서 여호와의 말씀을 지키지 못한 채, 죄의 종으로 살아가는 이스라엘 자손을 자유하게 하시기 위하여(25:8-13), 일곱째 달 십 일에 이스라엘의 장자를 죽임당하게 하심으로, 그날에 이스라엘 자손이 죄의 종에서 놓이는 '안식일 중의 안식일'이 되게 하실 것을 **일곱째 달 십 일 제사**로 계시하십니다.

그래서 여호와는 일곱째 달 십 일에 '**스스로 괴롭게 하라**' 하십니다. 애굽 땅에서 있었던 유월절에 애굽 인들이 장자의 죽음으로 울부짖은 것처럼, 이스라엘 자손도 가나안 땅의 일곱째 달 십 일에 있을 장자의 죽음으로 인하여, 스스로 괴롭게 하라 하십니다. 이스라엘 자손의 장자가 끊어짐으로 **일곱째 달 십 일에 '스스로 괴롭게 한 자'들이 정결하게 되어, 그날이 '안식일 중의 안식일(샤바트 샤바톤)'로**267) 임하게 될 것이기 때문입니다.

한편, **일곱째 달 십 일 제사**는268) 나병에서 나아 '**정결함을 받을 자**'가 자기 장막 밖에서 행하는 **일곱째 날** 의식을 해석해줍니다.

"**일곱째 날에** 그는 모든 털을 밀되 머리털과 수염과 눈썹을 다 밀고 그의 옷을 빨고 몸을 물에 씻을 것이라 그리하면 **정하리라**(14:9)"

---

267) '샤바트 샤바톤'은 성경에 6번 나오는 특별한 단어이다. 23장 설교 참조
268) 여호와는 일곱째 달 십 일을 '안식일 중의 안식일'이라 하신다(16:31). 이것은 일곱째 달 십 일이 '**그 안식일**'이 될 것을 의미한다(23장 본문 설교 참조).

일곱째 날에 **정결함을 받을 자**가 자기 장막 밖에서 행하는 의식은 '죽음'을 애도하는 의식입니다.[269] 여호와께서 일곱째 날에 **정결함을 받을 자**에게 죽음을 슬퍼하는 의식을 주신 것은, **정결함을 받을 자**를 위해 **지극히 거룩한 이스라엘 자손의 장자**가 죽게 될 것이기 때문입니다(27:29).

일곱째 날에 지극히 거룩한 장자의 죽음으로, 정결함을 받을 자는 속죄함을 받고 정결하게 될 뿐 아니라(16:30), 그날이 그에게 '안식일 중의 안식일'이 되며(16:31), 일곱째 날 다음 날, 여덟째 날에 여호와께로 갈 수 있기 때문입니다(14:10).

"그리고 <u>그가</u> 여호와께서 모세에게 명령하신 대로 행하니라(16:34c)"

여호와는 이스라엘 자손이 가나안에 들어가서, 그 땅에 이스라엘 자손의 장자가 오실 때까지, 아론 계열의 기름 부음 받은 대제사장을 통해 '일곱째 달 십 일'의 은혜, '안식일 중의 안식일'의 은혜를 이미 누리게 하십니다.

---

269) 몸의 털을 미는 의식은 죽은 자를 슬퍼하는 의식의 하나이다(렘16:6; 41:5). 여호와는 이스라엘 자손에게 죽은 자를 위하여 행하는 의식을 금지하신다(19:27-28; 21:4-5). 그러나 단 하루 일곱째 달 십 일, 안식일 중의 안식일에는 '스스로 괴롭게 하라' 명하신다(16:29, 31).

17:1-16
육체의 생명은 피

육체의 생명은 피에 있음이라
내가 이 피를 너희에게 주어 제단에 뿌려
너희의 생명을 위하여 속죄하게 하였나니
생명이 피에 있으므로 피가 죄를 속하느니라(17:11)

16장은 '아론의 두 아들이 죽은 후(16:1a)'로 시작하여, '아론이 여호와께서 모세에게 명령하신 대로 행하니라(16:34c)'로 끝납니다.

16장은 아론의 두 아들이 여호와의 명령대로 행하지 않아서 죽은 것과 두 아들의 아버지 아론이 여호와의 명령대로 행하여 산 것을 대조합니다.

일곱째 달 십 일 제사에서 대제사장 아론이 여호와께서 모세에게 명령하신 대로 행하여 산 것은 '아론과 그의 남은 아들들과 이스라엘의 모든 자손'이 새 생명을 얻은 것이라 할 수 있습니다.[270] 그러므로 '아론이 여호와께서 모세에게 명령하신 대로 행하니라(16:34c)'의 선포는 대제사장 아론이 집전한 일곱째 달 십 일 제사로 '아론과 그의 남은 아들들과 이스라엘의 모든 자손'이 여호와 앞에서 새 생명을 받았음을 선포하는 것입니다.

일곱째 달 십 일에 새 생명을 받은 '아론과 그의 아들들과 이스라엘의 모든 자손(17:2a)'은 이제 여호와 앞에서 어떻게 살아야 할까요?

여호와는 새 생명을 받은 이스라엘 자손의 거룩한 삶을 17장부터 본격적으로 말씀하십니다.

---

270) 온 회중이 부지중에 죄를 범하여 여호와 앞에 허물이 있을 때, 기름 부음을 받은 제사장이 드리는 속죄제로 이스라엘 온 회중은 여호와로부터 죄 사함을 받는다(4:13-21).

17:1-2 여호와께서 모세에게 말씀하여 이르시되 ²아론과 그의 아들들과 이스라엘의 모든 자손에게 말하여 그들에게 이르기를 여호와의 명령이(치봐 여호와 צִוָּה יְהוָה) 이러하시다 하라

17장 도입 문구는 특별하지 않습니다. 그런데 말씀 수신자를 '아론과 그의 아들들과 이스라엘의 모든 자손'이라 하시며, **'여호와의 명령'**으로 이르라는 말씀은 특별합니다.271)

17:3-4 이스라엘 집의 모든 사람이(이쉬 이쉬 אִישׁ אִישׁ) 소나 어린 양이나 염소를 진영 안에서 잡든지 진영 밖에서 잡든지 ⁴먼저 회막 문으로(페타흐 오헬 모에드 פֶּתַח אֹהֶל מוֹעֵד) 끌고 가서 여호와의 성막 앞에서(리프네 미쉬칸 여호와 לִפְנֵי מִשְׁכַּן יְהוָה) 여호와께 예물(코르반 קָרְבָּן)로 드리지 아니하는 자는 피 흘린 자로 여길 것이라 그가 피를 흘렸은즉 자기 백성 중에서 끊어지리라(뵈니크라트 하이쉬 하후 미케레브 암모 וְנִכְרַת הָאִישׁ הַהוּא מִקֶּרֶב עַמּוֹ)

여호와는 이스라엘 집의 '어떤 남자(이쉬 이쉬)'든지 **여호와의 명령을 지킬 것**을 말씀하십니다.

여호와는 이스라엘 집의 모든 사람, 누구든지 소나 어린 양이나 염소를 진영 안에서 잡든지 진영 밖에서 잡든지, 먼저 회막 문으로 끌고 가서 여호와의 성막 앞에서 여호와께 예물로 드리라 하십니다. 여호와께 먼저 예물로 드

---

271) 이 명령은 일곱째 달 십 일 제사로 새로 탄생한 생명에게 주시는 명령이다. 여호와의 명령은 21:24까지 이어진다(17:2와 21:24의 말씀 수신자가 같음).

리지 아니하고 소, 양, 염소를 잡는 자를 여호와는 피 흘린 자로 여기시고, '그가 자기 백성 중에서 끊어지리라(뵈니크라트 하이쉬 하후 미케레브 암모)'를 선포하십니다.272)

'피 흘린 자'로 여기심은 '살인한 자'로 여기신다는 뜻입니다(창9:6).273) 또 '피 흘린 자'에 대하여 '자기 백성 중에서 끊어지리라' 선포는 '피 흘린 자'가 곧 '피를 먹는 자'와 같음을 나타냅니다(7:27).274)

여호와는 진영 안이나 밖에서 소, 양, 염소를 잡을 때 여호와께 먼저 예물로 드리지 않고 잡는 자를 '피 흘리는 자', 곧 '살인한 자', '피를 먹는 자'로 여기실 것을 말씀하십니다.

여호와는 이스라엘 집의 모든 사람이 소나 어린 양이나 염소를 잡을 때 먼저 여호와께 예물로 드릴 것을 강력하게 명령하십니다. 여호와께 먼저 예물로 드릴 것을 '회막문으로 끌고 가서', '여호와의 성막 앞에서'와 같이 여호와께서 거하시는 장소를 반복하여 강조하십니다.

> 17:5 그런즉 이스라엘 자손이 들에서 잡던(조브힘 זבְחִים) 그들의 제물을 회막 문 여호와께로 끌고 가서 제사장에게 주어 화목제로 여호와께 드려야 할 것이요

여호와는 이스라엘 자손이 **들에서 잡던 그들의 제물**을 회막 문 여호와께

---

272) '끊어지리라'는 화목제 말씀에서 집중적으로 나타난다(7:20, 21, 25, 27).
273) '다른 사람의 피를 흘리면 그 사람의 피도 흘릴 것이니 이는 하나님이 자기 형상대로 사람을 지으셨음이니라(창9:6)'
274) '무슨 피든지 먹는 사람이 있으면 그 사람은 다 자기 백성 중에서 끊어지리라(7:27)'

로 끌고 가서 제사장에게 주어 화목제로 여호와께 드리라 하십니다.

'들에서 잡던(조브힘) 그들의 제물'은275) 이스라엘 자손이 애굽에서 '우상'을 섬기려고 들에서 잡던 제물을 가리킵니다(수24:14; 겔20:8 참조).

여호와는 출애굽한 이스라엘 자손에게 우상의 제물을 잡는 행위를 버리라고 하십니다. 이제는 그들의 제물을 회막문 여호와 앞으로 가져가 여호와께 화목제를 드려 여호와를 섬기라고 명령하십니다.

17:6 제사장은 그 피를 회막 문 여호와의 제단에 뿌리고 그 기름을 불살라 여호와께 향기로운 냄새가 되게 할 것이라

여호와는 이스라엘 자손에게 애굽에서 섬기던 우상을 버리고, 그들의 제물을 회막 문으로 끌고 와서 여호와께 화목제로 드리라 하십니다. 제사장은 화목제 제물의 피를 회막 문 여호와의 제단에 뿌리고 제물의 기름을 제단에서 불살라 여호와께 향기로운 냄새가 되게 하여 여호와와 이스라엘 자손 간에 화목하게 하라 하십니다.

17:7 그들은 전에 음란하게(조님 זֹנִים) 섬기던 숫염소에게 (라세이림 שְׂעִירִם לְ)다시 제사하지 말 것이니라 이는 그들이 대대로 지킬 영원한 규례니라(후카트 올람 חֻקַּת עוֹלָם)

---

275) '조브힘'은 '제사드리다(자바흐 זָבַח)'의 능동 분사 복수형으로 '습관적으로 반복하고 있는 일'을 나타낸다. 기동연, 『레위기』, 607

'그들은 전에 음란하게 섬기던 숫염소에게 다시 제사하지 말 것이니라' 말씀은 이스라엘 자손이 애굽에서 숫염소 우상을 섬긴 행위를 다시는 행하지 말라는 명령입니다.276)

여호와는 이스라엘 자손이 일곱째 달 십 일 제사로 새롭게 되었으니, 애굽 땅에서 이제까지 행했던 부정한 삶을 다시 행하지 말라고 명령하십니다. 여호와는 이스라엘 자손이 숫염소 우상을 섬기지 말 것을 대대로 지킬 영원한 규례로(후카트 올람) 주십니다.277)

17:8-9 너는 또 그들에게 이르라 이스라엘 집 사람이나 혹은 그들 중에 거류하는 거류민이(하게르 הַגֵּר) 번제나 제물을 드리되 ⁹회막 문으로 가져다가 여호와께 드리지 아니하면 그는(하이쉬 하후 אִישׁ הַהוּא) 백성 중에서(메암마이브) 끊어지리라(니크레타)

여호와는 '이스라엘 집의 모든 사람'에게 주신 명령을(17:3) 이스라엘 중에 거류하는 '거류민'으로 확대하십니다.

여호와께 드리는 제사도 '화목제'에서(17:5) '번제와 제물'로 모든 제사에 적용하십니다.

또 여호와에 의해 끊어지는 자를 '그 사람(하이쉬)(17:4)'에서 '바로 그

---

276) 숫염소 우상 또는 염소 악령을 섬기는 전통은 이스라엘 백성이 애굽에 살았던 지역의 고센 인근 도시에서 유행했으며 아주 음란하게 숭배하였다고 한다. 기동연, 『레위기』, 609

277) 이스라엘은 가나안 땅에 들어가서도 숫염소 우상을 만들어 섬겼다(대하11:15). 유다의 요아스 왕은 우상을 섬기는 곳을 더럽히는 과정에서 '성문들의 산당'을 헐어버렸다(왕하23:8). '성문들'은 히브리로 '쉐아림(שְׁעָרִים)'인데, 이 발음은 '숫염소들(세이림)'과 매우 유사하다. '성문들의 산당'은 '숫염소들의 산당'을 가리킬 수 있다. 박철현, 『레위기』, 489

사람(하이쉬 하후)(17:9)'으로 표현하시며, 여호와에 의해 반드시 끊어질 것을 확증하십니다.

17:3-9는 다음과 같은 구조를 이룹니다.

A. 이스라엘 집의 모든 사람은 소, 양, 염소를 여호와께 예물로 드려라 : 예물로 드리지 않는 자는 자기 백성 중에서 끊어질 것(17:3-4)
B. 이스라엘 자손은 들에서 잡던 그들의 제물을 여호와 앞으로 끌고 가서 제사장에게 주어 여호와께 화목제로 드려라(17:5)
  C. **제사장은 제물의 피를 제단에 뿌리고 기름을 불살라 여호와께 향기로운 냄새가 되게 하라**(17:6)
B'. 그들은 음란하게 섬기는 숫염소에게 다시는 제사하지 말라 : 대대로 지킬 영원한 규례(17:7)
A'. 이스라엘 집 사람이나 거류민이나 번제나 제물을 회막 문으로 가져다가 여호와께 드려라 : 여호와께 드리지 않는 자는 백성 중에서 끊어질 것(17:8-9)

여호와는 이스라엘 자손과 거류민에게 여호와만을 섬기라 명령하십니다. 그렇게 행하지 않으면 그들이 백성 중에서 끊어질 것이라 하십니다(A-A'). 이전의 애굽 땅에서 섬기던 우상에게 제물을 주지 말고, 제물을 회막문 여호와 앞으로 가져와 제사장에게 드려 여호와께 드릴 것을 영원한 규례로 명하십니다(B-B'). 여호와는 제사장에게 백성이 가져온 제물의 피를 제단에 뿌리고 기름을 불살라 여호와께 향기로운 냄새가 되게 하여, 여호와와 백성 사이를 화목하게 하라 명하십니다(C).

17:10 이스라엘 집 사람이나(이쉬 이쉬 אִישׁ אִישׁ) 그들 중에 거류하는 거류민(하게르 הַגֵּר) 중에 무슨 피든지 먹는 자가 있으면 내가 그 피를 먹는 그 사람에게는(바네페쉬 בַּנֶּפֶשׁ) 내 얼굴을 대하여 그를 백성 중에서 끊으리니(히크라티 오타흐 הִכְרַתִּי אֹתָהּ)

여호와는 이스라엘 집 어떤 남자든(이쉬 이쉬), 그들 중에 거류하는 거류민이든 '피를 먹지 말 것'을 강하게 경고하십니다(7:27). 여호와는 무슨 피든지 먹는 자가 있으면 그 피를 먹는 그 사람에게 '내 얼굴을 대하여'라 하십니다. 이 표현은 여호와의 얼굴을 피를 먹는 자에게 두시겠다는 의미로, 피를 먹는 자를 '대적'으로 보신다는 뜻입니다. 여호와는 피를 먹는 자를 '그를 그의 백성 중에서 끊으리니'를 선포하시며 반드시 그가 끊어질 것을 나타내십니다. 여기서 '내가 그 피를 먹는 그 사람(바네페쉬)'을 '네페쉬'로 표현하시므로 여호와께서 '피를 먹는 사람'의 끊으시는 것이 '그의 네페쉬'임을 알 수 있습니다.

17:11 육체의 생명은 피에 있음이라(키 네페쉬 하바사르 바담 히 כִּי נֶפֶשׁ הַבָּשָׂר בַּדָּם הִוא) 내가 이 피를 너희에게 주어 제단에 뿌려 너희의 생명을(나프쇼테켐 נַפְשֹׁתֵיכֶם) 위하여 속죄하게 하였나니 생명이 피에 있으므로 피가 죄를 속하느니라(키 하담 후 바네페쉬 예카페르 כִּי הַדָּם הוּא בַּנֶּפֶשׁ יְכַפֵּר)

17:11은 다음과 같이 해석할 수 있습니다.278)

---
278) 기동연, 『레위기』, 613

"육체의 생명은 그 피에 있나니 내가 그것을 너희를 위하여 주어 제단 위에서 너희 생명을 속하게 하였나니 이는 생명에 있는 그 피가 속죄하기 때문이다"

이 말씀은 다음과 같은 구조를 이룹니다.

a. 육체의 생명은 그 피에 있기 때문이다(키 네페쉬 하바사르 바담 히)
  b. 내가 그 피를 너희를 위하여 주어 제단 위에서 너희를 위하여 생명을 속죄하게 하였다.
a'. 생명에 있는 그 피가 속죄하기 때문이다(키 하담 후 바네페쉬 예카페르).

여호와는 육체의 생명이(네페쉬) 그 피에(담) 있으므로(a), 생명을 속죄하기 위해서는 생명이 있는 피로만 할 수 있다(a')고 하십니다. **여호와는 육체를 지닌 사람의 생명을 속죄하기 위하여, 생명의 피가 흐르는 가축, 살아 있는 '소와 양과 염소의 피'를 너희를 위하여 주어 제단 위에서 너희의 생명을 속죄하게 하였다고 하십니다(b).**

17:12 그러므로 내가 이스라엘 자손에게 말하기를 너희 중에 아무도 피를 먹지 말며 너희 중에 거류하는 거류민이라도(하게르 הַגֵּר) 피를 먹지 말라 하였나니

여호와는 이스라엘 자손과 거류민의 생명을(네페쉬) 속죄하기 위하여 소와 양과 염소의 생명의(네페쉬) 피를 제단에 뿌리게 하였으므로, 이스라엘 자손과 거류민에게 피를 먹지 말라는 명령을 주셨음을 말씀하십니다.

17:13-14 모든 이스라엘 자손이나 그들 중에 거류하는 거류민이(하게르 הַגֵּר) 먹을 만한 짐승이나 새를 사냥하여 잡거든 그것의 피를 흘리고 흙으로 덮을지니라 ¹⁴모든 생물은(네페쉬 콜 바사르 בְּשַׂר נֶפֶשׁ כָּל) 그 피가 생명과 일체라 그러므로 내가 이스라엘 자손에게 이르기를 너희는 어떤 육체의 피든지(담 콜 바사르 כָּל בָּשָׂר דָּם) 먹지 말라 하였나니 모든 육체의 생명은(네페쉬 콜 바사르) 그것의 피인즉 그 피를 먹는 모든 자는 끊어지리라

여호와는 모든 이스라엘 자손이나 거류민이 사냥으로 먹을 만한 짐승이나 새를 잡았을 때, 그것의 피를 흘리고 흙으로 덮을 것을 명령하십니다. 왜냐하면 모든 육체의 생명이(네페쉬 콜 바사르) '피'에 있기 때문입니다. '피는 곧 생명'입니다. 여호와는 '피를 먹는 자'는 '생명을 먹는 자', '피를 흘리는 자'라 하십니다(17:4). 여호와는 피를 먹는 자에 대하여 '내 얼굴을 대하여 그를 백성 중에서 끊으리니(17:10)' 말씀에 따라 '그가 끊어지게 될 것'이라 선포하십니다.

17:15-16 또 스스로 죽은 것이나 들짐승에게 찢겨 죽은 것을 먹은 모든 자는 본토인이거나 거류민이거나 그의 옷을 빨고 물로 몸을 씻을 것이며 저녁까지 부정하고 그 후에는 정하려니와 ¹⁶그가 물로 빨지 아니하거나 그의 몸을 물로 씻지 아니하면 그가 죄를 담당하리라(나사 아보노 נָשָׂא עֲוֺנוֹ)

여호와는 스스로 죽은 것, 들짐승에게 찢겨 죽은 고기를 먹은 자에게 '그

의 옷을 빨고 물로 몸을 씻을 것이며 저녁까지 부정하고 그 후에는 정하리라' 하십니다. 그러나 그런 고기를 먹고도 물로 옷을 빨지 않고 몸을 물로 씻지 아니하는 자는 '그가 죄를 담당하리라(나사 아보노)'를 선포하십니다.

▶▶본문 해석

"이스라엘 집의 모든 사람이 소나 어린 양이나 염소를 진영 안에서 잡든지 진영 밖에서 잡든지 ⁴먼저 회막 문으로 끌고 가서 여호와의 성막 앞에서 여호와께 예물로 드리지 아니하는 자는 피 흘린 자로 여길 것이라 그가 피를 흘렸은즉 자기 백성 중에서 끊어지리라(17:3-4)"

17장은 일곱째 달 십 일 제사로 새롭게 탄생한 이스라엘 자손에게 애굽 땅에서 행했던 부정한 삶으로 돌아가지 말라는 여호와의 명령입니다.[279]
17장은 여호와께서 모세를 통해 주신 명령대로 행하여 '여호와와 함께 살라'는 명령입니다.

일곱째 달 십 일 제사로 새 생명을 얻은 이스라엘 자손은 어떤 삶을 선택해야 할까요?

여호와의 명령을 거역하고 '땅에 기는 길짐승'을 따라 부정함으로 되돌아

---

[279] 11:44의 '뵈히트카디쉬템'은 15:31의 '뵈히자르템'으로 할 수 있다. '자신을 거룩하게 함'은 부정함에서 '떠나는 것'이다. 그것은 '땅에 기는 길짐승'을 따르는 길에서 떠나는 것이다.

가는 삶을 선택?

　… 결과는 '죽음'입니다(15:31).

거룩하신 여호와의 명령을 따르는 삶을 선택?

　… 결과는 '생명'입니다(18:5).

16:34c	17:1-2
여호와께서	여호와께서
모세에게 명령하신 대로	모세에게 말씀하여 … 여호와의 명령이 이러하시다 하라
아론이(그가)	아론과 그의 아들들과 이스라엘 모든 자손이
행하니라	?

18:1-30
여호와의 규례와 법도를 지키라 그리하면 살리라①

너희는 내 규례와 법도를 지키라
사람이(하아담 הָאָדָם) 이를 행하면 그로 말미암아 살리라
나는 여호와이니라(18:5)

17장에서 여호와는 '이전에 음란하게 섬기던 숫염소에게 다시는 제사하지 말 것을 영원한 규례로(후카트 올람)' 명령하셨습니다(17:7). 이 명령은 18, 19, 20장에서 가나안 땅에서 지킬 구체적 법령으로 선포됩니다.

여호와는 새 생명을 얻은 이스라엘 자손은 애굽 땅의 부정한 삶으로 되돌아가지 말고, 가나안 땅의 부정한 풍속도 따르지 말라 명령하십니다.
 새 생명을 얻은 이스라엘 자손은 가나안 땅에서 여호와의 거룩한 규례와 법도를 지켜 여호와의 거룩하심과 같이 거룩한 삶을 살라 명령하십니다.

18:1-2 여호와께서 모세에게 말씀하여 이르시되 ²너는 이스라엘 자손에게 말하여 이르라 나는 여호와 너희의 하나님이니라(아니 여호와 엘로헤켐 אֲנִי יְהוָה אֱלֹהֵיכֶם)

여호와는 이스라엘 자손에게 '나는 여호와 너희의 하나님'이라 선포하시며 말씀을 시작하십니다.

11장에서 여호와는 '나는 여호와 너희의 하나님'을 선포하시며, '내가 거룩하니 너희도 거룩할지어다' 명령하셨습니다(11:44-45).[280]

11장에서 하신 여호와 이름 선포를 18장에서 다시 하시는 것은 '내가 거룩하니 너희도 몸을 구별하여 거룩하게 하고 땅에 기는 길짐승으로 말미암아 스스로 더럽히지 말라' 명령을 구체적으로 말씀하시기 위함입니다.

여호와는 '나는 여호와 너희의 하나님'이라 하시며, 이스라엘 자손이 여호와께 속하였음을 확증하십니다. 여호와 이름 선포는 이스라엘 자손이 여호와께 속하였으므로, 여호와의 거룩하심과 같이 이스라엘 자손도 거룩해야 함을 말씀합니다.

18:3-4 너희는 너희가 거주하던 애굽 땅의 풍속을(마아세 מַעֲשֵׂה) 따르지 말며 내가 너희를 인도할 가나안 땅의 풍속과(마아세 מַעֲשֵׂה) 규례도(후카 חֻקָּה) 행하지 말고 ⁴너희는 내 법도를(미쉬파타이 מִשְׁפָּטַי) 따르며 내 규례를(후코타이 חֻקֹּתַי) 지켜 그대로 행하라 나는 너희의 하나님 여호와라(아니 여호와 엘로헤켐 אֲנִי יְהוָה אֱלֹהֵיכֶם)

---

280) '나는 여호와 너희의 하나님' 선포는 출애굽기 6:7; 16:12 후에, 레위기에서는 11:44-45가 처음이다.

여호와는 '너희가 거주하던 애굽 땅의 풍속을 따르지 말며' 말씀으로 이스라엘 자손에게 11:44-45의 말씀을 되새기게 하십니다.

'나는 너희의 하나님이 되려고 너희를 애굽 땅에서 인도하여 낸 여호와라 내가 거룩하니 너희도 거룩할지어다(11:45)' 여호와는 여호와의 거룩하심 같이 이스라엘 자손을 거룩하게 하시려고 이스라엘 자손을 애굽 땅에서 인도하여 내셨습니다. 여호와는 이스라엘 자손이 이전에 거주하던 부정한 애굽 땅의 풍속을 따르지 말라 하십니다. 또 그들이 들어갈 가나안 땅의 풍속도 행하지 말라 하십니다. 여기서 풍속은(마아세) '손으로 만든 것'과 관련된 행위입니다. 이것을 고려하면 '마아세'는 애굽과 가나안에서 사람의 손으로 만든 '우상'을 가리킵니다(시115:4). 그렇다면 18:3의 '풍속'은 이스라엘 자손이 살았던 애굽의 우상과 가나안 땅의 우상을 섬기는 규례(후카)를 행하지 말라는 명령입니다.

여호와는 이스라엘 자손에게 애굽과 가나안 땅의 풍속과 규례를 따르지 말고 '여호와의 법도와 규례를 지켜 그대로 행하라' 명령하십니다. 여호와의 거룩하신 이름 '나는 여호와 너희의 하나님'을 선포하시며 명령하십니다.

18:3-4는 여호와께서 '행하지 말 것'과 '행할 것'을 다음과 같이 대조하며 '나는 여호와 너희의 하나님'으로서 이스라엘 자손에게 명령하십니다.

행하지 말 것(18:3)	행해야 할 것(18:4)
애굽 땅의 풍속을 따르는 것	여호와의 법도를 따르는 것
가나안 땅의 풍속과 규례를 따라 행하는 것	여호와의 규례를 지켜 그대로 행하는 것
	나는 여호와 너희의 하나님

18:5 너희는 내 규례와(후코타이 חֻקֹּתַי) 법도를(미쉬파타이 מִשְׁפָּטַי) 지키라 사람이(하아담 הָאָדָם) 이를 행하면 그로 말미암아 살리라 나는 여호와이니라(아니 여호와 אֲנִי יְהוָה)

15:31에서 여호와는 이스라엘 자손이 부정에서 떠나지 않으면 죽게 될 것을 말씀합니다.

"너희는 이와 같이 이스라엘 자손이 그들의 부정에서 떠나게 하여(뵈히자르템) 그들 가운데 있는 내 성막을 그들이 더럽히고 그들이 부정한 중에서 죽지 않도록 할지니라(15:31)"

그런데 18:5에서 여호와는 사람이(하아담) '여호와의 규례와 법도를 지키면 살게 될 것'이라 말씀하십니다. 그러므로 사람에게 주신 여호와의 규례와 법도는 땅에 기는 길짐승을 따라가 더럽혀져 부정함으로 죽임을 당하지 않게 하시려고, 여호와께서 주신 생명의 법임을 알 수 있습니다.

18:6 각 사람은(이쉬 이쉬 אִישׁ אִישׁ) 자기의 살붙이를(세에르 베사로 בְּשָׂרוֹ שְׁאֵר) 가까이하여 그의 하체를(에르바 עֶרְוָה) 범하지 말라 나는 여호와이니라(아니 여호와 אֲנִי יְהוָה)

여호와는 어떤 남자든지(이쉬 이쉬) 지켜야 할 여호와의 규례와 법도의 첫째로 살붙이를 가까이하여 하체를 범하지 말라 하십니다. 이 명령은 '각 사람(이쉬 이쉬)'에게 주시는 명령으로 예외가 없습니다. 여호와는 이 명령을 지키지 않는 자를 반드시 심판하실 것을 '나는 여호와이니라'로 선포하십니다.

'살붙이'로 번역된 '세에르 베사로'는 '혈연을 통한 가족 관계'인 '세에르'와 '결혼을 통해 한 몸을 이루는 친밀한 관계'를[281] 의미하는 '바사르'의 합성어입니다. 그러므로 '살붙이(세에르 베사로)'는 혈연과 결혼으로 이루어지는 가족 공동체의 근본으로, '생명'이 탄생하고 양육되는 곳입니다. 여호와는 가족의 시작, 생명이 탄생하고 자라는 가족 관계를 더럽히는 악행, 살붙이의 하체를 범하지 말라고 강력하게 명하십니다.

> **18:7-8** 네 어머니의 하체는 곧 네 아버지의 하체이니 너는 범하지 말라 그는 네 어머니인즉 너는 그의 하체를 범하지 말지니라 ⁸너는 네 아버지의 아내의 하체를 범하지 말라 이는 네 아버지의 하체니라

여호와는 가장 먼저 아버지의 아내인 어머니의 하체를 범하지 말 것을 명령하십니다. 18:7-8은 같은 명령이 세 번 반복되면서, 아버지의 아내를 범하는 것이 얼마나 악한 일인가를 말씀하십니다.

① 네 어머니의 하체는 곧 네 아버지의 하체이니 범하지 말라(18:7a)
② 그는 네 어머니인즉 너는 그의 하체를 범하지 말라(18:7b)
③ 너는 네 아버지의 아내의 하체를 범하지 말라(18:8a)
결론 : 이는 네 아버지의 하체니라(18:8b)

---

281) '이러므로 남자가 부모를 떠나 그의 아내와 합하여 둘이 한 몸을(바사르) 이룰지로다 (창2:24)'

여호와는 남자와 여자를 한 몸이 되게 하셨습니다(창2:24). 그러므로 아버지와 어머니는 한 몸입니다. 여호와는 아버지와 한 몸을 이루는 아버지의 아내, 어머니의 하체를 범하지 말 것을 강력히 명령하십니다.

18:9 너는 네 자매 곧 네 아버지의 딸이나 네 어머니의 딸이나 집에서나 다른 곳에서 출생하였음을 막론하고 그들의 하체를 범하지 말라

'네 자매 곧 네 아버지의 딸이나 네 어머니의 딸'은 같은 아버지, 같은 어머니에게서 태어난 누이를 말합니다. 여호와는 같은 집에서 태어났든지 그리 아니하였든지 같은 아버지, 같은 어머니에게서 태어나 살붙이가 된 누이의 하체를 범하지 말라 명령하십니다.

18:10 네 손녀나 네 외손녀의 하체를 범하지 말라 이는 네 하체니라

여호와는 손녀든 외손녀든 손녀의 하체는 너의 하체라고 하십니다. 여호와는 너의 하체를 여호와 앞에서 드러내지 말라 명령하십니다(출28:42).

18:11 네 아버지의 아내가 네 아버지에게 낳은 딸은 네 누이니 너는 그의 하체를 범하지 말라

'네 아버지의 아내가 아버지에게 낳은 딸'은 친어머니가 아닌 아버지의 아내가 낳은 딸을 의미합니다. 여호와는 아버지의 아내가 낳은 딸은 '살붙이'기 때문에 그녀의 하체를 범하지 말라 명령하십니다.

18:12-13 너는 네 고모의 하체를 범하지 말라 그는 네 아버지의 살붙이 니라(세에르 שְׁאֵר) 너는 네 이모의 하체를 범하지 말라 그는 네 어머니의 살붙이니라(세에르 שְׁאֵר)

고모는 아버지와 혈연관계이며(세에르), 이모는 어머니와 혈연관계(세에르)입니다. 여호와는 아버지와 어머니의 '살붙이(세에르)'인 고모와 이모의 하체를 범하지 말라 명령하십니다.

18:14 너는 네 아버지 형제의 아내를 가까이하여 그의 하체를 범하지 말라 그는 네 숙모니라

여호와는 숙모의 하체를 드러내지 말라 명령하십니다. 숙모의 하체는 '아버지의 형제의 하체'와 한 몸이기 때문입니다.

18:15 너는 네 며느리의 하체를 범하지 말라 그는 네 아들의 아내이니 그의 하체를 범하지 말지니라

여호와는 며느리의 하체를 범하지 말라 명령하십니다. 며느리는 아들의 아내입니다. 여호와는 아들과 한 몸을 이루는 며느리의 하체를 범하지 말라 명령하십니다.

18:16 너는 네 형제의 아내의 하체를 범하지 말라 이는 네 형제의 하체니라

여호와는 형제와 한 몸을 이루는 형체의 아내의 하체를 범하지 말라 명령하십니다.

18:17 너는 여인과 그 여인의 딸의 하체를 아울러 범하지 말며 또 그 여인의 손녀나 외손녀를 아울러 데려다가 그의 하체를 범하지 말라 그들은 그의 살붙이이니 이는 악행(짐마 זִמָּה)이니라

여호와는 여인과 여인의 딸의 하체를 함께 범하는 것과 여인과 여인의 손녀나 외손녀를 함께 취하는 것을 금지하십니다. 이런 행위를 여호와는 '악행(짐마)'이라 표현하시며 강하게 금지 명령을 내리십니다.

18:18 너는 아내가 생존할 동안에 그의 자매를 데려다가 그의 하체를 범하여 그로 질투하게 하지 말지니라

여호와는 아내가 생존할 동안에 아내의 자매를 데려다가 범하여 질투하게 하지 말라 명령하십니다. 질투는 가족 간의 모든 친밀한 관계를 깨뜨립니다.

18:19 너는 여인이(이샤 אִשָּׁה) 월경(닛다 נִדָּה)으로 불결한(툼아 טֻמְאָה) 동안에 그에게 가까이하여 그의 하체를 범하지 말지니라

여인이 월경으로 불결한 기간에 가까이하여 하체를 범하는 남자는 칠 일간 부정하며 그가 눕는 침상은 다 부정하게 됩니다(15:24). 여호와는 여인이 월경하는 기간에 사람이(이쉬) 여인의(이샤) 하체를 범하여 부정하게 되

지 말라 명령하십니다.

18:20 너는 네 이웃의 아내와 동침하여 설정하므로(레자라 לְזָרַע) 그 여자와 함께 자기를 더럽히지 말지니라

여호와는 이웃의 아내와 동침하여 설정하지 말라 명령하십니다. 그것은 '여자와 함께 자기를 더럽히는' 행위입니다. 이웃 여자와 자기를 더럽힌 행위는 이웃의 가정과 자신의 가정을 더럽히는 행위입니다(민5:11-31 참조).

18:21 너는 결단코 자녀를 몰렉에게(람몰레크 לַמֹּלֶךְ) 주어 불로 통과하게 함으로 네 하나님의 이름을 욕되게 하지 말라 나는 여호와이니라

여호와는 자녀를 몰렉에게 주어 불로 통과하게 하는 풍습을 결단코 따르지 말라 명령하십니다. '몰렉에게(람몰레크)'는 '몰렉을 위하여'로 몰렉을 섬기는 풍습을 가리킵니다(렘32:35 참조). 몰렉 우상을 위하여 자녀를 불로 통과하게 하는 풍습은 '자녀의 피를 흘리는' 것입니다. 자녀의 피를 흘리는 풍습은 자녀의 피를 먹는 것입니다. 이 풍습은 여호와께서 명하신 '피를 먹지 말라' 명령에 정면으로 도전하는 것입니다(7:27; 17:10). 그래서 여호와는 '결단코 자녀를 몰렉에게 주어 불로 통과하게 함으로 네 하나님의 이름을 욕되게 하지 말라' 명령하십니다.[282]

여호와는 여호와께 속한 백성이 여호와의 명령을 어기고, 몰렉을 위하여 자녀의 피를 흘리는 악한 풍습을 결단코 따르지 말 것을 '나는 여호와' 거룩

---

[282] '욕되게 하다'는 '하나님께 속한 거룩한 것을 거룩하지 않은 것'으로 만드는 행위를 의미한다. 박철현, 『레위기』, 514

하신 이름으로 명령하십니다.

18:22 너는 여자와(이샤 אִשָּׁה) 동침함 같이 남자와(자카르 זָכָר) 동침하지 말라 이는 가증한(토에바 תּוֹעֵבָה) 일이니라

여호와는 '남자가(이쉬) 부모를 떠나 그의 아내와(이샤) 합하여 둘이 한 몸을 이룰지로다(창2:4)'를 위해 '여자(이샤)'를 창조하셨습니다. 여호와는 둘이 한 몸이 되는 신비를 '이쉬'와 그의 아내인 '이샤'의 관계로 주셨습니다. 그런데 여호와께서 주신 이쉬와 이샤의 관계를 거부하고 남자(이쉬)와 남자(자카르)가 갖는 성관계를 여호와는 '가증한 일(토에바)'로 역겨움을 나타내십니다. '토에바'는 우상 숭배를 가리키는 단어입니다. 여호와는 남자(이쉬)가 남자(자카르)와 성관계를 맺는 것이 우상을 숭배하는 것과 같음을 밝히십니다. 여호와는 '토에바' 표현으로 이쉬와 자카르의 성관계를 가증히 여기심을 드러내십니다.

18:23 너는 짐승과 교합하여 자기를 더럽히지 말며 여자는(이샤 אִשָּׁה) 짐승 앞에 서서 그것과 교접하지 말라 이는 문란한(테벨 תֶּבֶל) 일이니라

여호와는 '짐승'과 교합하여 자신을 더럽히지 말라 명령하십니다. 짐승과의 관계는 여자(이샤)에게도 명령하십니다. 남자나 여자가 짐승과 관계하는 것은 남자와 여자가 '짐승의 형상'으로 살아가는 것입니다. 여호와는 이런 행위를 '문란한 일(테벨)'이라 하시며, 이런 일을 행하지 말 것을 강력하게

명령하십시오.

> **18:24-25** 너희는 이 모든 일로 스스로 더럽히지(티탐메우 תִּטַּמְּאוּ) 말라 내가 너희 앞에서 쫓아내는 족속들이 이 모든 일로 말미암아 더러워졌고(니트메우 נִטְמְאוּ) ²⁵그 땅도 더러워졌으므로 내가 그 악으로(아보나흐 עֲוֺנָהּ) 말미암아 벌하고 그 땅도 스스로 그 주민을 토하여 내느니라

여호와는 이스라엘 자손에게 이 모든 일로 스스로 더럽히지 말라 명하십니다. '이 모든 일'은 애굽과 가나안 땅의 풍속과 규례를 따라 행하는 것입니다(18:6-23). 애굽 땅과 가나안 땅의 풍습과 규례를 따르면 이스라엘 자손은 스스로 더럽히게 됩니다.283) 이스라엘 자손이 그 땅의 풍습을 따라가 스스로 더럽히면, 그들이 들어가 사는 땅을 더럽히게 됩니다. 악한 풍습과 규례를 좇음으로 스스로 더럽히고, 땅을 더럽게 하면 여호와는 '악'이라 하십니다. 여호와는 '그 악(아보나흐)'284)으로 인하여, 악을 행하는 자들을 '벌'하실 것이라 하십니다. 그 땅도 스스로 악을 행하는 주민을 토할 것이라 하십니다.

---

283) 11:44에서 여호와는 '땅에 기는 길짐승'이 이스라엘 자손을 더럽힌다고 하셨는데, 18:24에서는 애굽 땅, 가나안 땅의 풍속과 규례가 이스라엘 자손을 더럽힌다고 하신다. 애굽 땅과 가나안 땅의 풍속이 '땅에 기는 길짐승, 뱀'에게서 온 것이기 때문이다.

284) '그 악(아보나흐)'은 '땅의 악'으로 '그 땅에 사는 사람들이 행한 악으로 가득한 땅'을 말한다. '네 자손은 사대 만에 이 땅으로 돌아오리니 이는 아모리 족속의 죄악이(아본 하에모리 עֲוֺן הָאֱמֹרִי) 아직 가득 차지 아니함이니라 하시더니(창15:16)'

18:26-29 그러므로 너희 곧 너희의 동족이나 혹은 너희 중에 거류하는 거류민이나 내 규례와 내 법도를 지키고 이런 가증한 일의 하나라도(미콜 하토에보트 מִכֹּל הַתּוֹעֵבֹת) 행하지 말라 ²⁷너희 전에 있던 그 땅 주민이 이 모든 가증한 일을(콜 하토에보트 כָּל הַתּוֹעֵבֹת) 행하였고 그 땅도 더러워졌느니라 ²⁸너희도 더럽히면 그 땅이 너희가 있기 전 주민을 토함같이 너희를 토할까 하노라 ²⁹이 가증한 모든 일을(미콜 하토에보트 מִכֹּל הַתּוֹעֵבֹת) 행하는 자는 그 백성 중에서 끊어지리라(니크레투 נִכְרְתוּ)

18:26-29는 다음과 같은 구조를 이룹니다.

A. 내 규례와 법도를 지키라, 가증한 일의 하나도(미콜 하토에보트) 행하지 말라(18:26)
B. 전에 있던 땅의 주민이 가증한 일을(콜 하토에보트) 행하여 땅이 더러워졌음(18:27)
B´. 너희도 더럽히면 너희 있기 전 주민을 토함같이 너희를 토할 것(18:28)
A´. 가증한 일 하나라도(미콜 하토에보트) 행하는 자는 백성 중에서 끊어질 것(18:29)

18:26-29에서 강조되는 것은 '**가증한 일 하나라도(미콜 하토에보트) 행하지 않는 것**'입니다(A, B, A´).285)

여호와는 이스라엘 자손에게 가증한 일의 하나라도 행하지 말고, 여호와의 규례와 법도를 지키라 명하십니다(A). 그 까닭은 가증한 일의 하나라도 행하게 되면 백성 중에서 끊어질 것이기 때문입니다(A´).

여호와는 그 땅에 거하는 주민이 가증한 일을(콜 하토에보트) 행하여 땅

---

285) A, B, A´에서 '가증한 일(토에바)' 단어가 세 번 반복된다.

을 더럽히면 땅이 그 주민을 토하게 하십니다(B). 그러므로 이스라엘 자손도 가나안 땅에 들어가 그 땅을 더럽히면, 그들도 토함을 당하게 될 것이라 말씀하십니다(B').

18:30 그러므로 너희는 내 명령을 지키고 너희가 들어가기 전에 행하던 가증한 풍속을 하나라도(메후코트 하토에보트 מִחֻקּוֹת הַתּוֹעֵבֹת) 따름으로 스스로 더럽히지(볠로 티탐메우 וְלֹא תִּטַּמְּאוּ) 말라 나는 너희의 하나님 여호와이니라(아니 여호와 엘로헤켐 אֲנִי יְהוָה אֱלֹהֵיכֶם)

'너희는 내 명령을 지키고' 여호와는 이스라엘 자손에게 여호와의 명령을 지키라 명하십니다. 여기서 여호와의 명령은 금지 명령입니다.

"너희가 들어가기 전에 행하던 **가증한 풍속을 하나라도** (메후코트 하토에보트) **따름으로 스스로 더럽히지 말라** 나는 너희의 하나님 여호와이니라"

여호와는 이스라엘 자손을 향하여 이전에 거주하던 가나안 족속의 **가증한 풍속을 하나라도 따름으로 스스로 더럽히지**(티탐메우)286) 말라 명령하십니다. 가나안 땅 주민이 그 땅에서 행했던 **가증한 풍속을 '1'도 따르지 말 것**을 강력히 명령하십니다.

여호와는 18장 처음과 끝에서 이스라엘 자손이 여호와의 명령을 지켜 가나안 땅에서 스스로 더럽히지 말 것을 '나는 여호와 너희의 하나님'을 선포

---

286) '티탐메우'는 히트파엘 동사이다(11:24, 43; 18:24, 30). 이스라엘 자손이 가나안 땅의 가증한 풍속을 하나라도 따르면 자신을 더럽히게 된다.

하시며 강력히 명령하십니다.

이스라엘 자손에게 말하노라.
나는 여호와 너희의 하나님이다.
너희는 너희가 거주하던 애굽 땅의 풍속을 따르지 말고,
내가 너희를 인도할 가나안 땅의 풍속과 규례도 행하지 말라(18:2-3).

너희는 내 명령을 지키고,
너희가 들어가기 전에 행하던 가증한 풍속을 하나라도 따름으로,
스스로 더럽히지 말라.
나는 여호와 너희의 하나님이다(18:30).

▶▶**본문 해석**

"각 사람은 자기의 살붙이를 가까이하여 그의 하체를 범하지 말라 나는 여호와이니라(18:6)"

   금지된 관계를 상세히 말씀하시는 것은 남자와 여자는 부정함으로 쉽게 끌리기 때문입니다.287)
   여호와는 남자와 여자의 부정함이 '땅에 기는 길짐승'에서 왔음을 11:44과 18:30을 통해 알려주십니다.

---

287) 15:32-33 본문 설교 참조

11:44	18:30
나는 여호와 너희 하나님이라 내가 거룩하니 **너희도 몸을 구별하여 거룩하게 하고** ▶**땅에 기는 길짐승으로 말미암아 스스로 더럽히지 말라**	나는 여호와 너희 하나님이라 **너희는 내 명령을 지키고** 너희가 들어가기 전에 행하던 ▶**가증한 풍속을 하나라도 따름으로 스스로 더럽히지 말라**

'너희가 들어가기 전에 행하던 가증한 풍속(18:30)' 표현은 <u>가나안 땅의 주민도 '땅에 기는 길짐승'을 따르는 자들임을 알려줍니다(11:44)</u>.

여호와는 이스라엘 자손을 가나안 땅으로 인도하시어, 땅에 기는 길짐승을 따라 그 땅을 더럽힌 가나안 주민을 심판하려 하십니다.[288]

여호와는 이스라엘 자손과 함께 가나안 땅을 심판하여 정결하게 하시고 그 땅에서 이스라엘 자손을 '제사장 나라 거룩한 백성'으로 세계에 드러내려 하십니다(출19:5-6).

여호와는 이 영광스러운 계획을 이루시려 이스라엘 자손에게 '나는 여호와 너희의 하나님'으로 여호와의 거룩한 이름을 드러내십니다.

---

[288] 여호수아 6장에서 가나안 땅의 관문 여리고에 '여호와의 헤렘(חֵרֶם)'이 선포된다(수6:17-18).

여호와는 이스라엘 자손이 일곱째 달 십 일에 '새 생명'으로 태어났으므로, '생명'을 출산하는 가정에서부터 거룩히 구별하여, 가나안 땅을 향해 제사장 나라 거룩한 백성으로 전진할 것을 명령하십니다.

19:1-37
거룩한 백성에게 주신
여호와의 규례와 법도

너는 이스라엘 자손의 온 회중에게 말하여 이르라
너희는 거룩하라
이는 나 여호와 너희 하나님이 거룩함이니라(19:2)

여호와는 18장에서 가나안 땅의 주민이 땅에 기는 길짐승을 따르는 가증한 풍속을 행하여 가나안 땅에서 쫓겨남을 알리시고, 새 생명을 얻은 이스라엘 자손은 가나안 땅의 주민이 행한 가증한 풍속을 하나라도 따름으로 스스로 더럽히지 말라고 명령하십니다. 그리고 19장에서 가나안 땅에 들어갈 이스라엘 자손이 지켜야 할 거룩하신 여호와의 규례와 법도를 하나하나 구체적으로 말씀하십니다.289)

19장은 여호와의 이름 '나는 여호와 너희의 하나님이라'와 '나는 여호와이니라' 선포가 마치 후렴구처럼 리듬감 있게 반복됩니다.290)

19장은 중간을(19:19-22) 기준으로 전·후반부로 나뉘며, 전·후반부에 여호와의 이름 선포가 똑같은 횟수로 나타나는데, 형식은 다릅니다.

여호와의 이름 선포

(★나는 너희의 하나님 여호와이니라 ☆나는 여호와이니라)

전반부(19:2b-18) 형식		중간	후반부(19:23-37) 형식	
★(19:2b)	☆(19:11-12)	(19:19-22)	★(19:23-25)	☆(19:32)
★(19:3)	☆(19:13-14)		☆(19:26-28)	★(19:33-34)
★(19:4-8)	☆(19:15-16)		☆(219:9-30)	★(19:35-36)
★(19:9-10)	☆(19:17-18)		★(19:31)	☆(19:37)

---

289) 19장은 십계명의 명령을 반영한다. 기동연, 『레위기』, 662-663
290) '나는 여호와 너희의 하나님이라' 선포는 '**내가 거룩하니 너희도 거룩하라**' 명령을 내포한다(11:44-45). '나는 여호와이니라' 선포는 '너희는 내 규례와 법도를 지키라 **사람이 이를 행하면 그로 말미암아 살리라 나는 여호와이니라**(18:5)' 선포를 내포한다.

19:1-2a 여호와께서 모세에게 말씀하여 이르시되 너는 이스라엘 자손의 온 회중에게(콜 아다트 베네 이스라엘 כָּל־עֲדַת בְּנֵי־יִשְׂרָאֵל) 말하여 이르라

여호와는 모세를 통해 '이스라엘 자손의 온 회중에게 말하여 이르라' 하시며 말씀을 시작하십니다.

'회중(에다 עֵדָה)'은 '만남'의 의미가 있습니다. '여호와의 성막'을 '만남의 장막'으로 표현한 '회막(오헬 모에드 אֹהֶל מוֹעֵד)'이 그러합니다.291)

여호와께서 이스라엘 자손을 '회중'으로 부르심은 이스라엘 자손이 '**여호와와 만나기 위해 세움 받은 제의 공동체**'임을 알리는 표현입니다.292) 여호와는 이스라엘 자손이 여호와와 함께 거하는 '**거룩한 공동체**'임을 '**이스라엘 자손의 온 회중**'이라는 표현에 담아 말씀하십니다.

19:2b 너희는 거룩하라 이는 **나 여호와 너희 하나님**이 거룩함이니라 (케도쉼 티흐유 키 카도쉬 아니 여호와 엘로헤켐 כִּי קָדוֹשׁ אֲנִי יְהוָה אֱלֹהֵיכֶם קְדֹשִׁים תִּהְיוּ)

여호와는 '너희는 거룩하라(케도쉼 티흐유)' 선포하십니다. 왜냐하면 '너희의 하나님 여호와께서 거룩하시기 때문입니다(키 카도쉬 아니 여호와 엘로헤켐).' 이스라엘 자손의 하나님 여호와는 거룩하신 하나님이십니다. 그래

---

291) '회중(에다)'은 '만나다(야아드 יָעַד)'에서 파생된 단어이다. '이는 너희가 대대로 여호와 앞 회막 문에서 늘 드릴 번제라 내가 거기서 너희와 **만나고** 네게 말하리라 내가 거기서 이스라엘 자손을 **만나리니** 내 영광으로 말미암아 회막이 거룩하게 될지라(출29:42-43)'
292) 마이클 모랄레스,『레위기 성경신학』, 285

서 여호와는 이스라엘 자손에게 '너희는 거룩하라' 선포하십니다.293)

19:3 너희 각 사람은(이쉬 אִישׁ) 부모를 경외하고 나의 안식일을(샤브토타이 שַׁבְּתֹתַי) 지키라 **나는 너희의 하나님 여호와이니라**(아니 여호와 엘로헤켐 אֲנִי יהוה אֱלֹהֵיכֶם)

'여호와께서 거룩하신 하나님이시므로 너희는 거룩하라' 선포하신 후에, 여호와는 '너희 각 사람은 부모를 경외하라' 명령하십니다.294) 19:3의 부모는 남자와(이쉬) 그 남자와 한 몸을 이루는 여자를(이샤) 창조하시어 첫 가정을 이루게 하신(창2:21-25) '여호와'께서 부모 되심을 말씀합니다.295) 그러므로 '너희 각 사람은 부모를 경외하고'는 '너희 각 사람은 여호와를 경외하고'로296) 받아야 합니다.297)

---

293) '너희는 거룩하라' 선포는 여호와의 부르시고 택하심으로 주신 새 생명의 '거룩함'을 지키라는 명령이다(벧전1:15; 벧후1:10 참조).
294) 18장에서 가장 먼저 주신 명령은 살붙이 '부모'에 관한 명령이다(18:6-8)
295) 19:3a절 '너희 각 사람은 부모를 경외하고(이쉬 임모 뵈아비브 티라우 אִישׁ אִמּוֹ וְאָבִיו תִּירָאוּ)'에서 접속사 '붸(וְ)'를 '중언법'으로 읽으면 '각 사람은 어머니 곧 아버지를 경외하라'로 읽을 수 있다. "중언법은 하나의 개념을 전달시키기 위해 두 개의 명사를 연결하여 사용하는 문법이다." 윌리엄스, 『윌리엄스 히브리어 구문론』, 214
296) 여호와는 모세에게 이스라엘 자손을 부르신 목적을 이렇게 알리셨다. '네가 호렙 산에서 네 하나님 여호와 앞에 섰던 날에 여호와께서 내게 이르시기를 나에게 백성을 모으라 내가 그들에게 내 말을 들려주어 그들이 세상에 사는 날 동안 **나를 경외함을 배우게 하며** 그 자녀에게 가르치게 하리라 하시매(신4:10)'
297) 모세는 여호와의 강림하심으로 두려워하는 이스라엘 자손을 향해 이렇게 대답한다. '**두려워하지 말라**(알 티라우 אַל תִּירָאוּ) 하나님이 임하심은 너희를 시험하고 **너희로 경외하여**(이르아토 יִרְאָתוֹ) 범죄하지 않게 하려 하심이니라(출20:20)'

또 여호와는 '**나의 안식일**(샤브토타이)**을 지키라**' 명령하십니다. 안식일은 여호와께서 이스라엘 자손에게 주신 시내 산 언약의 '대대의 표징'입니다.

"너는 이스라엘 자손에게 말하여 이르기를 너희는 **나의 안식일**(샤브토타이 שַׁבְּתֹתַי)을 지키라 이는 나와 너희 사이에 대대의 표징이니 **나는 너희를 거룩하게 하는 여호와**인 줄(키 아니 여호와 메카디쉬켐 כִּי אֲנִי יְהוָה מְקַדִּשְׁכֶם)[298] 너희가 알게 하리라(출31:13)"

거룩하신 여호와는 여호와의 안식일을 지키는 이스라엘 자손을 거룩하게 하십니다. 이스라엘 자손 각 사람은 여호와의 안식일을 지킴으로, 여호와의 선포 '너희는 거룩하라'를 지킬 수 있습니다.

19:4 너희는 헛된 것들에게로 향하지 말며(알 티프누 תִּפְנוּ) 너희를 위하여 신상들을 부어 만들지 말라 **나는 너희의 하나님 여호와니라**(아니 여호와 엘로헤켐 אֲנִי יְהוָה אֱלֹהֵיכֶם)

'헛된 것(엘릴)'은 '가치 없는 것'으로 '우상'을 가리킵니다(사2:8). 우상은 신을 가짜 형상화한 것입니다.[299] 또 '신상들을 부어 만들지 말라' 명령은 이스라엘 자손에게는 여호와만이 그들의 하나님 되심을 표현합니다. 여호와는 이스라엘 자손에게 '나는 여호와 너희의 하나님(아니 여호와 엘로헤켐)'이라 선포하시며, 이스라엘 자손이 손으로 만든 헛된 우상을 섬기지 말 것을

---

[298] '키 아니 여호와 메카디쉬켐'은 '나는 너희를 거룩하게 하는 여호와이기 때문이다' 뜻이다. (24:9 본문 설교 참조)
[299] 김창대, 『이사야서의 해석과 신학』, 73

강력히 명령하십니다.

19:5-8 너희는 화목제물을 여호와께 드릴 때에 기쁘게 받으시도록(리르초네켐 לִרְצֹנְכֶם) 드리고 ⁶그 제물은 드리는 날과 이튿날에 먹고 ⁷셋째 날까지 남았거든 불사르라 셋째 날에 조금이라도 먹으면 가증한 것이 되어 기쁘게 받으심이 되지 못하고 ⁸그것을 먹는 자는 여호와의 성물을 더럽힘으로 말미암아 죄를 담당하리니 그가 그의 백성 중에서 끊어지리라(뵈니크레타 하네페쉬 하히 메암메이하 וְנִכְרְתָה הַנֶּפֶשׁ הַהִוא מֵעַמֶּיהָ)

여호와는 화목제물을 드릴 때 '(너희들을) 기쁘게 받으시도록300) 드리고' 하십니다. 여호와를 경외함으로, 감사하는 마음과 기쁜 마음으로 여호와께 드리라는 뜻입니다.

'그 제물은 드리는 날과 이튿날에 먹고 셋째 날까지 남았거든 불사르라' 말씀은 화목제물을 먹을 때는 화목제 규례를 반드시 지켜서 먹어야 함을 말씀합니다(7:11-27 참조).

여호와는 화목제물 규례를 어기고 **셋째 날에 조금이라도 먹으면**301) **가증한 것이 되어 기쁘게 받으심이 되지 못할 것**이라 하시고, 셋째 날에 조금이라도 화목제물을 먹는 자는 '여호와의 성물을 더럽힘으로 말미암아 **죄를 담**

---

300) '기쁘게 받으시도록(리르초네켐)'은 '너희를 기쁘게 받으시도록'의 뜻이다. 화목제물을 '기쁘게 받으시도록' 드리라는 말씀은 '흠 없는 화목제물'을 드리라는 말씀이다(22:18-25).

301) **'셋째 날에 조금이라도 먹으면'**은 '셋째 날에 여호와의 명령을 어기고 조금이라도 먹으면'의 뜻이다. 여호와는 여호와의 명령에 가감하지 말고 여호와의 명령대로 지킬 것을 말씀하신다.

당하리니 그가 그의 백성 중에서 끊어지리라(뵈니크레타 하네페쉬 하히 메암메이하)'를 선포하십니다.302)

> 19:9-10 너희가 너희의 땅에서 곡식을 거둘 때에 너는 밭모퉁이까지 다 거두지 말고 네 떨어진 이삭도 줍지 말며 네 포도원의 열매를 다 따지 말며 네 포도원에 떨어진 열매도 줍지 말고 가난한 사람과 거류민을 위하여 버려두라 **나는 너희의 하나님 여호와이니라**(아니 여호와 엘로헤켐 אֲנִי יהוה אֱלֹהֵיכֶם)

여호와는 가나안 땅에 들어갈 이스라엘 자손에게 가난한 사람과 거류민을 돌보라고 명령하십니다. 여호와는 이스라엘 자손에게 땅의 곡식을 거둘 때 다 거두지 말고 가난한 자와 거류민을 위하여 남겨 놓으라 하십니다.
　여호와는 '나는 너희의 하나님 여호와'를 선포하시며 이스라엘 자손이 여호와의 거룩하심을 따라 거룩한 명령에 순종할 것을 촉구하십니다.

> 19:11-12 너희는 도둑질하지 말며 속이지 말며 서로(이쉬 אִישׁ) 거짓말하지 말며 12너희는 내 이름으로 거짓 맹세함으로 네 하나님의 이름을 욕되게 하지 말라 **나는 여호와이니라**(아니 여호와 אֲנִי יהוה)

여호와는 거룩한 공동체에서 '서로 거짓을 행하지 말라'를 세 번에 걸쳐 명령하십니다.303) '서로(이쉬)'는 공동체를 이루는 '각 사람'입니다. 거룩한

---

302) 7:20, 21, 25, 27 참조
303) '너희는 도둑질하지 말며 속이지 말며 서로 거짓말하지 말며' 말씀은 '거짓을 행하지 말라'의 세 번 반복이다.

공동체에서 도둑질하고 속이는 자는 법적 장소에서 여호와의 이름으로 거짓 맹세를 하게 될 것입니다(5:1; 6:2-3). 그래서 여호와는 '내 이름으로 거짓 맹세함으로 네 하나님의 이름을 욕되게 하지 말라' 명령하십니다. 여호와 이름을 욕되게 하는 자에게 여호와의 심판이 임할 것을 '나는 여호와이니라' 선포로 확증하십니다.

19:13-14 너는 네 이웃을(레에카 רֵעֲךָ) 억압하지 말며 착취하지 말며 품꾼의 삯을 아침까지 밤새도록 두지 말며 ¹⁴너는 귀먹은 자를 저주하지 말며 맹인 앞에 장애물을 놓지 말고 네 하나님을 경외하라(야레타 וְיָרֵאתָ) **나는 여호와이니라**(아니 여호와 אֲנִי יהוה)

19:13-14의 이웃은 가난하고 힘이 없어 함부로 대할 수 있는 사람입니다. 육체적 장애까지 있어 부당한 대우를 받아도 항변할 수 없는 이웃입니다. 여호와는 이런 이웃을 함부로 대하지 말라 명령하십니다. 거룩한 공동체는 가난하고 힘없는 이웃을 여호와의 거룩하신 이름으로 대하는 공동체입니다. 여호와는 '네 하나님을 경외하라' 선포로 가난하고 힘없는 자들의 여호와 되심을 드러내십니다.

19:15-16 너희는 재판할 때에(바미쉬파트 בְּמִשְׁפָּט) 불의를(에벨 עָוֶל) 행하지 말며 가난한 자의 편을 들지 말며 세력 있는 자라고 두둔하지 말며 공의로(베체데크 בְּצֶדֶק) 사람을 재판할지며 ¹⁶너는 네 백성 중에 돌아다니며 사람을 비방하지 말며 네 이웃의(레에카 רֵעֶךָ) 피를 흘려 이익을 도모하지 말라 **나는 여호와이니라**(아니

여호와 יהוה אֲנִי)

19:15 말씀은 다음과 같은 구조를 이룹니다.

    a. 너희는 **재판할 때에**(바미쉬파트) 불의를 행하지 말며
      b. 가난한 자의 편을 들지 말며
      b′. 세력 있는 자라고 두둔하지 말며
    a′. **공의로**(베체데크) 사람을 재판할지며

재판할 때 가난한 자를 편들어서도 안 되지만(b), 재판에서 가장 쉽게 일어나는 불의는 '세력 있는 자'를 두둔하는 것입니다(b′).
  여호와는 재판할 때 '불의'를 행하지 말고(a) '공의'로 사람을 재판하라 명령하십니다(a′).
  '재판할 때에(베미쉬파트) … 공의로(베체크) 재판할지며' 말씀은 거룩한 공동체는 '여호와의 법도(미쉬파트)304)'인 '공의(체데크)'로 다스려지는 공동체임을 말씀합니다(창18:19 참조).

거룩한 공동체는 사람을 재판할 때 여호와의 법도를 따라 여호와의 공의로 재판해야 합니다. 여호와는 공동체의 재판을 이렇게 행할 것을 '나는 여호와이니라' 선포로 명령하십니다.

19:17-18 너는 네 형제를 마음으로 미워하지 말며 네 이웃을 반드시 견

---

304) '너희는 **재판할 때에**(바미쉬파트)'의 '미쉬파트'는 18:4-5에서 '내 법도'의 '법도(미쉬파트)'와 같은 단어이다.

책하라 그러면 네가 그에 대하여 죄를 담당하지 아니하리라 [18] 원수를 갚지 말며 동포를 원망하지 말며 네 이웃(레에카 רֵעֲ) 사랑하기를 네 자신과 같이 사랑하라(아하브타 אָהַבְתָּ) **나는 여호와니라**(아니 여호와 אֲנִי יהוה)

'너는 네 형제를 마음으로 미워하지 말며 네 이웃을 반드시 견책하라' 말씀은 잘못한 사람을 견책하기 전에, 자신의 마음을 먼저 살펴서, 상대에 대한 미움이 없으면 견책하라는 명령입니다. 그 사람을 미워하는 마음이 있을 때 견책하게 되면 미움의 증폭이 일어나 지나친 책망으로 견책하는 자가 오히려 여호와 앞에 죄를 짓게 됩니다. 그래서 여호와는 견책하기 전 자신의 마음을 살펴 미움으로 견책하지 말 것을 말씀하십니다.

여호와의 말씀에 따라 자신의 마음을 살피고 견책하는 자에 대하여 여호와는 '그러면 네가 그에 대하여 죄를 담당하지 아니하리라' 말씀하십니다.

'원수를 갚지 말며 동포를 원망하지 말며'도 '마음'을 다루는 말씀입니다. 여호와는 마음에 있는 '미움'에 휘둘려서 원수를 자신이 갚지 말라 하십니다. 여호와는 마음의 문제를 여호와께로 가져오라 하십니다(출15:26 참조). 여호와께서 마음을 고치실 것이므로(겔36:26), '너는 네 이웃 사랑하기를 네 자신과 같이 사랑하라' 선포하십니다.

여호와는 거룩하신 여호와와 같이 '너희는 거룩하라' 하십니다. 그것은 '이웃을 네 자신과 같이 사랑하라' 말씀으로 드러날 것입니다. 여호와는 여호와의 말씀을 지킬 것을 '나는 여호와니라' 선포로 명하십니다.

19:19 너희는 내 규례를 지킬지어다(티쉬모루 תִּשְׁמֹרוּ) 네 가축을 다른(킬아임 כִּלְאַיִם) 종류와 교미시키지 말며 네 밭에 두(킬아임 כִּלְאַיִם) 종자를 섞어 뿌리지 말며 두(킬아임 כִּלְאַיִם) 재료로 직조한 옷을 입지 말지며

여호와는 이스라엘 자손에게 '나의 규례'를 지키라 명령하십니다. '지킬지어다(티쉬모루)'의 뜻은 '울타리를 쳐서' 여호와의 규례를 지킬 수 없게 하는 방해물이 근접하지 못하도록 지키라는 뜻입니다.

여호와는 나의 규례를 지키라 명하시며, '네 가축을 다른(킬아임)305) 종류와 교미시키지 말며, 네 밭에 두(킬아임) 종자를 섞어 뿌리지 말며, 두(킬아임) 재료로 직조한 옷을 입지 말지며'라고 명령하십니다. 여기서 '킬아임(분리)'이 세 번 선포됩니다. 세 번의 '분리(킬아임)' 선포는 여호와께서 이스라엘 자손을 애굽에서 분리하여 내셨으므로, 여호와께서 분리하신 것을 이스라엘 자손이 지키라는 강력한 명령입니다. 이스라엘 자손을 가증한 땅에서 분리하여 거룩하게 하셨으므로, 가증한 땅의 풍속이 섞이지 않도록 지켜야 한다는 명령입니다.

따라서 19:19는 여호와께서 주신 거룩하신 여호와의 명령 그대로 지키라는 말씀입니다(18:30). 여호와의 규례에 땅에 기는 길짐승의 가증한 풍속이 섞이지 않도록 하라는 명령입니다(신22:9-12).

19:20-22 만일 어떤 사람이(이쉬 אִישׁ) 다른 사람과 정혼한 여종(쉬프하 שִׁפְחָה) 곧 아직 속량되거나 해방되지 못한 여인과 동침하여 설정

---

305) '킬아임'은 '분리'에서 유래한 단어로 다른 종류가 섞이는 것을 금지한다.

하면 그것은 책망을 받을 일이니라 그러나 그들은 죽임을 당하지는 아니하리니 그 여인이 해방되지 못하였기 때문이니라 ²¹ 그 남자는 그 속건제물 곧 속건제 숫양을 회막 문 여호와께로 끌고 올 것이요 ²²제사장은 그가 범한 죄를 위하여 그 속건제의 숫양으로 여호와 앞에 속죄할 것이요 그리하면 그가 범한 죄를 사함 받으리라

'다른 사람과 정혼한 여종'은 다른 사람에게 팔렸으나 '아직 속량되거나 해방되지 못한' 여종입니다. 여종을 산 새 주인이 이전 주인에게 그 여종의 값을 다 치르지 않아 새 주인과 정혼한 상태로 이전 주인의 집에 있는 상황입니다.[306] 그런데 새 주인과 정혼한 여종을 이전 주인이 동침하여 설정했습니다. 이는 명백한 '간음'입니다.

'누구든지 남의 아내와 간음하는 자 곧 그의 이웃의 아내와 간음하는 자는 그 간부와 음부를 반드시 죽일지니라(20:10)' 말씀에 따라 두 사람은 죽어야 마땅합니다. 그런데 여호와는 '그것은 책망을 받을 일이니라 그러나 그들은 죽임을 당하지는 아니하리니(19:20)'라고 하십니다.

두 사람이 죽임을 당하지 않는 까닭은 '그 여인이 해방되지 못하였기 때문'입니다.

19:20-22 말씀은 비유입니다.[307]
여호와는 '해방되지 못한 여인' 이야기로 장차 이스라엘 자손의 불의를 용서하실 것을 말씀하십니다.[308]

---

306) 기동연, 『레위기』, 691
307) 19:20-22 말씀은 본 책의 '머리말' 참조

이스라엘 자손은 '유월절 어린 양'의 피로 애굽 땅에서 해방되었습니다. 그리고 일곱째 달 십 일 제사로 새롭게 되었습니다. 그렇지만 죄의 본성은 이스라엘 자손이 여호와의 규례를 지키지 못하도록 강하게 유혹합니다. 가나안 땅에 들어가서도 '땅에 기는 길짐승'의 풍속을 따르게 될 것입니다. 그러나 여호와는 이스라엘 자손의 불의에도 불구하고, 이스라엘 자손이 여호와께서 명하신 속건제에 의지하여 돌이킬 때, 이스라엘 자손을 용서하실 것을 '해방되지 못한 여인' 비유로 말씀하십니다.

"그는 또 그 속건제물을 여호와께 가져갈지니 곧 네가 지정한 가치대로 양 떼 중 흠 없는 숫양을 속건제물을 위하여 제사장에게로 끌고 갈 것이요 제사장은 여호와 앞에서 그를 위하여 속죄한즉 그는 무슨 허물이든지 사함을 받으리라(6:6-7)"

속건제는 거룩한 제사장이 여호와께 흠 없는 숫양을 속건제물로 드려 죄의 값을 완전하게 배상하는 제사로 어떤 허물도 사함을 받는 제사입니다.

여호와는 이스라엘 자손에게 '네 이웃을 네 몸같이 사랑하라(19:18)' 명령하신 것같이, 여호와께서 이스라엘 자손을 여호와의 사랑으로 용서하실 것을 '해방되지 못한 여인' 비유로 알리십니다(26:40-45).

---

308) 19:20-22 말씀과 똑같은 사건이 사무엘하 11-12장에 기록되어 있다. 다윗은 신하 우리야의 아내 밧세바를 보고 데려와 설정하여 임신하게 한다. 그 일을 감추려고 우리야를 최전선에 보내어 죽게 한다. 그 일 후에 여호와는 선지자 나단을 보내시어 다윗의 죄를 드러내신다. '다윗이 나단에게 이르되 **내가 여호와께 죄를 범하였노라** 하매 나단이 다윗에게 말하되 **여호와께서도 당신의 죄를 사하셨나니 당신이 죽지 아니하려니와** 이 일로 말미암아 여호와의 원수가 크게 비방할 거리를 얻게 하였으니 당신이 낳은 아이가 반드시 죽으리이다 하고(삼상12:13-14)'

19:23-25 너희가 그 땅에 들어가 각종 과목을 심거든 그 열매는 아직 할례 받지 못한 것으로 여기되 곧 삼 년 동안 너희는 그것을 할례 받지 못한 것으로 여겨 먹지 말 것이요 ^{24}넷째 해에는 그 모든 과실이 거룩하니 여호와께 드려 찬송할 것이며 ^{25}다섯째 해에는 그 열매를 먹을지니 그리하면 너희에게 그 소산이 풍성하리라 **나는 너희의 하나님 여호와이니라**

후반부 말씀은309) 가나안 땅에 들어가서 과목을 심어 얻은 열매를 곧바로 먹지 말라는 말씀으로 시작합니다. 여호와는 그 열매를 '삼 년 동안 할례 받지 못한 것으로 여겨 먹지 말라' 하십니다. '할례'는 이스라엘 여인이 남자를 낳으면 여덟째 날에 포피를 베는(12:2-3) 의식으로 이스라엘 자손이 여호와께 속했다는 영원한 언약의 표징입니다(창17장). 따라서 열매가 '할례 받지 못한 것'은 열매가 여호와께 속하지 않고, 열매가 거룩하지 않음을 의미합니다.

19:19에서 여호와는 '너희는 내 규례를 지킬지어다' 하시며, 여호와의 규례에 다른 어떤 풍습도 섞지 말라 명령하셨습니다. 19:19에 따라 본문을 읽으면, 19:23-25는 이스라엘 자손이 들어갈 가나안 땅에서 접하는 풍속들을 여호와의 규례에 따라 반드시 검증해야 함을 말씀합니다. 가나안 땅에서 여

---

309) 후반부 말씀(19:23-37)에서는 여호와의 이름 선포가 교차로 나타난다.

전반부(19:2b-18)		중간	후반부(19:23-37)	
★(19:2b)	☆(19:11-12)		★(19:23-25)	☆(19:32)
★(19:3)	☆(19:13-14)		☆(19:26-28)	★(19:33-34)
★(19:4-8)	☆(19:15-16)	(19:19-22)	☆(219:9-30)	★(19:35-36)
★(19:9-10)	☆(19:17-18)		★(19:31)	☆(19:37)

★나는 너희의 하나님 여호와이니라 ☆나는 여호와이니라

호와의 규례에 조금이라도 맞지 않는 풍속은 과감히 잘라내어야 합니다(할례).

이스라엘 자손은 그 땅의 풍속들이 여호와의 규례에 맞는지 확인한 후에 받아들여야(먹어야) 합니다. 여호와는 이스라엘 자손이 여호와의 명령에 따라 행할 때 '그리하면 너희에게 그 소산이 풍성하리라'로 여호와의 풍성한 축복을 언약하십니다.

여호와는 이스라엘 자손이 가나안 땅에 들어가서 여호와의 규례를 지킬 것을 '나는 여호와 너희의 하나님'을 선포하심으로 명령하십니다.

> 19:26-28 너희는 무엇이든지 피 째 먹지 말며 점을 치지 말며 술법을 행하지 말며 ²⁷머리 가를 둥글게 깎지 말며 수염 끝을 손상하지 말며 ²⁸죽은 자(네페쉬 נֶפֶשׁ) 때문에 너희의 살에 문신을 하지 말며 무늬를 놓지 말라 **나는 여호와이니라**

여호와는 가나안 땅의 '할례 받지 못한 열매'가 무엇인지를 말씀하십니다. '피 째 먹는 것'은 여호와의 명령을 정면으로 거역하는(17:10), '할례받지 않은 열매'를 먹는 가증한 풍속입니다. 또 할례받지 않은 가증한 열매는 '점과 술법'을 행하는 것입니다. 이 풍속들은 땅에 기는 길짐승을 따르는 '할례받지 않은 열매'를 먹는 대표적 행위입니다.

'머리 가를 둥글게 깎지 말며 수염 끝을 손상하지 말며' 말씀은 가나안 땅 주변 민족들이 행하는 풍속을(렘9:26; 25:23; 49:32) 따르지 말라는 명령입니다. 이스라엘 자손이 가나안 땅에 들어가서 주변 민족들이 행하는 풍속을 따른다면 '할례받지 않은 열매'를 먹는 것입니다.

'죽은 자(네페쉬) 때문에 너희의 살에 문신을 하지 말며 무늬를 놓지 말라'는 죽은 자의 영혼을 기리기 위해 살에 문신이나 무늬를 놓지 말라는 명령입니다.310) 이러한 풍속을 따르는 것도 여호와께서 금하신 '할례받지 않은 열매'를 먹는 것과 같습니다.

여호와는 이스라엘 자손에게 '할례받지 않은 열매'와 같은 가나안 땅의 가증한 풍습을 결단코 따르지 말 것을 '나는 여호와이니라' 선포로 강력하게 금지하십니다.

> **19:29-30** 네 딸을 더럽혀(힐렐 חלל) 창녀가 되게 하지 말라 음행이 전국에 퍼져 죄악이 가득할까 하노라 ³⁰내 안식일을(샤브토타이 חת שבּ) 지키고 내 성소를 귀히 여기라 **나는 여호와이니라**

여호와는 너의 딸을 더럽혀 창녀가 되게 하지 말라 선포하십니다. 딸을 더럽혀 창녀가 되게 했다면 땅에 기는 길짐승을 섬겨 자신의 딸을 우상에게 준 것입니다. 여호와는 이 같은 악한 풍속을 가나안 땅에서 행하여 가나안 땅에 죄악이 가득하게 되게 하지 말라 명령하십니다(18:28-29).

여호와는 악한 풍속을 행하지 말고 '내 안식일을 지키고 내 성소를 귀히 여기라' 하십니다. 여기서 '내 성소'는 가정이 '여호와의 성소'임을 말씀합니다. 여호와를 경외함으로 여호와의 안식일을 지킬 때, 여호와는 각 사람을 거룩하게 하실 것이라 하셨습니다(19:3). 여호와는 가정에서 여호와의 안식일을 거룩하게 지킴으로, 여호와의 성소인 가정을 귀하게 여기라 명령하십니다. 여호와는 '나는 여호와이니라' 선포로 여호와의 명령에 순종하는 가정

---

310) 키우치, 『레위기』, 469; 기동연, 『레위기』, 695

이 여호와 앞에서 '살게 될 것(18:5)'을 확증하십니다.

> 19:31 너희는 신접한 자와 박수를 믿지 말며(알 티프누 תִּפְנוּ) 그들을 추종하여 스스로 더럽히지 말라 **나는 너희의 하나님 여호와이니라**

'너희는 신접한 자와 박수를 믿지 말며'는 '너희는 헛된 것들에게로 향하지 말며(19:4)'를 반복하는 명령입니다. 여호와는 가증한 풍속을 따름으로 '스스로 더럽히지 말라' 하십니다. 여호와의 '더럽히지 말라' 명령은 '내가 거룩하니 너희도 거룩하라(11:44; 19:2)' 선포의 반어법입니다.

여호와는 이스라엘 자손이 헛된 것을 섬겨 그들 자신을 더럽히지 말 것을 '나는 너희의 하나님 여호와이니라' 선포로 강력하게 명령하십니다.

> 19:32 너는 센 머리 앞에서 일어서고 노인의 얼굴을 공경하며(뵈하다르타 וְהָדַרְתָּ) 네 하나님을 경외하라(뵈야레타 וְיָרֵאתָ) **나는 여호와이니라**

'노인의 얼굴을 공경하며 네 하나님을 경외하라' 명령은 힘없는 노인을 여호와께서 돌보신다는 뜻이 들어 있습니다. 이 명령은 연약한 자를 함부로 대하면 여호와의 진노가 있을 것을 암시하는 말씀이기도 합니다. 그러므로 여호와를 두려워함으로 노인을 공경하라는 명령입니다(잠16:31; 20:29).

> 19:33-34 거류민이 너희의 땅에 거류하며 함께 있거든 너희는 그를 학대하지 말고 ³⁴너희와 함께 있는 거류민을 너희 중에서 낳은 자 같이 여기며 자기 같이 사랑하라(아하브타 אָהַבְתָּ) 너희도 애굽

땅에서 거류민이 되었었느니라 **나는 너희의 하나님 여호와이니라**

여호와는 거류민을311) '너희 중에서 낳은 자 같이 여기며 자기 같이 사랑하라' 하십니다. 여호와는 낯선 땅에서 누군가의 도움 없이는 살아갈 수 없는 거류민을 '자기 같이 사랑하라' 하십니다. 이 말씀은 19:18b의 반복으로, 이스라엘 자손이 여호와의 손이 되어 가난하고 힘없는 이웃을 사랑하라는 명령입니다.

'너희도 애굽 땅에서 거류민이 되었었느니라' 말씀은 이스라엘 자손이 여호와로부터 사랑을 받았고, 또 받을 것이므로, 그들 또한 여호와의 사랑을 이웃에게 행해야 할 책임이 있음을 말씀합니다.

여호와는 이스라엘 자손이 여호와로부터 긍휼함을 입은 것을 기억하여, 거류민에게 긍휼을 베푸는 거룩한 백성이 될 것을 '나는 너희의 하나님 여호와이니라'로 명령하십니다.

19:35-36 너희는 재판할 때나(바미쉬파트 בְּמִשְׁפָּט) 길이나 무게나 양을 잴 때 불의를(에벨 עֶוֶל) 행하지 말고 공평한(체데크 צֶדֶק) 저울과 공평한(체데크 צֶדֶק) 추와 공평한(체데크 צֶדֶק) 에바와 공평한(체데크 צֶדֶק) 힌을 사용하라 **나는 너희를 애굽 땅에서 나오게 한 너희의 하나님 여호와이니라**

19:35-36은 19:15과 같은데, 여호와께서 '공의(체데크 צֶדֶק)'를 네 번이나

---

311) 거류민은 이스라엘 자손과 함께 사는 이방인으로 외국인이다.

반복하시므로, 19:15 말씀을 네 배로 강조합니다.

여호와께서 공평한 저울, 공평한 추, 공평한 에바, 공평한 힌으로 '체데크'를 강조하시는 것은 이스라엘 자손이 '여호와의 공의(체데크)'로 구원받았음을 기억하라는 뜻입니다. 여호와는 이스라엘이 여호와의 공의로 구원받았음을 **'나는 너희를 인도하여 애굽 땅에서 나오게 하였다!'**로 선포하십니다.

여호와는 애굽 땅에서 불의로 고통받는 이스라엘 자손을 여호와의 공의로 구원하셨습니다. 그러므로 이스라엘 자손 또한 가나안 땅에서 삶의 모든 영역에서 여호와의 공의를(체데크) 행하여 거룩한 공동체를 세워야 합니다.

여호와는 이스라엘 자손이 여호와의 공의로 행하는 거룩한 백성이 될 것을 '나는 여호와 너희의 하나님이니라'로 강력하게 명령하십니다.

19:37 너희는 내 모든 규례와 내 모든 법도를 지켜 행하라 나는 여호와이니라

19장은 '너희는 거룩하라(19:2)' 선포로 시작한 말씀이, 마지막에는 '너희는 내 모든 규례와 내 모든 법도를 지켜 행하라'로 마칩니다(19:37).

너희는 거룩하라 이는 나 여호와 너희 하나님이 거룩함이니라(19:2)
↓
너희는 내 모든 규례와 내 모든 법도를 지켜 행하라 나는 여호와이니라(19:37)

즉 19:2에서 '**너희는 거룩하라**' 선포는 19:37의 '**여호와의 모든 규례와 모**

든 법도를 지켜 행하라' 명령과 같음을 말씀합니다.

그리고 '여호와의 모든 규례와 모든 법도를 지켜 행하라' 명령을 18:5에 비추면 이스라엘 자손을 살리기 위한 명령임을 알 수 있습니다.

19:2, 19:37, 18:5는 다음과 같이 정리할 수 있습니다.

너희는 거룩하라 이는 나 여호와 너희 하나님이 거룩함이니라(19:2)
↓
너희는 내 모든 규례와 내 모든 법도를 지켜 행하라 나는 여호와이니라(19:37)
↓
너희는 내 규례와 법도를 지키라
사람이(하아담) 이를 행하면 그로 말미암아 살리라 나는 여호와이니라(18:5)

여호와의 규례와 법도는 '너희의 하나님 나 여호와는 거룩하기 때문이다(키 카도쉬 아니 여호와 엘로헤켐)'를 선포하신 여호와께서, '너희는 거룩하라' 명령을 지킬 수 있도록, 이스라엘 자손에게 주신 생명의 법입니다.

▶▶ **본문 해석**

19장 전·후반부는 표와 같이 각각 다섯 명령으로 요약할 수 있습니다.

전반부(19:2b-18)	후반부(19:23-37)
★ 나의 안식일을 지키라(19:3)	☆ 내 안식일을 지키라(19:30)
★ 헛된 것들을 향하지 말라(19:4)	★ 신접한 자와 박수를 믿지 말라(19:31)
☆ 네 하나님을 경외하라(19:14)	☆ 네 하나님을 경외하라(19:32)
☆ 공의로 사람을 재판하라(19:15)	★ 공평한 저울, 공평한 추, 공평한 에바, 공평한 힌을 사용하라(19:34-35)
☆ 네 이웃을 자신 같이 사랑하라(19:18)	★ 거류민을 자신 같이 사랑하라(19:34)

★나는 너희의 하나님 여호와이니라 ☆나는 여호와이니라

전반부 말씀 순서를 기준으로 할 때, 다섯 명령은,

① 여호와의 안식일을 지키라
② 헛된 것(우상)을 섬기지 말라(★)
③ **네 하나님을 경외하라(☆)**
④ 이웃에게 공의를 행하라
⑤ 이웃을 자신같이 사랑하라 입니다.

다섯 명령 중에서 여호와 이름 선포 형식이 똑같이 나타나는 것은 ②, ③ 명령입니다.

② 우상을 섬기지 말라······ **나는 여호와 너희의 하나님이니라**
　③ **네 하나님**을 경외하라··· **나는 여호와이니라**

　②의 대상은 복수 '너희'입니다. ③은 단수로 '너'에게 주신 명령입니다.
　그래서 ②를 따르는 자는 ③을 지킬 수 없습니다. 즉 우상을 섬기는 '너희'에 속하면, '너'는 여호와를 경외할 수 없습니다.
　여호와는 이스라엘 자손 '너희'에게 말씀하시며, 동시에 '**너는 여호와를 경외하라**' 하십니다.
　여호와는 이스라엘 자손 각 개인이(이쉬) 여호와를 경외함으로 여호와 알기를 원하십니다.

　②, ③명령을 지키는 자는 ④, ⑤를 지킬 수 있습니다. ④, ⑤의 순서는 전·후반부에서 교차로 나타나는데, 공의와 사랑은 거룩하신 하나님의 성품으로 동시에 드러납니다.

　다섯 명령 중에서 ①명령은 이스라엘 자손을 거룩하게 하시기 위한 복된 명령입니다(출31:13).
　① 명령을 지킬 수 있는 자도 ②우상을 섬기지 않고 ③여호와를 경외하는 자입니다.

　①, ②, ③, ④, ⑤를 요약하면 다음과 같습니다.
　③여호와를 경외하는 자는 ②우상을 섬기지 않고, ①여호와의 안식일을 지키는 자입니다.

③여호와를 경외하는 자는 ④이웃에게 공의를 행하며 ⑤이웃을 사랑하는 자입니다.

①, ②, ③, ④, ⑤는 '여호와를 경외하는 자'는 '여호와의 규례와 법도'를 지켜 행하는 자는 임을 말씀합니다.

①, ②, ③, ④, ⑤는 **부모가 되시는 네 하나님을 경외하며**,312) **여호와의 안식일을 지키라**313) 말씀으로(19:3)314) 대표됩니다.

---

312) 여호와는 시내 산 언약에서 '부모' 되심을 드러내신다. 여호와께서 아버지가 되시는 언약은 다윗 언약에서 확정되어(삼하7:14a), 다윗의 자손으로 오신 예수님께서 성취하신다(요20:17).
313) 모세가 하나님의 산으로 올라가서 받은 말씀 중(출24:1-31:18) 마지막이 '안식일' 말씀이다(출31:12-18). 모세가 두 번째 하나님의 산으로 올라갔다가 내려와서(출32:1-34:35), 이스라엘 온 회중에게 가장 먼저 내린 명령도 안식일 명령이다(출35:1-3).
314) 19:3 말씀은 십계명의 4, 5계명을 반영한다(출20:8-12; 신5:12-16)

20:1-27
여호와의 규례와 법도를 지키라 그리하면 살리라②

너희는 내 규례를 지켜 행하라
나는 너희를 거룩하게 하는 여호와이니라(20:8)

19장에서 여호와는 너희의 하나님 여호와께서 거룩하시므로 '너희는 거룩하라' 선포하십니다(19:2). 그리고 여호와의 '거룩하라' 선포는 곧 '여호와의 모든 규례와 법도를 지켜 행하는 것'과 같음을 알려주십니다(19:37).

20장은 '너희는 거룩하라' 선포에도 불구하고 여호와의 규례와 법도를 지켜 행하지 않고, 여전히 땅에 기는 길짐승의 가증한 풍속을 따르는 자들에게 언약에 따른 저주가 임할 것을 말씀합니다.315)

20장 내용은 다음 구조와 같이 전개됩니다.

  A. 몰렉 숭배자를 반드시 죽이라(20:1-6)

   B. 여호와의 규례를 지켜 행하여 거룩하라(20:7-8)

    C. 여호와의 성호를 욕되게 하지 말라(20:9-21)

     D. 여호와의 모든 규례와 법도를 지켜 행하여 땅이 너희를 토하지 않도록 하라(20:22)

    C'. 여호와께서 쫓아내시는 족속의 풍속을 따르지 말라(20:23)

   B'. 여호와의 기업으로 주신 땅에서 정/부정함을 구별하여 몸을 더럽히지 말고 거룩하라
     (20:25-26)

  A'. 접신하거나 박수무당이 된 자를 반드시 죽이라(20:27)

---

315) 18, 19, 20장은 다음과 같은 구조를 이룬다.
   A. 땅에 기는 길짐승의 더러운 풍속을 따르지 말라(18장)
    B. 거룩하라 : 여호와의 모든 규례와 법도를 지켜 행하라(19장)
   A'. 땅에 기는 길짐승의 풍속을 따르는 자들을 향한 여호와의 진노(20장)

20:1-2 여호와께서 모세에게 말씀하여 이르시되 ²너는 이스라엘 자손에게 또 이르라 그가 이스라엘 자손이든지 이스라엘에 거류하는 거류민이든지 그의 자식을 몰렉에게 주면 반드시 죽이되(모트 유마트 מוֹת יוּמָת) 그 지방 사람이 돌로 칠 것이요

'이스라엘 자손에게 **또 이르라**' 표현은 20장이 18장과 이어지는 말씀임을 보여줍니다.316)

여호와는 모세를 통해 '그가 이스라엘 자손이든지 이스라엘에 거류하는 거류민이든지 그의 자식을 몰렉에게 주면 반드시 죽이되(모트 유마트)317) 그 지방 사람이 돌로 치라'고 명령하십니다.

20:2는 18:21을 어긴 자에게 실행할 말씀입니다. 18:21에서 여호와는 자녀를 몰렉에게 주어 여호와의 이름을 욕되게 하지 말라 하셨습니다. 20:2는 그 명령을 듣고도 몰렉에게 자녀를 주는 자를 여호와는 '반드시 죽이되(모트 유마트)' 그 지방 사람이 돌로 치라고 명령하십니다.

20:3 나도 그 사람에게 진노하여 그를 그의 백성 중에서 끊으리니(뵈히크라티 오토 וְהִכְרַתִּי אֹתוֹ) 이는 그가 그의 자식을 몰렉에게 주어서 내 성소를 더럽히고 내 성호를(쉠 코드쉬 שֵׁם קָדְשִׁי) 욕되게 하였음이라

여호와는 자녀를 몰렉에게 준 자에 대하여 진노하여 '여호와께서 그를 그

---

316) 20장 말씀 수신자는 18장 같이 '이스라엘 자손'이다. 그 사이의 19장 수신자는 '이스라엘 자손의 온 회중'으로, '여호와와 만나는 거룩한 공동체'를 뜻한다. 19장의 수신자 표현은 18, 20장과 구별된다.

317) '모트'는 동사 '죽다(무트 מוּת)'의 절대형 부정사로 '반드시'의 뜻, 유마트는 '무트'의 호팔형 동사로 '죽임을 당해야 한다는(be killed)' 뜻

의 백성 중에서 끊으리니(뵈히크라티 오토 미케레브 암모)' 선포하십니다. 이 표현은 17:10에서 피를 먹는 자에게 드러내신 진노와 같은 표현으로 여호와께서 반드시 끊으실 것을 의미합니다.

일곱째 달 십 일 제사로 새 생명을 얻은 이스라엘 자손은 하나님을 예배하는 거룩한 공동체입니다. 거룩한 공동체는 '여호와의 안식일을 지키며 여호와의 성소를 귀히 여기는 공동체(19:30)'입니다. 그런데 그 거룩한 공동체에 속한 자가 자식을 몰렉에게 준다면 이는 여호와의 성소를 더럽히고 여호와의 성호를(쉠 코드쉬) 욕되게 하는 악한 일입니다. 여호와는 이런 자에게 진노하시어, 그를 그의 백성 중에서 끊으실 것이라 하십니다.

> **20:4-5** 그가 그의 자식을 몰렉에게 주는 것을 그 지방 사람이 못 본 체하고 그를 죽이지 아니하면 ⁵내가 그 사람과 그의 권속에게(베미쉬파흐토 בְּמִשְׁפַּחְתּוֹ) 진노하여 그와 그를 본받아 몰렉을 음란하게(하조님 הַזֹּנִים) 섬기는 모든 사람을 그들의 백성 중에서 끊으리라

'그가 그의 자식을 몰렉에게 주는 것을 그 지방 사람이 못 본 체하고 그를 죽이지 아니하면' 말씀은 몰렉에게 자녀를 바치는 행위가 그 지방 사람의[318] 암묵적 동의하에 일어났음을 말씀합니다.

20:5는 몰렉에게 자녀를 준 사람을 그와 함께 거주하는 친족이 알면서도

---

318) 20:4의 '지방 사람'은 '친족집단'을 의미한다. 고대 이스라엘은 친족이 한 지역에 모여 살았다. 이스라엘의 사회 계층은 "가장 작은 단위체인 '아버지의 집'에서 시작하여, 친족 집단(미쉬파하) 또는 한 지역의 촌락을 이루는 가족군으로 이동하여, 종족에서 절정을 이룬다." J. G. 맥콘빌, 『신명기』, 164.

죽이지 않으면, 여호와는 그들 모두를 몰렉을 음란하게 섬긴 자로 보신다는 뜻입니다. 여호와는 몰렉에게 자녀를 준 사람과 그의 친족에게 진노하시어, 그와 몰렉을 음란하게 섬긴 모든 친족을 '그들의 백성 중에서 끊으리라' 선포하십니다.

> **20:6** 접신한 자와 박수무당을 음란하게 따르는 자에게는 내가 진노하여 그를 그의 백성 중에서 끊으리니(뵈히크라티 오토 미케레브 암모 עַמּוֹ וְהִכְרַתִּי אֹתוֹ מִקֶּרֶב)

여호와는 접신한 자와 박수무당을 음란하게 따르는 자에게도 진노하여 그의 백성 중에서 끊으리라 하십니다. 접신하는 자, 박수무당을 따르는 자들에게 임할 여호와의 형벌도 '그의 백성 중에서 끊어짐'입니다.

> **20:7-8** 너희는 스스로 깨끗하게 하여(뵈히트카디쉬템 וְהִתְקַדִּשְׁתֶּם) 거룩할지어다 나는 너희의 하나님 여호와이니라 ⁸너희는 내 규례를 지켜 행하라 나는 너희를 거룩하게 하는 여호와이니라(아니 여호와 메카디쉬켐 אֲנִי יְהוָה מְקַדִּשְׁכֶם)

20:7은 11:44a와 유사한 말씀으로 어구의 전후가 교차 되어 표현됩니다.

20:7	너희는 스스로 깨끗하게 하여 거룩할지어다 나는 너희의 하나님 여호와이니라(뵈히트카디쉬템 뷔흐이템 케도쉼 키 아니 여호와 엘로헤켐 יְהוָה אֱלֹהֵיכֶם וְהִתְקַדִּשְׁתֶּם וִהְיִיתֶם קְדֹשִׁים כִּי אֲנִי)

| 11:44a | 나는 여호와 너희의 하나님이라 내가 거룩하니 너희도 몸을 구별하여 거룩하게 하고(키 아니 여호와 엘로헤켐 뵈히트카디쉬템 뷔흐이템 케도쉼 키 카도쉬 아니(כִּי אֲנִי יְהוָה אֱלֹהֵיכֶם וְהִתְקַדִּשְׁתֶּם וִהְיִיתֶם קְדֹשִׁים כִּי קָדוֹשׁ אָנִי) |

여호와는 20:7에서 11:44a와 같이 '나는 여호와 너희의 하나님이기 때문이다(키 아니 여호와 엘로헤켐)'를 선포하시며 '너희는 자신을 구별하여 거룩하게 하라(뵈히트카디쉬템)'를 명령하십니다.

15:31에서 여호와는 이스라엘 자손이 '땅에 기는 길짐승의 부정함'에서 떠나지 않으면 이스라엘 자손은 죽게 될 것이라 하셨습니다.

"너희는 이와 같이 이스라엘 자손이 그들의 부정에서 떠나게 하여 그들 가운데에 있는 내 성막을 그들이 더럽히고 그들이 부정한 중에서 죽지 않도록 할지니라(15:31)"

여호와는 이스라엘 자손을 향해 부정함으로 죽지 말고, 여호와의 규례를 지켜 행하라 하십니다(20:8a).

여호와의 규례를 지켜 행하여 여호와의 거룩함에 거하면(19:2, 37), 여호와는 '그 사람'을 살리십니다(18:5). 여호와의 거룩함은 생명에 이르게 합니다. 여호와는 여호와의 규례를 지켜 행하는 **그 사람**을 반드시 살리실 것을 '**나는 너희를 거룩하게 하는 여호와이니라**(아니 여호와 메카디쉬켐)'로 선포하십니다(20:8b).

20:9 만일 누구든지(이쉬 이쉬 אִישׁ אִישׁ) 자기의 아버지나 어머니를 저주하는 자는 반드시 죽일지니(모트 유마트 מוֹת יוּמָת) 그가 자기의 아버지나 어머니를 저주하였은즉 그의 피가 자기에게로 돌아가리라

여호와는 '어떤 남자든지(이쉬 이쉬)' 자기의 아버지나 어머니를 저주하는 자를 반드시 죽이라(모트 유마트) 명하십니다. 20:9의 '자기의 아버지나 어머니'는 19:3의 '너희는 부모를 경외하고'에서의 '부모'처럼 여호와를 말씀합니다.319)

따라서 '만일 누구든지 자기의 아버지나 어머니를 저주하는 자'란 표현은 '어떤 남자든지 여호와를 저주하는 자'를 의미합니다. 20:8 말씀과 관련하여 볼 때, **나는 너희를 거룩하게 하는 여호와**를 저주한 것입니다.320) 그런 자에게 '반드시 죽일지니(모트 유마트)' 선포는 '나는 너희를 거룩하게 하는 여호와'를 저주한 자가 당할 결과는 '반드시 죽임을 당하게 될 것'을 말씀합니다.

'반드시 죽일지니 … 그의 피가 자기에게로 돌아가리라' 말씀은 반드시 죄의 값을 치르게 될 것이란 뜻입니다. 거룩하게 하시는 여호와를 저주하였으므로, 속건제를 통해 주신 속죄의 은혜를(19:20-22) 입지 못하고, 자신의 피를 흘려서 자기의 죗값을 치를 것을 말씀합니다.

20:10 누구든지(이쉬 אִישׁ) 남의 아내와 간음하는 자 곧 그의 이웃의 아내

---

319) 신명기에서 모세는 여호와를 '그는 네 아버지시요 너를 지으신 이가 아니시냐(신32:6)', '너를 낳은 반석(신32:18)'으로 표현한다.
320) 이스라엘 자손 중 어떤 남자가 여호와를 저주하여 '반드시 죽임' 당하는 사례가 24장에 있다(24:10-16).

와 간음하는 자는 그 간부와 음부를 반드시 죽일지니라(모트 유마트 מוֹת יוּמָת)

20:10부터는 '누구든지'를 '이쉬 이쉬'로 하지 않고 '이쉬'로 칭합니다. 이것은 20:9 말씀이 20:10 이하 말씀을 대표하기 때문입니다. 20:9의 죄가 '반드시 죽일지니'를 당함 같이 20:10 이하도 '반드시 죽일지니(모트 유마트)'로 선포됩니다.321)

'누구든지 남의 아내와 간음하는 자는 … 그 간부와 음부를 반드시 죽일지니라' 한 남자와 이웃의 아내가 여호와께서 주신 '한 몸(창2:24)'을 더럽혔습니다. 그들은 여호와의 명령 '내 성소를 귀히 여기라(19:30)'를 어겼습니다. 이런 자에 대한 여호와의 진노는 '그 간부와 음부를 반드시 죽일지니라'로 선포됩니다.

20:11-21 누구든지(이쉬) 그의 아버지의 아내와 동침하는 자는 그의 아버지의 하체를 범하였은즉 둘 다 **반드시 죽일지니** 그들의 피가 자기들에게로 돌아가리라 ¹²누구든지(이쉬) 그의 며느리와 동침하거든 둘 다 **반드시 죽일지니** 그들이 가증한 일을(테벨 תֶּבֶל) 행하였음이라 그들의 피가 자기들에게로 돌아가리라 ¹³누구든지(이쉬) 여인과 동침하듯 남자와 동침하면 둘 다 가증한 일을(토에바 תּוֹעֵבָה) 행함인즉 **반드시 죽일지니** 자기의 피가 자기에게로 돌아가리라 ¹⁴누구든지(이쉬) 아내와 자기의 장모를 함께

---

321) '반드시 죽일지니' 선포는 '나는 너희를 거룩하게 하는 여호와(20:8)' 이름으로 주신 여호와의 규례를 지키지 않는 자가 받을 형벌이다.

데리고 살면 악행인즉(짐마 זִמָּה) 그와 그들을 **함께 불사를지니** 이는 너희 중에 악행이 없게 하려 함이니라 ¹⁵ 남자가(이쉬) 짐승과 교합하면 **반드시 죽이고** 너희는 그 짐승도 죽일 것이며 ¹⁶ 여자가(이샤) 짐승에게 가까이 하여 교합하면 너는 여자와 짐승을 죽이되 그들을 **반드시 죽일지니** 그들의 피가 자기들에게로 돌아가리라 ¹⁷누구든지(이쉬) 그의 자매 곧 그의 아버지의 딸이나 그의 어머니의 딸을 데려다가 그 여자의 하체를 보고 여자는 그 남자의 하체를 보면 부끄러운 일이라 그들의 민족 앞에서 **그들이 끊어질지니** 그가 자기의 자매의 하체를 범하였은즉 그가 그의 죄를 담당하리라 ¹⁸누구든지(이쉬) 월경 중의 여인과 동침하여 그의 하체를 범하면 남자는 그 여인의 근원을(마코르 מָקוֹר) 드러냈고 여인은 자기의 피 근원을 드러내었음인즉 **둘 다 백성 중에서 끊어지리라** ¹⁹네 이모나 고모의 하체를 범하지 말지니 이는 살붙이의 하체인즉 **그들이 그들의 죄를 담당하리라** ²⁰누구든지(이쉬) 그의 숙모와 동침하면 그의 숙부의 하체를 범함이니 그들은 **그들의 죄를 담당하여 자식이 없이**(아리림 עֲרִירִים) **죽으리라** ²¹누구든지(이쉬) 그의 형제의 아내를 데리고 살면 더러운 일이라(닏다 נִדָּה) 그가 그의 형제의 하체를 범함이니 **그들에게 자식이 없으리라**(아리림 עֲרִירִים)

20:10-21 말씀을 표로 정리하면 다음과 같습니다.³²²⁾

---

322) 박철현, 『레위기』, 555; 기동연, 『레위기』, 713 참조함
323) 18:10(손녀), 18:11(이복 누이), 18:18(처제)을 제외하고 18장 명령이 20장에 그대로

20:10-21	여호와께서 금지한 성관계		18:7-23과 비교[323]
	금지	성관계 상대자	
20:10	간음	남의 아내	18:20
20:11	근친	아버지의 아내	18:7-8
20:12		며느리	18:15(18:23[324])
20:13	동성	남자와 동침	18:22
20:14	근친	아내와 장모를 함께 취함 (여인/여인의 딸과 (외)손녀)	18:17[325]
20:15-16	짐승	남자/여자가 짐승과 교합함	18:23
20:17	근친	자매 : 아버지/어머니의 딸	18:9, 11(18:10, 손녀)
20:18	월경 중	월경 중의 여인	18:19
20:19-20	근친	이모, 고모, 숙모	18:12-14
20:21		형제의 아내	18:16

표는 간음-근친, 동성-근친, 짐승-근친, 월경 중 여인-근친 순으로, 금지된 관계와 근친 관계 순으로 말씀합니다.

20:10-21의 금지된 관계에 대한 여호와의 진노는 크게 두 가지로 나눠지는데, 구분하여 보면 다음과 같습니다.

나타난다. 18:18은 '질투하게 하지 말라'는 명령이다.
324) '가증한 일(테벨)' 표현이 똑같이 나타남
325) '악행(짐마)' 표현이 똑같이 나타남

20:10-16	20:17-21
반드시 죽일지니…	그들이 끊어질지니
그들의 피가 자기들에게로 돌아가리라	자식이 없이 죽으리라(아리림 עֲרִירִים)…
	그가 그의 죄를 담당하리라

20:10-16까지는 '반드시 죽일지니(모트 유마트)' 명령이 똑같이 나타납니다. 여호와를 예배하는 거룩한 공동체에서 여호와의 규례를 거역하는 악한 자에 대하여 여호와는 '반드시 죽일지니'로 명령하시며, 그들의 피가 자기들에게 돌아가리라 하십니다.

20:17-21까지는 '그들이 끊어질지니'와 '자식이 없이 죽으리라'[326], '그가 그의 죄를 담당하리라'로 나타납니다. 이 표현은 금지된 관계를 은밀하게 행하여 공동체의 눈에는 가리었을지라도 여호와께서 그들의 죄를 다루실 것을 의미합니다. 그러므로 여호와의 규례를 거부하고 죄를 지은 자들은 여호와의 '반드시 죽일지니'를 벗어날 수 없습니다.

20:22 너희는 나의 모든 규례와 법도를 지켜 행하라 그리하여야 내가 너희를 인도하여 거주하게 하는 땅이 너희를 토하지 아니하리라

여호와는 여호와의 모든 규례와 법도를 지켜 행하여야 여호와께서 주신 땅이 이스라엘 자손을 토하지 아니하리라 말씀하십니다.

---

326) '자식이 없이'는 '벌거벗은'의 뜻으로, 20:20, 21의 '자식이 없이'는 '벌거벗은 채' 죽임을 당한다는 의미이다. 즉 수치스러운 죽음을 의미한다. 기동연, 『레위기』, 746

'그리하여야 내가 너희를 거주하게 하는 땅이 너희를 토하지 아니하리라' 말씀은 '너희가 나의 모든 규례와 법도를 지켜 행하여 … 살리라(18:4-5)'와 같은 말씀입니다.
여호와는 이스라엘 자손이 여호와의 모든 규례와 법도를 지켜 행하여, 거룩하신 여호와와 같이 거룩함으로 여호와께서 주시는 땅이 이스라엘 자손을 토하지 않게 하라 명령하십니다(18:24-30).

> 20:23 너희는 내가 너희 앞에서 쫓아내는 족속의 풍속을 따르지 말라 그들이 이 모든 일을 행하므로 내가 그들을 가증히(봐아쿠츠 וָאָקֻץ) 여기노라

여호와께서 이스라엘 자손 앞에서 쫓아내시는 족속의 풍속을 따르지 말 것을 또다시 명령하십니다. 그들을 쫓아내시는 것은 그들이 여호와께서 참으로 미워하시는 이 모든 일을(20:2-21) 그 땅에서 행하기 때문입니다.

> 20:24 내가 전에 너희에게 이르기를 너희가 그들의 땅을 기업으로 받을 것이라 내가 그 땅 곧 젖과 꿀이 흐르는 땅을 너희에게 주어 유업을 삼게 하리라 하였노라 나는 너희를 만민 중에서 구별한(히브달티 הִבְדַּלְתִּי) 너희의 하나님 여호와이니라

여호와는 이스라엘 자손이 가나안 땅을 기업으로 받을 것이라 하시고, 그 땅을 '젖과 꿀이 흐르는 땅'으로 표현하십니다.[327] 여호와는 이스라엘 자손

---

327) '젖과 꿀이 흐르는 땅'은 여호와께서 그의 백성과 함께 안식하시는 거룩한 땅이다(출33:14; 레25:2).

에게 '젖과 꿀이 흐르는 땅'을 주시기 위해 여호와께서 행하신 일을 '나는 너희를 만민 중에서 구별한 너희의 하나님 여호와이니라'로 알리십니다.

'만민 중에서'는 애굽 땅과 가나안 땅에 사는 족속과 같은 모든 족속을 의미합니다. '구별한(히브달티)'은 '내가 구별하였다'는 뜻으로, 칼로 절단하는 것처럼 완전히 분리해 낸 이미지입니다. 여호와는 이스라엘 자손을 애굽 땅에서 완전히 구별하여 내셨습니다. 여호와는 이스라엘 자손을 애굽 땅에서 구별하여(18:3) '젖과 꿀이 흐르는 땅'을 주시며, 그 땅에서 **여호와의 모든 규례와 모든 법도를 지켜 행하여 거룩하라** 명령하십니다.

이것은 여호와께서 이스라엘 자손에게 차지하게 하시는 '젖과 꿀이 흐르는 땅'은 여호와의 모든 규례와 법도가 지켜지는 거룩한 땅으로, 만민 중에서 구별하신 '거룩한 백성이 사는 땅'이 될 것이란 뜻입니다. 여호와는 이 거룩한 일을 반드시 이루실 것을 '나는 너희의 하나님 여호와이니라'로 선포하십니다.

> 20:25 너희는 짐승이 정하고 부정함과 새가 정하고 부정함을 구별하고 (히브달템 הִבְדַּלְתֶּם) 내가 너희를 위하여 부정한 것으로 구별한(히브달티 הִבְדַּלְתִּי) 짐승이나 새나 땅에 기는 것들로 너희의 몸을 더럽히지 말라(로 테샤케추 에트 나프쇼테켐 לֹא תְשַׁקְּצוּ אֶת נַפְשֹׁתֵיכֶם)

여호와는 20:24에 이어 20:25에서 '내가 구별하여 냈다(히브달티)' 또 말씀하십니다. 따라서 '너희는… 구별하고(히브달템)' 명령은 여호와께서 구별하여 내셨으므로, 구별하신 것을 반드시 지키라는 명령입니다.

여호와께서 이스라엘 자손을 부정한 땅에서 '구별하여 내심'으로 이스라엘 자손은 만민에서 '구별되어' 거룩한 백성이 되었습니다'(20:24-25).

따라서 여호와께서 거룩하게 하신 이스라엘 자손은 짐승과 새의 정함과 부정함을 구별함 같이 여호와의 규례를 지켜 행함으로 자신을 구별해야 합니다.

그런데 20:25b는 11:44b와[328] 말씀이 유사합니다.

짐승이나 새나 **땅에 기는 것들로** 너희의 몸을 더럽히지 말라(20:25b)

(로 테샤케추 에트 나프쇼테켐 לֹא תְשַׁקְּצוּ אֶת נַפְשֹׁתֵיכֶם)

땅에 기는 길짐승으로 말미암아 스스로 더럽히지 말라(11:44b)

(로 테타메우 에트 나프쇼테켐 לֹא תִטַּמְּאוּ אֶת נַפְשֹׁתֵיכֶם)

20:25에서 '땅에 기는 것들'은 11:44의 땅에 기는 길짐승을 가리킵니다. 따라서 20:25는 이스라엘 자손이 '땅에 기는 길짐승'을 따라서 이스라엘 자손의 생명을(나프쇼테켐) 더럽혀 여호와 앞에서 가증하게 되지 말라는 명령입니다.

여호와는 이스라엘 자손이 땅에 기는 길짐승을 따라가 그들의 생명을(나프쇼테켐) 가증하게 되게 하지 말라(로 테샤케추)[329] 하십니다. 땅에 기는

---

328) 여호와는 11:44의 전반부는(11:44a) 20:7에서, 후반부는(11:44b) 20:25b에서 또 말씀하신다. 20장 전 후반을 11:44 말씀이 감싸고 있는 것은 여호와의 규례는 '너희는 거룩하라' 선포를 이루시기 위해 주신 것이며, 이스라엘 자손이 여호와의 규례를 지켜 행함으로 '나는 너희를 거룩하게 하는 여호와'가 성취됨을 의미한다(20:8).
329) 20:25의 '로 테샤케추'는 '가증하게 되게 하지 말라'는 뜻이다(11:43).

길짐승의 풍속, 여호와께서 쫓아내시는 족속의 풍속을 따르면 이스라엘 자손의 생명은 더러워져 여호와 앞에서 죽게 될 것입니다(15:31). 이것이 '반드시 죽일지니'와 '백성 중에서 끊어짐'입니다.

그러나 여호와의 모든 규례와 법도를 지켜 행하여 여호와의 거룩함에 거하면 이스라엘 자손의 생명은 살게 될 것입니다(18:5; 겔20:11 참조).

> **20:26** 너희는 나에게 거룩할지어다 이는 나 여호와가 거룩하고 내가 또 너희를 나의 소유로 삼으려고 너희를 만민 중에서 구별하였음이라 (봐아브딜 וָאַבְדִּל)

이 말씀은 다음과 같은 구조로 이루어져 있습니다.

a. 너희는 **나에게 거룩할지어다**(뷔흐이템 리 케도쉼 וִהְיִיתֶם לִי קְדֹשִׁים)
b. 나는 여호와 **거룩하기 때문이다**(키 카도쉬 아니 여호와)
b'. 내가 너희를 **만민 중에서 구별하였다**(봐아브딜 에트켐 민 하암밈)
a'. **나에게 속하게 하려고**(리흐요트 리 לִהְיוֹת לִי)

이스라엘 자손이 여호와께 거룩해야 함은(a) 여호와께서 거룩하시기 때문입니다(b). 여호와는 이스라엘 자손을 만민 중에서 구별하여(b') 거룩하신 여호와께 속하게 하셨습니다(a').

거룩하신 여호와는 이스라엘 자손을 만민 중에서 구별하여,[330] 거룩하신

---

[330] 20:26의 '내가 구별하였다(봐아브딜)'는 20:24-25의 '내가 구별하였다(히브달티)'와 뜻은 같다. '히브달티'는 '바달(בָּדַל)'의 히필 완료형, '봐아브딜'는 '바달'의 봐브 계속법 히필 미완료형이다.

여호와께 속하게 하였다고 선포하십니다. 거룩하신 여호와께 이스라엘 자손이 속하였으므로, 이스라엘 자손은 여호와의 거룩함에 있습니다.

여호와는 이스라엘 자손에게 여호와의 규례와 법도를 지켜 행하여, 여호와의 거룩함에 거하라 명령하십니다.

20:27 남자나 여자가 접신하거나 박수무당이 되거든 반드시 죽일지니(모트 유마트 מוֹת יוּמָת) 곧 돌로 그를 치라 그들의 피가 자기들에게로 돌아가리라

'접신하거나 박수무당이 된 자'의 결말은 '반드시 죽일지니(모트 유마트)'로 비참한 결말입니다.

접신하거나 박수무당이 된 자는 '돌'로 침을 받아 죽습니다. 그의 죽음은 몰렉을 섬긴 자가 당하는 죽음입니다(20:2). 자기의 아버지와 어머니, 곧 여호와를 저주한 자가 받는 진노로 그의 피가 자기에게로 돌아갑니다(20:9).

▶▶본문 해석

"너는 이스라엘 자손에게 또 이르라 그가 이스라엘 자손이든지 이스라엘에 거류하는 거류민이든지 그의 자식을 몰렉에게 주면 반드시 죽이되(모트 유마트 מוֹת יוּמָת) 그 지방 사람이 돌로 칠 것이요(20:2)"

20장의 '모트 유마트' 선포는[331] 창세기 2장 17절의 아담에게 '… 네가 먹

는 날에는 반드시 죽으리라(모트 타무트)' 선포와 관련 있습니다.

한편 20장의 짝인 18장에서 여호와는 '사람이(하아담) 이를 행하면 … 살리라(18:5)'를 선포하셨습니다.

'반드시 죽으리라(창2:17)', ' … 살리라(18:5)', '반드시 죽이되(20장)'의 말씀을 함께 보겠습니다.

창세기 2:16-17	레위기 18:5	레위기 20:2, … 27
여호와 하나님이 그 사람(하아담)에게 명하여 이르시되… 네가 먹는 날에는 **반드시 죽으리라**(모트 타무트 תְּמוּת מוֹת) 하시니라	너희는 내 규례와 법도를 지키라 사람(하아담)이 이를 행하면 **그로 말미암아 살리라** 나는 여호와이니라	너는 이스라엘 자손에게 이르라… 그의 자식을 몰렉에게 주면 **반드시 죽이되** 그 지방 사람들이 돌로 칠 것이요

아담은 선악을 알게 하는 나무의 열매를 먹었습니다(창3:17). 아담은 여호와 하나님의 '먹지 말라' 명령을 어겨서 창세기 2:17의 선포대로 '반드시 죽으리라' 심판에 놓여있습니다.

'반드시 죽으리라' 심판에 놓인 '그 사람(하아담)'에게, 레위기 18장 5절의 '그 사람이(하아담) … 이를 행하면 살리라' 선포는 실로 '구원의 소식'이 아닐 수 없습니다. 따라서 18, 19, 20장 순서는 18장 5절에서 '그 사람이 … 살리라'를 선포하시고, 이를 이루시기 위해 19장에서 여호와의 규례와 법도를 주셨음을 보여줍니다.[332] 그 후 20장의 '반드시 죽이되' 선포는 19장의

---

331) 20:2, 9, 10, 11, 12, 13, 15, 16, 27
332) **여호와께서 회막에서 모세를 부르시고 말씀하신 것은**(1:1) **아담을**(1:2의 누구든지는

'여호와의 살리는 말씀'을 거역한 자에게 창세기 2:17의 심판이 임할 것을 말씀합니다.

문제는 그 사람(하아담)의 후손 중 '여호와의 거룩한 규례와 법도를 지켜 살리라'를 이룰 수 있는 **그 사람이 있는가?** 입니다.[333]

그러나 여호와께서 선포하셨으므로[334] '**그 사람이 이를 행하면 살리라**'의 말씀을 반드시 이루실 것입니다.

계속되는 여호와의 말씀 속에 '**그 사람**'을 위한 여호와의 구원이 선명히 드러납니다.

'아담') **살리시려는 생명의 말씀이다**(겔20:13, 21 참조).
[333] 여호와는 사람이 여호와의 규례와 법도를 여호와의 뜻대로 지킬 수 없음을 알고 계신다. 레위기에서 제사법이 가장 먼저 주어진 까닭이 거기에 있다.
[334] '내 입에서 나가는 말도 이와 같이 헛되이 내게로 되돌아오지 아니하고 나의 기뻐하는 뜻을 이루며 내가 보낸 일에 형통함이니라(사55:11)'

21:1-24
흠이 없는 거룩한 제사장

그의 자손이 그의 백성 중에서 속되게 하지 말지니
나는 그를 거룩하게 하는 여호와임이니라(21:15)

21장은 제사장의 '흠 없음'을 말씀합니다. 여호와는 아론 자손 제사장들에게 '스스로 더럽히지 말 것'을 모세를 통해 **간곡하게** 일러주십니다.[335]

또 어떤 행위가 여호와를 가까이 섬기는 제사장을 더럽히는 것인지 자세히 알려주십니다.

---

[335] 21:1-15까지는 여호와께서 모세를 통해 제사장들에게 '간곡하게' 이르시는 말씀이다. 제사장을 향한 여호와의 마음은 도입 문구에 잘 나타나 있다.

21:1a 여호와께서 모세에게 이르시되(봐요메르 여호와 엘 모세 에모르 וַיֹּאמֶר יְהוָה אֶל מֹשֶׁה אֱ) 아론의 자손 제사장들에게 말하여 이르라

21장 도입 문구 동사는 '아마르(אָמַר)'로 시작합니다. 지금까지의 도입 문구 동사는 대부분 '다바르(דָּבַר)'로 시작하는데,336) 21장은 '아마르'로 시작합니다. 그래서 여호와의 말씀을 주시는 분위기가 이전과 다름을 느끼게 합니다.337) 이 용례는 10장에서 나답과 아비후가 죽은 후에 모세가 아론에게 '아마르'로 여호와의 말씀을 전하는 데에도 나타납니다.

10:3	**봐요메르** 모세 엘 아하론… **레모르**(לֵאמֹר)338)…(וַיֹּאמֶר מֹשֶׁה אֶל אַהֲרֹן) **이르되** 모세가 아론에게… (여호와께서) **이르시기를**
21:1a	**봐요메르** 여호와 엘 모세 **에모르**(אֱמֹר)(וַיֹּאמֶר יְהוָה אֶל מֹשֶׁה) (…) **뵈아마르타**(וְאָמַרְתָּ) **이르시되** 여호와께서 모세에게 **말하여** (아론의 자손 제사장들에게) **이르라**

21:1b-3 그의 백성 중에서 죽은 자를(레네페쉬 לְנֶפֶשׁ) 만짐으로 말미암아 스스로를 더럽히지(이타마 יִטַּמָּא) 말려니와 그의 살붙이인 그의 어머니나 그의 아버지나 그의 아들이나 그의 딸이나 그의 형제

---

336) 4:1의 경우 '여호와께서 모세에게 말씀하여 이르시되'는 '봐예다베르 여호와 엘 모세 레모르'로 레위기에서는 4:1; 5:14; 5:20; 6:1 등 총 27회 정도 나타난다.
337) 10:3은 '아마르'가 두 번, 21:1은 세 번 사용된다. 21장 도입 문구에서 '아마르' 동사는 제사장이 여호와의 '가족' 같음을 느끼게 한다.
338) '레모르'는 '말하여(에모르 אֱמֹר)'에 전치사 '레(לְ)'가 결합 된 것이다. 10장에서 모세가 아론과 그의 아들들에게 전한 여호와의 말씀은 21장에서 왔다. 10:3은 21:8, 15, 23을 아론에게 이른 것이고, 10:6-7은 21:10-12를 아론과 그의 아들들에게 이른 것이다.

나 출가하지 아니한 처녀인 그의 자매로 말미암아서는 몸을 더럽힐 수(이타마 יִטַּמָּא) 있느니라

여호와는 아론의 자손 제사장들을 향해 '그의 백성 중에서 죽은 자를 만짐으로 말미암아 스스로 더럽히지(이타마)339) 말라' 하십니다. 이 말씀은 제사장이 백성 중에 거하며 죽은 자를 만짐으로 자신을 더럽히면 안 된다는 뜻입니다. 그런데 제사장의 가까운 혈육의 죽은 자로 인해서는 '스스로 더럽힘(이타마)'을 허락하십니다.

21:4 제사장은 그의 백성의(베아마이브 בְּעַמָּיו) 어른인즉 자신을 더럽혀(이타마 יִטַּמָּא) 속되게(레헤할로 לְהֵחַלּוֹ) 하지 말지니라

여호와는 제사장을 '그의 백성의 어른'이라 하시며, 백성 중에서 자신을 스스로 더럽혀(이타마) 속되게 하지 말라 하십니다. 제사장은 여호와를 가까이 섬기는 직분으로 자신을 더럽힌 채 여호와 가까이하면 '나답과 아비후'와 같은 결말을 맞게 될 것이기 때문입니다.

21:5 제사장들은 머리털을 깎아 대머리 같게 하지 말며 자기의 수염 양쪽을 깎지 말며 살을 베지 말고

여호와는 제사장들에게 머리털을 깎아 대머리 같게 하지 말며, 자기의 수염 양쪽을 깎지 말며, 살을 베지 말라 명하십니다. 이 풍속은 가나안 땅 풍속

---

339) '이타마'는 히트파엘 동사이다.

으로 여호와께서 금지하신 풍속입니다(19:27; 왕상 18:28 참조). 제사장은 백성의 어른이므로 이러한 풍속을 따라서는 결코 안 될 것입니다.

21:6 그들의 하나님께 대하여 거룩하고 그들의 하나님의 이름을 욕되게 (예할렐루 יְחַלְּלוּ) 하지 말 것이며 그들은 여호와의 화제 곧 그들의 하나님의 음식을(레헴 לֶחֶם) 드리는 자인즉 거룩할 것이라

이 말씀은 다음과 같은 구조로 이루어져 있습니다.

 a. 그들의 하나님께 거룩하라
　b. 그들의 하나님의 이름을 욕되게 하지 말라
　b′. **그들은 여호와의 화제 곧 그들의 하나님께 음식을 드리는 자이다**
 a′. (그들은) 거룩하라

제사장은 그들의 하나님께 거룩해야 합니다(a). 거룩하지 않으면 하나님의 이름을 욕되게 하기 때문입니다(b).
　제사장은 거룩해야 합니다(a′). 제사장은 여호와의 화제 곧 그들의 하나님께 음식을 드리는 자들이기 때문입니다(b′).

여호와는 제사장이 여호와 앞에서 섬기는 직무를 '하나님께 음식을 드림'으로 표현하십니다. 자녀가 부모에게 '음식'을 드리듯, 제사장이 여호와께 드리는 여호와의 화제를 여호와께 음식을 드림으로 표현하십니다.
　만일 자녀가 부모를 공경하지 않는다면 부모님께 드릴 음식을 함부로 하여 부모님의 이름을 욕되게 할 것입니다.

여호와는 제사장이 '하나님께 음식을 드리는 자(b′)'라고 하시며, 제사장이 여호와를 어떤 마음과 태도로 섬겨야 하는지를 알려주십니다(b).

> 21:7 그들은 부정한 창녀나 이혼 당한 여인을 취하지 말지니 이는 그가 여호와 하나님께 거룩함이니라

제사장의 구별된 삶은 가정에서부터 시작합니다, 여호와는 제사장이 아내를 취할 때에, 여호와를 가까이하는 제사장으로서의 거룩함으로 아내를 취하라 말씀하십니다.

> 21:8 너는 그를 거룩히 여기라 그는 네 하나님의 음식을 드림이니라 너는 그를 거룩히 여기라 너희를 거룩하게 하는 나 여호와는 거룩함이니라(키 카도쉬 아니 여호와 메카디쉬켐 כִּי קָדוֹשׁ אֲנִי יְהוָה מְקַדִּשְׁכֶם)

이 말씀을 원문 어순으로 보면 다음과 같은 구조로 이루어져 있습니다.

a. 너는 그를 거룩히 여기라
  b. 그는 네 하나님의 음식을 드리기 때문이다.
a′. 너는 그를 거룩히 여기라
  b′. 너희를 거룩하게 하는 나 여호와는 거룩하기 때문이다.
    (키 카도쉬 아니 여호와 메카디쉬켐)

여호와는 이스라엘 자손에게 제사장을 거룩히 여기라 하십니다(a-a′). 제사장이 제단에 예배자의 예물을(네 하나님의 음식) 드려(b), 여호와께서 받으시고 여호와께서 그들을 거룩하게 하시기 때문입니다(b-b′).340)

21:9 어떤 제사장의 딸이든지 행음하여 자신을 속되게 하면(테헬 תֵחֵל) 그의 아버지를 속되게 함이니(메할렐레트 מְחַלֶלֶת) 그를 불사를지라(티사레프 תִשָׂרֵף)

여호와는 제사장 가족도 구별하라 말씀하십니다. 제사장의 딸이 '행음하여 자신을 속되게 하면(테헬)'의 뜻은, '간음하여 자신을 더럽히면'의 뜻입니다. 제사장의 딸이 간음하면 아버지 제사장을 더럽히게 됩니다. 이는 아버지 제사장이 여호와 앞에서 가증히 여김을 받게 합니다(20:23). 여호와는 어떤 제사장의 딸이든지 행음하여 더럽히면 '불사를 것'을 명하십니다.

21:10-12 자기의 형제 중 관유로 부음을 받고 위임되어 그 예복을 입은 대제사장은(하코헨 하가돌 메에하이브 הַכֹּהֵן הַגָדוֹל מֵאֶחָיו) 그의 머리를 풀지 말며 그의 옷을 찢지 말며 ¹¹어떤 시체에든지(나프쇼트 메트 נַפְשֹׁת מֵת) 가까이하지 말지니 그의 부모로 말미암아서도 더러워지게(이타마 יִטַמָא) 하지 말며 ¹²그 성소에서 나오지 말며 그의 하나님의 성소를 속되게(예할렐 יְחַלֵל) 하지 말라 이는 하나님께서 성별하신(네제르 נֵזֶר) 관유가 그 위에 있음이니라 나

---

340) 20:8에서는 '나는 너희를 거룩하게 하는 여호와(아니 여호와 메카디쉬켐)'로 선포하시고, 21:8에서는 '나는 너희를 거룩하게 하는 여호와이기 때문이다(키 카도쉬 아니 여호와 메카디쉬켐)'로 선포하신다. 24:9 본문 설교 참조

는 여호와이니라(아니 여호와 אֲנִי יְהוָה)

여호와는 자기의 형제 중 머리에341) 관유로 부음을 받고 위임되어 예복을 입은 대제사장은342) '그의 머리를 풀지 말며 그의 옷을 찢지 말며'를 명하십니다.

여호와는 여호와의 거룩하심과 영광을 대제사장에게 입히신 예복과 대제사장의 머리에 부으신 관유로 드러나게 하셨습니다(출28-29장). 그런 대제사장이 '머리를 풀고 옷을 찢는 행위'를 한다면 여호와께서 주신 거룩함과 영광을 부정하는 행위가 될 것입니다. 여호와는 이 행위를 금지하십니다.

여호와는 기름 부음을 받은 대제사장은 '어떤 시체에든지 가까이하지 말지니' 하십니다. 기름 부음 받은 대제사장은 그의 부모로 인하여도 자신을 더럽게(이타마) 할 수 없으므로 성소에서 나올 수 없습니다. 기름 부음을 받은 대제사장은 여호와의 성소를 속되게 할 수 없습니다. 그의 머리에는 여호와의 성별하신 관유가 있기 때문입니다.343)

21:13-15 그는(뵈후 וְהוּא) 처녀를 데려다가 아내를 삼을지니 ^{14}과부나 이혼 당한 여자나 창녀 짓을 하는 더러운 여인을 취하지 말고 자기 백성 중에서(메아마이브 מֵעַמָּיו) 처녀를 취하여 아내를 삼아 ^{15}그의 자손이(자르오 זַרְעוֹ) 그의 백성 중에서(베아마이브 בְּעַמָּיו)

---

341) 원문에 '머리 위에(알 로쇼 עַל רֹאשׁוֹ)'가 있다.
342) '대제사장(하코헨 하가돌 메에하이브)'은 '그의 형제들 가운데 큰 자'라는 뜻이다.
343) '성별하신(네제르)'은 '구별되어 여호와께 헌신 된(민6:8)'의 뜻으로, 대제사장은 그의 평생이 여호와 앞에 드려진 거룩한 자임을 의미한다. 대제사장의 머리에 쓰는 관에 매단 순금 패의 글자 '여호와께 성결'은 대제사장이 어떠한 자인지를 잘 보여준다(출28:36-38).

속되게(예할렐 יְחַלֵּל) 하지 말지니 나는 그를 거룩하게 하는 여호와임이니라(키 아니 여호와 메카데쇼 כִּי אֲנִי יְהוָה מְקַדְּשׁוֹ)

여호와는 대제사장에게 '처녀'를 취하여 아내로 삼으라 하십니다(21:13, 14). 대제사장이 아내로 취할 처녀는 자기 백성으로부터(메아마이브)344) 취한 처녀입니다(21:14).

그리고 21:15에서 여호와는 '그의 자손이 그의 백성 중에서(베아마이브) 속되게(예할렐) 하지 말라' 하십니다.

21:15의 '그의 자손'은 **'백성으로부터 처녀를 취하여 태어난 자손**'입니다.

그런데 21:15를 언뜻 읽으면 백성으로부터 처녀를 취하여 태어난 '그의 자손'이 그의 백성 중에서 스스로 더럽혀 속되게 하지 말라는 말씀으로 들릴 수 있습니다.

그러나 그렇지 않습니다.

21:15a의 '속되게(예할렐)'는 21:9와 같은 '스스로 더럽힘(테헬)'이 아닙니다.345) 21:15는 21:12같이 여호와께서 대제사장에게 주신 명령입니다.346) 따라서 21:15a 명령은 '**백성으로부터(메아마이브) 취한 처녀에게서 태어난 자손**'을 대제사장이 '**백성 중에서(베아마이브) 더럽히지 말라**'는 명령입니다.

---

344) 21:14의 '메아마이브'는 '그의 백성으로부터(from)'의 뜻이고, 21:15의 '베아마이브'는 '그의 백성 중에서(in)'의 뜻이다.
345) 21:9의 '테헬'은 '모독하다, 더럽히다(할랄 חָלַל)'의 니팔 미완료형으로, '스스로 더럽히다'의 뜻이고, 21:15의 '예할렐'은 할랄 동사의 피엘 미완료형으로 '그의 자손'을 더럽히는 주체가 '그(3인칭 남성 단수)'이다.
346) 21:12, 21:15는 똑같이 '욕되게 하지 말라(뻴로 예할렐 וְלֹא יְחַלֵּל)' 어구이다.

그리고 여호와는 21:15b에서 '나는 그를 거룩하게 하는 여호와이기 때문이다(키 아니 여호와 메카데쇼)'를 선포하십니다. 이 선포는 대제사장이 '백성으로부터 취한 처녀에게서 태어난 자손'을 더럽힐지라도 여호와께서 '그'를 거룩하게 하실 것을 의미합니다.347)

21:15 말씀은 여호와는 대제사장에게 그의 백성으로부터 처녀를 취하여 태어난 '그의 자손'을 그의 백성 중에서 욕되게 하지 말라는 명령입니다. 왜냐하면 여호와께서 처녀에게서 태어난 '그의 자손'을 거룩하게 하실 것이기 때문입니다(키 아니 여호와 메카데쇼).

21:16 여호와께서 모세에게 말씀하여 이르시되(봐예다베르 여호와 엘 모세 레모르 וַיְדַבֵּר יְהוָה אֶל מֹשֶׁה לֵּאמֹר)

여호와께서 모세를 통하여 말씀하시는(다바르) 일반적 도입 문구로 바뀝니다. 따라서 21:16 이하 말씀은 앞의 단락과(21:1-15) 구분됩니다.

21:17 아론에게 말하여 이르라 누구든지(이쉬 אִישׁ) 너의 자손 중(미자르아카 מִזַּרְעֲךָ) 대대로 육체에 흠이 있는 자는(이흐예 보 뭄 יִהְיֶה בוֹ מוּם) 그 하나님의 음식을 드리려고 가까이 오지 못할 것이니라

여호와는 아론의 자손 중 대대로 육체에 흠이 있는 자는 하나님의 음식을 드리려고 가까이 오지 못할 것이라 하십니다. '육체에 흠이 있는 자(이흐예

---

347) '키 아니 여호와 메카데쇼' 선포는 '나는 그를 살리는 여호와이기 때문이다' 뜻을 담고 있다. 거룩하신 여호와 앞에서 '거룩함'은 '영원한 생명'이다. 반면 땅에 기는 길짐승의 '부정함'은 여호와 앞에서 '영원한 죽음'이다(15:31).

- 380 -

보348) 뭄)'를 직역하면 '그의 안에 흠이 있는' 뜻입니다. 여호와는 아론의 자손으로서 '**그의 안에 흠이 있는 자**'는 여호와의 음식을 드리기 위해 가까이 오지 못할 것이라 하십니다.

21:18-20 누구든지 흠이 있는 자는(콜 이쉬 아쉐르 보 뭄 אִישׁ אֲשֶׁר בּוֹ מוּם כָּל) 가까이하지 못할지니 곧 맹인이나 다리 저는 자나 코가 불완전한 자나 지체가 더한 자나 ¹⁹발 부러진 자나 손 부러진 자나 ²⁰등 굽은 자나 키 못 자란 자나 눈에 백막이 있는 자나 습진이나 버짐이 있는 자나 고환 상한 자나

여호와는 아론의 자손 중 '흠이 있는 자'를 ①맹인, ②다리 저는 자, ③코가 불완전한 자, ④지체가 더한 자, ⑤발 부러진 자, ⑥손 부러진 자, ⑦등 굽은 자, ⑧키 못 자란 자, ⑨눈에 백막이 있는 자, ⑩습진, ⑪버짐 있는 자, ⑫고환 상한 자를 말씀합니다.
여호와는 이같이 '흠이 있는' 아론의 자손은 여호와의 음식을 드리러 여호와께 가까이 나가지 못할 것이라 말씀하십니다.349)

21:21 제사장 아론의 자손 중에 흠이 있는 자는 나와 여호와께 화제를 드리지 못할지니 그는 흠이 있은즉 나와서 그의 하나님께 음식을 드리지 못하느니라

---

348) '보(בּוֹ)'는 전치사 '베(בְּ)'에 3인칭 남성 대명사 접미 '오(וֹ)'가 붙어서 '그의 안에'란 뜻이다.
349) 전통적 랍비들은 21:18-20절의 장애를 142개의 장애로 확대시켜 적용했다고 한다. 기동연, 『레위기』, 781

여호와는 21:17-21까지 제사장 아론의 자손 중에 '흠이 있는 자'는 여호와께 화제를 드리지 못할 것을 반복하며 강조하십니다.

① 누구든지 너의 자손 중 … **흠이 있는 자**는 … 하나님의 음식을 드리려고 가까이 오지 못할 것이니라(21:17)
② 누구든지 **흠이 있는 자**는 가까이하지 못할지니 … (21:18)
③ 제사장 아론의 자손 중에 **흠이 있는 자**는 나와 여호와께 화제를 드리지 못할지니(21:21a)
④ 그는 **흠이 있은즉** 나와서 그의 하나님께 음식을 드리지 못하느니라(21:21b)

위의 말씀을 정리하면
① 너의 자손 중 흠이 있는 자는 하나님의 음식을 드리려고 가까이 오지 못함
② 누구든지 흠이 있는 자는 여호와를 가까이하지 못함
③ 제사장 아론의 자손 중 흠이 있는 자는 여호와께 화제를 드리지 못함
④ 흠이 있는 자는 그의 하나님께 음식을 드리지 못함

아론의 자손 중 흠이 있는 자는 하나님의 음식을 드리지 못하므로, 여호와께 가까이 오지 못합니다(①, ②). 제사장 아론의 자손 중 흠이 있는 자는 여호와께 화제를 드릴 수 없습니다(③). 여호와께 화제를 드릴 수 없음은 여호와의 제단에서 섬길 수 없음을 말씀합니다(④).

①, ②, ③, ④는 **아론의 자손 중 흠이 있는 자는 여호와의 음식, 여호와의 화제를 드리기 위하여 여호와의 제단에서 섬길 수 없음을 말씀합니다.**

21:22 그는 그의 하나님의 음식이 지성물이든지 성물이든지 먹을 것이나

그런데 여호와는 '흠이 있는 자'가 하나님의 음식인 지성물과 성물은 **먹을 수 있다고** 하십니다.

지성물은 소제물(2:3, 10), 속죄제(6:29), 속건제(7:6), 진설병 상에 놓였던 빵(24:8-9) 같이 여호와께 드린 지극히 거룩한 제물입니다. 성물은 화목제에서 거제와 요제로 드린 제물(7:31-32), 첫 열매(민18:12-13), 거제물(민18:19), 십일조(민18:26) 같이 이스라엘 자손이 여호와께 드린 모든 것(민18:14)입니다.

21:23 휘장 안에 들어가지 못할 것이요 제단에 가까이하지 못할지니 이는 그가 흠이 있음이니라 이와 같이 그가 내 성소를 더럽히지 못할 것은(뷜로 예할렐 וְלֹא יְחַלֵּל) 나는 그들을 거룩하게 하는 여호와임이니라(키 아니 여호와 메카데샴 כִּי אֲנִי יְהוָה מְקַדְּשָׁם)

여호와는 아론의 자손 중 흠이 있는 자는 '휘장 안에 들어가지 못할 것이요 제단에 가까이하지 못할지니' 하십니다. 휘장 안과 제단은 여호와께서 임하시는 거룩한 곳입니다. 여호와는 아론의 자손 중 흠이 있는 자가 거룩한 곳으로 가까이하는 것을 여호와의 성소를 더럽히는 것으로 표현하십니다.

'그가 내 성소를 더럽히지 못할 것은(뷜로 예할렐)350) **나는 그들을 거룩하게 하는 여호와이기 때문이다(키 아니 여호와 메카데샴)**'로 선포하십니다. 여기서 '그들'은 21:8의 '키 카도쉬 아니 여호와 메카디쉬켐'의 '너희'로,

---

350) '뷜로 예할렐' 표현은 21:12, 15에서 사용된 어구와 같다.

'이스라엘 자손'을 가리킵니다.

여호와는 '**이스라엘 자손을 거룩하게 하시는 여호와이기 때문에(키 아니 여호와 메카데샴)**', 아론의 자손 중 흠이 있는 자는 여호와를 가까이하여 섬길 수 없다고 하십니다.

그런데 21:22 말씀과 21:23 말씀은 서로 충돌하는 것처럼 보입니다.
21:22에서 여호와는 '흠이 있는 자'가 지성물이나 성물을 먹을 수 있다고 하시고, 21:23에서는 '흠이 있으면' 여호와의 성소를 더럽힌다고 말씀하시기 때문입니다.

여호와께서 흠이 있는 자에게 거룩한 곳에서 먹는 지성물을 허락하신다면(21:22), 그 흠은 성소를 더럽히는 '흠'은 아닙니다.351) 즉 눈에 보이는 '흠'은 성소를 더럽히는 흠이 아님을 알 수 있습니다.

그렇다면 21:23의 성소를 더럽히는 '흠'은 눈에 보이는 '흠'이 아니라 제사장에게 있는 '어떤 흠'이 성소를 더럽히므로, 그 '흠'을 강력하게 금지하신 말씀입니다. 제사장에게 있는 '흠'으로 여호와의 성소를 더럽히는 '흠'은 무엇일까요?

10장에서 제사장 엘르아살과 이다말은 백성을 위한 지극히 거룩한 속죄제의 제물을 거룩한 곳에서 먹지 않고 불살라 버렸습니다(10:16). 그때 모세가 노하여 아론의 남은 아들들에게 한 말씀이 10:17입니다.

"이 속죄제물은 **지극히 거룩하거늘** 너희가 어찌하여 **거룩한 곳에서** 먹지 아니하

---

351) 지성물은 **거룩한 곳에서 거룩한 자가 먹는 여호와의 음식이다**(6:17-18, 29; 7:6). 화목제물과 같은 성물도 부정한 자는 먹을 수 없다(7:20).

였느냐 이는 너희로 회중의 죄를 담당하여 그들을 위하여 여호와 앞에 속죄하게 하려고 너희에게 주신 것이니라(10:17)"

10:17에서 모세는 **제사장은 회중의 죄를 담당하는 자**라고 합니다.

"제사장 아론의 자손 중에 흠이 있는 자는 나와 여호와께 화제를 드리지 못할지니 그는 흠이 있은즉 나와서 그의 하나님께 음식을 드리지 못하느니라(21:21)"

21:21과 10:17 말씀을 연결하면 '**제사장은 흠이 없는 자**'로 '**여호와께 화제를 드려 회중의 죄를 담당하는 자**'임을 말씀합니다.

제 사 장

흠이 없는 자 = 여호와께 화제를(음식) 드려 회중의 죄를 담당하는 자

21:21, 10:17을 통해 제사장의 '흠 없음'은 '죄 없음'을 가리킴을 알 수 있습니다.

따라서 21:23에서 여호와의 성소를 더럽히는 제사장의 '흠'은 제사장의 몸에 있는 흠이 아니라 제사장의 '죄'를 말씀합니다.352)

'흠'이 있는 제사장, '죄'가 있는 제사장은 자신의 죄로 인해 회중의 죄를 담당할 수 없습니다. 나답과 아비후의 죽음에서 보듯이 흠 있는 제사장은 제사장 자신뿐 아니라 이스라엘 온 회중을 여호와의 진노 앞에 놓이게 할 수 있습니다(10:6). 그래서 여호와는 '흠' 있는 제사장은 휘장 안에 들어가지

---

352) 12가지 육체의 '흠'은 아론 자손의 '죄'를 시각화한 표현이다.

못하며 제단에 가까이할 수 없다고 선포하십니다.

여호와께서 제사장을 세우신 것은 이스라엘 자손의 죄를 담당하게 하시기 위함입니다. 여호와는 '흠 없는 제사장'을 통해 회중의 죄를 담당하게 하여 이스라엘 자손을 거룩하게 하십니다(21:8). **여호와는 아론의 자손 제사장에게 흠 없는 제사장이 되어야 함을 '나는 그들을 거룩하게 하는 여호와이기 때문이다(키 아니 여호와 메카데샴)'로 선포하십니다.**

21:24 이와 같이 모세가 아론과 그의 아들들과 온 이스라엘 자손에게 말하였더라

21장 말씀을 듣는 자는 17장 말씀 수신자와 같습니다.

"여호와께서 모세에게 말씀하여 이르시되 ²**아론과 그의 아들들과 이스라엘의 모든 자손에게** 말하여 그들에게 이르기를 여호와의 명령이 이러하시다 하라(17:1-2)"

이것은 17장에서 모세를 통해 아론과 그의 아들들과 이스라엘의 온 자손에게 주신 **명령이** 21장까지 계속되었음을 말씀합니다.

▶▶ 본문 해석

"제사장 아론의 자손 중 흠이 있는 자는 나와 여호와께 화제를 드리지 못할지니 그는 흠이 있은즉 나와서 그의 하나님께 음식을 드리지 못하느니라(21:21)"

여호와는 아론의 자손 중 '흠이 있는 자'는 '**여호와께 화제를 드려 회중의 죄를 담당하여 회중을 속죄할 수 없음**'을 말씀합니다.

아론의 자손 중 흠이 있는 자는 하나님의 음식을 드리기 위해 여호와께 가까이 나가지 못합니다. 그것은 흠 있는 제사장은 백성의 죄를 담당할 수 없기 때문입니다. 흠 있는 제사장은 자신에게 있는 죄로 인하여 백성의 죄를 담당할 수 없습니다.353)

아론과 그의 아들들은 '흠 있는 제사장'입니다.354) 아론의 흠은 '금 송아지 사건'에서 드러났고(출32장), 아론 자손의 흠은 '나답과 아비후의 죽음'에서 드러났습니다(레10장).

흠 있는 제사장, 아론의 아들들이 여호와 앞에서 죽었을 때, 여호와는 모세를 통해 여호와께서 보내실 거룩한 한 제사장을 계시하십니다.

"나는 나를 가까이하는 자 중에서 내 거룩함을 나타내겠고 온 백성 앞에서 내 영광을 나타내리라(10:3)"

---

353) 8장, 9장, 16장 제사에서 여호와는 가장 먼저 대제사장의 속죄제를 드리게 하신다.
354) 아론과 아들들은 거룩한 대제사장이 오실 때까지 위임된 제사장이다(8장).

10:3의 '나를 가까이하는 자'는 21:16-23에서 '흠 없는 제사장'을 가리킵니다. **여호와는 흠 없는 제사장을 통해**355) **여호와께서 거룩히 여기심을 받으실 것이라 하십니다.** 그리하여 여호와께서 '온 백성 앞에서 여호와의 영광을 나타내실 것'이라 하십니다.356)

　　21:10-15에서 여호와는 흠 없는 거룩한 대제사장이 오실 것을 계시하십니다. 흠 없는 거룩한 대제사장은 백성으로부터 취한 처녀의 몸에서 태어나십니다(21:13-14; 사7:14; 눅1:27). 그가 흠 없는 거룩한 대제사장임은 거룩한 기름 부음 받음으로 증명됩니다(21:10a; 요1:33).

　　아이러니는 흠 없는 거룩한 대제사장이 흠 있는 대제사장에 의하여 백성 중에서 더럽힘을 당하여 죽는다는 것입니다(21:15a).357) 흠 없는 대제사장

---

355) 일곱째 달 십 일 제사에서 아론이 거룩한 세마포 속옷을 입는 것이 무엇을 의미하는지 분명히 알 수 있다. '거룩한 세마포 속옷을 입으며 세마포 속바지를 몸에 입고 세마포 띠를 띠며 세마포 관을 쓸지니 이것들은 거룩한 옷이라 물로 그의 몸을 씻고 입을 것이며(16:4)'

356) 여호와께서 백성 가운데 여호와의 영광을 드러내실 때 백성은 거룩하게 된다(출29:43; 레9:23-24).

357) '나도 그를 알지 못하였으나 나를 보내어 물로 세례를 베풀라 하신 그이가 나에게 말씀하시되 **성령이 내려서** 누구 위에든지 머무는 것을 보거든 그가 곧 성령으로 세례를 베푸는 이인 줄 알라 하셨기에 내가 보고 그가 하나님의 아들이심을 증언하였노라 하니라(요1:33-34)' 예수님은 위로부터 주신 옷을 입은 거룩한 대제사장이다. '군인들이 예수를 십자가에 못 박고 그의 옷을 취하여 네 깃에 나눠 한 깃씩 얻고 속옷도 취하니 이 속옷은 호지 아니하고 **위에서부터**(아노덴 $\alpha\nu\omega\theta\epsilon\nu$) **통으로 짠 것이라**(요19:23)' '위에서부터'는 요3:3의 '거듭나지 아니하면(**위에서부터**, 아노덴 $\alpha\nu\omega\theta\epsilon\nu$)'과 같은 단어이다. 요한은 요8:23의 '나는 위에서(아노 $\alpha\nu\omega$) 났고'와 같은 어원의 단어로 예수님의 옷이 '위에서부터 통으로 짠 것'으로 예수님이 '위에서 오신 거룩한 대제사장'이심을 증언한다. 위에서 오신 거룩한 대제사장 예수님은 형제들 가운데 큰 자로(레21:10a; 요18:37), 백성 중에서 더럽혀질 수 없다(21:15a). 그런데 예수님을 알지 못하는 백성은 그의 머리에 가시관을 씌움으로 기름 부음 받은 예수님의 머리를 더럽히며(레21:10b; 요19:1-3), 위에서 주신 예수님의 옷을 찢어 거룩한 옷을 더럽힌다(레21:10c; 요19:23-24). 예수님은

은 백성으로부터 버려지고(사53장; 요19:6-16), 사람들이 외면하는 부정한 나병환자처럼(13:44-45) 진영 밖에서 죽임당합니다(막15:20).[358]

그러나 여호와는 흠 없는 대제사장이 여호와의 규례와 법도를 온전히 지키는 자임을 아시므로, 그를 거룩하게 하십니다(21:15b). 그러므로 죽임당했던 흠 없는 대제사장은 다시 살아나십니다(18:4-5; 막16:6).

여호와는 흠 없는 대제사장이 그의 백성 가운데에서 죽임당하게 하심으로(출31:15), 그의 백성을 거룩하게 하십니다(출31:13; 요17:17-19). 그리하여 여호와(그)의 영광을 그의 백성 앞에서 드러내십니다(10:3; 요1:14).

기름 부음 받은 그의 머리가 더럽혀지고, 그의 거룩한 옷이 더럽혀진 채 속죄일의 아사셀 염소처럼 진영 밖으로 끌려 나가 십자가 위에서 죽임당하신다(레16:21-22; 요19:17-19).

[358] 일곱째 달 십 일에 '아무 일도 하지 말고 스스로 괴롭게 하라' 명령은 '흠 없는 거룩한 대제사장'이 백성을 위하여 죽임당함을 슬퍼하란 명령이다.

22:1-33
흠이 없는 거룩한 제물

흠 있는 것은 무엇이나 너희가 드리지 말 것은
그것이 기쁘게 받으심이 되지 못할 것임이니라(22:20)

22장은 성물을 먹을 수 있는 제사장과 가족, 여호와께서 기쁘게 받으시는 '흠 없는 제물'에 관하여 말씀합니다.

22장은 도입 문구에 따른 수신자가 아론과 그의 아들들(22:2), 아론과 그의 아들들과 온 이스라엘 족속(22:18), 모세(22:26) 세 단락으로 나뉩니다.

22:1-2 여호와께서 모세에게 말씀하여 이르시되 ²아론과 그의 아들들에게 말하여 그들로 이스라엘 자손이 내게 드리는 그 성물에 대하여 스스로 구별하여 내 성호를(쉠 코드쉬 שֵׁם קֹדֶשׁ) 욕되게 함이(예할렐루 יְחַלְּלוּ) 없게 하라 나는 여호와이니라(아니 여호와 אֲנִי יְהוָה)

여호와는 이스라엘 자손이 여호와께 드린 성물을 아론과 그의 아들들이 구별하여서 여호와의 성호(쉠 코드쉬)를 욕되게 하지 말라 명하십니다.359)

'여호와의 성호를 욕되게 하지 말라' 말씀은 이스라엘 자손이 여호와께 드린 성물을 아론과 그의 아들들이 거룩함으로 구별하여 먹어서 여호와께서 이스라엘 자손을 거룩하게 하도록 하라는 명령입니다.360)

여호와는 아론과 그의 아들들이 여호와의 성물을 거룩함으로 먹고 여호와의 성호대로 이루도록 '나는 여호와이니라'로 선포하십니다.

22:3 그들에게 이르라 누구든지 네 자손 중에 대대로 그의 몸이 부정하면서도 이스라엘 자손이 구별하여 여호와께 드리는 성물에 가까이하는 자는 내 앞에서 끊어지리라(라여호와 뵈툼아토 알라이브 뵈니크레타 하네페쉬 하히 밀레파나이 לַיהוָה וְטֻמְאָתוֹ עָלָיו וְנִכְרְתָה הַנֶּפֶשׁ הַהִוא מִלְּפָנַי) 나는 여호와이니라(아니 여호와 אֲנִי יְהוָה)

---

359) '욕되게 하다(힐렐 חִלֵּל)'는 '할랄(חָלַל)'의 피엘형 동사로 18장에서 22장까지만 나온다. 18장에 한 번(18:21), 19장에 세 번(19:8, 12, 29), 20장에 한 번(20:3), 21장에 여섯 번(21:4, 6, 9, 12, 15, 23), 22장은 네 번(22:2, 9, 15, 32)으로, 21장과 22장에 집중적으로 나타난다. '힐렐' 동사가 사용된 본문은 **여호와께 속한 거룩한 것을 더럽혀 여호와께 속하지(거룩하지) 않게 하는 것**임을 보여준다. 18장과 20장의 '자녀를 몰렉에게 주는 행위'는 '힐렐'이 어떤 뜻인가를 대표적으로 보여준다.
360) '성호'는 거룩하신 이름이다. 여호와 성호의 뜻은 '나는 … 를 거룩하게 하는 여호와(20:8, 21:8, 21:15)'에 잘 나타나 있다.

여호와는 아론의 자손 중에 몸이 부정하면서도 이스라엘 자손이 여호와께 드린 성물에 가까이하면 여호와 앞에서 끊어질 것이라 하십니다. 이 말씀은 7:20과 같은 말씀으로 아론의 자손 중 몸이 부정한데도 여호와의 성물을 가까이하면 여호와 앞에서 죽임을 당할 것을 뜻합니다.361)

"만일 몸이 부정한 자가 여호와께 속한 화목제물의 고기를 먹으면 그 사람은 자기 백성 중에서 끊어질 것이요(라여호와 뵈툼아토 알라이브 뵈니크레타 하네페쉬 하히 밀레파나이)(7:20)"

22:4-7 아론의 자손 중 나병 환자나 유출병자는 그가 정결하기 전에는 그 성물을 먹지 말 것이요 시체의 부정에 접촉된 자나 설정한 자나 ⁵무릇 사람을 부정하게 하는 벌레에 접촉된 모든 사람과 무슨 부정이든지 사람을 더럽힐 만한 것에게 접촉된 자 ⁶곧 이런 것에 접촉된 자는 저녁까지 부정하니 그의 몸을 물로 씻지 아니하면 그 성물을 먹지 못할지며 ⁷해질 때에야 정하리니 그 후에야 그 성물을 먹을 것이니라 이는 자기의 음식이 됨이니라

여호와는 아론의 자손 중 몸이 부정하게 된 자는 정결하기 전에는 여호와의 성물을 먹지 말 것을 명하십니다. 나병 환자나 유출병자는 몸의 병이 나은 후에 정결례를 지켜야 성물을 먹을 수 있습니다. 시체의 부정, 설정한 자, 사람을 부정하게 하는 벌레, 부정한 사람과 접촉하여 몸이 부정한 자는 저녁까지 부정합니다. 부정한 자는 물로 그의 몸을 씻고 해질 때에 정하게 됩니

---

361) 몸이 부정한 자는 여호와의 성물을 먹을 수 없고 성물에 가까이 갈 수 없다.

다. 정하게 된 후에 그는 성물을 먹을 수 있습니다.

22:8 시체나(네벨라 נְבֵלָה) 찢겨 죽은 짐승을 먹음으로 자기를 더럽히지 (레톰아 לְטָמְאָה) 말라 나는 여호와이니라(아니 여호와 אֲנִי יְהוָה)

여호와는 아론의 자손에게 시체나 찢겨 죽은 짐승을 먹고 자신을 더럽히지 말라 하십니다. 만일 아론의 자손이 죽은 짐승을 먹고 자신을 더럽힌 채 여호와의 성물을 먹는다면, 여호와 앞에서 끊어지게 될 것입니다(22:2-3).

22:9 그들은 내 명령을 지킬 것이니라(붜샤메루 에트 미쉬마르티 מִשְׁמַרְתִּי וְשָׁמְרוּ אֶת) 그것을 속되게 하면(예할렐루후) 그로 말미암아 죄를 짓고 그 가운데에서 죽을까 하노라 나는 그들을 거룩하게 하는 여호와이니라(아니 여호와 메카데샴)

22:9를 세 개의 문장으로 나누어 살펴보겠습니다.

① 그들은 내 명령을 지킬 것이니라(붜샤메루 에트 미쉬마르티) : 여호와는 아론 자손에게 여호와의 명령을 지킬 것을 강력히 명령하십니다.

② 그것을 속되게 하면 그로 말미암아 죄를 짓고 그 가운데에서 죽을까 하노라 : ②를 두 어구로 나누어 살펴보겠습니다.
②-㉠ 그로 인하여 **죄**를 담당하지 말라(뵐로 이시우 알라이브 헤트 חֵטְא וְלֹא יִשְׂאוּ עָלָיו)

- 395 -

'그로 인하여'는 '몸이 부정하면서 성물을 먹는 것'입니다(22:3-8). 그러므로 ②-㉠은 아론의 자손이 몸이 부정하면서 성물을 먹어 죄를 담당하지 말라는 말씀입니다.

②-㉡ 그것을 욕되게 하면 그것으로 인해 **죽는다**(우메투 보 키 예할렐루 후 וּמֵתוּ בוֹ כִּי יְחַלְּלֻהוּ)

'그것을 욕되게 하면'은 여호와의 성호를 욕되게 함을 뜻합니다. 즉 ②-㉡은 아론의 자손이 몸이 부정하면서 여호와의 성물을 먹어 여호와의 성호를 욕되게 하면 그로 인해 죽는다는 말씀입니다(22:2-3).

요약하면 ②는 **아론의 자손이 몸이 부정한데도 성물을 먹어 성호를 욕되게 하면, 그 죄로 인해 여호와 앞에서 죽게 될 것**을 말씀합니다.362)

③ 나는 그들을 거룩하게 하는 여호와이니라(아니 여호와 메카데샴) : 여호와는 '나는 그들을 거룩하게 하는 여호와'를 다시 선포하십니다. 여기서 '그들'은 21:23의 '나는 그들을 거룩하게 하는 여호와임이니라'의 '그들'로 '이스라엘 자손'을 가리킵니다.

10장에서 모세는 아론과 남은 아들들에게 '너희는 회중의 죄를 담당하여 그들을 위하여 여호와 앞에서 속죄하게 하는 자'라고 하였으며, 그로 인하여 '제물'을 제사장에게 먹게 한 것이라 하였습니다(10:17).

모세는 이스라엘 자손이 여호와께 드린 제물은 죄를 속하기 위하여 드린 제물로 거룩한 제물이며, 이 제물을 거룩한 제사장이 먹음으로 회중의 죄를

---

362) 불이 여호와 앞에서 나와 삼킨 당한 나답과 아비후의 죽음도 여호와의 성호를 욕되게 하였기 때문이다(10:1-2).

담당하여 속죄한다고 말합니다. 이 말씀은 여호와께 드린 거룩한 제물을 아론과 아들들이 거룩히 구별하여 먹음으로, 죄를 담당하여, 속죄가 이루어져, 여호와께서 이스라엘 자손을 거룩하게 하심을 뜻합니다.

그러므로 ③의 '나는 그들을 거룩하게 하는 여호와임이니라(아니 여호와 메카데샴)' 선포는363) 이스라엘 자손을 거룩하게 하시기를 원하시는 여호와의 마음을 강력히 드러내는 선포입니다.

①, ②, ③을 종합하면 22:9는 여호와께서 아론과 그 아들들에게 거룩함으로 성물을 먹어, 이스라엘 자손의 죄를 담당하여 속죄하라는 명령입니다. 그래서 '나는 너희를 거룩하게 하는 여호와' 이름 선포대로 여호와께서 이스라엘 자손을 거룩하게 할 수 있도록 하라는 명령입니다.

22:10-13 일반인은(자르 זר) 성물을 먹지 못할 것이며 제사장의 객이나 품꾼도 다 성물을 먹지 못할 것이니라 ¹¹그러나 제사장이 그의 돈으로 어떤 사람을 샀으면 그는 그것을 먹을 것이며 그의 집에서 출생한 자도 그렇게 하여 그들이 제사장의 음식을 먹을 것이며 ¹²제사장의 딸이 일반인에게(자르 זר) 출가하였으면 거제의 성물을 먹지 못하되 ¹³만일 그가 과부가 되든지 이혼을 당하든지 자식이 없이 그의 친정에 돌아와서 젊었을 때와 같으면 그는 그의 아버지 몫의 음식을 먹을 것이나 일반인은(자르 זר) 먹지 못할 것이니라

---

363) '나는 그들을 거룩하게 하는 여호와(21:23; 22:9, 16)' 선포는 '나는 너희를 거룩하게 하는 여호와(20:8; 21:8; 22:32)' 선포를 강조하는 것으로, 여호와께서 이스라엘 자손을 반드시 거룩하게 하실 것을 나타낸다(24:9 참조).

22:10-13은 말씀의 처음, 가운데, 끝에서 성물을 먹을 수 없는 자를 '자르'로 표현합니다. '자르'는 '권한 없는 자364)', 또는 '허락되지 않은 자'로,365) 제사장의 집에 거하는 객이나 임금을 받고 노동을 하는 품꾼은 여호와의 성물을 먹을 수 없습니다. 그런데 '제사장이 자신의 돈으로 산 사람과 제사장의 집에서 태어난 사람'은 성물을 먹을 수 있습니다. 또 일반인에게 출가한 제사장의 딸도 거제의 성물을 먹을 수 없습니다. 그러나 그가 젊었을 때와 같이 아버지의 집으로 돌아오면 거제의 성물을 먹을 수 있습니다.

22:14 만일 누가(이쉬 אִישׁ) 부지중에 성물을 먹으면 그 성물에 그것의 오분의 일을 더하여 제사장에게 줄지니라

22:10-14는 다음과 같은 구조를 이룹니다.366) 구조는 허락되지 않은 자(자르)가 성물을 먹었을 때의 조치를 말씀합니다.

A. 허락되지 않은 모든 자는 성물을 먹어서는 안 된다(22:10a).
 B. 허락되지 않은 자들(22:10b-13a)
A'. 허락되지 않은 모든 자는 성물에 참여해서는 안 된다(22:13b)
 B'. 위반 시의 조치(22:14)

허락되지 않은 자는 성물을 먹을 수 없습니다. 그런데 제사장의 집에서 함께 거할 경우, 누구라도(이쉬) 부지중에 성물을 먹을 수 있을 것입니다. 여

---

364) 키우치, 『레위기』, 532.
365) 박철현, 『레위기』, 593.
366) 박철현, 『레위기』, 601.

호와는 부지중에 누구라도 여호와의 성물을 먹으면, 제사장에게 성물의 값에 오 분의 일을 더하여 주라고 명령하십니다.

22:15-16 이스라엘 자손이 여호와께 드리는 성물을 그들은 속되게(예할렐루 יְחַלְּלוּ) 하지 말지니 ¹⁶그들이 성물을 먹으면 그 죄로 인하여 형벌을 받게 할 것이니라 나는 그 음식을 거룩하게 하는 여호와이니라(키 아니 여호와 메카데샴 כִּי אֲנִי יְהוָה מְקַדְּשָׁם)

22:15에서 여호와는 아론과 그의 아들들에게 이스라엘 자손이 여호와께 드리는 성물을 속되게 하지 말 것을 또 명령하십니다.

22:16을 박철현의 사역으로 보면 다음과 같습니다.³⁶⁷⁾

'①그들이 성물을 먹는다면 [제사장들은] 그들에게 죄책을 짊어지게 하는 것이 된다. ②왜냐하면 나는 그들을 거룩하게 하는 여호와이기 때문이다(22:16)'

박철현의 사역에서 ① 어구는 '붸히시우 오탐 아본 아쉬마 베오크람 에트 코드쉐헴(וְהִשִּׂיאוּ אוֹתָם עֲוֹן אַשְׁמָה בְּאָכְלָם אֶת קָדְשֵׁיהֶם)'입니다.

①의 히브리어 어구를 차례로 보겠습니다.
①-㉠ 붸히시우 오탐 아본 아쉬마(וְהִשִּׂיאוּ אוֹתָם עֲוֹן אַשְׁמָה)
→ 그들에게 죄의 형벌을 짊어지게 하였다.

---

367) 박철현, 『레위기』, 590

①-ⓒ 베오크람368) 에트 코드쉐헴(בְּאָכְלָם אֶת קָדְשֵׁיהֶם)
　→ 그들의 성물을 먹음으로

문맥상 ①-ⓒ을 먼저 해석해야 하는데, ①-ⓒ의 '그들의 성물'은 '이스라엘 자손의 성물'입니다. 그리고 ①-㉠의 '그들에게'는 성물을 먹는 '제사장'입니다. 따라서 ① 말씀은 여호와께서 아론의 자손 제사장에게 이스라엘 자손이 드리는 성물을 먹게 하심으로 이스라엘 자손이 받아야 할 죄의 형벌을 제사장들이 짊어지게 하셨음을 말씀합니다.

박철현의 사역 ②의 원문은 '키 아니 여호와 메카데샴'으로 '**왜냐하면** 나는 그들을 거룩하게 하는 여호와이기 **때문이다**'를 뜻합니다.
여호와의 ② 선포는 22:9c의 '나는 그들을 거룩하게 하는 여호와(아니 여호와 메카데샴)'를 **강조하여** 여호와께서 '그들', **이스라엘 자손을 거룩하게 하실 것을 강력한 의지로 드러내시는 여호와 이름 선포입니다.**

정리하면 22:16은 다음과 같은 뜻이 됩니다.

"그들의(이스라엘 자손의) 성물을 먹음으로, 그들에게(제사장들에게) 죄의 형벌을 담당하게 하였다. 왜냐하면 나는 그들을(이스라엘 자손을) 거룩하게 하는 여호와이기 때문이다(22:16)."

---

368) '베오크람(בְּאָכְלָם)'의 전치사 '베(בְּ)'는 도구의 '베(בְּ)'로써 '~으로' 해석할 수 있다. 윌리엄스, 『윌리엄스 히브리어 구문론』, 141

그리고 22:16 말씀은 10:17과 같은 말씀임을 알 수 있습니다.

"이 속죄제물은 지극히 거룩하거늘 너희가 어찌하여 거룩한 곳에서 먹지 아니하였느냐 이는 너희로 **회중의 죄를 담당하여** 그들을 위하여 여호와 앞에 속죄하게 하려고 너희에게 주신 것이니라(10:17)"

22:16과 10:17 말씀은 제사장 직분은 이스라엘 자손의 죄를 담당하여 이스라엘 자손을 거룩하게 하는 데에 집중되어 있음을 알게 합니다. 그것은 거룩하신 여호와께서 그에게 속한 그의 백성을 거룩하게 하시기를 기뻐하시기 때문입니다.

여호와는 이스라엘 자손을 거룩하게 하시려고, 여호와께 드린 이스라엘 자손의 성물을, 제사장은 거룩히 여겨 먹으라 명령하십니다(22:16).

22:17 여호와께서 모세에게 말씀하여 이르시되 아론과 그의 아들들과 이스라엘 온 족속에게 말하여 이르라

말씀 수신자가 '아론과 그의 아들들과 이스라엘 온 족속'으로 바뀌며 새 단락이 시작됩니다.369)

22:18-20 이스라엘 자손이나 그중에 거류하는 자가 서원제물이나(네데르 נֶדֶר) 자원제물로(네다바 נְדָבָה) 번제와(올라עֹלָה) 더불어

---

369) 말씀 수신자가 17:2와 같다(17:2에는 '여호와의 명령이 이러하시다 하라' 표현이 더 있음). 17장은 거류민에게까지 적용되는데, 본문도 거류민에게까지 적용된다.

여호와께 예물로 드리려거든 ¹⁹기쁘게 받으심이 되도록 소나 양이나 염소의 흠 없는(타밈 תָּמִים) 수컷으로 드릴지니 ²⁰흠 있는 것은 무엇이나 너희가 드리지 말 것은 그것이 기쁘게 받으심이 되지 못할 것임이니라

'서원제물이나 자원제물로 번제와 더불어 여호와께 예물을 드리려거든' 은 번제를 드리는 동기가 서원제물이나 자원제물로 드린다는 뜻으로,370) 서원제와 자원제를 번제로 드리는 제사를 말씀합니다(시66:13-15).

여호와는 서원제나 자원제를 번제로 드릴 때 기쁘게 받으심이 되도록 소나 양이나 염소의 흠 없는 수컷으로 드리라고 하십니다.
본문은 다음과 같은 구조를 통하여 '기쁘게 받으심이 되도록'과 '흠 없는 제물을 드릴 것'이 강조되고 있습니다.

 A. 기쁘게 받으심이 되도록(22:19a)
  B. 소, 양, 염소의 흠 없는 수컷으로 드려라(22:19b)
  B' 너희는 흠 있는 것은 무엇이나 드리지 말라(22:20a)
 A' (너희를 위하여)371) 기쁘게 받으심이 되지 못할 것(22:20b)

여호와께서 기쁘게 받으시는 제물은(A), 흠 없는 수컷 제물입니다(B). 흠 있는 제물은(B') 여호와께 기쁘게 받으심이 되지 못합니다(A').

---

370) 키우치, 『레위기』, 534.
371) 원문에 '너희를 위하여(라켐 לָכֶם)'가 있다.

'흠 있는 것은 무엇이나 너희가 드리지 말 것은 그것이 기쁘게 받으심이 되지 못할 것임이니라(22:20)' 말씀은 흠 있는 제물로 드리는 제사는 여호와로부터 거룩함을 받지 못할 것을 뜻합니다.

22:21 만일 누구든지 서원한 것을 갚으려 하든지 자의로 예물을 드리려 하여 소나 양으로 화목제물을 여호와께 드리는 자는 기쁘게 받으심이 되도록 아무 흠이 없는 온전한(타밈 תָּמִים) 것으로 할지니

22:21은 화목제로 드리는 서원제나 자원제입니다. 번제로 드리는 화목제든(22:18-20), 일반 화목제를 드리든, 여호와는 기쁘게 받으심이 되도록 '아무 흠이 없는 온전한 것(타밈)'으로 드리라 명하십니다. 이렇게 명하심은 여호와께서 화목제물을 기쁘게 받으심으로, 화목제물 드린 자를 거룩하게 하시기를 원하시기 때문입니다.

22:22-24 너희는 눈 먼 것이나 상한 것이나 지체에 베임을 당한 것이나 종기 있는 것이나 습진 있는 것이나 비루먹은 것을 여호와께 드리지 말며 이런 것들은 제단 위에 화제물로 여호와께 드리지 말라 ²³소나 양의 지체가 더하거나 덜하거나 한 것은 너희가 자원제물로는 쓰려니와 서원제물로 드리면 기쁘게 받으심이 되지 못하리라 ²⁴너희는 고환이 상하였거나 치었거나 터졌거나 베임을 당한 것은 여호와께 드리지 말며 너희의 땅에서는 이런 일을 행하지도 말지며

여호와는 화목제물로 '흠 없는 온전한 것'으로 드리라 명하신 후에 어떤 제물이 흠이 있는지를 말씀하십니다.372) 제시된 사례들은 아론의 자손 중 흠이 있는 자(21:18-20)의 경우와 유사합니다.

구분	흠 있는 아론 자손	사례 수	사례 수	흠 있는 제물	구분
21:18	**맹인**, 다리 저는 자, 코가 불완전한 자, 지체가 더한 자	4	6	**눈먼 것**, 상한 것, 지체에 베임 당한 것, 종기, 습진 있는 것, 비루먹은 것	22:22
21:19	발 부러진 자, 손 부러진 자	2	2	지체가 더한 것, 지체가 덜한 것	22:23
21:20	등 굽은 자, 키 못 자란 자, 눈에 백막 있는 자, 습진, 버짐 있는 자, **고환** 상한 자	6	4	**고환**이 상한 것, **고환**이 치인 것, **고환**이 터진 것, **고환**이 베임을 당한 것	22:24

아론의 자손 중 '흠 있는 자'와 흠 있는 제물에서, 제시된 흠의 숫자는 '12'로 같으며, 흠의 숫자 패턴도 '4:2:6'과 '6:2:4'로 교차 구조를 이룹니다. 제시된 흠의 시작이 '맹인(눈먼 것)'인 것과 끝이 '고환이 상한 것'도 같습니다. 이 관계는 '아론 자손 중 흠 있는 자'와 '흠 있는 제물'이 밀접한 관계에 있음을 보여줍니다.373)

22:23의 '소나 양의 지체가 더하거나 덜하거나 한 것은 너희가 자원제

---

372) 흠 있는 제물 사례 중 4가지가 '고환'에 집중되어 있다.
373) 존E. 하틀리, 『레위기』, 710

물로는 쓰려니와(22:23a)'는374) 자원제물은 그 정도의 흠이 허용된다는 것이 아니라, 22:23b의 '서원제물로 드리면 기쁘게 받으심이375) 되지 못하리라'에 강조점이 있습니다.

22:21에서 여호와는 '누구든지 서원한 것을 갚으려 하든지 자의로 예물을 드리려 하여 … 화목제물을 여호와께 드리는 자는 기쁘게 받으심이 되도록 <u>아무 흠이 없는 온전한 것</u>으로 할지니' 하셨습니다.

여호와는 흠이 없는 제물을 기쁘게 받으시며, 제물 드리는 자를 거룩하게 하십니다(22:19-20). 여호와께서 자신을 기쁘게 받으시기를 원한다면, 제물의 지체가 더하거나 덜한 것을, 흠이 없는 온전한 제물로서 여호와께 드리기는 어려울 것입니다.

> 22:25 너희는 외국인에게서도(네카르 נֵכָר) 이런 것을 받아 너희의 하나님의 음식으로(레헴 לֶחֶם) 드리지 말라 이는 결점이 있고 흠이 있는 것인즉 너희를 위하여(라켐 לָכֶם) 기쁘게 받으심이 되지 못할 것임이니라

여호와는 외국인(네카르)에게서도 '흠이 있는 제물'을 받아 '하나님의 음식'으로 드리지 말라 명하십니다. 외국인에게서 흠이 있는 제물을 받아 여호와께 드리면 **'너희를 위하여'** 기쁘게 받으심이 되지 못한다고 하십니다. 외국인에게서도 '흠 없는 제물'을 받아 여호와께 드려야 하는 것은

---

374) 22:23a는 사람이 하나님 앞에 자원하여 드려도 그 마음 밑바닥은 순전한 '선'이 아니기 때문에 주신 말씀이다(마15:19-20). 그러나 그런 우리가 예수님을 의지하여 하나님께 나아갈 때 하나님은 기쁘게 받으신다.
375) 제사장의 '흠'과 제물의 '흠'은 '죄'를 상징한다. 여호와께서 '기쁘게 받으시는 제물'은 흠이 없는 '지극히 거룩한 제물'이다(27:28-29; 사53:10).

'이스라엘 자손을 위하여' 주시는 명령입니다.

22:26 여호와께서 모세에게 말씀하여 이르시되

22장의 세 번째 단락으로 모세를 통해 이르시는 말씀입니다.

22:27-28 수소나(쇼르 שׁוֹר) 양이나 염소가 나거든 이레 동안 그것의 어미와 같이 있게 하라 여덟째 날 이후로는 여호와께 화제로 예물을 드리면 기쁘게 받으심이 되리라 ²⁸암소나 암양을 막론하고 어미와 새끼를 같은 날에 잡지 말지니라

여호와는 수소나 양이나 염소가 나면 이레 동안 어미와 같이 있게 하고, 여덟째 날 이후로 여호와께 화제로 예물을 드리면 기쁘게 받으심이 되리라 말씀하십니다.

그런데 어미에게서 태어난 소를 '수소'라 하시고, 여덟째 날 이후 표현은 남자가 태어나 '여덟째 날'에 할례를 받는 말씀을 연상시킵니다(12:3).

여자에게서 태어난 '남자'가 여덟째 날에 할례를 받는 것처럼, 어미에게서 태어난 '수소', 양과 염소는 여덟째 날 이후에 드리면 여호와께서 '기쁘게 받으실 것'이라 하십니다.376)

또 여호와는 '암소나 암양을 막론하고 어미와 새끼를 같은 날에 잡지

---

376) 22:27은 '유월절'로 주신 여호와의 명령 '첫 태생을 여호와께 드리는' 날을 말씀한다 (출13장). '태에서 처음 난 수컷'은 여덟째 날 이후에 드릴 때 여호와는 기쁘게 받으신다.

말지니라' 명령하시어 어미와 새끼를 긍휼히 여길 것을 명령하십니다.

22:29-30 너희가 여호와께 감사제물을(제바흐 토다 זֶבַח תּוֹדָה) 드리려거든 너희가 기쁘게 받으심이 되도록 드릴지며 ³⁰그 제물은 그날에 먹고 이튿날까지 두지 말라 나는 여호와이니라

감사제물은 구원의 은혜에 감사하여 드리는 화목제물입니다(7:12-15). 여호와는 감사제물을 드리려거든 '너희가 기쁘게 받으심이 되도록 드리라' 하십니다(7:12-14 참조). 이것은 감사제물을 드릴 때 여호와께 '흠 없는 온전한 제물'을 드리라는 말씀입니다. 여호와께 아무 흠이 없는 온전한 화목제물을 여호와께 감사함으로 드릴 때, 여호와는 그 제물을 기쁘게 받으시며 제물 드린 자를 거룩하게 하십니다.

여호와는 감사제물은 드리는 그 날에 먹고 이튿날까지 두지 말 것을 다시 말씀하십니다(7:15). 여호와는 감사제물을 드릴 때 지켜야 할 명령을 '나는 여호와이니라'로 선포하십니다.

22:31 너희는 내 계명을(미츠보타이 מִצְוֹתַי) 지키며 행하라 나는 여호와이니라

여호와의 계명은 여호와의 규례와 법도를 포함합니다.[377] 이 명령은 18:4-5; 19:37; 20:22에서 하신 명령을 다시 하시는 것입니다.

---

377) 키우치, 『레위기』, 537

"너희는 내 법도를 따르며 내 규례를 지켜 그대로 행하라 나는 너희의 하나님 여호와이니라 **너희는 내 규례와 법도를 지키라 사람이 이를 행하면 그로 말미암아 살리라 나는 여호와이니라**(18:4-5)"

22:31의 명령을 18:4-5에 비추면 여호와의 계명은 여호와께서 이스라엘 자손을 살리기 위해 주신 계명임을 알 수 있습니다.

22:32-33 너희는 내 성호를(쉠 코드쉬 שֵׁם קָדְשִׁי) 속되게 하지 말라(벨로 테할렐루 וְלֹא תְחַלְּלוּ) 나는 이스라엘 자손 중에서 거룩하게 함을 받을 것이니라(뵈니크다쉬티 וְנִקְדַּשְׁתִּי) 나는 너희를 거룩하게 하는 여호와요(아니 여호와 메카디쉬켐 יְה מְקַדִּשְׁכֶם אֲנִי יְה) ³³너희의 하나님이 되려고 너희를 애굽 땅에서 인도하여 낸 자니 나는 여호와이니라

'너희는 내 성호를(쉠 코드쉬) 속되게 하지 말라' 여호와는 다시 한번 여호와의 성호를 속되게 하지 말라 명령하십니다. 이스라엘 자손이 여호와의 거룩하신 이름을 더럽히면 여호와의 진노 가운데 반드시 죽임을 당하게 될 것입니다(20:2-3; 22:2-3). 여호와는 이스라엘 자손이 여호와의 성호를 속되게 하지 말 것을 모세를 통해 강력하게 명령하십니다.

'나는 이스라엘 자손 중에서 거룩하게 함을 받을 것이니라' 이 말씀은 나답과 아비후의 죽음 후에 모세가 아론에게 이른 말씀에 처음 있습니다.

"나는 나를 가까이하는 자 중에서 내 거룩함을 나타내겠고(에카데쉬 אֶקָּדֵשׁ) 온 백성 앞에서 내 영광을 나타내리라(10:3)"

여호와는 '나를 가까이하는 자'를 통하여 '거룩히 여김(에카데쉬)[378]'을 받으실 것이라 하십니다. 10:3의 '나를 가까이하는 자'는 흠이 없는 '거룩한 제사장'입니다. 10:3을 22:32에 대입하면, 여호와께서 흠이 없는 거룩한 제사장을 통하여 이스라엘 자손 중에서 반드시 거룩함을 받게 되실 것을 뜻합니다. 즉 여호와 앞에 흠이 없는 거룩한 제사장이 있을 것이며, 그를 통해 여호와께서 이스라엘 자손으로부터 거룩히 여김을 받게 되실 것을 말씀합니다.

'나는 너희를 거룩하게 하는 여호와요(아니 여호와 메카디쉬켐)'

여호와는 '너희는 내 성호를(쉠 코드쉬) 속되게 하지 말라' 명령하시고, '나는 너희를 거룩하게 하는 여호와' 이름을 선포하십니다. 거룩하신 여호와 이름 선포는 바로 앞의 '나는 이스라엘 자손 중에서 거룩히 여김을 받으실 것'과 관련됩니다. 일의 순서는 여호와께서 '나는 너희를 거룩하게 하는 여호와'를 이루시면, 여호와께서 이스라엘 자손 중에서 거룩히 여김을 받게 되실 것입니다.

그런데 지금까지의 말씀을 통해 여호와께서 이스라엘 자손을 거룩하게 하기 위해서는 두 가지가 전제됨을 알 수 있습니다.

---

[378] '에카데쉬'는 '내가(하나님) 거룩히 여김을 받을 것이다'로 니팔 미완료 1인칭 단수이다. 22:32의 '뵈니크다쉬티'는 봐브 계속법 니팔 완료로 '에카데쉬'와 같은 뜻이다.

첫째는 여호와 앞에 흠 없는 거룩한 제사장이 있어야 합니다. 여호와께서 이스라엘 자손을 거룩하게 하시려면, 흠이 없는 제사장이 여호와께 가까이 나가 여호와께 화제를 드려서, 이스라엘 자손의 죄를 담당하여 속죄해야만 이루어지기 때문입니다(10:17; 22:16).

둘째는 여호와께서 이스라엘 자손을 위하여 기쁘게 받으시는 '제물'이 있어야 합니다. 여호와께서 기뻐하시는 제물은 '흠 없는 온전한 제물'입니다(22:19-21).[379]

따라서 '**나는 너희를 거룩하게 하는 여호와**' 선포는 여호와께서 이스라엘 자손을 거룩하게 하시기 위해 장차 '흠 없는 제사장'과 '흠 없는 온전한 제물'이 이스라엘 자손에게 있을 것을 의미하게 됩니다.

"너희의 하나님이 되려고 너희를 애굽 땅에서 인도하여 낸 자니 나는 여호와이니라(22:33)"

22:33 말씀은 11:45과 유사합니다.

"나는 너희의 하나님이 되려고 너희를 애굽 땅에서 인도하여 낸 여호와라 <u>내가 거룩하니 너희도 거룩할지어다</u>(뷔흐이템 케도쉼 키 카도쉬 아니)(11:45)"

22:33은 11:45의 '**내가 거룩하니 너희도 거룩하라**' 선포가 없습니다.

---

[379] '이 예물이 소의 번제이면 흠 없는 수컷으로 회막 문에서 여호와 앞에 기쁘게 받으시도록 드릴지니라 그는 번제물의 머리에 안수할지니 <u>그를 위하여 기쁘게 받으심이 되어 그를 위하여 속죄가 될 것이라</u>(1:3-4)' 여호와께서 흠 없는 제물을 기쁘게 받으실 때 속죄가 이루어진다.

잠깐만, 있습니다! 22:33 바로 앞에 있습니다. 22:32c에 있습니다!

"나는 너희를 거룩하게 하는 여호와요(아니 여호와 메카디쉬켐) 너희의 하나님이 되려고 너희를 애굽 땅에서 인도하여 낸 자니 나는 여호와이니라(22:32c-33)"

그런데 11:45과 22:32c에서 여호와의 선포에 차이가 있습니다.
11:45에서 여호와는 '내가 거룩하니 너희도 거룩하라' 선포하시고, 22:32c에서는 '나는 너희를 거룩하게 하는 여호와'를 선포하십니다. 이스라엘 자손을 향해[380] '너희는 거룩하라' 선포하신 여호와께서 여기서는 '아니 여호와 메카디쉬켐'을 선포하십니다.[381]

11:45과 22:32c의 차이는 '**너희는 거룩하라**' 하신 여호와의 그 선포가 여호와의 거룩하신 이름으로, 즉 '**나는 너희를 거룩하게 하는 여호와(아니 여호와 메카디쉬켐)**'로 인하여 반드시 성취될 것을 의미합니다.

여호와는 이스라엘 자손에게 내리신 **너희는 거룩하라** 선포를 여호와의 거룩하신 이름, '**나는 너희를 거룩하게 하는 여호와**' 이름으로 이루실 것을 모세 앞에서 선포하십니다.[382]

---

380) 11:45는 모세와 아론을 통해 이스라엘 자손에게 주신 말씀이다(11:1-2).
381) 24:9 본문 설교 참조
382) 이 단락은(22:26-33) 모세에게만 말씀하신다. 여호와께서 장차 이루실 그 일을 모세에게 보이신다.

너희는 나의 성호를 욕되게 하지 말라.
나는 이스라엘 자손 중에서 거룩히 여김을 받을 것이다(22:32).

나는 너희를 거룩하게 하는 여호와이다.
너희의 하나님이 되려고 너희를 애굽 땅에서 인도하여 낸 자,
나는 여호와이다(22:33). 아멘!

23:1-44
여호와의 쉴 안식일에 안식하라

엿새 동안은 일할 것이요 일곱째 날은 쉴 안식일이니
성회의 날이라 너희는 아무 일도 하지 말라
이는 너희가 거주하는 각처에서 지킬 여호와의 안식일이니라(23:3)

23장은 레위기의 전형적 도입 문구 '여호와께서 모세에게 말씀하여 이르시되(23:1, 9, 23, 26, 33)'와 또 하나의 '도입 어구'가 있습니다.

23장에만 나타나는 '… 나의(여호와) 절기들이니라(23:2, 4, 37, 44)' 입니다. 두 어구를 중심으로 23장은 다음과 같은 구조를 이룹니다.

A. 이것이 **나의 절기들**이니 너희가 성회로 공포할 **여호와의 절기들**이니라(23:2b)

> 여호와의 쉴 안식일(23:3)

B. 이것이 너희가 그 정한 때에 성회로 공포할 **여호와의 절기들**이니라(23:4)

> 봄 절기(23:5-21)[383]

C. **거룩한 삶 : 나는 너희의 하나님 여호와**(23:22)

> 가을 절기(23:23-36)[384]

B'. 이것들은 **여호와의 절기**라 너희는 공포하여 성회를 열고 화제를 드릴지니(23:37-38)

> 초막절에 안식하라(23:39-43)

A'. 모세는 이와 같이 **여호와의 절기를** 이스라엘 자손에게 공포하였더라(23:44)

---

[383] 봄 절기는 유월절(무교절), 안식일 이튿날, 안식일 이튿날로부터 오십일 째 되는 절기가 있다.
[384] 가을 절기는 모두 일곱째 달에 있다. 일곱째 달 첫날의 나팔을 크게 불어 기념하는 날, 일곱째 달 십 일의 속죄일, 일곱째 달 열닷샛날부터 이레 동안 지키는 초막절이 있다.

23:1-2a 여호와께서 모세에게 말씀하여 이르시되 ²이스라엘 자손에게 말하여 이르라

여호와의 절기 첫 말씀은 이스라엘 자손에게 주십니다. 23장은 말씀 수신자가 이스라엘 자손과(23:2a, 10a, 24a, 34a) 모세입니다(23:26).

23:2b 이것이 나의 절기들이니 너희가 성회로 공포할 여호와의 절기들이라(모아데 여호와 아쉐르 티크레우 오탐 미크라에 코데쉬 엘레 헴 모아다이 מוֹעֲדֵי יְהוָה אֲשֶׁר תִּקְרְאוּ אֹתָם מִקְרָאֵי קֹדֶשׁ אֵלֶּה הֵם מוֹעֲדָי)

'이것이 나의 절기들이니 너희가 성회로 공포할 여호와의 절기들이라(23:2b)' 말씀은 다음과 같은 구조를 이룹니다.385)

   a. 모아데386) 여호와(מוֹעֲדֵי יְהוָה)   **여호와의 정해진 모임들**
   b. 아쉐르 티크레우 오탐(אֲשֶׁר תִּקְרְאוּ אֹתָם) **너희가 선포해야 할**
   b'. 미크라에 코데쉬(מִקְרָאֵי קֹדֶשׁ)   **거룩함의 선포들로**
   a'. 엘레 헴 모아다이(אֵלֶּה הֵם מוֹעֲדָי)   이것들이 **나의 정해진 모임들**이다.

여호와는 이스라엘 자손에게 '여호와와 만나기 위해 정해진 날들(모아데 여호와)'을 선포하십니다(a). 여호와는 이날들을 '여호와의 절기(엘레 헴 모아다이)'라고 하십니다(a').

---

385) 키우치, 『레위기』, 551
386) '모아데'는 '정해진 만남'을 뜻하는 '모에드(מוֹעֵד)'의 복수 '모아딤(מוֹעֲדִים)'의 연계형이다.

여호와는 이스라엘 자손에게 여호와의 절기를 '공포하라' 하십니다(b). 이스라엘 자손은 여호와의 절기에 거룩하신 여호와를 뵈옵기 위하여(출34:23), 거룩함으로 구별하여 여호와 가까이 나와야 합니다(b').

23:3 엿새 동안은 일할 것이요 일곱째 날은 쉴 안식일이니(샤바트 샤바톤 שַׁבַּת שַׁבָּתוֹן) 성회의 날이라(미크라 코데쉬 מִקְרָא קֹדֶשׁ) 너희는 아무 일도 하지 말라 이는 너희가 거주하는 각처에서(모쉬보테켐 מוֹשְׁבֹתֵיכֶם) 지킬 여호와의 안식일이니라(샤바트 히 라여호와 שַׁבָּת הִוא לַיהוָה)

여호와의 절기 첫 말씀은 쉴 안식일(샤바트 샤바톤)입니다.387) 23:3 말씀을 순서대로 보겠습니다.

'엿새 동안은 일할 것이요 일곱째 날은 쉴 안식일이니(샤바트 샤바톤)'

---

387) 쉴 안식일(샤바트 샤바톤) 말씀은 시내 산 언약 마지막 단락에 처음 나타난다(출31:12-18). 출31:13-17 구조는 다음과 같다.
  A. 나의 안식일을 지키라, 나와 너희 사이의 **대대의 표징, 나는 너희를 거룩하게 하는 여호와인 줄**(키 아니 여호와 메카디쉬켐) 너희로 알게 함(31:13)
  B. 너희는 안식일을 지키라 : 이는 너희에게 거룩한 날, 그날을 더럽히는 자는 모두 죽일지며 그날에 일하는 자는 그 백성 중에서 생명이 끊어질 것(31:14)
  A'. 일곱째 날은 큰 안식일로(샤바트 샤바톤) 여호와께 거룩한 것, 그 안식일에(하샤바트 הַשַּׁבָּת) 일하는 자는 반드시 죽일 것(모트 유마트)(31:15)
  B'. 이스라엘 자손은 안식일을 지켜 대대로 **영원한 언약**으로 삼을 것, 이는 나와 이스라엘 자손 사이에 **영원한 표징**(31:16-17)
A의 '키 아니 여호와 메카디쉬켐'은 '나는 너희를 거룩하게 하는 여호와이기 때문이다'란 뜻이다. A'는 '키 아니 여호와 메카디쉬켐'을 이루시기 위해 여호와께서 샤바트 샤바톤에 행하실 일을 계시한다. B에서 여호와는 안식일을 더럽히지 말고 거룩히 지켜 생명을 지키라 명하시며, B'에서 안식일을 이스라엘 자손에게 영원한 언약의 표징으로 주신다.

23:3에서 여호와는 일곱째 날을 '쉴 안식일(샤바트 샤바톤)'이라 하십니다. 16:31에서 일곱째 달 십 일을 '샤바트 샤바톤'이라 하셨는데,388) 여호와는 일곱째 날 안식일도 '샤바트 샤바톤'이라 하십니다.389) 여호와는 일곱째 날을 쉴 안식일로(샤바트 샤바톤) 지키라고 하십니다.

'성회의 날이라(미크라 코데쉬) 너희는 아무 일도 하지 말라'

'성회의 날'은 여호와께서 거룩함으로 부르시는 날입니다.390) 그러므로 '성회의 날이라 아무 일도 하지 말라'는 여호와께서 거룩함으로 부르시는 날에 아무 일도 하지 말고 여호와 앞으로 나아오라는 명령입니다.

'너희가 거주하는 각처에서(모쉬보테켐) 지킬 여호와의 안식일이니라 (샤바트 히 라여호와)'

여호와는 '쉴 안식일(샤바트 샤바톤)'을 너희가 거주하는 각처에서 지키라 하시며, 이날은 '여호와의 안식일이니라(샤바트 히 라여호와)' 하십니다.

'샤바트 히 라여호와'를 직역하면 '**그것은 여호와께 속한(위한) 안식일**'이란 뜻입니다. 이 표현은 '안식일 중의 안식일(샤바트 샤바톤)'로 일컫는 일곱째 달 십 일에도 나타납니다.391)

---

388) 16장에서는 '안식일 중의 안식일'로 번역되었다(16:31).
389) 샤바트 샤바톤은 안식일에(출 31:15; 35:2, 레23:3), 속죄일에(레16:31; 23:32), 땅의 안식 명령에서(레25:4) 총 6번 나타난다.
390) 여호와는 안식일 언약에서(출31:13-17) 처음으로 '나는 너희를 거룩하게 하는 여호와이기 때문이다(출31:13)' 선포 후, 레20:8, 21:8, 15, 23; 22:9, 16, 32까지 '나는 … 를 거룩하게 하는 여호와'를 집중적으로 선포하신다. 여호와는 영원한 언약, 안식일 언약에 따라 '**그 안식일(하샤바트; 출31:15)**'에 이스라엘 자손을 속죄하여 거룩하게 하실 것을 여호와의 절기로 계시하신다.

"아론은 자기를 위한 속죄제의 수송아지를 드리되 자기와 집안을 위하여 속죄하고 ⁷또 그 두 염소를 가지고 회막 문 여호와 앞에 두고 ⁸두 염소를 위하여 제비 뽑되 한 제비는 **여호와를 위하고**(라여호와 לַיהוָה) 한 제비는 **아사셀을 위하여 할지며**(라아자젤 לַעֲזָאזֵל) ⁹아론은 **여호와를 위하여**(라여호와 לַיהוָה) 제비 뽑은 염소를 속죄제로 드리고 ¹⁰**아사셀을 위하여**(라아자젤 לַעֲזָאזֵל) 제비 뽑은 염소는 산 채로 여호와 앞에 두었다가 그것으로 속죄하고 아사셀을 위하여 광야로 보낼지니라(16:6-10)"

여호와는 16:31의 '안식일 중의 안식일(샤바트 샤바톤)'을 23:3에서는 '쉴 안식일(샤바트 샤바톤)'이라 하시며, **여호와께 속한(라여호와) 안식일이 됨**을 말씀하십니다.

23:4 이것이 너희가 그 정한 때에 성회로(미크라에 코데쉬 מִקְרָאֵי קֹדֶשׁ) 공포할 여호와의 절기들이니라

23장에만 사용되는 도입 문구 '… 여호와의 절기들이라'로 단락을 구분합니다. 이후 절기는 봄에 있는 절기 말씀입니다.

23:5 첫째 달 열나흗날 저녁은(벤 하아르바임 בֵּין הָעַרְבַּיִם) 여호와의 유월절이요(페싸흐 라여호와 פֶּסַח לַיהוָה)

---

391) 안식일 중의 안식일에(샤바트 샤바톤) 거룩한 옷을 입은 아론은, **여호와를 위하여(라여호와)** 제비 뽑은 속죄제물의 피로, 지성소와 회막과 제단을 속죄하여 성결하게 하고(16:15-19), **아사젤을 위하여(라아자젤)** 제비 뽑은 염소로는 이스라엘 자손의 모든 불의를 염소의 머리에 두어, 진영 밖 광야로 내어 보낸다(16:20-22).

여호와는 출애굽을 위하여 이스라엘 자손이 어린 양을 잡은 첫째 달 열나흗날 해 질 녘을(벤 하아르바임)392) 여호와의 유월절로 지키라 명하십니다(출12장).

23:6 이달 열닷샛날은 여호와의 무교절이니 이레 동안 너희는 무교병을 먹을 것이요

첫째 달 열나흗날 저녁 해가 저물면 열닷샛날이 시작됩니다. 열닷샛날부터 이레 동안은 무교병을 먹는 '여호와의 무교절'입니다(출12:18). 여호와는 무교절 이레 동안 '무교병을 먹으라' 명령하십니다.

출애굽기는 무교절 이레 동안 무교병을 먹지 않고 '유교물을 먹는 자는 타국인이든지 본국에서 난 자든지를 막론하고 끊어짐'을 말씀합니다.393)

23:7-8 그 첫날에는 너희가 성회로(미크라 코데쉬 מִקְרָא קֹדֶשׁ) 모이고 아무 노동도 하지 말지며 ⁸너희는 이레 동안 여호와께 화제를 드릴 것

---

392) '벤 하아르바임'은 해가 지기 전 시간으로(출12:6; 16:12; 막14:12), 열 넷째 날의 '벤 하아르바임'은 열닷샛날이 되기 전이다. 해가 저물면 열닷샛날이다(막14:17).
393) 출애굽기 12장 무교절 단락은(12:14-20) 다음과 같은 구조를 이루며 무교병 먹을 것을 강조한다.
  A. 이날을 기념하여 여호와의 절기로 대대로 지키라(12:14)
    B. 이레 동안 무교병을 먹으라 … 유교병을 먹는 자(네페쉬)는 끊어지리라(12:15)
      C. 첫날과 일곱째 날에는 성회가 되니 아무 일도 하지 말라(12:16)
  A′. 무교절을 지키라 영원한 규례로 삼아 대대로 이날을 지키라(12:17)
    B′. 열나흗날 저녁부터 이십일일 저녁까지 무교병을 먹으라 … 유교물을 먹는 자(네페쉬)는 이스라엘 회중에서 끊어지리라(12:18-19)
      C′. 너희 모든 유하는 곳에서 무교병을 먹을지니라(12:20)

이요 일곱째 날에도 성회로(미크라 코데쉬 מִקְרָא קֹדֶשׁ) 모이고 아무 노동도 하지 말지니라

성회로 모이는 날은 여호와께서 이스라엘 자손을 거룩함으로 부르시는 날입니다. '아무 노동도 하지 말라' 명령은 성회로 모이기 위하여 아무 일도 하지 말라는 것입니다. 이스라엘 자손은 무교절 첫날과 일곱째 날에 성회로 모이고 아무 노동도 하지 말아야 합니다. 무교절 이레 동안 출애굽의 은혜를 기억하며 화제의 제사로 여호와께 감사드려야 합니다.

23:9-10a 여호와께서 모세에게 말씀하여 이르시되 이스라엘 자손에게 말하여 이르라

도입 문구로 단락을 구분합니다. 여호와의 말씀 수신자는 23:2a와 같이 이스라엘 자손입니다.

23:10b 너희는 내가 너희에게 주는 땅에 들어가서(키 타보우 엘 하아레츠 아쉐르 아니 노텐 כִּי תָבֹאוּ אֶל הָאָרֶץ כְּנַעַן אֲשֶׁר אֲנִי נֹתֵן) **너희의 곡물을 거둘 때에 너희의 곡물의 첫 이삭 한 단을**(오메르 레쉬트 עֹמֶר רֵאשִׁית) **제사장에게로 가져갈 것이요**

'**너희는 내가 너희에게 주는 땅에 들어가서**' 말씀은 이 절기는 여호와께서 이스라엘 자손에게 기업으로 주시는 **가나안 땅에서**394) 지키는 절기임을 말

---

394) '내가 네게 기업으로 주는 가나안 땅에(키 타보우 엘 에레츠 가나안 아쉐르 아니 노텐 כִּי תָבֹאוּ אֶל אֶרֶץ כְּנַעַן אֲשֶׁר אֲנִי נֹתֵן) 너희가 이를 때에 너희 기업의 땅에서 어떤 집에 나병

- 420 -

씀합니다.

'너희의 곡물을 거둘 때에'는 첫 추수를 가리킵니다. 가나안 땅에서 첫 추수는 보리부터 시작하므로 이 절기는 봄 절기입니다.

'너희의 곡물의 첫 이삭 한 단을 제사장에게 가져갈 것이오' 여호와는 이스라엘 자손이 가나안 땅에 들어가 첫 추수를 하면 첫 이삭 한 단을 제사장에게로 가져가라 하십니다.

23:11 제사장은 너희를 위하여 그 단을(하오메르 הָעֹמֶר) 여호와 앞에 기쁘게 받으심이 되도록 흔들되(뵈헤니프 וְהֵנִיף) 안식일 이튿날에(미모호라트 하샤바트 מִמָּחֳרַת הַשַּׁבָּת) 흔들 것이며(예니펜누 יְנִיפֶנּוּ)

제사장은 이스라엘 자손이 가져온 첫 이삭 한 단을 여호와 앞에서 '흔들어 드리라' 하십니다. 여호와는 제사장의 흔들어 드리는 의식을 강조하시며, **'너희를 위하여 여호와 앞에 기쁘게 받으심이 되도록'** 하십니다.395)

'안식일 이튿날에(미모호라트 하샤바트) **흔들 것이며'**396) 가나안 땅에서 첫 이삭 한 단을 흔드는 날은 **'그 안식일 이튿날'**입니다. '그 안식일'은 유월절(무교절) 기간에 있는 안식일로,397) 여덟째 날입니다.

색점을 발생하게 하거든(14:34)', 23:10b의 '내가 너희에게 주는 땅(하아레츠)'은 14:34에서 말씀하신 '가나안 땅'이다.
395) 여호와 앞에 '흔들어 드리는 의식'은 요제이다(7:30; 8:27, 29; 9:21; 10:15; 14:12, 24). 요제로 드리는 것이 여호와께 속하였음을 의미한다(민8:13-14 참조).
396) '안식일 이튿날(미모호라트 하샤바트)'의 **하샤바트**'의 '하'는 정관사로, '**그 안식일**'을 의미한다.
397) 유월절(무교절)은 이레 동안 지키므로, 유월절(무교절)과 '그 안식일(하샤바트)'이 같이 시작하거나, 유월절(무교절) 이레 동안에 '그 안식일(하샤바트)'이 반드시 있다. : 그 안식일'이 어느 안식일을 가리키는지는 상당한 논쟁이 있다. 키우치,『레위기』, 555; 이 논쟁은 유대교 분파에도 있다. 기동연,『레위기』, 835

23:12-13 너희가 그 단을 흔드는 날에 일 년 되고 흠 없는 숫양을 여호와께 번제로 드리고 ¹³그 소제로는 기름 섞은 고운 가루 십분의 이 에바를 여호와께 드려 화제로 삼아 향기로운 냄새가(레아흐 니호아흐 רֵיחַ נִיחֹחַ) 되게 하고 전제로는 포도주 사분의 일 힌을 쓸 것이며

유월절(무교절) 기간의 그 안식일 이튿날에 제사장이 첫 이삭 한 단을 흔들어 드리는 날의 중요함을 여호와는 '너희가 그 단을 흔드는 날에'로 또 표현하십니다.

여호와는 제사장이 유월절(무교절) 기간의 그 안식일 이튿날, 첫 이삭 한 단을 흔들어 드리는 날에 번제로 일 년 된 흠 없는 숫양 한 마리, 소제로 기름 섞은 고운 가루 2/10 에바, 전제로 포도주 1/4 힌을 여호와께 화제로 드려 향기로운 냄새가 되게 하라 하십니다.

23:14 너희는 너희 하나님께 예물을(코르반 קָרְבָּן) 가져오는 그날까지(아드 에쳄 하욤 하제 עַד עֶצֶם הַיּוֹם הַזֶּה) 떡이든지 볶은 곡식이든지 생 이삭이든지 먹지 말지니 이는 너희가 거주하는 각처에서(모쉬보테켐 מוֹשְׁבֹתֵיכֶם) 대대로 지킬 영원한 규례니라

여호와는 '너희는 너희 하나님께 예물을 가져오는 **그날까지** 떡이든지, 볶은 곡식이든지, 생 이삭이든지 먹지 말지니' 말씀하십니다. 이 말씀은 유월절(무교절) 기간의 그 안식일 이튿날까지, 즉 제사장이 첫 이삭 한 단을 여

호와께 흔들어 드리는 날, 여호와 앞에 예물을 가져오는 **그날까지** '떡이든지 볶은 곡식이든지 생 이삭이든지 먹지 말라'는 명령입니다.

여호와는 <u>그날까지를 매우 강조하십니다.</u> 그날까지를 '바로 그날'을 뜻하는 '에쳄 하욤 하제'와[398] 정해진 시각까지를 뜻하는 '아드(עַד)'로[399] 표현하십니다. 이것은 여호와께서 명하신 **그날까지 여호와의 명령대로 지키라**는 뜻입니다.

'바로 그날'을 뜻하는 '에쳄 하욤 하제'는 여호와께서 애굽 땅에 행하신 열 번째 재앙, 유월절 심판에도(출12:12)[400] 세 번이나 표현됩니다.

①**너희는 무교절을 지키라 이날에(베에쳄 하욤 하제)**[401] **내가 너희 군대를 애굽 땅에서 인도하여 내었음이니라(출12:17a)**

②**사백삼십 년이 끝나는 그날에(베에쳄 하욤 하제) 여호와의 군대가 다 애굽 땅에서 나왔은즉(출12:41)**

③**바로 그날에(베에쳄 하욤 하제) 여호와께서 이스라엘 자손을 그 무리대로 애굽 땅에서 인도하여 내셨더라(출12:51)**

---

398) '에쳄 하욤 하제'는 '바로 이(그)날'을 뜻하는 명사구이다.
399) '아드(עַד)'는 전치사로 '목적어에 명시된 시각까지'를 나타낸다. 윌리엄스, 『윌리엄스 히브리어 구문론』, 169.
400) '내가 그 밤에 애굽 땅에 두루 다니며 사람이나 짐승을 막론하고 애굽 땅에 있는 모든 처음 난 것을 다 치고 애굽의 모든 신을 내가 심판하리라(에에세 쉐파팀 אֶעֱשֶׂה שְׁפָטִים) 나는 여호와라(출12:12)', '에에세 쉐파팀'은 '내가(여호와) 심판을 행하겠다' 뜻이다.
401) '베에쳄 하욤 하제'의 '베(בְּ)'는 전치사로 '시간 속의 한 지점'이다. 윌리엄스, 『윌리엄스 히브리어 구문론』, 140

여호와는 이스라엘 자손에게 애굽 땅에서 행하신 **유월절 심판의 바로 그 날을**(베에쳄 하욤 하제) 기억하여, 가나안 땅에 들어가서 지키는 **유월절 기간의 그 안식일 이튿날까지**(아드 에쳄 하욤 하제) '떡이든지 볶은 곡식이든지 생 이삭이든지 먹지 말라' 명령하십니다.

여호와는 가나안 땅에서 유월절(무교절)의 **그 안식일 이튿날**까지, 여호와의 명령대로 <u>그 안식일 이튿날 절기</u>를 지키라 명령하십니다.402)

'이는 너희가 거주하는 각처에서 대대로 지킬 영원한 규례니라' 여호와는 가나안 땅에서 그 안식일 이튿날에 제사장이 여호와 앞에서 첫 이삭 한 단을 흔들어 드리는 절기를 가나안 땅에 들어간 이스라엘 자손의 거주하는 각처에서 영원한 규례로 지키라 명하십니다.

> 23:15-16 안식일 이튿날(미모호라트 하샤바트 מִמָּחֳרַת הַשַּׁבָּת) 곧 너희가 요제로(하테누파 הַתְּנוּפָה) 곡식단을 가져온 날부터 세어서 일곱 안식일의 수효를 채우고 16일곱 안식일 이튿날까지(미모호라트 하샤바트 מִמָּחֳרַת הַשַּׁבָּת) 합하여 오십 일을 계수하여 새 소제를 여호와께 드리되

23:15는 도입 문구 없이 다음 절기가 시작됩니다. 이것은 이 절기가 '그 안식일 이튿날'에 이어지는 절기이기 때문입니다.

---

402) '너희는 너희 하나님께 예물을 가져오는 그날까지 … 먹지 말지니 … (23:14)' 명령은 '유월절 심판'이 끝나지 않았음을 암시한다. 의복에 발생한 나병 색점 말씀에서 '그것을 다시 빨아야 정하리라(13:58)'에 따라 유월절 심판이 한 번 더 있음을 알 수 있다. 두 번째 유월절 심판은 14:34의 말씀, '가나안 땅의 집에 발생한 나병 색점'을 심판하는 날이다(14:34, 23:10의 '내가 너희에게 주는 (가나안)땅에 들어가서'는 같은 형식).

여호와는 그 안식일 이튿날부터 세어서 일곱 안식일의 수효를 채우고, 일곱째 안식일 이튿날까지 합하여 오십일이 되는 날에403) 새 소제를 여호와께 드리라 명령하십니다.

여호와는 '그 안식일 이튿날'을 '요제로 곡식단을 가져온 날'이라 하십니다. 같은 날을 다른 표현으로 반복하심은 그 안식일 이튿날이 '너희를 위하여 그 첫 이삭 한 단을 기쁘게 받으신 날'임을 알리기 위함입니다. 그러므로 그 안식일 이튿날부터 오십일을 계수하여 드리는 새 소제도 여호와께서 진실로 기쁘게 받으실 것을 알리십니다.

23:17-18 너희의 처소에서 십분의 이 에바로 만든 떡 두 개를 가져다가 흔들지니(테누파 תְּנוּפָה) 이는 고운 가루에 누룩을 넣어서 구운 것이요 이는 첫 요제로(비쿠림 בִּכּוּרִים) 여호와께 드리는 것이며 18너희는 또 이 떡과 함께 일 년 된 흠 없는 어린 양 일곱 마리와 어린 수소 한 마리와 숫양 두 마리를 드리되 이것들을 그 소제와 그 전제 제물과 함께 여호와께 드려서 번제로 삼을지니 이는 화제라 여호와께 향기로운 냄새며(레아흐 니호아흐 רֵיחַ נִיחֹחַ)

여호와는 그 안식일 이튿날로부터 오십일 째 되는 날에 이스라엘 자손의 처소에서 고운 가루 2/10 에바로 만든 떡 두 개를 가져다가 흔들라 하십니다. 이 떡은 고운 가루에 누룩을 넣어 구운 것으로 첫 열매로(비쿠림)404)

---

403) 이 절기는 맥추절(출23:16), 맥추의 초실절(출34:22), 칠칠절 처음 익은 열매를 드리는 날(민28:26)'이라고도 한다.
404) '비쿠림'은 '비쿠르'의 복수이다. '비쿠르'는 곡물의 처음 열매를 뜻한다. '맥추절을 지키라 이는 네가 수고하여 밭에 뿌린 것의 첫 열매(비쿠레 마아세이카 בִּכּוּרֵי מַעֲשֶׂיךָ)를 거둠이니라(출23:16a)'

여호와께 드리는 것입니다.

그 안식일 이튿날부터 오십일 째 드리는 제사는 매우 풍성합니다. 여호와는 요제로 드리는 새 소제와 함께 일 년 된 흠 없는 어린 양 7마리, 어린 수소 1마리, 숫양 2마리를 소제, 전제 제물과 함께 번제로 드리라 하십니다.

여호와는 안식일 이튿날부터 계수하여 오십일 째 드리는 번제를 '이는 화제라 여호와께 향기로운 냄새'라 하시며 기쁨을 표현하십니다.

23:19-20 또 숫염소 하나로 속죄제를 드리며 일 년 된 어린 숫양 두 마리를 화목제물로 드릴 것이요 ²⁰제사장은 그 첫 이삭의 떡과(레헴 하비쿠림 לֶחֶם בִּכּוּרִים) 함께 그 두 마리 어린 양을 여호와 앞에 흔들어서(뵈헤니프 וְהֵנִיף) 요제를(테누파 תְּנוּפָה) 삼을 것이요 이것들은 여호와께 드리는 성물이니 제사장에게 돌릴 것이며(코데쉬 이흐유 라여호와 라코헨 קֹדֶשׁ יִהְיוּ לַיהוָה לַכֹּהֵן)

여호와는 또 숫염소 하나로 속죄제를 드리고, 어린 숫양 두 마리를 화목제물로 여호와께 드리되, 첫 이삭의 떡과 함께 화목제물 숫양 두 마리를 여호와 앞에 '흔들어서' 요제로 삼아 드리라 하십니다. 여호와는 제사장이 요제로 드린 첫 이삭의 떡과 화목제물 숫양 두 마리는 여호와의 성물로 제사장에게 돌리라 하십니다.

23:21 이날에(베에쳄 하욤 하제 בְּעֶצֶם הַיּוֹם הַזֶּה) 너희는 너희 중에 성회를

(미크라 코데쉬 מִקְרָא קֹדֶשׁ) 공포하고 어떤 노동도(멜레케트 아보다 מְלֶאכֶת עֲבֹדָה) 하지 말지니 이는 너희가 거주하는 각처에서(모쉬보테켐 מוֹשְׁבֹתֵיכֶם) 대대로 지킬 영원한 규례니라(후카트 올람 חֻקַּת עוֹלָם)

여호와는 그 안식일 이튿날부터 오십일 째 되는 날을 특별한 날의 표현, '베에쳄 하욤 하제'로 표현하십니다. **안식일 이튿날 날까지는**(아드 에쳄 하욤 하제) 떡이든지 볶은 곡식이든지 생 이삭이든지 먹지 말라 하셨는데, 그 **안식일 이튿날로부터 오십일 째 되는 날에는**(베에쳄 하욤 하제) 참으로 풍성한 화제를 드리라 하시며 **여호와의 기쁨을 크게 나타내십니다.**

그러므로 이스라엘 자손도 이날을 성회로 공포하고 어떤 노동도 하지 말고 기쁨으로 맞아야 합니다. 가나안 땅에서 이 절기를 영원한 규례로 대대로 지켜야 합니다.

23:22 너희 땅의 곡물을 벨 때에 밭 모퉁이까지 다 베지 말며 떨어진 것을 줍지 말고 그것을 가난한 자와 거류민을 위하여 남겨 두라 나는 너희의 하나님 여호와이니라(아니 여호와 엘로헤켐)

여호와는 이스라엘 자손에게 가난한 자와 거류민을 위하여 밭의 곡물을 남겨 두라 하십니다. 이 말씀은 가나안 땅에서 이스라엘 자손은 여호와의 성품을 닮은 자가 되라는 명령입니다(19:33-34). 여호와는 이스라엘 자손을 긍휼히 여기시고 불의한 애굽 땅을 심판하여 그곳에서 구원하여 내셨습니다. 이제 가나안 땅에 들어갈 이스라엘 자손은 여호와께서 그들을 불쌍히 여기신 것처럼, 가난한 자들을 긍휼히 여길 것을 '나는 너희의 하나님 여호와이니라'로 선포하십니다.

23:23-25 여호와께서 모세에게 말씀하여 이르시되 ²⁴이스라엘 자손에게 말하여 이르라 일곱째 달 그 달 첫날은 너희에게 쉬는 날이 될지니(라켐 샤바톤 לָכֶם שַׁבָּתוֹן) 이는 나팔을 불어 기념할 날이요 (지크론 테루아 זִכְרוֹן תְּרוּעָה) 성회라(미크라 코데쉬 מִקְרָא קֹדֶשׁ) ²⁵ 어떤 노동도 하지 말고 여호와께 화제를 드릴지니라

도입 문구로 단락이 구분됩니다. 23:23부터는 가을 절기 말씀입니다.

여호와는 일곱째 달 첫날을[405] '너희에게 쉬는 날(안식일)'이 되게 하고 나팔을 불어 기념하는 날이라 하십니다. 나팔을 불어 기념하는 날은(지크론 테루아)[406] 기억하기 위하여 나팔을 부는 날입니다. 여호와는 일곱째 달 첫날에 나팔 소리를 크게 울려 퍼지게 하여, 이스라엘 자손에게 '너희를 위한 안식일'이 시작됨을 기억하라 하십니다.[407]

여호와는 일곱째 달 첫날에, 성회로 모이고 어떤 노동도 하지 말고 여호와께 화제를 드리라 명령하십니다.

---

405) 유대력은 종교력과 민간력이 있다. 종교력 신년은 아빕월(태양력 3-4월)이다(출12:1-3). 아빕월을 새해로 하면, 일곱째 달은 티슈리월(태양력 9-10월)이다. 티슈리월의 첫날은 민간력으로 신년이다. 지금도 티슈리월 첫날을 '로쉬 하샤나(신년절)'로 지킨다.
406) '지크론'은 '기억하다(자카르 זָכַר)'에서 파생한 명사이다. 민수기 29:1은 일곱째 달 첫날을 '나팔을 불 날(욤 테루아 יוֹם תְּרוּעָה)'이라 한다.
407) 일곱째 달 첫날은 '너희를 위한 안식일(라켐 샤바톤)'이 시작되는 날이다. 안식일(샤바트 샤바톤)의 절정은 일곱째 달 십 일 '속죄일'이다(23:27-32).

23:26 여호와께서 모세에게 말씀하여 이르시되

도입 문구로 단락을 구분하는데, 이 단락은 모세에게만 말씀하시는 마지막 단락으로 다음과 같은 구조를 이룹니다(23:27-32).

- A. 일곱째 달 열흘날은 속죄일 : 성회를 열고 스스로(나프쇼테켐) 괴롭게 하며 여호와께 화제를 드리라(23:27).
  - B. 이날에 어떤 일도 하지 말라 : 너희를 위한 너희 하나님 여호와 앞에 속죄할 속죄일이 됨(23:28).
    - C. 이날에 괴롭게 하지 아니하는 자는 그의 백성 중에서 끊어질 것(23:29)
    - **C'. 이날에 어떤 일이라도 하는 자는 그의 백성 중에서 멸절시킬 것(23:30)**
  - B'. 너희는 어떤 일도 하지 말라 : 너희가 거주하는 각처에서 대대로 지킬 영원한 규례(23:31)
- A'. 너희가 쉴 안식일(샤바트 샤바톤) : 스스로(나프쇼테켐) 괴롭게 하고 이달 아흐렛날 저녁부터 이튿날 저녁까지 너희의 안식을 지키라(23:32)

23:27 (아크 אַךְ) 일곱째 달 열흘날은 속죄일이니(욤 하키푸림 יוֹם הַכִּפֻּרִים) 너희는 성회를(미크라 코데쉬 מִקְרָא קֹדֶשׁ) 열고 스스로(나프쇼테켐 נַפְשֹׁתֵיכֶם) 괴롭게 하여(뵈인니템 וְעִנִּיתֶם) 여호와께 화제를 드리고

23:27은 히브리어 본문에서 '아크'로 시작합니다. 이 단어는 '확실히, 참으로' 뜻을 가진 부사입니다. 따라서 23:27은 '참으로 일곱째 달 열흘날은 속죄일이요'로 읽을 수 있습니다.

여호와는 일곱째 달 열흘날을 '속죄일(욤 하키푸림)'로 명명하십니다. 영원한 규례로 명하신(16:29, 31) 안식일 중의 안식일을(샤바트 샤바톤) 여호와의 절기, '속죄일'로 지키라 명령하십니다.

'너희는 성회를 열고 스스로 괴롭게 하여(나프쇼테켐)' 명령은 16:29-31에서도 강조하신 명령입니다. 속죄일에 이스라엘 자손은 성회를 열고, 부정함과 불의한 그들의 영혼으로 인하여(나프쇼테켐) 괴로워해야 합니다.

그리고 속죄일에 부정한 그들의 영혼을 정결하게 하시는 여호와께 감사의 화제를 드려야 합니다(민29:7-11). 속죄일은 '<u>그가</u> 이스라엘 자손의 부정한 네페쉬를 속죄하여 정결하게 하는 날'이기 때문입니다(16:30).

23:28 이날에는(베에첌 하욤 하제 בְּעֶצֶם הַיּוֹם הַזֶּה) 어떤 일도(멜라카 מְלָאכָה) 하지 말 것은 너희를 위하여(라켐 לָכֶם) 너희 하나님 앞에 속죄할 속죄일이(욤 키푸림 יוֹם כִּפֻּרִים) 됨이니라

여호와는 속죄일을 애굽 땅에서 있었던 유월절처럼 '<u>베에첌 하욤 하제</u>'로 표현합니다. 여호와는 속죄일이 **너희를 위하여**(라켐) 너희 하나님 앞에 속죄할 속죄일이므로, 어떤 일도 하지 말라 명하십니다.

'**너희를 위하여**(라켐)' 표현은 유월절 기간의 '그 안식일 이튿날' 절기에서 '제사장은 **너희를 위하여**(라켐) 그 단을 기쁘게 받으심이 되도록 흔들되(23:11)' 말씀과 이어집니다.

속죄일은 '**너희를 위하여 하나님 앞에 속죄하는 날**'이며, 그 안식일 이튿날은 '**너희를 위하여 그 단을 여호와께 기쁘게 받으심이 되도록 흔드는 날**'입니다.

속죄일과 유월절 기간의 그 안식일 이튿날 순서를 정한다면, 너희를 위하여 여호와 앞에 속죄하는 '**속죄일**'이 먼저 있고, 여호와께서 너희를 위하여 그 단을 기쁘게 받으시는 '**유월절의 그 안식일 이튿날**'이 될 것입니다.408)

23:29 이날에(베에쳄 하욤 하제 בְּעֶ֙צֶם֙ הַיּ֣וֹם הַזֶּ֔ה) 스스로 괴롭게 하지 아니하는 자는(하네페쉬 아쉐르 로 태움네 הַנֶּ֗פֶשׁ אֲשֶׁ֤ר לֹֽא־תְעֻנֶּה֙) 그 백성 중에서 끊어질 것이라(뵈니크레타 메암메이하 וְנִכְרְתָ֖ה מֵֽעַמֶּֽיהָ)

여호와는 속죄일을 '유월절' 표현 '베에쳄 하욤 하제'로 두 번째 말씀하십니다. 또 속죄일에 '스스로 괴롭게 하지 않는 자(하네페쉬 아쉐르 로 태움네)'는 그 백성 중에서 끊어질 것이라는 두려운 선포를 하십니다.409)

23:30 이날에(베에쳄 하욤 하제 בְּעֶ֙צֶם֙ הַיּ֣וֹם הַזֶּ֔ה) 누구든지(하네페쉬 הַנֶּ֗פֶשׁ) 어떤 일이라도 하는 자는 내가 그의 백성 중에서 멸절시키리니(뵈하아바드티 에트 하네페쉬 하히 וְהַֽאֲבַדְתִּ֛י אֶת־הַנֶּ֥פֶשׁ הַהִ֖וא)

여호와는 속죄일을 '유월절'의 '베에쳄 하욤 하제'로 세 번째 말씀하십니다.410) 나아가 여호와는 '이날에 누구든지 어떤 일이라도 하는 자는 그의 백

---

408) 속죄일은 안식일 중의 안식일이다(16:31). 이것은 속죄일이 안식일이 됨을 의미한다. **속죄일이 먼저 있고, 여호와께서 너희를 위하여 그 단을 기쁘게 받으시는 유월절의 그 안식일 이튿날이 되므로, 속죄일(안식일)은 유월절 기간의 '그 안식일'이다(23:11).**
409) '끊어지리라(니크레타)'는 '언약을 맺다(카라트 כָּרַת)' 동사의 니팔형으로 언약에서 끊어질 것을 뜻한다(7:20, 25, 27 참조). 끊어짐은 '스스로 괴롭게 하지 않는 자(네페쉬)'의 '영혼, 생명(네페쉬)'의 끊어짐이다.
410) 속죄일을 애굽 땅의 유월절에 표현된 '베에쳄 하욤 하제'로 세 번 반복하신 것은, 속죄일이 가나안 땅에서 지키는 절기 '유월절'에 임할 것을 의미한다.

성 중에서 멸절시키리니(하아브디티)'로411) 더욱 두려운 선포를 하십니다. '내가 … 하리니' 표현은 출애굽기 6장에서 이스라엘 자손을 구속하시려는 여호와 선포에 집중적으로 나타납니다.412)

이스라엘 자손의 구속을 위해 '내가 … 하리니'를 선포하신 여호와께서 '속죄일에 어떤 일이라도 하는 자를 멸절시킬 것'이라 하십니다. **영혼의 정결함을 받는 속죄일에 어떤 일이라도 하는 자를(하네페쉬) 여호와는 멸절시키실 것을 선포하십니다.**413)

23:31 너희는 아무 일도 하지 말라 이는 너희가 거주하는 각처에서(모쉬 보테켐 מוֹשְׁבֹתֵיכֶם) 대대로 지킬 영원한 규례니라

속죄일에 **'아무 일도 하지 말라'**는 명령이 23:28, 30에 이어 **세 번째**로 선포됩니다. '속죄일에 아무 일도 하지 말라' 명령의 뜻을 이제 알 수 있습니다.

---

411) '내가 멸절시키리니(붸하아바드티)'는 '멸망시키다(아바드 אָבַד)'의 히필 완료형 1인칭 단수이다. 1인칭 단수 어미 '티(תִּ)'는 여호와를 가리킨다.

412) '이스라엘 자손에게 말하기를 나는 여호와라 내가 애굽 사람의 무거운 짐 밑에서 너희를 빼내며(붸호체티 וְהוֹצֵאתִי) 그들의 노역에서 너희를 건지며(붸히찰티 וְהִצַּלְתִּי) 편 팔과 여러 큰 심판들로써 너희를 속량하여(붸가알티 וְגָאַלְתִּי) ⁷너희를 내 백성으로 삼고(뷜라카흐티 וְלָקַחְתִּי) 나는 너희의 하나님이 되리니(붸하이티 וְהָיִיתִי) 나는 애굽 사람의 무거운 짐 밑에서 너희를 빼낸 너희의 하나님 여호와인줄 너희가 알리라 ⁸내가 아브라함과 이삭과 야곱에게 주기로 맹세한 땅으로 너희를 인도하고(붸헤베티 וְהֵבֵאתִי) 그 땅을 너희에게 주어(붸나타티 וְנָתַתִּי) 기업을 삼게 하리라 나는 여호와라 하셨다 하라(출6:6-8)'

413) 23:30은 23:27-32 구조의 **중심인 C'이다**. 23:30의 '내가 속죄일에 일하는 자를 멸절시키실 것'이란 영원한 안식일 언약, '키 아니 여호와 메카디쉬켐(출31:13)' 선포를 성취하시기 위해, '**그 안식일**'에 **일하는 자**를 '모트 유마트' 당하게 하실 것을 의미한다(출31:15).

여호와께서 **속죄일에 일하는 자를 멸절시킬 것**이기 때문입니다(23:30).414) 여호와는 속죄일에 일하지 말고, '너희의 영혼을(나프쇼테켐) 괴롭게 하라' 명령하십니다(23:27, 29). 너희의 부정한 영혼으로 인하여 '슬퍼하며 통곡하라' 명령하십니다.415)

'이는 너희가 거주하는 각처에서 대대로 지킬 영원한 규례니라' 여호와는 일곱째 달 십 일을 영원한 규례로 16장에서 명령하셨습니다(16:29, 31). 그 명령을 23:31에서 또 하십니다. 속죄일은 영원한 규례로 이스라엘 자손이 거주하는 각처에서 지켜야 합니다.

23:32 이는 너희가 쉴 안식일(샤바트 샤바톤 후 라켐 שַׁבַּת שַׁבָּתוֹן הוּא לָכֶם)이라 너희는 스스로(나프쇼테켐 נַפְשֹׁתֵיכֶם) 괴롭게 하고(뵈인니템 וְעִנִּיתֶם) 이달 아흐렛날 저녁 곧 그 저녁부터 이튿날 저녁까지 안식을 지킬지니라(티쉬베투 샤바트켐 תִּשְׁבְּתוּ שַׁבַּתְּכֶם)

여호와는 속죄일을 '**너희가 쉴 안식일**(샤바트 샤바톤 후 라켐)'이라 하시고, 속죄일에 '**괴롭게 하라**' 명령을 **세 번째** 말씀하십니다.

"이달 아흐렛날 저녁(바에레브) 곧 그 저녁부터 이튿날 저녁까지(아드 에레브) 안식을 지킬지니라(티쉬베투 샤바트켐)(23:32b)"

---

414) 속죄일에 일하여 멸절당하는 자는 '백성 중에서 택함 받은 처녀에게서 태어난(21:15)' 기름 부음 받은 자, 이스라엘의 장자이다(21:10). 속죄일에 스스로 괴롭게 하라 명령은 이스라엘의 장자가 여호와에 의해 멸절당함을 슬퍼하라는 명령이다.
415) 속죄일에 '스스로 괴로워하라' 명령은 나병에서 '정결함을 받을 자'가 일곱째 날에 행하는 의식의 의미를 알려준다(14:9).

여호와는 '아흐렛날 저녁 곧 그 저녁부터 이튿날 저녁까지 안식을 지킬지니라(티쉬베투 샤바트켐)' 하십니다. '티쉬베투 샤바트켐'의 뜻은 '**너희의 안식일에(샤바트켐) 너희는 안식하라(티쉬베투)**' 뜻입니다. 참으로(아크) 속죄일은 '너희를 위한 쉴 안식일(샤바트 샤바톤 후 라켐)'로 이스라엘 자손을 위한 안식일이 됨을 선포하십니다(23:32a).

한편 23:3에서 여호와는 일곱째 날 '안식일'을 여호와를 위한 '쉴 안식일(샤바트 샤바톤)'이라 하십니다.
여호와의 쉴 안식일(23:3)과 이스라엘 자손의 쉴 안식일(23:32)은 어떤 관계일까요?

23:3	일곱째 날은 **쉴 안식일**이니(샤바트 샤바톤 שַׁבַּת שַׁבָּתוֹן) 성회의 날이라 너희는 아무 일도 하지 말라 이는 너희가 거주하는 각처에서 지킬 **여호와의 안식일이니라**(샤바트 히 라여호와 שַׁבָּת הִוא לַיהוָה)
23:32	이는 **너희가 쉴 안식일이라**(샤바트 샤바톤 후 라켐 שַׁבַּת שַׁבָּתוֹן הוּא לָכֶם) … 이달 아흐렛날 저녁 곧 그 저녁부터 이튿날 저녁까지 (너희의) 안식을 지킬지니라(티쉬베투 샤바트켐 תִּשְׁבְּתוּ שַׁבַּתְּכֶם)

23:3의 안식일과 23:32의 속죄일을 똑같이 '쉴 안식일(샤바트 샤바톤)'로 주시는 것은 여호와께서 가나안 땅에 임할 일곱째 날, <u>그 안식일(출31:15)</u>에 행하실 일을 계시합니다.416)

---

416) 속죄일을 모세에게만 말씀하시는 것은 여호와께서 장차 행하실 일을 계시하는 말씀이기 때문이다(16장 본문 해석 참조).

여호와께서 시내 산에서 이스라엘 자손에게 영원한 언약으로 주신 여호와의 '큰 안식일'이(출31:13-17) 가나안 땅에 임하는 날(23:3), 이스라엘 자손에게는 안식일 중의 안식일로(16:31), 속죄일이자(23:27), 쉴 안식일(23:32)이 되어,417) 여호와께서 선포하신 대로 **'나는 너희를 거룩하게 하는 여호와'**를 성취하게 될 것을 말씀합니다.418)

거룩하신 여호와께 속한 쉴 안식일이며(23:3), 이스라엘 자손을 위한 쉴 안식일 속죄일은(23:32), 가나안 땅에서 맞게 될 것입니다.
가나안 땅에 들어가서 맞게 될 쉴 안식일이지만419) 영원한 언약으로 선포하셔서 이스라엘 자손이 시내 산 언약을 받은 때부터 쉴 안식일의 은혜를 미리 누리게 하십니다.420)

---

417) 이날은 같은 날, 한 날이다.
418) 16장 일곱째 달 십 일에(안식일 중의 안식일) 여호와를 위한(라여호와) 속죄제물과 아사셀을 위한(라아자젤) 속죄제물 두 마리의 염소가 드려지는 이유가 여기에 있다. '라여호와' 염소는 23:3을 성취하는 염소로, 거룩한 제물의 피로 지성소와 회막과 제단을 성결하게 하여 일곱째 날이 여호와께 거룩한 안식일이 되게 한다(16:15-20a). '아사셀을 위한 염소(라아자젤)'는 23:32를 성취하는 염소로, 백성이 여호와 앞에서 안식할 수 있도록 일곱째 날에 백성의 모든 불의와 죄를 머리에 지고 진영 밖, 광야에서 죽임당한다(16:20b-22).
419) '감추어진 일은 우리 하나님 여호와께 속하였거니와 나타난 일은 영원히 우리와 우리 자손에게 속하였나니 이는 우리에게 이 율법의 모든 말씀을 행하게 하심이니라(신29:29)' 감추어진 일은 가나안 땅에서 '샤바트 샤바톤'이 성취될 날이다. '나타난 일'은 이스라엘 자손이 시내 산 언약으로 받은 일곱째 날 안식일을 지킴으로 샤바트 샤바톤의 은혜를 미리 누리는 것이다.
420) 금송아지 사건 후, 모세는 '샤바트 샤바톤'을 이스라엘 자손에게 공포한다. '엿새 동안은 일하고 일곱째 날은 너희를 위한 거룩한 날이니 여호와께 엄숙한 안식일이라(**라켐 코데쉬 샤바트 샤바톤 라여호와** לָכֶם קֹדֶשׁ שַׁבַּת שַׁבָּתוֹן לַיהוה) 누구든지 이날에 일하는 자는 죽일지니(출35:2)'. '샤바트 샤바톤' 앞뒤로 '라켐 코데쉬'와 '라여호와'가 있다. 이것은 '샤바트 샤바톤'이 이스라엘 자손을 위한 거룩한 날이며, 동시에 여호와께 엄숙한 안식일이 될 것을 말씀한다. 여호와는 이스라엘 자손이 일곱째 날 안식일을 지킴으로 가나안 땅에서 있을 '샤바트 샤바톤'을 선취하고 누리게 하신다(24:1-9).

여호와는 '샤바트 샤바톤'의 은혜를 일곱째 날의 안식일로,421) 여호와의 절기로 누리게 하십니다.

23:33-34 여호와께서 모세에게 말씀하여 이르시되 ³⁴이스라엘 자손에게 말하여 이르라 일곱째 달 열닷샛날은 초막절이니(하쑤코트 סֻכּוֹת הַ) 여호와를 위하여 이레 동안 지킬 것이라

여호와는 일곱째 달 열닷샛날부터 이레 동안을 '초막절'로422) 지키라고 명령하십니다. 여호와는 초막절 기간을 '**여호와를 위하여 이레 동안 지키라**' 말씀하시며 이 절기가 여호와께 큰 기쁨의 절기임을 알리십니다.423)

23:35-36 첫날에는 성회로(미크라 코데쉬 מִקְרָא קֹדֶשׁ) 모일지니 너희는 아무 노동도 하지 말지며 ³⁶이레 동안에 너희는 여호와께 화제를 드릴 것이요 여덟째 날에도 너희는 성회로(미크라 코데쉬 קֹדֶשׁ מִקְרָא) 모여서 여호와께 화제를 드릴지니 이는 거룩한 대회라(라 여호와 아체레트 לַיהוה עֲצֶרֶת) 너희는 어떤 노동도 하지 말지니라

여호와는 초막절 첫날에 성회로 모이고 아무 노동도 하지 말라 하십니다. 또 초막절 이레 동안은 화제를 드리라 하시고, 여덟째 날에도 성회로 모이고

---

421) 일곱째 날마다 여호와 앞에 거룩하게 하심은 24장 말씀에서 계속된다.
422) 출애굽기에서는 '수장절'로 표현된다. '수장절(하아씨프 אָסִיף)을 지키라 이는 네가 수고하여 이룬 것을 연말에 밭에서부터 거두어 저장함이니라(출23:16; 34:22)
423) 속죄일에 이어지는 절기, 초막절은 여호와께 큰 기쁨의 절기이다. '여호와를 위하여 이레 동안 지키라' 말씀은 죄의 종에서 놓임을 받고 여호와께 돌아온 백성을 여호와께서 기쁘게 받으심을 나타낸다.

아무 노동도 하지 말고 화제를 드리라 명하십니다.

여호와는 여덟째 날의 성회가 '거룩한 대회(아차라 עֲצֶרֶה)'로[424] 초막절 여덟째 날이 여호와께 참으로 기쁜 날, 여호와께 특별함을 나타내십니다.

> **23:37-38** 이것들은 여호와의 절기라(모아데 여호와 מוֹעֲדֵי יהוה) 너희는 공포하여 성회를(미크라에 코데쉬 מִקְרָאֵי קֹדֶשׁ) 열고 화제를 드릴지니 번제와 소제와 희생제물과 전제를 각각 그날에 드릴지니 ³⁸ 이는 여호와의 안식일 외에, 너희의 헌물 외에, 너희의 모든 서원제물 외에 또 너희의 모든 자원 제물 외에 너희가 여호와께 드리는 것이니라

여호와는 여호와의 절기에 성회를 공포하고 화제를 드리라 명하십니다. '번제와 소제와 희생 제물과 전제를 각각 그날에 드릴지니' 말씀은 각 절기에 번제와 소제와 희생 제물과 전제를 여호와께 드리라는 명령입니다. 각 절기에 드리는 제물은 여호와의 안식일 외에 헌물 외에 서원 제물 외에, 자원 제물 외에 절기의 예물로 여호와께 드려야 합니다(민28-29장 참조).

> **23:39** 너희가 토지 소산 거두기를 마치거든 일곱째 달 열닷샛날부터 이레 동안 여호와의 절기를 지키되 첫날에도 안식하고(샤바톤 שַׁבָּתוֹן) 여덟째 날에도 안식할(샤바톤 שַׁבָּתוֹן) 것이요

---

424) 민수기에서는 '장엄한 대회'로 표현되어 있다(민29:35).

여호와는 '일곱째 달 열닷샛날부터 이레 동안 여호와의 절기를 지키되'로 초막절 절기 기간을 말씀하십니다.425)

'첫날에도 안식하고(샤바톤) 여덟째 날에도 안식할 것(샤바톤)이요'

여호와는 첫 번째 초막절 말씀(23:34-36)에서는 초막절 첫날에 '성회'로 모이고, 여덟째 날에는 '거룩한 대회'로 모이라 하셨습니다. 그런데 두 번째 초막절 말씀에는 첫날과 여덟째 날에 '안식하라(샤바톤)' 명령하십니다.

초막절 말씀 ①23:34-36과 ②23:39-43을 보면 다음과 같습니다.

날짜	15일	16일	17일	18일	19일	20일	21일	22일
계수	첫째	둘째	셋째	넷째	다섯째	여섯째	일곱째	여덟째
①초막절	성회로 모임							성회 (아차라)
②초막절	안식함 샤바톤							안식함 샤바톤

①초막절에서는 첫날과 여덟째 날에 성회로(미크라 코데쉬) 모이라 하시고, 여덟째 날을 '여호와께 거룩한 대회(라여호와 아체레트)'라 하십니다.

②초막절에서는 첫날에 **'안식하라(샤바톤)'** 명령하시고, 여덟째 날에도 **'안식하라(샤바톤)'** 명령하십니다.426)

①, ②는 여호와의 절기에 '성회로 모이라' 명령이 여호와 앞에서 '안식하

---

425) 초막절 말씀이 두 번째로 이어진다. 두 번째 초막절 말씀은 여호와 앞에서 영원히 안식하는 '여덟째 날'을 가리킨다. 그러므로 '너희가 토지 소산 거두기를 마치거든'은 마지막 때를 의미할 것이다. '이에 제자들에게 이르시되 추수할 것은 많되 일꾼이 적으니 그러므로 추수하는 주인에게 청하여 추수할 일꾼들을 보내주소서 하라 하시니라(마9:37-38)'
426) ②초막절에서 '샤바톤 … 샤바톤' 표현은 여호와의 모든 절기는 ②초막절로 완성되며, 그때 여호와 앞에 안식하는 복이 회복될 것을 말씀한다(창2:2-3).

는' 초대임을 보여줍니다. 여호와는 여호와의 절기에 '성회로 모이라' 명령하시고, 절기에 모인 이스라엘 자손에게 여호와 앞에서 '안식하는' 은혜를 베푸십니다.

또 **초막절 여덟째 날을 '여호와께 거룩한 대회(라여호와 아체레트)'라 하시고, 여덟째 날에 안식하라** 명령은 여호와 앞에서 안식하는 날이 장차 여덟째 날이 될 것을 의미합니다.[427]

여호와의 절기로 계시하신 일곱째 날 쉴 안식일이(샤바트 샤바톤)[428]가 나안 땅에 임하면, **그 안식일 이튿날**로부터 **여덟째 날이 되는 날에**,[429] 여호와의 백성이 여호와 앞에 안식하는 날이 될 것을 말씀합니다(23:9-14, 15-21; 행2:1-4 참조).

23:40 첫날에는 너희가 아름다운 나무 실과와 종려나무 가지와 무성한 나뭇가지와 시내 버들을 취하여 너희의 하나님 앞에서 이레 동안 즐거워할 것이라

여호와는 초막절 '첫날에는 너희가 아름다운 나무 실과와 종려나무 가지와 무성한 나뭇가지와 시내 버들을 취하여'라고 하십니다. 여호와는 아름답고 풍성한 생명의 식물들을 취하여 너희의 하나님 앞에서 이레 동안 즐거워할 것'을 명령하십니다.

---

[427] 모든 정결 규례에서(11-15장) 정결하게 되는 날은 '여덟째 날'이다.
[428] 쉴 안식일 '샤바트 샤바톤'은 일곱째 날이다(23:3). 속죄일도 '샤바트 샤바톤'이므로 일곱째 날이다.
[429] '안식일 이튿날 곧 너희가 요제로 곡식단을 가져온 날부터 세어서 <u>일곱 안식일의 수효를 채우고 일곱 안식일 이튿날까지 합하여 오십 일을 계수하여 새 소제를 여호와께 드리되(23:15-16)</u>' 오십일 째 되는 날은 '안식일 이튿날'이므로 여덟째 날이다.

무교절 기간에도 첫날과 일곱째 날에 성회로 모이고 아무 노동도 하지 말라' 명령하십니다(23:7). 그런데 **초막절 이레 동안 여호와 앞에서 즐거워하라** 명령은 무교절 이레 동안 무교병을 먹지 않는 자가 받게 될 '… 끊어지리라(출12:15, 19)' 선포하신 심판의 말씀과는 너무나 다릅니다.

이것은 속죄일에 일하는 자를 멸절시키겠다고 하신 여호와의 심판이(23:30) 끝났음을 의미합니다. 여호와의 심판이 끝난 후에 맞는 초막절은 심판 후에 정결하게 된 자들이 여호와의 구원에 감사하며 구원의 기쁨으로 여호와 앞에 영원히 안식하게 될 것을 알려줍니다(계7:9-17 참조).

23:41 너희는 매년 이레 동안 여호와께 이 절기를 지킬지니 너희 대대의 영원한 규례라 너희는 일곱째 달에 이를 지킬지니라

여호와는 매년 이레 동안 여호와께 이 절기를 지키라고 하십니다. '너희 대대의 영원한 규례라' 말씀은 이 절기가 계시의 절기임을 말씀합니다.430) '너희는 일곱째 달에 이를 지킬지니라' '일곱째 달' 표현은 이 절기들이 일곱째 날, **그 안식일**과 관련된 절기임을 말씀합니다. 즉 여호와의 절기들은 모두 **샤바트 샤바톤**'을 계시하는 절기입니다. 여호와는 '샤바트 샤바톤'에 임할 은혜를 여호와의 절기로 주시고, 이스라엘 자손에게 절기를 지킴으로 '샤바트 샤바톤'의 은혜를 미리 누리라고 하십니다.

23:42 너희는 이레 동안 초막에(쑤코트 סֻכֹּת) 거주하되 이스라엘에서 난

---

430) 안식일은 영원한 규례이다(24:9). 안식일 이튿날 절기와 오십 일째 되는 절기도 영원한 규례이다(23:14, 21). 속죄일도 영원한 규례이며(16:29, 31; 23:31), 초막절도 영원한 규례이다(23:41).

자는 다 초막에(쑤코트 niɔɔ) 거주할지니

초막절을 주심은 이스라엘 자손이 <u>유월절 다음날에</u>431) <u>출애굽 하여</u> 초막에 거주하였음을 <u>하나님께서 기억하시는 것입니다.</u> 여호와는 초막절 절기를 주심으로 아직도 초막에서 살아가는 이스라엘 자손을 위하여 여호와와 영원히 안식하는 여덟째 날을 반드시 이루실 것입니다.

23:43 이는 내가 이스라엘 자손을 애굽 땅에서 인도하여 내던 때에 초막에(쑤코트 niɔɔ) 거주하게 한 줄을 너희 대대로 알게 함이니라 나는 너희의 하나님 여호와이니라

'초막'은 이스라엘 자손이 여호와와 영원히 거할 '장막'을 상징합니다(14:8 참조)432). 이스라엘 자손이 여호와의 장막에 들어가는 날은 거룩한 대제사장이 드리는 일곱째 달 십 일 제사로 이루어집니다. 여호와는 일곱째 날 속죄일에 정결하게 함을 받은 자들이 여덟째 날에 여호와의 집에서 영원히 거하게 될 것을 '초막절' 절기로 알리십니다(요14:1-4).

---

431) '그들이 첫째 달 열 다섯째 날에 라암셋을 떠났으니 곧 유월절 다음 날이라 이스라엘 자손이 애굽 모든 사람의 목전에서 큰 권능으로 나왔으니(민33:3)' 예수님은 첫째 달 열 다섯째 날, 유월절 다음 날에 유대인의 왕으로서 골고다에 세워진 십자가에 못 박혀 죽임 당하셨다(요19:17-20). '이날은 준비일이라 **유대인들은 그 안식일이 큰 날이므로 그 안식일**에 시체들을 십자가에 두지 아니하려 하여 빌라도에게 그들의 다리를 꺾어 시체를 치워 달라 하니(요19:31)' 요한이 '그 안식일이 큰 날'이라고 한 것은 **출31:15**말씀 이스라엘 자손을 거룩하게 하는 '**그 안식일(하샤바트)**'이 예루살렘에서 성취되었음을 알린 것이다.

432) '정결함을 받을 자는 … 자기 장막 밖에 이레를 머물 것이요(14:8)' 정결함을 받을 자의 '자기 장막'은 여호와의 성막을 가리킨다. 정결하게 하는 제사장이 일곱째 날의 속죄일을 성취하면, 정결함을 받을 자는 여덟째 날에 '자기 장막'이 된 여호와의 성막 앞으로 인도된다(14:10-11; 요8:2 참조).

23:44 모세는 이와 같이 여호와의 절기를 이스라엘 자손에게 공포하였더라

모세는 여호와께서 말씀하신 대로 이스라엘 자손에게 여호와의 절기를 공포하였음을 알리며 23장을 종결합니다.

▶▶**본문 해석**

"엿새 동안은 일할 것이요 일곱째 날은 쉴 안식일이니(샤바트 샤바톤) 성회의 날이라 너희는 아무 일도 하지 말라 이는 너희가 거주하는 각처에서 지킬 여호와의 안식일이니라(23:3)"

요한복음은 예수님께서 행하신 예루살렘에서의 일들을 '유대인의 명절'에 행하신 것으로 기록합니다.433)

---

433) 절기는 '샤바트 샤바톤'에 여호와께서 행하실 일을 두 번 보이신 것이다.

봄 절기	공통점	가을 절기
안식일	절기의 머리 ↔ 달의 머리	일곱째 달 곧 그달 첫날
유월절(무교절)	심판 ↔ 정결	속죄일
안식일 이튿날 그로부터 오십일 째 되는 날	여덟째 날 ↔ 여덟째 날	초막절 첫날 초막절 여덟째 날

요셉은 바로의 꿈을 해석할 때, '하나님이 그가 하실 일을 바로에게 보이신다'고 하였다(창41:28). 여호와께서 바로에게 꿈으로 보이신 것처럼, 여호와는 가나안 땅에서 행하실 일을 여호와의 절기로 이스라엘 자손에게 보이신다. 바로가 같은 꿈을 겹쳐 꾼 것에 대해 요셉은 '하나님이 이 일을 정하셨음이라 하나님이 속히 행하시리니(창41:31)'로 해석했다. 여호와는 가나안 땅에 행하실 일을 여호와의 절기로 두 번 보이심으로, 샤바트 샤바톤이 가나안 땅에 반드시 임할 것을 나타내신다.

요5:1 그 후에 **유대인의 명절**이 되어 예수께서 예루살렘에 올라가시니라
요6:4 마침 **유대인의 명절**인 유월절이 가까운지라
요7:2 **유대인의 명절**인 초막절이 가까운지라

요한복음 5장 '유대인의 명절'은 유월절입니다. 사도 요한은 베데스다 못을 '양문' 곁에 있는 것으로 소개합니다(요5:2).434) 사도 요한은 제물로 드려질 양들이 들어가는 '양문'을 소개함으로 예수님이 '유월절 양'으로 오신 분임을 알립니다(요1:29, 36).

따라서 유대인의 명절인 유월절에 서른여덟 해 동안 병으로 누워있던 병자가 치유 받은 안식일은 유월절에(무교절) 있는 안식일입니다(요5:9). 예수님은 삼십팔 년, 부정함에 있던 자를435) 유월절 기간의 '안식일'에 정결하게 하셨습니다.

"그 사람이 곧 나아서 자리를 들고 걸어가니라 **이날은 안식일이니**(요5:9)"

"그러므로 **안식일에 이러한 일을 행하신다 하여** 유대인들이 예수를 박해하게 된 지라(요5:16)"

"예수께서 그들에게 이르시되 내 아버지께서 이제까지 **(안식일에) 일하시니 나도 (안식일에) 일한다 하시매**(요5:17)"

요한은 유월절(무교절) 중에 있는 안식일에 병자를 치유하신 이 사건을

---

434) '예루살렘에 있는 양문 곁에 히브리 말로 베데스다 하는 못이 있는데 거기 행각 다섯이 있고(요5:2)' 그 문은 성전제물로 드려질 양들을 이끌고 들어가는 문으로, '양문'으로 불렸다.
435) 이사야서는 말씀을 듣지 않고 말씀을 깨닫지 못해 죄인 된 상태를 '병든 상태'로 묘사한다(1:5-6). 김창대, 『이사야서의 해석과 신학』, 60

소개함으로, 예수님이 안식일에 일하여 반드시 죽임을 당하는 자이며(출31: 15),436) 여호와께서 멸절하시는 자임을 알립니다(23:30).437)

그러나 유대인들은 그토록 기다린 메시야, 그리스도이신 예수님을 알지 못하고, 예수님을 안식일을 더럽힌 자로 죽임을 당하게 하여 여호와의 계시를 이룹니다(출31:14).438)

안식일에 일하시는 예수님 말씀은 유월절에서 초막절 절기로 이어집니다.

> 요7:14 이미 명절(초막절)의 중간이 되어 예수께서 성전에 올라가 가르치시니
>
> 요7:23 모세의 율법을 범하지 아니하려고 사람이 안식일에도 할례를 받는 일이 있거든 내가 안식일에 사람의 전신을 건전하게 한 것으로 너희가 내게 노여워하느냐

초막절 절기에도 예수님과 유대인 사이에 지속되는 **'안식일에 일하는 자'** 논쟁은 예수님이 샤바트 샤바톤에 일하시는 분임을 증언합니다.439)

---

436) '엿새 동안은 일할 것이나 일곱째 날은 큰 안식일이니(샤바트 샤바톤) 여호와께 거룩한 것이라 **안식일에 일하는 자는 반드시 죽일지니라(모트 유마트)**(출31:15)' 예수님께서 '안식일에 일하는 자'임을 밝히신 것은 여호와께 거룩한 안식일에 백성의 모든 죄를 담당하는 지극히 거룩한 대제사장으로 오셨음을 말씀한다(24:8-9 본문 설교 참조).

437) '이 날에 누구든지 어떤 일이라도 하는 자는 **내가 그의 백성 중에서 멸절시키리니**(레23:30)' '제구 시에 예수께서 크게 소리 지르시되 엘리 엘리 라마 사박다니 하시니 이를 번역하면 나의 하나님 나의 하나님 어찌하여 나를 버리셨나이까 하는 뜻이라(막15:34)' 예수님은 하나님으로부터 멸절당하시는 고통을 이렇게 절규하셨다.

438) '너희는 안식일을 지킬지니 이는 너희에게 거룩한 날이 됨이니라 그날을 더럽히는 자는 모두 죽일지며, 그날에 일하는 자는 모두 그 백성 중에서 그 생명이 끊어지리라(출31:14)'

439) 예수님은 유대인의 안식일에 일하셨다. 시내 산에서 모세가 보고, 이스라엘 온 회중에

예수님은 자신이 안식일에 일하시는 것이 모세의 율법에 기록된 것이며, 자신이 바로 **그 안식일**에 사람을 흠 없게 하시려 하나님께서 보내신 자임을 나타내십니다.440)

마침내 예수님은 안식일에 '맹인'의 눈을 뜨게 하심으로,441) 예수님이 **그 안식일에 그의 백성을 거룩하게 하시기 위하여**(출31:13), 하나님께서 보내신 분이심을 밝히 드러내십니다.

"예수께서 진흙을 이겨 눈을 뜨게 하신 날은 안식일이라(요9:14)"
"예수께서 이르시되 내가 심판하러 이 세상에 왔으니 보지 못하는 자들은 보게 하고 보는 자들은 맹인이 되게 하려 함이라 하시니(요9:39)"

예수님은 <u>그 안식일 하루 전 유월절 밤에</u> 잡히시어 예루살렘 성 밖 골고다에 세워진 십자가에 못 박히셨습니다(요19:17-18)
예수님이 골고다 십자가에서 돌아가신 시각은 <u>유월절의 그 안식일</u>이 다가오는 때였습니다(요19:30-34).

게 공포한 대로(출35:1-3), 여호와의 거룩한 안식일에 그의 백성도 거룩하게 되어 여호와 앞에서 안식하도록, 하늘에서 오신 지극히 거룩한 사람이심을 알리시려고(요3:31-36), 유대인의 안식일에 일하셨다(요5:17).
440) 육체의 흠은 '죄'를 시각화한 표현이다(21:17-23 본문 설교 참조). 예수님께서 안식일에 사람의 전신을 건전하게 하신 것은 예수님이 '안식일에 사람의 죄(흠)를 사하시고 정결하게 하시려고 하늘에서 오신 분임을 드러낸다. 예수님은 시내 산에서 언약하신 대로 '**그 안식일(하샤바트)**'에 '나는 너희를 거룩하게 하는 여호와이기 때문이다'를 성취하러 오셨다(출31:13-17).
441) '흠 있는 자'의 12가지 '흠'에서(①맹인 … ⑫고환 상한 자), '맹인'은 '모든 흠'을 대표한다(21:18-20). '눈의 어두움'은 여호와의 규례를 멸시하며 마음으로 여호와의 법도를 싫어한 죄의 결과이다(26:15-16).

예수님은 **유월절의 그 안식일**이 열리기 직전(막15:42), 여호와께 거룩한 큰 안식일과 이스라엘 자손을 위한 쉴 안식일이 만나는 시각에 아리마대 사람 요셉에 의해 무덤으로 들어가셨습니다(요19:38-42).

예수님께서 **유월절의 그 안식일**에 무덤에 들어가심은 **그 안식일 이튿날, 여덟째 날 아침에** 그의 백성이 정결하게 되어 거룩하신 여호와의 집으로 즐거이 나아오게 하기 위함입니다(23:36, 39, 요8:2 참조).

"아침에442) 다시 성전으로 들어오시니 백성이 다 나아오는지라 앉으사 (예수님께서) 그들을 가르치시더니(요8:2)"

초막절 여덟째 날 아침에 정결하게 된 백성이 성전으로 나아와 하나님 앞에서 말씀의 가르침을 받습니다.443)

예수님은 시내 산에서 맺은 영원한 언약, 안식일 언약을 이루시기 위하여 샤바트 샤바톤을 주신 '안식일의 주인'이십니다(마12:8; 막2:28; 눅6:5).

---

442) 요한복음 8장 2절의 아침은 초막절 여덟째 날의 아침이다.
443) 백성이 하나님 말씀의 가르침을 받는 모습은 '새 언약'의 성취를 의미한다(렘31:31-34). 김창대,『예레미야서의 해석과 신학』, 327

24:1-23
안식일의 축복과
여호와의 안식에서 나간 자

이 떡은 아론과 그의 자손에게 돌리고
그들은 그것을 거룩한 곳에서 먹을지니
이는 여호와의 화제 중 그에게(로 ih) 돌리는 것으로서
지극히 거룩함이니라 이는 영원한 규례니라(24:9)

24장은444) 등잔불·진설병 규례(24:1-9)와 여호와의 이름을 모독하며 저주한 자에 대한 형벌 말씀으로(24:10-23) 나눌 수 있습니다.

---

444) 24장은 영원한 언약 '샤바트 샤바톤'이 가나안 땅에 임할 때까지, 이스라엘 자손은 일곱째 날 안식일을 지킴으로 샤바트 샤바톤의 은혜를 누리게 하시는 말씀이다.

24:1-2 여호와께서 모세에게 말씀하여 이르시되 ²이스라엘 자손에게 명
령하여 불을 켜기 위하여 감람을 찧어낸 순결한(자크 זָךְ) 기름을
네게로 가져오게 하여 계속해서(타미드 תָּמִיד) 등잔불을 켜 둘지며

지금까지는 주로 '이스라엘 자손에게 말하여 이르라' 하셨는데, 24장은 '이스라엘 자손에게 명령하여'445) 말씀하십니다.

여호와께서 주시는 명령은 '순결한 기름을 가지고 오라'입니다. '순결한 기름'은 잘 익은 감람 열매를 찧어서 처음 짜낸 가장 최상의 기름입니다.

여호와는 모세를 통해 이스라엘 자손에게 순결한 기름을 가져오도록 명령하여, 순결한 기름으로 **항상**(타미드) 등잔불을 켜 두라 명하십니다.

24:3-4 아론은 회막안 증거궤 휘장 밖에서 저녁부터 아침까지 여호와 앞
에 항상(타미드 תָּמִיד) 등잔불을 정리할지니 이는 너희 대대로 지
킬 영원한 규례라(후카트 올람 חֻקַּת עוֹלָם) ⁴그는 여호와 앞에서 순
결한(타호르 טָהוֹר) 등잔대(메노라 מְנוֹרָה) 위의 등잔들을 항상(타미
드 תָּמִיד) 정리할지니라

여호와는 이스라엘 자손에게는 '순결한 기름을 가져오게 하라' 명령하시고, 아론에게는 '여호와 앞에서 항상 등잔불을 정리'할 것을 영원한 규례로 주십니다.

23:3-4 말씀은 다음과 같은 구조로 이루어져 있습니다.

---

445) 여호와께서 이스라엘 자손에게 '명령'하실 때는 여호와 앞에서 정결하게 된 '새 생명'이 지켜야 할 명령을 의미한다(17:2; 27:34).

A. 아론은 회막안 증거궤 휘장 밖에서 저녁부터 아침까지 <u>여호와 앞에</u> **항상** 등잔불을 정리하라(24:3a)

B. 이는 너희 대대로 지킬 **영원한 규례**라(후카트 올람)(24:3b)

A'. 그는 <u>여호와 앞에서</u> 순결한 등잔대 위의 등잔들을 **항상** 정리할지니라(24:4)

여호와는 아론에게 여호와 앞에서 순결한 등잔대 위의 등잔들을 **항상** 정리하라 하십니다(A-A') '항상'은 멈춤 없이 하라는 뜻입니다. 여호와는 등잔불 관리 명령을 '**너희 대대로 지킬 영원한 규례**'로 말씀하십니다(B).

B의 '너희'는 아론과 그의 자손, 이스라엘 자손이 포함됩니다. 이스라엘 자손이 순결한 기름을 가져오라는 여호와의 명령에 순종해야, 아론이 여호와 앞 등잔불을 항상 켤 수 있기 때문입니다. 여호와 앞 등잔불 관리를 위한 '영원한 규례'는 아론과 이스라엘 자손이 함께 지켜야 할 규례입니다446).

그런데 아론의 등잔불 정리 위치를 A와 A'에서 똑같이 '<u>여호와 앞</u>'으로 표현합니다. 이것은 아론이 등잔불 정리를 할 때, 그가 여호와 앞에 있음을 의미합니다. 즉 등잔불은 회막 안 휘장 밖에서 여호와의 임재를 나타냅니다. '등잔불'은 휘장 밖에서 '빛'으로 임하시는 '여호와의 얼굴'입니다.

아론에게 '**여호와 앞에 항상(타미드) 등잔불을 정리하라**' 명령은 '여호와께 성결'의 관을 머리에 쓴 대제사장은 항상 여호와 앞에서 백성의 죄를 담당하라는 명령입니다.447) **거룩한 대제사장이 여호와 앞에서 항상 백성의**

---

446) 기동연, 『레위기』, 869
447) '너는 또 순금으로 패를 만들어 도장을 새기는 법으로 그 위에 새기되 '여호와께 성결(코데쉬 라여호와)'이라 하고 그 패를 청색 끈으로 관 위에 매되 곧 관 전면에 있게 하라

죄를 담당하여, 여호와께서 항상 그의 백성 가운데 거하실 수 있도록 하라는 명령입니다(15:31).

> 24:5-7 너는 고운 가루를 가져다가 떡(할로트 חַלּוֹת) 열두 개를 굽되 각 덩이를 십분의 이 에바로 하여 ⁶여호와 앞 순결한(타호르 טָהוֹר) 상 위에 두 줄로 한 줄에 여섯씩 진설하고 ⁷너는 또 정결한(자크 זַךְ) 유향을 그 각 줄 위에 두어 기념물(랄레헴 레아즈카라 לַלֶּחֶם לְאַזְכָּרָה) 로 여호와께 화제를 삼을 것이며

여호와께서 '**너는**'으로 말씀하십니다. 24:3-4에서 '여호와 앞에 있는 자'는 '아론'이므로 본문의 '너는' 아론에게 주신 명령입니다.448)

여호와는 아론에게 고운 가루 2/10로 떡 열두 개를 구워 여호와 앞 순결한 상 위에 진설하라고 명령하십니다. '여호와 앞 순결한 상'은 '순결한 등잔대(24:4)'와 **항상 마주 보고 있는** 상입니다(출40:24). 여호와는 **순결한 상이 '여호와 앞에'** 있음을 강조하십니다.

또 여호와는 두 줄로 놓인 떡의 각 줄 위에 정결한 유향을 놓으라고 하십니다. 유향은 소제로 드리는 고운 가루 위에 놓아 여호와께 기념물로 제단 위에서 불살라 여호와께 향기로운 냄새가 되게 합니다(2장). 여호와는 '정결한 유향'을 그 각 줄 위에 두어 열두 덩이 떡이 여호와께 '기념의 떡'이 되게 하고, 여호와께서 기쁘게 받으시는 화제로 삼으라 명하십니다.

이 패를 아론의 이마에 두어 그가 이스라엘 자손이 거룩하게 드리는 성물과 관련된 죄책을 담당하게 하라 그 패가 아론의 이마에 늘 있으므로 그 성물을 여호와께서 받으시게 되리라(출28:36-38)'
448) 키우치, 『레위기』, 572

출애굽기 25:30은 열두 덩이 떡을 '진설병'이라449) 합니다. 따라서 여호와 앞에 있는 열두 덩이 떡은 **이스라엘 자손 열두 지파의 얼굴이 항상 여호와 앞에 있음**을 의미합니다.450)

여호와는 열두 덩이 떡 위에 정결한 유향을 두어 기념물로 화제를 삼으라 하시며, 여호와 앞에 있는 이스라엘 자손을 정결하게 하시며 기쁘게 받으심을 드러내십니다.

24:8 안식일마다(베욤 하샤뱌트 베욤 하샤바트 בְּיוֹם הַשַּׁבָּת בְּיוֹם הַשַּׁבָּת) 이 떡을 여호와 앞에 항상(타미드 תָּמִיד) 진설할지니 이는 이스라엘 자손을 위한 것이요(메에트 베네 이스라엘 מֵאֵת בְּנֵי יִשְׂרָאֵל) 영원한 언약이니라 (베리트 올람 בְּרִית עוֹלָם)

여호와는 안식일마다(베욤 하샤뱌트 베욤 하샤바트)451) 열두 덩이 떡을 여호와 앞에 **항상**(타미드) 진설하여, 아론이 **항상**(타미드) 정리하는 등잔대 불빛을 받게 하십니다.452)

여호와는 안식일의 열두 덩이 떡을 진설하여 등잔대의 불빛을 받게 하는 것을 '이는 이스라엘 자손을 위한 것이요(메에트 베네 이스라엘) 영원한 언약이니라' 하십니다.

---

449) '상 위에 진설병(레헴 파님 לֶחֶם פָּנִים)을 두어 항상 내 앞에 있게 할지니라(출25:30)', '진설병'의 '진설(파님)'은 '얼굴'이란 뜻이고, '레헴'은 떡이다.
450) 기동연, 『레위기』, 874
451) 23:3과 23:32의 '샤바트 샤바톤' 은혜를 '안식일마다(베욤 하샤뱌트 베욤 하샤바트)' 주신다.
452) 아론은 등잔대의 불빛을 **항상** 정리하고, 안식일마다 열두 덩이 떡을 등잔대의 불빛이 비취는 상 위에 **항상** 진설해야 한다. 이것은 대제사장의 매일 직무와(6:19-23) 안식일 직무를 보여준다.

여기서 '메에트453) 베네 이스라엘'의 뜻은 '**이스라엘 자손과 함께 맺은 영원한 언약 때문에**'입니다.

"이같이 이스라엘 자손이 안식일을 지켜서 그것으로 대대로 **영원한 언약**을(베리트 올람 בְּרִית עוֹלָם) 삼을 것이니(출31:16)"

여호와께서 이스라엘 자손에게 순결한 기름을 가져오라 명령하시고(24:2a), 아론에게 등잔불 정리를 **항상** 할 것을 명하시고(24:2b-4), 안식일마다 여호와 앞 순결한 상 위에 열두 덩이 떡을 **항상** 진설하게 하신 것은(24:5-7), 시내 산에서 여호와와 이스라엘 자손이 함께 맺은 영원한 언약, 안식일 언약 때문입니다(출31:12-18; 34:27-28).

24:9 이 떡은 아론과 그의 자손에게 돌리고 그들은 그것을 거룩한 곳에서 (베마콤 카도쉬 בְּמָקוֹם קָדֹשׁ) 먹을지니 이는 여호와의 화제 중 그에게 (로 לוֹ) 돌리는 것으로서 지극히 거룩함이니라(코데쉬 코다쉼 קֹדֶשׁ קָדָשִׁים) 이는 영원한 규례니라(호크 올람 חָק עוֹלָם)

여호와는 안식일마다 순결한 상 위에 진설하였던 열두 덩이 떡을 아론과 그의 자손에게 돌려서 거룩한 곳에서(베마콤 카도쉬) 먹으라 명하십니다. 아론과 그의 자손이 안식일마다 열두 덩이 떡을 거룩한 곳에서 먹는 것은

---

453) '메에트(מֵאֵת)'는 이중 전치사이다. 전치사 '민(מִן)'은 '… 때문에'의 뜻이고, 전치사 '에트(אֵת)'는 '함께'의 뜻으로 '이스라엘 자손과 함께 맺은 영원한 언약 때문에'가 된다. 기동연, 『레위기』, 876. 이 해석은 26:9에서 '… 내가 너희와 함께한 내 언약을 이행하리라(26:9)' 말씀과 잘 어울린다.

여호와의 화제 중 '그에게 돌리는 것'으로, 지극히 거룩하기(카도쉬 카도쉼) 때문입니다.

안식일마다 아론과 그의 자손에게 돌리는 지극히 거룩한 열두 덩이 떡을 거룩한 곳에서 먹으라는 명령은 소제, 속죄제, 속건제 규례에서 지극히 거룩한 제물을 거룩한 곳에서 먹으라는 명령과 같습니다.

소제(6:16-17)	그 나머지는 아론과 그의 자손이 먹되 누룩을 넣지 말고 **거룩한 곳 회막 뜰에서 먹을지니라**… 속죄제와 속건제 같이 **지극히 거룩한즉**(코데쉬 코다쉼 קֹדֶשׁ קָדָשִׁים)
속죄제(6:25-26)	… 속죄제 제물은 **지극히 거룩하니**(코데쉬 코다쉼 קֹדֶשׁ קָדָשִׁים)… 죄를 위하여 제사 드리는 제사장이 그것을 먹되 곧 회막 뜰 **거룩한 곳에서 먹을 것이며**
속건제(7:6)	제사장인 남자는 모두 그것을 먹되 **거룩한 곳에서 먹을지니라** 그것은 **지극히 거룩하니라**(코데쉬 코다쉼 קֹדֶשׁ קָדָשִׁים)
안식일의 열두 덩이 떡 (24:9)	이 떡은 아론과 그의 자손에게 돌리고 그들은 그것을 **거룩한 곳에서 먹을지니** 이는 여호와의 화제 중 그에게 돌리는 것으로서 **지극히 거룩함이니라**(코데쉬 코다쉼 קֹדֶשׁ קָדָשִׁים)

여호와께서 아론과 그의 아들들에게 지극히 거룩한 제물을 거룩한 곳에서 먹으라는 명령은 **아론과 그의 아들들이 여호와의 성물을 먹음으로 이스라엘 자손의 죄를 담당하게 하기 위함입니다**(10:17; 22:16).

10:17	이 속죄제물은 지극히 거룩하거늘(코데쉬 코다쉼 קֹדֶשׁ קָדָשִׁים) 너희가 어찌하여 거룩한 곳에서 먹지 아니하였느냐 이는 너희로 회중의 죄를 담당하여 그들을 위하여 여호와 앞에 속죄하게 하려고 너희에게 주신 것이니라
22:16	그들의(이스라엘 자손의) 성물을 먹음으로, 그들에게(제사장들에게) 죄의 형벌을 담당하게 하였다. 왜냐하면 나는 그들을(이스라엘 자손을) 거룩하게 하는 여호와이기 때문이다.

소제, 속죄제, 속건제 말씀과 10:17, 22:16 말씀에 따라 24:9를 해석하면, **여호와께서 안식일마다 아론과 그의 자손에게 지극히 거룩한 열두 덩이 떡을 거룩한 곳에서 먹으라는 명령은, <u>아론과 그의 자손은 안식일마다 이스라엘 자손의 죄를 담당하라는 명령임을 알 수 있습니다.</u>**

여호와는 안식일마다 아론과 그의 자손이 이스라엘 열두 지파를 상징하는 열두 덩이 떡을 거룩한 곳에서 먹게 하시어, 이스라엘 자손의 죄를 담당하여 속죄하게 하십니다. 그리하여 여호와는 시내 산에서 이스라엘 자손과 함께 맺은 영원한 언약에 따라 안식일을 지키는 이스라엘 자손을 거룩하게 하시겠다는 영원한 언약을 지키십니다(24:8; 출31:13-17).

여호와는 안식일마다 아론과 그의 아들들이 여호와 앞에 진설 된 지극히 거룩한 열두 덩이 떡을 거룩한 곳에서 먹을 것을 '영원한 규례'로 주십니다.
아론과 아들들은 안식일마다 지극히 거룩한 열두 덩이 떡을 거룩한 곳에서 먹음으로, 안식일마다 이스라엘 자손의 죄를 담당하여 속죄하는 규례를 영원히 지켜야 합니다.

그런데 <u>24:9에는 문법적으로 이상한 곳</u>이 있습니다.

"이 떡은 아론과 그의 자손에게 돌리고 그들은 그것을 거룩한 곳에서 먹을지니 이는 여호와의 화제 중 <u>그에게(로 לוֹ) 돌리는 것</u>으로서 지극히 거룩함이니라 이는 **영원한 규례니라**(호크 올람 חָק עוֹלָם)"

여호와는 안식일의 열두 덩이 떡을 아론과 그의 자손에게(복수) 먹으라 하십니다. 그러면 뒤의 문장은 '이는 여호와의 화제 중 **그들에게**(라헴 לָהֶם) 돌리는 것으로' 표현해야 합니다. 그런데 **여호와는 3인칭 단수 <u>'그에게 돌리는 것(로 לוֹ)</u>**'이라 하시고, **영원한 규례**(단수)라 하십니다.

아론과 그의 자손은 복수입니다. 그런데 여호와는 '그들에게 돌리는 것(라헴)'이라 하지 않으시고, '**그에게 돌리는 것(로)**'이라 하십니다. 이것은 아론과 그의 자손은 위임받은 제사장임을 나타냅니다(8장). 아론과 그의 아들들은 거룩한 제사장이(16:3-4)[454] 오실 때까지 위임받은 제사장으로서 안식일마다 이스라엘 자손의 죄를 담당하여 속죄함을 말씀합니다.

이스라엘 자손의 모든 죄와 불의는 시내 산에서 여호와와 이스라엘 자손이 함께 맺은 영원한 언약, 안식일 언약에 따라(출31:13-17; 35:1-3) 진실로 여호와 앞에 지극히 거룩한 제사장 '**그가**' 안식일 중의 안식일(샤바트 샤바톤)에 담당하게 될 것'입니다(16:30).[455]

---

454) 16장에서 아론이 입는 거룩한 옷은 그가 거룩한 제사장으로부터 위임받은 제사장임을 (8장) 나타낸다.
455) '이날에 그가 너희를 위하여 속죄하여 너희를 정결하게 할 것이다. 너희의 모든 죄들

이것은 여호와께서 이스라엘 자손을 향해 선포하신 '나는 … 을(를) 거룩하게 하는 여호와' 이름 선포를 통해서 더욱 분명히 알 수 있습니다.

① … 나는 너희를 거룩하게 하는 여호와이기 때문이다(출31:13)[456]

② … 나는 너희를 거룩하게 하는 여호와(20:8)[457]

③ … 너희를 거룩하게 하는 나 여호와는 거룩하기 때문이다(21:8)[458]

④ … **나는 그를 거룩하게 하는 여호와이기 때문이다**(21:15)[459]

⑤ … 나는 그들을 거룩하게 하는 여호와이기 때문이다(21:23)[460]

⑥ … 나는 그들을 거룩하게 하는 여호와(22:9)[461]

⑦ … 나는 그들을 거룩하게 하는 여호와이기 때문이다(22:16)

⑧ … 나는 너희를 거룩하게 하는 여호와(22:32)

①에서 여호와는 모세를 통해 이스라엘 자손에게 안식일을 영원한 언약의 말씀으로 선포하십니다.

"너는 이스라엘 자손에게 말하여 이르기를 너희는 나의 안식일을 지키라 이는 나와 너희 사이에 대대의 표징이니 **나는 너희를 거룩하게 하는 여호와인줄(키 아니 여호와 메카디쉬켐)** 너희가 알게 함이라(출31:13)"

로부터 너희가 여호와 앞에 정결하게 될 것이다(16:30)'
456) 원문은 '키 아니 여호와 메카디쉬켐(כִּי אֲנִי יְהוָה מְקַדִּשְׁכֶם)'이다.
457) 원문은 '아니 여호와 메카디쉬켐(אֲנִי יְהוָה מְקַדִּשְׁכֶם)'이다.
458) 원문은 '키 카도쉬 아니 여호와 메카디쉬켐(כִּי קָדוֹשׁ אֲנִי יְהוָה מְקַדִּשְׁכֶם)'이다.
459) 원문은 '키 아니 여호와 메카데쇼(כִּי אֲנִי יְהוָה מְקַדְּשׁוֹ)'이다.
460) 원문은 '키 아니 여호와 메카데샴(כִּי אֲנִי יְהוָה מְקַדְּשָׁם)'이다.
461) 원문은 '아니 여호와 메카데샴(אֲנִי יְהוָה מְקַדְּשָׁם)'이다.

①에서 '너희를'은 이스라엘 자손입니다. 따라서 ④를 제외한 '너희를'과 '그들을'은 모두 이스라엘 자손을 거룩하게 하시겠다는 여호와의 강한 의지를 여호와 이름으로 선포하신 것입니다.

그런데 여호와는 ④에서만 '나는 그를 거룩하게 하는 여호와이기 때문이다'를 선포하십니다. ④의 말씀을 보겠습니다.

"그의 자손이(자르오 זַרְעוֹ) 그의 백성 중에서 속되게 하지 말지니 **나는 그를 거룩하게 하는 여호와임이니라(키 아니 여호와 메카데쇼)**(21:15)"

21:15의 '그의 자손(자르오)'은 '백성으로부터 처녀를 취하여 태어난 자손'입니다. 따라서 '**나는 그를 거룩하게 하는 여호와임이니라**'의 '**그**'는 '**처녀에게서 태어난 자손**(제라 זֶרַע)'입니다. 21:15에서 여호와는 '처녀에게서 태어난 자손'을 백성 중에서 속되게 하지 말라 명령하십니다. 그 까닭은 여호와께서 '나는 그를 거룩하게 하는 여호와이기 때문'으로 밝히십니다.

여호와께서 '나는 그를 거룩하게 하는 여호와이기 때문이다' 선포를 19장 말씀에 비추면 '그'는 '여호와의 모든 규례와 법도를 지킨 자'라는 것을 말씀합니다.462) '그'가 여호와의 모든 규례와 법도를 지키는 자라면, 18:5 말씀에 따라 '그'는 살게 될 것입니다. 즉 '**나는 그를 거룩하게 하는 여호와이기 때문이다**' 선포는 '<u>**나는 그를 살리는 여호와이기 때문이다**</u>'와 같은 뜻입니다.

21:15의 '그의 자손'은 여호와의 규례와 법도를 지켜 행하는 자손입니다. 기름 부음 받은 대제사장으로서 '거룩한 자손'입니다. 이 자손은 '처녀에게서

---

462) 19:2와 19:37 말씀은 병치하는 말씀이다. 여호와의 '거룩하라' 명령은(19:2) 여호와의 모든 규례와 법도를 지켜 행하라는 명령이다(19:37).

태어난 자손'입니다. 가나안 땅에서 여호와의 규례와 법도를 지켜 행하여 여호와께서 반드시 살리실 자손입니다. 여호와는 '이 자손'을 통하여 이스라엘을 거룩하게 하실 것이라 하십니다(겔37:28 참조).463)

그렇다면 이 자손은 11:37에서 계시하신 '심을 종자'입니다.

"이것들의 주검이 **심을 종자**에(제라 제루아 아쉐르 이자레아 זֶרַע זֵרוּעַ אֲשֶׁר יִזָּרֵעַ) 떨어지면 그것이 정하거니와(11:37)"

24:9에서 여호와는 이스라엘 자손의 모든 죄와 불의를 가나안 땅의 유월절에 있을 '안식일(샤바트 샤바톤)'에 '**백성으로부터 처녀를 취하여 태어난 거룩한 자손**', '**심을 종자**'에게 지우실 것을 계시하십니다. 여호와는 '심을 종자'인 '**그에게**'464) 이스라엘 자손의 모든 부정과 불의를 지게 하심으로 이스라엘 자손을 거룩하게 하실 것을 알리십니다. 그 놀라운 일을 24:9에서 여호와의 화제 중 '그에게(로)' 돌리는 것으로 나타내십니다.

여호와께서 '**나는 <u>그</u>를 거룩하게 하시는 여호와**이기 때문이다(④)'를 이루시면, '<u>그</u>'에게 속한 이스라엘 자손 '너희(①, ②, ③, ⑧)'와 '그들(⑤, ⑥, ⑦)'이 거룩하게 될 것입니다. 그리하여 '나는 너희를(그들을) 거룩하게 하는 여호와' 선포를 이루시고, 온 백성으로부터 영광을 받으실 것입니다(10:3; 22:32). 여호와는 이 일을 반드시 이루실 것을 **영원한 규례(호크 올람)**'

---

463) '… 내가 이스라엘을 거룩하게 하는 여호와인 줄(키 아니 여호와 메카데쉬 에트 이스라엘) …(겔37:28)' 에스겔 37:28에서 여호와는 ①~⑧과 같은 말씀으로 이스라엘을 거룩하게 하실 것을 선포하신다.
464) 그는 이스라엘을 거룩하게 하려고(출31:13; 겔37:28) **그 안식일**에(출31:15; 레23:3, 11, 32) 멸절당하여(출31:15; 레23:30; 막15:34), 영원한 안식일 언약(출31:12-18; 레24:8)을 성취하신다(요19:28-30).

로 선포하십니다(24:9).

레위기에는 죽임을 당하는 사건이 두 번 있습니다.
하나는 나답과 아비후의 죽음이며(10:1-2), 또 하나는 여호와 이름을 저주한 자가 회중에 의해 죽임을 당하는 사건입니다(24:10-23).

24:10부터는 두 번째 사건에 관한 말씀입니다. 이 이야기 흐름은 아래와 같은 구조로 전개됩니다.465)

  A. 이스라엘 자손이 여호와 이름을 모독한 자에 대한 여호와의 명령을 기다림(24:10-12)466)
    B. 모세를 통해 여호와의 명령이 임함(24:13-16)
    B′ 모세를 통해 여호와께서 언약의 법을 행할 것을 명령하심(24:17-22)
  A′ 이스라엘 자손이 여호와 이름을 모독한 자에게 여호와께서 명령하신 언약의 법을 시행함(24:23)467)

24:10 이스라엘 자손 중에 그의 어머니가 이스라엘 여인이요 그의 아버지는 애굽 사람인 어떤 사람이 나가서(봐예체 וַיֵּצֵא) 한 이스라엘 사람과 진영 중에서 싸우다가(봐이나추 וַיִּנָּצוּ)

---

465) 이 단락에서는 봐브 계속법 미완료 동사들로 표현되어 사건의 추이 과정이 있는 그대로 진술된다.
466) A에 나타나는 봐브 계속법 동사들은 다음과 같다. 24:10: 봐예체(그가 나가서), 봐이나추(그가 싸우다가), 24:11: 봐이코브(그가 모독하며), 봐예칼렐(그가 저주하며), 봐야비우(그들이 끌고), 24:12: 봐야니후후(그들이 그를 가두고)
467) A′에 나타나는 봐브 계속법 동사들은 다음과 같다. 24:23: 봐예다베르(모세가 고하니), 봐요치우(그들이 끌어내어), 봐이르게무(그들이 쳤더라).

24:10의 히브리어 원문은 '봐예체'로 시작합니다. 직역하면 '그리고 그가 나갔다'가 되는데, 그가 어디에 있다가 나갔는지는 본문 내에서는 알 수 없습니다. 그런데 본문의 현재 이스라엘 자손이 있는 곳이 시내 광야이며, '시내 광야 산 앞에 장막을 쳤으므로(출19:2)' 아마도 여호와의 산 앞에 있는 자기의 장막에서 '그가 나갔다'로 유추할 수 있습니다.468)

'그가 나갔다'라고 한 후에, '그'가 누구인지를 알려줍니다. 그는 어머니가 이스라엘 여인이고 아버지는 애굽 사람입니다. 그 사람은 '이스라엘 자손'입니다. 이스라엘 자손인 어떤 사람이 '나가서(봐예체)' 한 이스라엘 사람과 진영중에서 '싸웠습니다(봐이나추)'.

24:11-12 그 이스라엘 여인의 아들이 여호와의 이름을(하쉠 הַשֵּׁם) 모독하며(봐이코브 וַיִּקֹּב) 저주하므로(봐예칼렐 וַיְקַלֵּל) 무리가 끌고(봐야비우 וַיָּבִיאוּ) 모세에게로 가니라 그의 어머니의 이름은 슬로밋이요 단 지파 디브리의 딸이었더라 ¹²그들이 그를 가두고(봐야니후후 וַיַּנִּיחֻהוּ) 여호와의 명령을 기다리더니

이스라엘 여인의 아들이 여호와 이름을 모독하여(봐이코브) 저주했습니다(봐예칼렐).469) 그가 여호와 이름을 저주하며 모독하는 것을 들은 사람들은 그를 모세에게로 끌고 갔습니다(봐야비우).

여호와 이름을 모독하며 저주한 자의 어머니 이름은 슬로밋이며, 단 지파

---

468) 그는 자기 장막에서 나갔을 것이다. 키우치, 『레위기』, 574
469) 본문은 그가 여호와의 이름을 어떻게 저주하며 모독했는지를 기록하지 않는다. 키우치는 여호와 이름 신성 사문자 '여호와(יהוה)'를 모독하며 저주했을 것이라고 본다. 키우치, 『레위기』, 574

의 딸입니다.

'그들이 그를 가두고(봐야니후후) 여호와의 명령을 기다리더니' 여호와 이름을 모독하며 저주한 사람에 대하여 여호와의 뜻을 알 때까지 그들은 그를 가두었습니다.

> 24:13-14 여호와께서 모세에게 말씀하여 이르시되 ^{14}그 저주한 사람을 진영 밖으로 끌어내어 그것을 들은 모든 사람이 그들의 손을 그의 머리에 얹게 하고 온 회중이 돌로 그를 칠지니라

여호와의 명령이 모세를 통해 임했습니다. 여호와는 여호와 이름을 저주한 사람을 진영 밖으로 끌어내라고 하십니다. '진영 밖'은 거룩하신 여호와와 함께 거할 수 없는 자들이 가는 곳을 나타냅니다(10:4; 13:46). 여호와는 그를 진영 밖으로 끌어내고, 저주하는 소리를 들은 모든 사람은 자신들의 손을 저주한 자의 머리에 얹게 하십니다. 여호와는 저주를 들은 자들이 거짓 없는 증인임을 그의 머리에 그들의 손을 얹어 표하라 명하십니다. 그리고 여호와는 온 회중이 그를 '돌로 치라' 명령하십니다.

이스라엘 열두 지파는 시내 산 여호와 앞에서 **여호와의 모든 말씀을 우리가 준행하리이다** 언약하고, **언약의 피로 맹세했습니다**(출24:7-8). 여호와는 여호와와 함께 맹세한 후에 언약을 깨뜨린 자에게 언약의 법을 행하라 명하십니다. 여호와는 이스라엘 온 회중에게 언약의 증인으로서 언약을 깨뜨린 자에게 '언약의 피를 흘리게 하라' 명하십니다.

> 24:15-16 너는 이스라엘 자손에게 말하여 이르라 누구든지 그의 하나님

을 저주하면 죄를 담당할 것이요(나사 헤트오 נָשָׂא חֶטְאוֹ) ¹⁶여호와의 이름을 모독하면 그를 반드시 죽일지니 온 회중이(콜 하에다 כָּל הָעֵדָה) 돌로 그를 칠 것이니라 거류민이든지 본토인이든지 여호와의 이름을 모독하면 그를 죽일지니라

24:15-16 말씀은 다음과 같은 구조를 이룹니다.

  A. 누구든지 그의 하나님을 저주하면 그의 죄를 담당할 것(24:15)
   B. 여호와의 이름을 모독하면 반드시 죽일지니 온 회중이 돌로 칠 것(24:16a)
  A′ 거류민이든지 본토인이든지 여호와의 이름을 모독하면 죽일 것(24:16b)

24:15-16은 하나님을 저주하는 것은 곧 여호와 이름을 모독하는 것임을 말씀합니다(A-A′). 여호와 이름을 모독하면 여호와 이름으로 맺은 언약을 모독하는 것입니다. 언약 모독은 언약을 깨뜨리는 것입니다. 언약을 깨뜨리면, 언약의 법으로 심판을 받습니다(B).

  여호와는 여호와 이름을 모독하여 여호와와 맺은 언약을 깨뜨린 자를 온 회중이 돌로 쳐서 죽이라 하십니다(B). 여호와 이름을 모독하여 언약을 깨뜨렸으므로, 언약의 증인인 온 회중은470) 그를 돌로 치라 하십니다.

24:17-22 사람을 쳐 죽인 자는 반드시 죽일 것이요 ¹⁸짐승을 쳐 죽인 자는 짐승으로 짐승을 갚을 것이며 ¹⁹사람이 만일 그의 이웃에게 상해를 입혔으면 그가 행한 대로 그에게 행할 것이니 ²⁰상처에

---

470) '회중(에다)'에는 증인의 의미가 있다.

는 상처로, 눈에는 눈으로, 이에는 이로 갚을지라 남에게 상해를 입힌 그대로 그에게 그렇게 할 것이며 ²¹짐승을 쳐 죽인 자는 그것을 물어 줄 것이요 사람을 죽인 자는 죽일지니 ²²거류민에게든지 본토인에게든지 그 법을(미쉬파트 מִשְׁפָּט) 동일하게 할 것은 나는 너희의 하나님 여호와이니라

여호와는 언약의 법을 선포하십니다. 이 법은 시내 산에서 여호와와 이스라엘 자손이 함께 언약한 것입니다(출24:1-11). 이 말씀은 다음과 같은 구조를 이룹니다.471)

   A. 사람을 쳐 죽인 자는 반드시 죽이라(24:17)
    B. 짐승을 쳐 죽인 자는 짐승으로 짐승을 갚아라(24:18)
     C. 남에게 상해를 입힌 그대로 그에게 행하라(24:19-20)
    B'. 짐승을 쳐 죽인 자는 물어주라(24:21a)
   A'. 사람을 죽인 자는 죽일지라(24:21b)
   결론 : 거류민·본토인에게 법을 동일하게 하라, 나는 너희의 하나님 여호와(24:22)

여호와는 언약의 법에 따라, 여호와 이름을 모독한 자에게 '**그대로 그에게 행하라**' 하십니다(C). 그가 '**언약의 피**'로 언약한 후에,472) 여호와 이름을 모독하여 언약을 깨뜨렸으므로, 언약의 법대로 '**피**'를 흘리라 하십니다.
여호와는 시내 산 언약 '법'이 거류민이든지 본토인이든지 똑같이 적용될

---

471) 박철현, 『레위기』, 640
472) '모세가 그 피를 가지고 백성에게 뿌리며 이르되 이는 여호와께서 이 모든 말씀에 대하여 너희와 세우신 언약의 피니라(출24:8)'

것을 '나는 너희의 하나님 여호와' 이름으로 선포하십니다.

24:23 모세가 이스라엘 자손에게 말하니(봐예다베르 וַיְדַבֵּר) 그들이 그 저주한 자를 진영 밖으로 끌어내어(봐요치우 וַיּוֹצִיאוּ) 돌로 쳤더라(봐이르게무 וַיִּרְגְּמוּ) 이스라엘 자손이 여호와께서 모세에게 명령하신 대로 행하였더라

모세는 여호와의 명령을 이스라엘 자손에게 전하였습니다(봐예다베르). 그래서 이스라엘 자손은 여호와 이름을 모독한 자를 진영 밖으로 끌어내었습니다(봐요치우). 그리고 그를 돌로 쳤습니다(봐이르게무).

'이스라엘 자손이 여호와께서 모세에게 명령하신 대로 행하였더라'

이스라엘 자손은 여호와께서 모세를 통해 주신 언약의 법을, 여호와 이름을 모독하여 언약을 깨뜨린 자에게, 그 법대로 집행하였습니다.

▶▶**본문 해석**

여호와는 이스라엘 자손과 함께 맺은 안식일 언약으로(24:8), 이스라엘 자손이 거룩하신 여호와와 함께 거하는 복을 주십니다. 이스라엘 자손이 이 복을 누릴 수 있는 것은 안식일마다[473] 그들의 죄를 여호와 앞에서 섬기는

---

[473] 제사장들이 안식일마다 담당했던 이스라엘 자손의 죄는 '여호와께 바쳐진 지극히 거룩

'제사장에게' 돌려 제사장이 담당하게 하시기 때문입니다(16:30; 24:9).

"이스라엘 자손 중에 그의 어머니가 이스라엘 여인이요 그의 아버지는 애굽 사람인 어떤 사람이 나가서(봐예체 ויצא) 한 이스라엘 사람과 진영 중에서 싸우다가 (24:10)"

그런데 24:10은 '그가… 나갔다(봐예체)'로 시작합니다. 영원한 언약, 안식일 언약의 축복 말씀인 24:9가 끝나자 곧바로 '봐예체'로 시작합니다. 이것은 여호와께서 주신 언약의 축복, 안식일마다 이스라엘 자손의 죄를 사하시고 거룩하게 하시는 **안식일의 축복에서**(24:1-9) **그가 나갔다**는 것을 의미합니다.

여호와께서 아론과 그의 자손에게 안식일마다 열두 덩이 떡을 거룩한 곳에서 먹게 하시어 제사장이 이스라엘 자손의 죄를 담당하여 속죄함으로, 이스라엘 자손은 거룩하신 여호와의 진영에 함께 거할 수 있습니다.
그런데 **그가 여호와 이름을 모독하여 여호와 이름으로 주신 안식일 축복에서 나갔으므로**, 여호와의 제사장은 '그의 죄'를 담당할 수 없습니다.
그는 안식일에 자신의 죄를 여호와의 제사장에게 돌릴 수 없게 되었습니다. 그는 자신의 죄를 자신이 직접 져야만 합니다. **여호와의 안식일에 여호와의 제사장에게 자신의 죄를 돌릴 수 없으므로 그는 시내 산 언약의 법인 '그가 행한 대로' 그 자신이 죄의 형벌을 받아야 합니다.**

한 그 사람(27:28-29)이 '그 안식일(출31:15)'에 담당함으로 여호와께서 이스라엘 자손과 함께 맺은 영원한 안식일 언약을 성취하신다.

여호와는 이스라엘 자손 온 회중에게 언약의 증인으로서, 여호와 이름을 모독한 자에게 언약의 법을 시행하라 명령하십니다. 그래서 그는 진영 밖에서 언약의 증인에 의해 돌로 침을 당하여 죽임을 당합니다.

24장은 안식일의 축복에 거할 수 있는 자가 누구인가를 알려줍니다.

안식일의 축복을 누릴 수 있는 자는 여호와 이름을 경외하는 자입니다. 여호와 이름을 경외하는 자는 이스라엘 자손의 하나님 여호와를 경외하는 자입니다(24:15-16).474)
안식일은 거룩하신 여호와 이름으로 주신 영원한 규례(24:9)이므로,475) 여호와 이름을 모독하면 안식일을 주신 하나님을 모독하여 안식일의 축복에 거할 수 없습니다(19:3).

여호와 이름을 모독하면 거룩한 제사장을 통해 죄 사함을 받는 안식일의 축복을 누리지 못합니다.476) 시내 산 언약의 법대로 자신이 지은 죄의 형벌을 자신이 직접 담당해야 합니다(24:10-23).

---

474) 여호와의 인자하심은 자기를 경외하는 자에게 영원부터 영원까지 이르며 그의 의는 자손의 자손에게 이르니 18곧 그의 언약을 지키고 그의 법도를 기억하여 행하는 자에게로다(시103:17-18)'
475) '너희는 내 규례를(후코타이 חֻקֹּתַי) 지켜 행하라 나는 너희를 거룩하게 하는 여호와이니라(20:8)'
476) 예수님은 '하나님 아버지의 이름'으로 오셨다(요5:43; 10:25; 17:6, 11, 12, 26). 하나님께서 '아버지의 이름'으로 보내신 '예수님'을 영접하지 않으면, '안식일의 주인' 되시는 예수님이 나의 죄를 담당하실 수 없다. 예수님을 영접하지 않는 자는 자신의 죄를 자신이 담당하여 언약의 형벌을 받아야 한다.

25:1-55
여호와의 안식에 거하는 자 : 여호와를 경외하는 자

너희 각 사람은 자기 이웃을 속이지 말고 네 하나님을 경외하라
나는 너희의 하나님 여호와이니라(25:17)

25장에서 여호와는 이스라엘 자손과 함께 맺은 영원한 언약인 안식일 언약이 가나안 땅에서 이루어지도록 가나안 땅의 안식을 명령하십니다. 그리하여 가나안 땅에 거하는 모든 생명이 여호와 앞에 안식하는 '거룩한 땅'이 되게 하라 명령하십니다.

25장은 크게 두 단락으로 나눌 수 있습니다.

첫째 단락은 25:1-22입니다.
첫 단락은 영원한 언약인 안식일 언약이 땅의 안식으로 확장되어, 모든 사람에게 자유가 공포되는 '희년'으로 선포됩니다.[477] 첫 단락은 여호와 앞에서 안식하는 땅은 땅에 거하는 모든 생명체가 안식하는 땅임을 말씀합니다.

둘째 단락은 25:23-55입니다.
땅의 안식을 명령하신 여호와는 토지는 여호와의 것이고, 이스라엘 자손은 거류민이므로 토지를 영구히 팔지 말라고 명령하십니다.

---

[477] 24장의 '안식일 언약'은 25장에서 '희년'으로 선포된다. "희년 제도는 하나님의 구원 사역을 통해 (이스라엘 자손이 여호와께서 주신 땅에서) 정의와 축복의 공동체로, 전체 사회가 이상적인 상태로 회복되는, 자유의 개념에 기반을 둔 것이다." J. G. 맥콘빌, 『신명기』, 163

25:1 여호와께서 시내 산에서 모세에게 말씀하여 이르시되

여호와의 말씀 장소를 '시내 산'으로 명시합니다. 시내 산은 이스라엘 자손이 여호와와 영원한 언약을 맺은 곳입니다(출31:18; 34:27-29). 25장을 '시내 산'에서 주신 여호와의 말씀이라 하는 것은 이 말씀이 여호와와 이스라엘 자손이 함께 맺은 언약의 말씀임을 알려줍니다.

25:2 이스라엘 자손에게 말하여 이르라 너희는 내가 너희에게 주는 땅에 들어간 후에 그 땅으로 여호와 앞에 안식하게 하라

안식일에 모든 생명체는 여호와 앞에서 안식합니다(출20:8-11). 여호와는 이스라엘 자손에게 여호와께서 주실 가나안 땅을 여호와 앞에 안식하게 함으로, 여호와와 함께 언약한 안식일 언약을 지키라 하십니다.[478]

25:3-4 너는 육 년 동안 그 밭에 파종하며 육 년 동안 그 포도원을 가꾸어 그 소출을 거둘 것이나 ⁴일곱째 해에는 그 땅이 쉬어 안식하게 (샤바트 샤바톤 שַׁבַּת שַׁבָּתוֹן) 할지니 여호와께 대한 안식이라(샤바트 라여호와 שַׁבָּת לַיהוה) 너는 그 밭에 파종하거나 포도원을 가꾸지 말며

---

[478] '내가 너희에게 주는 땅에 들어간 후에 그 땅으로 여호와 앞에 안식하게 하라' 명령은 가나안 땅이 여호와의 규례와 법도로 다스려지는 땅이 되어야 한다는 뜻이다. 여호와는 이스라엘 자손에게 가나안 땅에서 여호와의 규례와 법도를 지켜 행하여 살 것을 이렇게 말씀하신다(19장). 이스라엘 자손이 가나안 땅에서 여호와의 규례와 법도를 지켜 행하므로, 가나안 땅은 '젖과 꿀이 흐르는 땅'이 된다(25:18-22).

여호와께서 주시는 가나안 땅은 여호와 앞에서 안식하는 땅입니다. 여호와 앞에서 안식하는 땅은 일곱째 해에 땅이 쉽니다. 이스라엘 자손은 가나안 땅에 들어가 일곱째 해에 땅이 쉬어 안식하게 해야 합니다(샤바트 샤바톤). 일곱째 해에 땅이 쉬어 안식하는 것을 '여호와께 대한 안식이라(샤바트 라여호와)' 하십니다. '샤바트 라여호와'는 '여호와를 위하여 안식하다' 뜻으로 땅이 여호와 앞에서 안식함으로 여호와께 드려진다는 뜻입니다.479)

'너는 그 밭에 파종하거나 포도원을 가꾸지 말며' 말씀은 일곱째 해의 땅의 안식년에 어떤 일도 하지 말라는 명령입니다. 땅을 그대로 두어 땅이 거룩하신 여호와 앞에 안식하게 하라는 명령입니다.

25:5-7 네가 거둔 후에 자라난 것을 거두지 말고 가꾸지 아니한 포도나무가 맺은 열매를 거두지 말라 이는 땅의 안식년임이니라(쉐나트 샤바톤 שְׁנַת שַׁבָּתוֹן) ⁶안식년의 소출은 너희가 먹을 것이니 너와 네 남종과 네 여종과 네 품꾼과 너와 함께 거류하는 자들과 ⁷네 가축과 네 땅에 있는 들짐승들이 다 그 소출로 먹을 것을 삼을지니라

'네가 거둔 후에 자라난 것, 가꾸지 아니한 포도나무가 맺은 열매'는 땅이 안식할 때 내는 농작물입니다. 여호와는 그것들을 '거두지 말라' 명하십니다. 여호와 앞에서 땅이 안식함으로 생산한 소출은 여호와께서 자라게 하신 것이기 때문입니다.

'안식년의 소출은 너희가 먹을 것이니' 여호와는 '네가' 먹을 것이니 하지

---

479) 안식일에 여호와 앞에 나온 백성을 거룩하게 하시며 복 주시는 것처럼, 일곱째 해 여호와 앞에서 안식하는 땅도 여호와께서 거룩하게 하시며 복 주신다.

않으시고 '너희가' 먹을 것이니라고 하십니다. '너희는' 너와 남종과 네 여종과 네 품꾼과 너와 함께 거류하는 자들과 네 가축과 네 땅에 있는 들짐승들로 여호와의 땅에 거하는 모든 생명 있는 존재입니다. 여호와는 여호와 앞에 안식한 땅이 생산한 소출로 네 가축과 네 땅에 있는 들짐승들도 먹게 될 것이라 하십니다. 여호와는 땅이 안식할 때 복을 받고, 땅이 내는 풍성한 소출로 모든 생명이 여호와 앞에서 안식하게 될 것이라 하십니다.

25:8 너는 일곱 안식년을 계수할지니 이는 칠 년이 일곱 번인즉 안식년 일곱 번 동안 곧 사십구 년이라

여호와는 일곱 안식년을 계수하라 하십니다. 일곱째 해 땅의 안식을 일곱 번 계수하라는 명령입니다. 그런데 그 명령을 ①일곱 안식년, ②칠 년이 일곱 번, ③안식년 일곱 번, ④곧 사십구 년, 네 번 반복하십니다.

25:9 일곱째 달 열흘날은 속죄일이니(하키푸림 הַכִּפֻּרִים) 너는 뿔나팔 소리를(쇼파르 테루아 שׁוֹפַר תְּרוּעָה) 내되 전국에서 뿔나팔을 크게 불지며

여호와는 일곱 안식년을 계수하고 일곱째 달480) 열흘날은 속죄일이니 뿔나팔 소리를 크게 내어 전국에 속죄일을 크게 알리라 명령하십니다.

25:10 너희는 오십 년째 해를 거룩하게 하여 그 땅에 있는 모든 주민을 위하여 자유를 공포하라 이해는 너희에게 희년이니(요벨 יוֹבֵל) 너희

---

480) 일곱 안식년을 계수하여 맞는 일곱째 달은 신년으로 오십 년째 해이다.

는 각각 자기의 소유지로 돌아가며 각각 자기의 가족에게로 돌아갈지며

'너희는 오십 년째 해를 거룩하게 하여'481) 하심은 오십 년째 해에 너희는 여호와 앞에서 크게 안식하라는 뜻입니다.

'그 땅에 있는 모든 주민을 위하여 자유를 공포하라' 오십 년째 해는 여호와 앞에 크게 안식하는 해이므로, 일하지 않습니다. 모든 주민에게 자유가 공포되고 거룩하신 여호와 앞에서 안식하는 해이기 때문입니다.

'이 해는 너희에게 희년이니(요벨)' 여호와께 거룩한 해, 여호와 앞에서 크게 안식하는 해, **모든 주민에게 자유가 공포되는 오십 년째 해를 여호와는 '희년(요벨)'이라 명명하십니다.**

'너희는 각각 자기의 소유지로 돌아가며 각각 자기의 가족에게로 돌아갈지며'

여호와는 땅의 안식 칠 년을 일곱 번 계수하여(25:8), 돌아오는 오십 년째 해의 일곱째 달 열흘날에 뿔나팔 소리를482) 신호로(25:9), 오십 년째 되는 해를 '희년'으로 선포하시고,483) 희년에는 여호와의 땅에 거하는 모든 주민에게 자유를 공포하여 각각 자기의 소유지와 각각 자기의 가족에게 돌아가

---

481) 오십 년째 희년 계수는 안식일 이튿날로부터 일곱 안식일을 세고, 그 이튿날까지 합하여 오십 일째 되는 날의 계수 방식과 같다(23:15-16).
482) 뿔나팔은 여호와께서 시내 산에 강림하실 때 이스라엘 자손이 들었던 소리이다(출19:16, 19; 20:18).
483) 희년은 '요벨'이다. 요벨은 '뿔나팔(소리)'을 의미하기도 한다. '요벨'이 나팔(양각 나팔)로 번역된 본문은 출19:13; 수6:4, 5, 6, 8, 13이다.

라 명하십니다(25:10).

> **25:11-13** 그 오십 년째 해는 너희의 희년이니(요벨 יוֹבֵל) 너희는 파종하지 말며 스스로 난 것을 거두지 말며 가꾸지 아니한 포도를 거두지 말라 ¹²이는 희년이니(요벨 יוֹבֵל) 너희에게 거룩함이니라 너희는 밭의 소출을 먹으리라 ¹³이 희년에는(요벨 יוֹבֵל) 너희가 각기 자기의 소유지로 돌아갈지라

여호와께서 오십 년째 해를 '희년'으로 선포하시며, 희년에는 '파종하지 말며 스스로 난 것을 거두지 말며 가꾸지 아니한 포도를 거두지 말라' 하십니다. '이는 희년이니 너희에게 거룩함이니라' 희년은 이스라엘 자손에게 거룩한 해, 안식함으로 여호와 앞에 드려진 해로 일하지 않습니다.

희년에 일하지 않아도 여호와는 '너희는 밭의 소출을 먹으리라' 말씀하십니다. 왜냐하면 희년에 여호와 앞에 거룩하게 드려진 땅이 여호와의 명령에 순종하여 때를 따라 모든 소출을 낼 것이기 때문입니다(25:20-22).

'이 희년에는(요벨) 너희가 각기 자기의 소유지로 돌아갈지라' 여호와는 희년에 각기 자기의 소유지로 돌아가라 하십니다. 오십 년째 희년에는 거주하는 모든 주민에게 자유가 공포되어 자기의 소유지와 자기의 가족에게로 돌아가는 해입니다.

25:8-13은 희년 계수 네 번(15:8), 희년 선포가 네 번(25:10-13) 반복되며, 그 사이에 속죄일 말씀이 있습니다.

그림으로 보면 다음과 같습니다.

일곱 안식년 (25:8a)	칠 년이 일곱 번 (25:8b)	안식년 일곱 번 (25:8c)	사십구 년 (25:8d)
일곱째 달 열흘날은 속죄일 전국에서 뿔나팔 소리를 크게 불라(25:9)			
희년 (25:10)	희년 (25:11)	희년 (25:12)	희년 (25:13)

희년 계수 네 번(25:8), 희년 선포 네 번 (25:10-13)[484] 사이에 뿔나팔 소리가 크게 울려 퍼지는 일곱째 달 '속죄일(25:9)'이 위치합니다.

25:8-13 말씀은 가나안 땅의 **오십 년째 희년은 뿔나팔 소리가 크게 울리는 속죄일이 임하는 해가 됨**을 알 수 있습니다.[485]

오십 년째 해는 모든 주민에게 자유가 공포되는 해입니다. 따라서 오십 년째 일곱째 달 속죄일에 전국에서 뿔나팔을 불며 공포되는 자유는 죄로부터

---

484) 25:10-13 구조는 다음과 같다.
    A. 오십 년째 해를 거룩하게 하여 자유를 공포하라(25:10a)
      B. 희년에 자기의 소유지와 가족에게로 돌아가라(25:10b)
        C. 오십 년째 해는 희년이니 일하지 말라(25:11)
    A'. 희년은 너희에게 거룩하니 밭의 소출을 먹으리라(25:12)
      B'. 희년에 자기의 소유지로 돌아갈지라(25:13)
'희년에 일하지 말라(C)' 명령은 '속죄일에 일하지 말라' 명령과 같다(23:28, 31).
485) 희년은 '일곱째(7) 안식년(샤바트 샤바톤)'을 7번 계수하여, 일곱째(7) 달 속죄일(샤바트 샤바톤)을 만나는 해이다.

의 자유일 것입니다.486) 유월절에 이스라엘 자손이 애굽 왕 바로의 종에서 여호와의 전능하신 팔로 자유를 얻게 되었듯, 가나안 땅 희년의 속죄일에 선포되는 자유는 '죄의 종에서 자유'입니다.

따라서 희년에 자기의 소유지와 자기의 가족에게 돌아가는 자는 여호와로부터 죄의 사함을 받고(16:30-31), 죄의 종에서 자유하여 그의 소유지와 가족에게로 돌아감을 의미할 것입니다.487)

25:14-17 네 이웃에게 팔든지 네 이웃의 손에서 사거든 너희 각 사람은 그의 형제를 속이지 말라(알 토누 אַל תּוֹנוּ) ¹⁵그 희년 후의 연수를 따라서 너는 이웃에게서 살 것이요 그도 소출을 얻을 연수를 따라서 네게 팔 것인즉 ¹⁶연수가 많으면 너는 그것의 값을 많이 매기고 연수가 적으면 너는 그것의 값을 적게 매길지니 곧 그가 소출의 다소를 따라서 네게 팔 것이라 ¹⁷너희 각 사람은 자기 이웃을 속이지 말고(로 토누 לֹא תּוֹנוּ) 네 하나님을 경외하라 나는 너희의 하나님 여호와이니라

---

486) 희년의 '자유' 선포는 이사야에서 나타난다. '주 여호와의 영이 내게 내리셨으니 이는 여호와께서 내게 기름을 부으사 가난한 자에게 아름다운 소식을 전하게 하려 하심이라 나를 보내사 마음이 상한 자를 고치며 포로된 자에 **자유**를, 갇힌 자에게 놓임을 선포하며 여호와의 은혜의 해와 우리 하나님의 보복의 날을 선포하며 모든 슬픈 자를 위로하되(사61:1-2)' 이 말씀은 예수님을 통해 이루어진다. '주의 성령이 내게 임하셨으니 이는 가난한 자에게 복음을 전하게 하시려고 내게 기름을 부으시고 나를 보내사 포로 된 자에게 **자유**를, 눈 먼 자에게 다시 보게 함을 전파하며 눌린 자를 자유롭게 하고 주의 은혜의 해를 전파하게 하려 하심이라… 이에 <u>예수께서 그들에게 말씀하시되 이 글이 오늘 너희 귀에 응하였느니라 하시니</u>(눅4:18-19, 21)' 마침내 샤바트 샤바톤의 날이 가나안 땅에 임하였다.
487) 속죄일에 괴로워하지 않는 자는 그의 백성 중에서 끊어질 것이라 하셨으므로(23:29), 희년의 속죄일에 죄를 사함 받지 못한 자의 돌아갈 곳은 진영 밖이 될 것이다(24:14, 23).

25:14-17 말씀은 다음과 같은 구조로 되어 있습니다.

A. 너희 각 사람은 팔고 살 때 그의 형제를 속이지 말라(알 토누)(25:14)
 B. **희년** 후의 연수를 따라 사고 팔라(25:15-16)
A'. 너희 각 사람은 이웃을 속이지 말라(로 토누)(25:17a)
결론 : 네 하나님을 경외하라 나는 너희의 하나님 여호와이니라(25:17b)

25:14-17 말씀은 여호와 앞에서 안식하는 땅에서, 이스라엘 자손은 형제(이웃)를 속이지 말라는[488] 명령입니다.[489]

여호와께서 주신 가나안 땅은 여호와 앞에 안식하는 땅이며, 오십 년째 해 반드시 희년이 있습니다. 희년은 여호와께 거룩한 해로, 가나안 땅 모든 주민에게 자유가 공포되어 각기 자기 집과 자기 가족에게로 돌아가야 합니다.

여호와의 땅에 희년이 오면 각 사람은 그가 행한 대로 돌아갑니다. 여호와는 각 사람이 행한 대로 희년에 그에게 행하실 것입니다(24:17-22). 그래서 여호와는 '희년'을 기억할 것을 '**네 하나님을 경외하라**[490] 나는 너희의 하나님 여호와이니라'로 알리십니다.

25:18-19 너희는 내 규례를 행하며 내 법도를 지켜 행하라 그리하면 너희가 그 땅에 안전하게(라베타흐 לְבֶטַח) 거주할 것이라 ^{19}땅은 그것의 열매를 내리니 너희가 배불리 먹고 거기 안전하게(라베

---

488) '속이다(토누)'는 '거류민을 학대하지 말라(19:33)'에 쓰인 단어와 같다.
489) A는 일시적 금지를 뜻하는 '알(אַל)'로 명령하고, A'는 영원한 금지인 '로(לֹא)'로 명령하신다.
490) 하나님을 경외하지 않는 자는 '안식일'의 복을 누리지 못한다. '희년'은 여호와의 영원한 안식일이 가나안 땅에 임하는 날이다.

타흐 לָבֶטַח) 거주하리라

   여호와께서 주시는 땅은 여호와 앞에 안식하는 땅입니다.491) 여호와 앞에서 안식하는 땅은 여호와의 규례로 행하며 여호와의 법도를 지켜 행하는 땅입니다. 여호와는 여호와의 규례와 법도를 지켜 행하면 '너희가 그 땅에 안전하게(라베타흐) 거주할 것이라' 하십니다.

   '땅은 그것의 열매를 내리니 너희가 배불리 먹고 거기 안전하게(라베타흐) 거주하리라' 여호와께서 주시는 땅은 여호와의 규례와 법도를 지켜 행하는 자들에게 많은 소출을 내어주고 여호와의 규례와 법도를 지키는 자들을 안전하게 지켜 줄 것이라 하십니다.

   25:18-19 말씀은 다음과 같은 구조를 이룹니다.

  A. 너희는 내 규례를 행하며 내 법도를 지켜 행하라(25:18a)
   B. 너희가 그 땅에 안전하게 거주할 것이라(25:18b)
  A'. 땅이 땅의 열매를 낼 것이라(25:19a)
   B'. 너희가 배불리 먹고 그 땅에 안전하게 거주하리라(25:19b)

   여호와는 이스라엘 자손이 여호와 앞에서 여호와의 규례와 법도를 지켜 행하면, 여호와의 땅도 이스라엘 자손에게 순종하여 땅의 열매를 풍족하게 낼 것이라 하십니다(A-A').

   여호와는 이스라엘 자손이 여호와 이름으로 주신 규례와 법도를 지켜 행

---

491) 여호와 앞에서 안식하는 땅은 여호와께서 그 가운데 거하심을 의미한다(출33:16; 34:9; 40:34-35).

하면, 여호와의 땅에서 배불리 먹고 그 땅에서 안전하게 거주하게 될 것이라 하십니다(B-B').

> **25:20-22** 만일 너희가 말하기를 우리가 만일 일곱째 해에 심지도 못하고 소출을 거두지도 못하면 우리가 무엇을 먹으리요 하겠으나 ²¹내가 명령하여 여섯째 해에 내 복을 너희에게 주어 그 소출이 삼 년 동안 쓰기에 족하게 하리라 ²²너희가 여덟째 해에는 파종하려니와 묵은 소출을 먹을 것이며 아홉째 해에 그 땅에 소출이 들어오기까지 너희는 묵은 것을 먹으리라

여호와께서 땅을 안식하게 하라는 명령에 순종하려 할 때, 이스라엘 자손에게 이런 두려움이 들 수도 있습니다.

"우리가 만일 일곱째 해에 심지도 못하고 소출을 거두지도 못하면 우리가 무엇을 먹지요?"

여호와는 이렇게 대답하십니다.

"내가 명령하여 여섯째 해에 내 복을 너희에게 주어 그 소출이 삼 년 동안 쓰기에 족하게 하리라"

여호와는 '나의 복에게 명령하여 그것이 삼 년을 위한 소출을 내게 할 것이다'로 답하십니다.492) 여호와의 땅은 여호와의 명령에 순종하여 '풍성한

복'을 주는 땅이라고 말씀하십니다.

"너희가 여덟째 해에는 파종하려니와 묵은 소출을 먹을 것이며 아홉째 해에 그 땅에 소출이 들어오기까지 너희는 묵은 것을 먹으리라(25:22)"

여호와의 땅에서 여호와 이름으로 주시는 규례를 지켜 땅을 안식하게 하면, 여호와는 여섯째 해의 소출이 풍성하여 아홉째 해까지 먹게 될 것이라 말씀하십니다.

25:23부터는 둘째 단락이 시작됩니다. 둘째 단락은 여호와의 땅에서 가난하게 되어 토지를 판 형제를 위한 토지 무르기와 가난하여 몸이 팔린 형제를 위한 몸값 무르기에 관한 말씀이 이어집니다.

25:23-55는 다음과 같은 구조를 이룹니다.

  A. 토지는 여호와의 것, 너희는 거류민으로 여호와와 함께 거함(25:23)
    B. 가난하게 된 형제의 토지 무르기와 사례들(25:24-37)
      C. 나는 너희의 하나님, 너희를 애굽 땅에서 인도하여 내었으며, 가나안 땅을 너희에게 주려함, 나는 너희의 하나님이 되려함(25:38)
    B'. 가난하여 몸이 팔린 형제의 몸값 무르기와 사례들(25:39-53)
  A'. 이스라엘 자손은 여호와의 종, 나는 너희의 하나님 여호와(25:54-55)

---

492) 박철현, 『레위기』, 671

25:23 토지를 영구히(체미투트 צְמִיתֻת) 팔지 말 것은 토지는 다 내 것임이라 너희는 거류민이요 동거하는 자로서 나와 함께 있느니라

여호와는 이스라엘 자손에게 토지를 영구히 팔지 말라 명령하십니다. 가나안 땅은 여호와의 것으로 여호와 앞에 안식하는 땅이기 때문입니다. 여호와는 이스라엘 자손을 향해 거류민이요 동거하는 자로서 여호와와 함께 있다고 하십니다. 이렇게 표현하심은 이스라엘 자손이 거하는 가나안 땅이 그들의 최종 목적지가 아니라는 말씀입니다. 여호와 앞에 안식하는 땅은 오십년째 해에 희년이 있으며, 그때 이스라엘 자손은 정말로 각기 돌아갈 곳이 있다는 말씀입니다.

25:24 너희 기업의 온 땅에서 그 토지 무르기를(게울라 גְאֻלָּה) 허락할지니

여호와는 토지를 영구히 팔지 말 것을 명하시고, 이스라엘 자손이 여호와의 땅에 거하는 동안 가난한 자가 분명 있을 것이므로(신15:11). 여호와는 토지 무르기를 허락하십니다.

25:25-28 만일 네 형제가 가난하여 그의 기업 중에서 얼마를 팔았으면 그에게 가까운 기업 무를 자가 와서 그의 형제가 판 것을 무를 것이요 ²⁶만일 그것을 무를 사람이 없고 자기가 부유하게 되어 무를 힘이 있으면 ²⁷그 판 해를 계수하여 그 남은 값을 산 자에게 주고 자기의 소유지로 돌릴 것이니라 ²⁸그러나 자기가 무를 힘이 없으면 그 판 것이 희년에 이르기까지 산 자의 손에 있다

가 희년에 이르러 돌아올지니 그것이 곧 그의 기업으로 돌아갈 것이니라

형제 중 가난한 자가 자기 기업을 팔았는데, 그의 가까운 형제 중 기업을 물러줄 자가 있으면 판 기업을 물러줄 수 있습니다. 만일 기업을 판 자가 부유하게 되면 자신의 기업을 무를 수 있습니다. 그런데 기업을 물러줄 자도 없고, 자신도 무를 힘이 없으면 희년까지 기업을 산 자의 손에 있다가, 희년에는 그 기업이 판 사람에게 돌아갈 것이라 하십니다.

25:29-31 성벽(호마 חוֹמָה) 있는 성 내의 가옥을 팔았으면 판 지 만 일 년 안에는 무를 수 있나니 곧 그 기한 안에 무르려니와 ³⁰일 년 안에 무르지 못하면 그 성 안의 가옥은 산 자의 소유로 확정되어 대대로 영구히(체미투트 צְמִיתֻת) 그에게 속하고 희년에라도 돌려보내지 아니할 것이니라 ³¹그러나 성벽이 둘리지 아니한 촌락의 가옥은 나라의 전토와 같이 물러주기도 할 것이요 희년에 돌려보내기도 할 것이라

가옥을 팔고 무르는 말씀입니다. 가옥은 두 가지로 분류되는데, 성벽이 있는 가옥과 성벽이 둘리지 않은 촌락의 가옥으로 구분됩니다.

'성벽(호마)'은 외적의 침입을 막기 위한 방어벽입니다.[493] 두껍게 쌓은 성벽으로 둘러싸인 성안의 가옥을 팔았을 경우, 일 년 안에는 무를 수 있으

---

493) 여호수아서에서 라합의 집은 '성벽' 위에 있었다(수2:15).

나, 일 년 안에 무르지 않으면 영구히 산 자에게 속하여 희년에 돌려보내지 아니할 것이라 하십니다. 따라서 성벽 안에 있는 가옥은 팔고, 일 년 안에 무르지 않으면 영구히 산 자의 소유로 확정됩니다.

그런데 성벽이 없는 촌락의 가옥은 토지 무르기와 같이 무를 수 있습니다. 촌락의 가옥을 팔았으나 무르지 못하면, 희년에는 돌려보내라 하십니다.

> 25:32-34 레위 족속의 성읍 곧 그들의 소유의 성읍의 가옥은 레위 사람이 언제든지 무를 수 있으나 ³³만일 레위 사람이 무르지 아니하면 그의 소유 성읍의 판 가옥은 희년에 돌려보낼지니 이는 레위 사람의 성읍의 가옥은 이스라엘 자손 중에서 받은 그들의 기업이 됨이니라 ³⁴그러나 그들의 성읍 주위에 있는 들판은 그들의 영원한 소유지이니 팔지 못할지니라

가옥에 관한 말씀에서 레위 족속 성읍의 가옥은 언제든지 무를 수 있다고 하십니다. 또 레위 사람이 무르지 아니하더라도 레위 족속이 소유한 성읍 안에 있는 가옥은 희년에 레위인에게 돌려보내라 하십니다.[494] 레위 사람의 성읍의 가옥은 '이스라엘 자손 중에서 받은 기업'이기 때문입니다. 또 레위인 성읍이 속해 있는 들판은 레위인의 영원한 소유지이므로 팔 수 없다고 하십니다.

> 25:35-37 네 형제가 가난하게 되어 빈 손으로 네 곁에 있거든 너는 그를

---

494) 레위인 가옥 법적 지위는 그 땅의 지위와 동일하다는 뜻이다. 키우치, 『레위기』, 602

도와(헤헤지크 הֶחֱזִיק) 거류민이나 동거인처럼 너와 함께 생활하게 하되 ³⁶너는 그에게 이자를 받지 말고 네 하나님을 경외하여 네 형제로 너와 함께 생활하게 할 것인즉 ³⁷너는 그에게 이자를 위하여 돈을 꾸어 주지 말고 이익을 위하여 네 양식을 꾸어 주지 말라

여호와는 가난하여 빈손으로 함께 거하게 된 형제를 '너는 그를 도와(헤헤지크)⁴⁹⁵⁾ 거류민이나 동거인처럼 너와 함께 생활하게 하라' 하십니다. 또 '너는 그에게 이자를 받지 말고 네 하나님을 경외하여 네 형제로 너와 함께 생활하게 하라' 하십니다.

가나안 땅은 여호와 앞에서 안식하는 땅입니다. 땅 위의 모든 주민이 여호와 앞에서 안식을 누리는 땅입니다. 여호와는 **네 하나님을 경외함으로** 가난한 형제를 대하라 명령하십니다.⁴⁹⁶⁾ **네 하나님을 경외하는 자**는 여호와께서 명령하신 대로 가난한 형제를 대할 것입니다.

25:38 나는 너희의 하나님이 되며 또 가나안 땅을 너희에게 주려고 애굽 땅에서(메에레츠 미츠라임 מֵאֶרֶץ מִצְרָיִם) 너희를 인도하여 낸(호체티 הוֹצֵאתִי) 너희의 하나님 여호와이니라

이 말씀을 히브리어 원문 순으로 보면 다음과 같은 구조를 이룹니다.

---

495) '너는 그를 도와(헤헤지크)'는 '하자크(חָזַק)의 히필형으로 적극적으로 돕는 것을 의미한다.
496) '네 하나님을 경외하여' 말씀마다 '안식일에 거하는 복'을 기억해야 한다.

A. 나는 여호와 너희의 하나님(아니 여호와 엘로헤켐 אֲנִי יְהוָה אֱלֹהֵיכֶם)

B. 내가 너희를 애굽 땅에서(메에레츠 미츠라임) 인도하여 내었다(호체티).

B'. 가나안 땅을 너희에게 주려고(라테트 라켐 에트 에레츠 가나안 לָתֵת לָכֶם אֶת אֶרֶץ כְּנַעַן)

A'. 너희에게 너희의 하나님이 되려고(리흐요트 라켐 렐로힘 לִהְיוֹת לָכֶם לֵאלֹהִים)

여호와는 '나는 여호와 너희의 하나님'이라고 선포하십니다(A). 여호와 이름 선포가 함의하는 것은 '너희의 하나님 내가 거룩하니 너희도 거룩하라' 명령입니다(11:44-45). 여호와는 이스라엘 자손을 부정한 애굽 땅으로부터(메에츠 미츠라임)497) 구하여 내셨습니다(B).

여호와는 이스라엘 자손에게 가나안 땅을 주실 것이라 하십니다(B'). 그곳에서 여호와는 이스라엘 자손의 하나님이 되겠다고 하십니다(A').

가나안 땅에서 이스라엘 자손의 하나님이 되시겠다는 말씀은, 그 땅에서 이스라엘 자손과 함께 사시겠다는 뜻입니다. 거룩하신 하나님께서 가나안 땅에 거하시므로, 그 땅은 거룩한 땅이 될 것입니다. 따라서 A' 선포는 가나안 땅에 거하는 이스라엘 자손도 마땅히 거룩해야 한다는 뜻입니다.

여호와는 여호와 앞에서 안식하는 땅, 여호와께서 거하실 가나안 땅에서 함께 살아갈 이스라엘 자손에게 끊임없이 '내가 거룩하니 너희도 거룩하라' 하십니다.

거룩하신 여호와와 함께 거할 가나안 땅에서 이스라엘 자손의 거룩한 삶은, 애굽 땅으로부터 구원받은 은혜를, 가나안 땅에서 함께 나누는 것입니다(23:22).

---

497) '미츠라임'은 애굽 이름이다. 미츠라임은 '메초라임(나병환자들)'과 언어유희를 이룬다. 여호와는 애굽(미츠라임) 이름으로 이스라엘 자손을 부정한 땅에서 구하여 내심을 나타내신다.

25:39-41 너와 함께 있는 네 형제가 가난하게 되어 네게 몸이 팔리거든 너는 그를 종으로(아보다트 아베드 עֲבֹדַת עָבֶד) 부리지 말고(로 타아보드 לֹא תַעֲבֹד) ⁴⁰품꾼이나 동거인과 같이 함께 있게 하여 희년까지 너를 섬기게 하라(야아보드 יַעֲבֹד) ⁴¹그 때에는 그와 그의 자녀가 함께 네게서 떠나 그의 가족과 그의 조상의 기업으로 돌아가게 하라

가나안 땅에서 이스라엘 자손의 하나님이 되겠다고 선포하신 여호와는 몸이 팔린 형제를 종으로 부리지 말라고 명하십니다. 종으로 부리지 말고(로 타아보드), 품꾼이나 동거인으로 대우하라 하십니다. 그리고 몸이 팔린 자는 자신을 형제로 대하는 주인을 희년까지 섬기라 명하십니다.

가나안 땅에서 이스라엘 자손은 여호와와 함께 거류민과 동거인으로 거합니다(25:23). 이 말씀은 여호와의 땅에 거하는 모든 주민에게는 희년이 있음을 의미합니다(25:10). 여호와는 가나안 땅에 희년이 있음을 기억하고, 가난하여 몸이 팔린 동족을 품꾼이나 동거인으로 대하라 하십니다. 희년에는 몸이 팔린 자가 주인에게 매이지 않고 그의 가족과 그의 조상의 기업으로 돌아가게 됩니다.

25:42 그들은 내가 애굽 땅에서 인도하여 낸 내 종들이니(아바다이 עֲבָדַי) 종으로(밈케레트 아베드 מִמְכֶּרֶת עָבֶד) 팔지 말 것이라

여호와는 이스라엘 자손이 '내가 애굽 땅에서 인도하여 낸 내 종들'이라 하시며, 이스라엘 자손의 주권자 되심을 선포하십니다. '내 종들이니 종으로

팔지 말 것이라' 명령은 이스라엘 자손은 여호와의 종으로 '팔리는 종이 아니다'라는 뜻입니다. 이스라엘 자손은 여호와의 종이므로, 가난하여 몸이 팔린 자라 할지라도 함부로 대하지 말라는 명령입니다. 여호와께서 여호와의 종을 돌보시기 때문입니다.

25:43 너는 그를 엄하게(베파레크 בְּפָרֶךְ) 부리지 말고 네 하나님을 경외하라

'엄하게'는 이스라엘 자손이 애굽의 종으로 고통받을 때의 표현입니다(출 1:13, 14). 이 표현은 25:46, 53에도 반복됩니다. 여호와는 몸이 팔린 형제를 '엄하게 부려서' 네가 애굽 땅에서 당했던 고통을 너의 형제에게 행하지 말라 명령하십니다.

여호와는 '**네 하나님을 경외하라**' 선포하십니다. '네 하나님'은 25:38, 42에서 '너를 애굽에서 구하여 내신 하나님'입니다. 여호와는 애굽 땅에서 너를 구하여 내신 '**너의 하나님을 경외함**'으로,498) 네게 몸이 팔린 형제를 엄하게 부리지 말라고 명령하십니다.

25:44-46 네 종은 남녀를 막론하고 네 사방 이방인 중에서 취할지니 남녀 종은 이런 자 중에서 사 올 것이며 45또 너희 중에 거류하는 동거인들의 자녀 중에서도 사 올 수 있고 또 그들이 너희와 함께 있어서 너희 땅에서 가정을 이룬 자들 중에서도 그리할 수 있은즉 그들이 너희 소유(아훗자 אֲחֻזָּה)가 될지니라 46너희는 그

---

498) 25장에서 여호와를 경외하는 자는 여호와께서 '나'에게 행하신 인자를 그의 형제에게 베푸는 자로 표현된다. 여호와는 여호와를 경외함으로 형제에게 인자를 베푸는 자가 여호와의 안식에 거하게 될 것을 말씀하신다.

들을 너희 후손에게 기업으로 주어 소유가 되게 할 것이라 이방인 중에서는 너희가 영원한 종을 삼으려니와 너희 동족 이스라엘 자손은 너희가 피차 엄하게(베파레크 בְּפָרֶךְ) 부리지 말지니라

이스라엘 자손도 종을 살 수 있습니다. 종으로 살 수 있는 자들은 ①사방 이방인 중에서나 ②거류하는 동거인들의 자녀 중에서 ③거류하는 동거인들이 여호와께서 주신 땅에서 가정을 이룬 자 중에서 살 수 있습니다. 이러한 종들은 영원한 소유가 될 수 있다고 하십니다. 그러나 동족 이스라엘 자손은 종으로 살 수 없습니다. 이스라엘 자손은 여호와의 종으로, 팔리는 종이 아니기 때문입니다(25:42). 여호와는 25:43에 이어 '엄하게 부리지 말라'는 명령을 재차 반복하십니다.

25:47-53 만일 너와 함께 있는 거류민이나 동거인은 부유하게 되고 그와 함께 있는 네 형제는 가난하게 되므로 그가 너와 함께 있는 거류민이나 동거인 또는 거류민의 가족의 후손에게 팔리면 ⁴⁸그가 팔린 후에 그에게는 속량 받을 권리가 있나니 그의 형제 중 하나가 그를 속량하거나 ⁴⁹또는 그의 삼촌이나 그의 삼촌의 아들이 그를 속량하거나 그의 가족 중 그의 살붙이 중에서 그를 속량할 것이요 그가 부유하게 되면 스스로 속량하되 ⁵⁰자기 몸이 팔린 해로부터 희년까지를 그 산 자와 계산하여 그 연수를 따라서 그 몸의 값을 정할 때에 그 사람을 섬긴 날을 그 사람에게 고용된 날로 여길 것이라 ⁵¹만일 남은 해가 많으면 그 연수대로 팔린 값에서 속량하는 값을 그 사람에게 도로 주고 ⁵²만일 희년까지 남은 해

가 적으면 그 사람과 계산하여 그 연수대로 속량하는 그 값을 그에게 도로 줄지며 53주인은 그를 매년의 삯꾼과 같이 여기고 네 목전에서 엄하게(베파레크 בְּפֶרֶךְ) 부리지 말지니라

여호와는 가난하게 된 이스라엘 자손이 거류민이나 동거인 또는 그들의 후손에게 몸이 팔리면, 그에게 속량 받을 권리가 있다고 하십니다. 그를 속량할 수 있는 자는 그의 형제, 삼촌, 삼촌의 아들, 가족의 살붙이로서 가까운 자들이 그를 속량할 수 있습니다. 만일 가까운 살붙이로부터 속량 받지 못하면 부유하게 되어 스스로 속량할 수 있습니다. 속량할 때 몸값 계산은 토지를 속량할 때와 같이 희년을 기준으로 합니다. 희년까지 남은 연수를 계수하여 값을 주어야 합니다.

이스라엘 자손 가운데 거하는 거류민이나 동거인 중 이스라엘 자손을 종으로 산 자도 이스라엘 자손과 같이 여호와의 명령을 지켜야 합니다. 종으로 산 이스라엘 자손을 엄하게 부릴 수 없습니다

25:54-55 그가 이같이 속량되지 못하면 희년에 이르러는 그와 그의 자녀가 자유하리니 55이스라엘 자손은 나의 종들이 됨이라 그들은 내가 애굽 땅에서 인도하여 낸 내 종이요 나는 너희의 하나님 여호와이니라

여호와는 이스라엘 자손 중 몸이 팔린 자로서 형제에 의하든지(25:48), 스스로든지(25:49), 속량 되지 못한 자는 희년에 이르러는 '자유하게' 될 것이라 하십니다. 희년에 그와 그의 자녀가 자유하게 되리라 하십니다.

이스라엘 자손 중 몸이 팔린 자에게 희년에 자유를 공포하심은 이스라엘 자손은 여호와께서 애굽 땅에서 인도하여 낸 여호와의 종으로, 팔리는 종이 아니기 때문입니다(25:42).

여호와께서 이스라엘 자손을 애굽 땅에서 인도하여 내심으로, 이스라엘 자손은 여호와의 종이 되었음을 '나는 너희의 하나님 여호와이니라'로 선포하십니다.

▶▶본문 해석

"이스라엘 자손에게 말하여 이르라 너희는 내가 너희에게 주는 땅에 들어간 후에 그 땅으로 여호와 앞에 안식하게 하라(25:2)"

여호와는 25:2에서 '가나안 땅'을 여호와 앞에서 안식하게 하라 하십니다. 이 말씀은 가나안 땅에는 땅의 안식년을 일곱 번 계수하여 맞는 오십 년째 '희년'이 반드시 임할 것을 말씀합니다.

가나안 땅에 희년이 임하면 모든 주민에게 '자유'가 임하여, 각자가 행한 대로 '자기 소유지와 자기 가족'에게로 돌아가게 됩니다(25:10).

25장은 가나안 땅에 '희년'이 임할 때, 여호와의 안식에 들어갈 수 있는 자가 누구인지를 말씀합니다.

가나안 땅의 희년에 여호와의 안식에 들어가는 자는 '네 하나님을 경외하는 자'입니다.

'네 하나님을 경외하는 자'는 형제를 속이지 않습니다(25:17).
'네 하나님을 경외하는 자'는 가난한 형제를 불쌍히 여깁니다(25:36).
'네 하나님을 경외하는 자'는 자기에게 몸이 팔린 형제를 엄하게 부리지 않습니다(25:43).

네 하나님 여호와를 경외하여 그 명령을 지켜 형제를 불쌍히 여겨 돌본 자는 희년에 안식일의 복을 받아 '여호와의 안식'으로 들어가게 될 것입니다(마25:34-40).

그러나 네 하나님 여호와를 경외하지 않고 그 명령을 지키지 않는 자는 시내 산 언약의 법대로 '진영 밖'으로 끌려 나가 '자기 백성'에게서 끊어지게 될 것입니다(24:10-23; 마25:41-45).

26:1-46
안식하는 땅에서의 순종과 불순종

너희는 내 안식일을 지키며 내 성소를 경외하라
나는 여호와이니라(26:2)

26장은 여호와 앞에서 안식하는 땅인 가나안에서, 이스라엘 자손이 여호와와 함께 맺은 언약에 순종하여 받는 복과 불순종할 때 임할 징벌을 말씀합니다. 이스라엘 자손이 언약에 순종하여 받는 복은 여호와의 '샬롬'으로 말씀 분량은 짧지만 강력하게 선포됩니다. 그런데 언약 배반으로 임한 징벌은 말씀 분량이 길고, 후반으로 갈수록 강도가 높아집니다. 언약 배반의 마지막 징벌은 여호와께서 이스라엘 자손을 가나안 땅에서 쫓아내시고 여러 민족 중에 흩으셔서, 이스라엘 자손의 힘으로는 다시는 가나안 땅으로 돌아올 수 없는 상황에 이르게 될 것을 말씀합니다.

그러나 여호와는 언약에 신실하신 하나님이십니다. 여호와는 이스라엘 자손과 함께 맺은 언약을 홀로 지키시며, 이스라엘 자손을 가나안 땅으로 다시 돌아오게 하실 것을 선포하십니다.

26장은 다음과 같은 구조를 이루며 말씀이 전개됩니다.

A. 언약의 축복(26:1-13)

  B. 언약을 배반할 때 초래될 결과(26:14-17)

    C. 언약 배반으로 인한 여호와의 징벌(26:18-33)

      ① 죄로 인한 교만을 꺾기 위한 기근(26:18-20)

      ② 죄로 인한 역행을 꺾기 위한 들짐승(26:21-22)

      ③ 죄로 인한 대항을 꺾기 위한 칼과 염병(26:23-26)

      ④ 죄로 인한 대항을 꺾기 위한 땅의 황무(26:27-33)

  B'. 언약을 배반한 결과(26:34-39)

A'. 언약의 회복(26:40-45)

맺음 : 여호와께서 시내 산에서 모세를 통해 세운 규례와 법도와 율법(26:46)

26:1 너희는 자기를 위하여(라켐 לָכֶם) 우상을(엘릴림 אֱלִילִם) 만들지 말지니 조각한 것이나 주상을 세우지 말며(로 타키무 לֹא תָקִימוּ) 너희 땅에 조각한 석상을 세우고 그에게 경배하지 말라 나는 너희의 하나님 여호와임이니라(아니 여호와 엘로헤켐 אֲנִי יהוה אֱלֹהֵיכֶם)

26장은 도입 문구 없이 시작됩니다. 이것은 26장이 25장에 이어지는 말씀임을 나타냅니다.

"이스라엘 자손은 나의 종들이 됨이라 그들은 내가 애굽 땅에서 인도하여 낸 내 종이요 **나는 너희의 하나님 여호와이니라(25:55)**"

여호와는 이스라엘 자손을 '나의 종들'이라 하십니다. 이스라엘 자손을 '나의 종들'로 말씀하심은 이스라엘 자손은 여호와를 예배하는 거룩한 백성임을 의미합니다. 여호와는 이스라엘 자손이 여호와의 종들이므로 마땅히 여호와만을 섬길 것을 '우상을 섬기지 말라' 명령으로 이어가십니다.

'엘릴림'은 우상을 총체적으로 일컫는 단어입니다.[499] 레위기에서는 19:4과 본 구절에서만 사용되었습니다. 여호와는 '우상'을 '엘릴림'으로 표현하여 이스라엘 자손이 손으로 우상을 만들어 세워 경배한다면 그 모든 것이 '헛된 행위'임을 경고하고 있습니다(사44:9). 여호와는 '주상을 만들어 세우지 말며… 그에게 경배하지 말라' 명령하시며 헛된 우상을 섬기는 헛된 노력을 강

---

[499] '엘릴림(אֱלִילִם)'은 '엘릴(אֱלִיל)'의 복수형이다. '엘릴'은 '헛된 것'으로 아무짝에도 쓸모 없는 무가치한 것이다. '엘릴림'을 섬기는 자에 대한 여호와의 선포는 이사야서에 가장 많이 나타난다. 사2:8, 18, 20; 10:10-11; 19:1, 3; 31:7 참조

하게 경고하십니다.

여호와는 '나는 너희의 하나님 여호와임이니라' 선포하시며, 여호와께서 이스라엘 자손의 하나님 되심을 기억하여 이스라엘 자손이 우상을 섬겨 여호와를 거역하는 죄를 범하지 말라 명령하십니다.

26:2 너희는 내 안식일을 지키며 내 성소를 경외하라 나는 여호와이니라

26:2는 19:30과 같습니다.500) 여호와는 '너희는 내 안식일을 지키며'를 명령하십니다. 이스라엘 자손은 안식일을 기억하여 거룩히 지킴으로 여호와께서 주시는 안식일의 복을 누릴 수 있습니다. 여호와는 안식일마다 제사장에게 죄를 담당하게 하심으로 이스라엘 자손은 여호와와 함께 거하는 안식을 누릴 수 있습니다(24:1-9).

여호와는 또 '내 성소를 경외하라' 명령하십니다. 성소는 성막과 같이 한정된 공간만을 의미하는 것이 아닙니다. 여호와는 백성과 함께 거하기를 기뻐하시는501) '하나님'이십니다(26:12). 따라서 이스라엘 자손이 거하는 모든 가정과 공동체는 여호와의 성소입니다. 그러므로 '내 성소를 경외하라' 명령은 이스라엘 자손이 거하는 모든 곳에서 '네 하나님 여호와를 경외하라' 명령과 같습니다.

---

500) '내 안식일을 지키고 내 성소를 귀히 여기라 나는 여호와이니라(19:30)'
501) 여호와 이름 의미는 '나는 (백성들 사이에) 임재하기를 원하는 하나님'이란 뜻이다. 김창대, 『에스겔서의 해석과 신학』, (서울: 새물결플러스, 2021), 34

26:3 너희가 내 규례와 계명을 준행하면(티쉬메루 봐아쉬템 תִּשְׁמְרוּ וַעֲשִׂיתֶם)

여호와는 또 나의 규례와 나의 계명을 준행하라 하십니다. '준행하면'은 여호와의 말씀에 가감하지 않고 여호와의 뜻대로 행하여 지키는 것을 말씀합니다(19:19).

여호와는 **내 안식일, 내 성소, 내 규례, 내 계명**이라 하십니다. 이 표현은 거룩하신 하나님께서 여호와 이름으로 주신 것을 말씀합니다. 여호와 이름으로 주신 규례와 법도는 여호와를 경외함으로 준행해야 합니다.502)

26:4-5 내가 너희에게 철 따라 비를 주리니(나타티 נָתַתִּי) **땅은 그 산물을 내고 밭의 나무는 열매를 맺으리라 5너희의 타작은 포도 딸 때까지 미치며 너희의 포도 따는 것은 파종할 때까지 미치리니 너희가 음식을 배불리 먹고 너희의 땅에 안전하게**(라베타흐 לָבֶטַח) **거주하리라**

여호와는 이스라엘 자손이 여호와를 경외함으로 여호와의 안식일을 지키고 성소를 경외하며, 여호와의 규례와 계명을 준행하면 '**내가** 철따라 비를 **주겠다**(나타티)' 하십니다.503)

---

502) 모세가 여호와의 영광을 보여 달라고 구했을 때, 여호와는 모세 앞에서 여호와 이름을 선포하셨다(출33:18-19; 34:5-7). 이것은 여호와 이름으로 주신 계명에는 여호와의 영광이 있음을 의미한다. 여호와는 이스라엘 자손이 여호와 경외를 배워 여호와의 영광 안에 거하는 복을 누리기를 원하신다(신5:29).
503) 당시 가나안 사람은 비를 주는 신을 '바알'로 믿었다. 가나안에서 바알은 농업을 관장하는 풍요의 신으로 숭배되었다(왕상 18:16-46 참조)

여호와께서 철 따라 비를 주겠다고 하시므로 이스라엘 자손은 물을 대기 위하여 수고롭게 일할 필요가 없습니다(신11:10-11). 여호와께서 주시는 비로 땅은 소출을 풍성하게 낼 것이라고 하십니다. 얼마나 풍성한지 이른 봄에 추수하는 곡식 농사가 여름을 지나 포도를 딸 때까지 이어질 것이라 하십니다. 포도와 같은 기쁨의 과실이 다음 해를 위한 파종 때까지 미칠 것이라 하십니다. 한 마디로 땅에서 나오는 모든 소출이 '풍성'하게 넘칠 것이라 하십니다. 그래서 이스라엘 자손은 여호와께서 주시는 풍성한 소출로 배불리 먹고 그 땅에서 '안전하게 거주할 것'을 언약하십니다.

26:6-8 내가 그 땅에 평화를(샬롬 שָׁלוֹם) 줄 것인즉(나타티 נָתַתִּי) 너희가 누울 때 너희를 두렵게 할 자가 없을 것이며 내가 사나운 짐승을 그 땅에서 제할 것이요(히쉬바티 הִשְׁבַּתִּי) 칼이 너희의 땅에 두루 행하지 아니할 것이며 ⁷너희의 원수들을 쫓으리니 그들이 너희 앞에서 칼에 엎드러질 것이라 ⁸또 너희 다섯이 백을 쫓고 너희 백이 만을 쫓으리니 너희 대적들이 너희 앞에서 칼에 엎드러질 것이며

여호와는 또 '**내가** 그 땅에 평화를 **주겠다**(나타티)' 하십니다. 여호와께서 가나안 땅에 샬롬을 주실 것이므로 그 땅에서 이스라엘 자손을 두렵게 할 자가 없을 것이란 뜻입니다.

26:6의 '두렵게' 뜻은 극한 두려움에 휩싸여 있는 상황을 의미합니다(사7:2 참조). 철 따라 비를 내려 땅에 풍성한 소출이 있다면 원수들이 얼마나 눈독을 들이겠습니까? 그러나 여호와는 너희가 누울 때 너희를 두렵게 할 자가 없을 것이라 하십니다. 또 여호와는 '**내가** 사나운 짐승을 **제거하겠다**(히

쉬바티)' 하십니다. 이 뜻은 사나운 짐승이 가나안 땅을 떠나게 하시겠다는 뜻입니다. 또 칼이 너희의 땅에 두루 행하지 아니할 것이라 하십니다. 이 말씀은 칼을 든 적이 이스라엘 자손이 거하는 땅에 이르지 못한다는 뜻입니다. 여호와는 이스라엘 자손을 두렵게 할 수 있는 '사나운 짐승'은 가나안 땅에서 떠나게 하시고, '칼을 든 적국'은 가나안 땅에 들어오지도 못할 것이라 하십니다. 여호와께서 지키시기 때문입니다.

여호와는 이스라엘 자손이 그 땅의 원수들을 쫓으리라 하십니다. '그들이 너희 앞에서 칼에 엎드러질 것'의 뜻은 '여호와의 칼'이 이스라엘 자손의 원수들을 이스라엘 자손 앞에 떨어지게 할 것을 의미합니다.504)

이스라엘 자손이 임하는 전쟁마다 여호와의 칼로 승리할 것을 '너희 다섯이 백을 쫓고 백이 만을 쫓으리니 너희 대적들이 너희 앞에서 칼에 엎드러질 것이라'로 언약하십니다.

여호와는 이스라엘 자손이 우상을 섬기지 않고, 여호와의 안식일을 지키고 성소를 경외하며, 여호와의 규례와 계명을 준행하면, 이스라엘 자손이 여호와의 땅에 안전하게(라베타흐) 거하게 하시고, 그 땅에 평화(샬롬)를 주실 것을 언약하십니다.505)

26:9-10 내가 너희를 돌보아(파니티 פָּנִיתִי) 너희를 번성하게 하고(히프레티 הִפְרֵיתִי) 너희를 창대하게 할 것이며(히르베티 הִרְבֵּיתִי) 내가 너

---

504) 이스라엘 자손이 가나안 땅에서 치르는 전쟁에서 '엎드러져 죽었다' 표현은 여호와께서 이스라엘 자손을 위한 칼이 되어 적을 무너지게 한 것임을 표현한다(삿3:25; 4:16; 4:22; 5:27; 7:13 등).
505) 이스라엘 자손에게 주시는 '안전과 평화'는 여호와께서 언약을 신실하게 지키시는 하나님이시기 때문이다(신7:9; 사32:17). 그에 반해 이스라엘 자손이 갖는 '두려움'은 여호와와 맺은 언약을 믿지 않음을 방증한다(사7:1-9 참조).

희와 함께 한 내 언약을 이행하리라(하키모티 에트 베리티 이트
켐 הֲקִימֹתִי אֶת בְּרִיתִי אִתְּכֶם) ¹⁰너희는 오래 두었던 묵은 곡식을 먹다가
새 곡식으로 말미암아 묵은 곡식을 치우게 될 것이며

여호와의 '**내가… 할 것이다**' 표현이 더욱 강조됩니다. 여호와는 이스라엘 자손이 가나안 땅에서 누릴 안전과 평화를 '내가 너희를 **돌볼 것이며**(파니티)'506), '내가 너희를 **번성하게 할 것이며**(히프레티)', '내가 너희를 **창대하게 할 것이며**(히르베티)', '내가 너희와 함께한 나의 언약을 **이행할 것**(하키모티)'으로 이루실 것이라 하십니다.507)

'내가 너희를 돌볼 것이며(파니티)' 말씀은 여호와께서 이스라엘 자손 한 사람 한 사람의 얼굴을 보며 어떤 어려움이 있는지를 살피겠다는 뜻입니다. 안식일에 등잔대 앞에 진설 된 열두 덩이 떡의 의미를 말씀하십니다(24:2-9). 안식일마다 교체된 열두 덩이 떡이 등잔대의 빛을 받듯이, 안식일을 지키는 이스라엘 자손 한 명 한 명의 삶의 필요를 여호와께서 채우신다는 뜻입니다(민6:24-27).508)

'너희를 번성하게 하고 너희를 창대하게 할 것'이란 선포는 여호와께서 가

---

506) '파니티'는 칼형 동사이며, 나머지 세 동사는 히필형이다. '파니티'는 '내가 (이스라엘 자손을) 마주 보겠다'는 의미, 24:8에서 안식일에 진설되는 열두 덩이 떡, 진설병의 이미지를 품고 있다. 여호와는 안식일에 나아온 이스라엘 자손을 마주 대하여 그들의 필요를 살펴 번성하게 하시고(히프레티), 창대하게 하시고(히르베티), 언약을 이행하겠다(하키모티) 하신다. '번성하다'와 '창대하다'는 창세기 1:22, 28; 9:1, 7에서 '생육하고 번성하라'는 명령형으로 쓰였다. 또 아브라함과 언약하시는 17:2, 6에서는 두 단어가 함께 쓰였다.
507) '내가… 하겠다' 표현은 출애굽기 6:6-8 말씀을 연상시킨다. 23:30 설교 본문 참조
508) 안식일에 진설되는 열두 덩이 떡은 이스라엘 자손의 안식을 위하여 쉬지 않고 일하시는 여호와를 보여준다(요5:16-17 참조). **여호와의 일하심은 백성의 안식을 위하여 안식일에 무덤에 들어가심으로 절정에 달한다**(요19:28-42).

나안 땅에서 이스라엘 자손에게 새 창조의 역사를 행하시게 될 것을 나타냅니다. 태초에 여호와는 하나님의 형상대로 사람을 창조하시고 '생육하고 번성하라' 명령을 주셨습니다(창1:26-28). 그 태초의 첫 명령이 가나안 땅에 들어갈 이스라엘 자손에게 다시 울려 퍼지고 있습니다. 그러므로 실로 이스라엘 자손은 가나안 땅에서 새 창조의 역사를 맞게 될 것이 분명합니다.

여호와는 '내가', '내가', '내가', '내가', '내가', '내가', '내가'라고 선포하십니다.[509] 일곱 번째 '내가'는 '내가 너희와 함께(이트켐) 내 언약을 이행하리라' 하시며, 여호와께서 이스라엘 자손과 함께 맺은 시내 산 언약을(24:8) 신실하게 지키실 것을 강력하게 선포하십니다.

> **26:11-12** 내가 내 성막을(미쉬칸 מִשְׁכָּן) 너희 중에 세우리니(나타티 נָתַתִּי) 내 마음이(네페쉬 נֶפֶשׁ) 너희를 싫어하지 아니할 것이며(로 티그알 לֹא תִגְעַל) **12**나는 너희 중에서 행하여(히트할라크티 הִתְהַלַּכְתִּי) 너희의 하나님이 되고 너희는 내 백성이 될 것이니라

일곱 번째 '내가 언약을 이행하겠다' 하신 여호와께서 **마침내 이스라엘 자손과 함께 거하시기 위하여 여덟 번째로 여호와의 성막을 이스라엘 자손 가운데 세우겠다고 하십니다(나타티)**.[510]

이스라엘 자손과 함께 안식하실 것을 기다리는 여호와의 기쁨은 '내 마음

---

509) ①내가 비를 주겠다. ②내가 샬롬을 주겠다. ③내가 … 제거하겠다. ④내가 돌보겠다. ⑤내가 번성하게 하겠다. ⑥내가 창대하게 하겠다. ⑦내가 언약을 이행하겠다(26:9b). ⑧내가 내 성막을 너희 가운데 세우겠다(26:11a).
510) ⑧내 성막을 너희 중에 세우겠다는 말씀은 여호와께서 백성과 함께 안식하시겠다는 뜻이다(출33:14 참조). 여호와와 백성의 안식을 가로막는 것은 백성의 '죄'이다(26:14-43).

이(나의 네페쉬)511) 너희를 싫어하지 아니할 것(로 티그알)'으로 표현하십니다. 이 표현은 '여호와의 마음에(네페쉬) 이스라엘 자손을 싫어하는 마음이 하나도 없다'란 뜻으로, 여호와께서 이스라엘 자손을 극진히 사랑하기에 (신 7:7-8), 싫어하는 마음은 "1"도 있을 수 없음을 이렇게 표현하십니다.

오! 여호와께서 이스라엘 자손을 향해 사랑을 고백하십니다.

여호와의 성막을 이스라엘 자손 가운데 두시려는 것은 여호와께서 이스라엘 자손을 영원히 사랑하기에 그들과 떨어져 살 수 없다는 뜻입니다.
이스라엘 자손을 사랑하시므로 함께 살고 싶다는 뜻입니다. 여호와는 참으로 여호와만의 표현으로 여호와의 사랑을 드러내십니다.

'나는 너희 중에서 행하여(히트할라크티)'512) 말씀은 여호와를 경외하는 자들과 함께 사신다는 뜻입니다. 여호와는 여호와의 안식일을 지키고 성소를 경외하며, 여호와의 규례와 법도를 준행하는 자들과 함께 거하실 것을, '나는 너희의 하나님이 되고 너희는 내 백성이 될 것이니라'로 선포하십니다.

---

511) 여호와는 여호와의 마음을 '나의 네페쉬'로 표현하신다. 이것은 여호와께서 이스라엘 자손과 '사랑의 관계'임을 나타낸다. 창세기 44장에서 유다는 베냐민을 구하기 위하여 아버지 야곱과 베냐민의 **사랑**을 '아버지의 생명과(네페쉬) 아이의 생명이(네페쉬) 서로 하나로 묶여 있다'고 말한다(창44:20, 30). 다윗과 요나단의 사랑도 이렇게 표현한다(삼상 18:1; 20:17)
512) '여호와께서 거니신다(히트할라크티)'와 같은 표현이 창세기 3:8에도 있다. '그들이 그 날 바람이 불 때 동산에 거니시는(미트 할레크 מִתְהַלֵּךְ) 여호와 하나님의 소리를 듣고(창 3:8a)' 가나안 땅에서 여호와께서 이스라엘 자손 가운데 거니시겠다는 것은 가나안 땅이 제2의 에덴이며, 여호와께서 이스라엘 자손 가운데 안식하실 것을 의미한다.

26:13 나는 너희를 애굽 땅에서 인도해 내어 그들에게 종된 것을 면하게 한 너희의 하나님 여호와이니라 내가 너희의 멍에의 빗장을 부수고 너희를 바로 서서(코메미유트 קוֹמְמִיּוּת) 걷게 하였느니라

여호와께서 이스라엘 자손을 애굽 땅에서 인도하여 내셨음을 **나는 여호와 너희의 하나님**으로 선포하십니다. 여호와는 이스라엘 자손의 목에 매인 멍에를 부수고 그들을 바로 서서 걷게 하셨다고 선포하십니다.

여호와는 이스라엘 자손이 부정한 땅 애굽에서 바로의 종으로 살던 삶을 '멍에의 빗장'으로 표현하십니다. 애굽 땅에서 이스라엘 자손의 목에 있던 종의 멍에는 너무나 무거워서 그들을 똑바로 걷지 못하게 했습니다. 그런데 여호와께서 무거운 종의 멍에를 부수고 그들을 구하여 내셨습니다. 바로의 종에서 '자유하게' 하셨습니다. 그리하여 이스라엘 자손을 똑바로 서서 걷게 하셨습니다. 거룩하신 여호와의 종이 되게 하셨습니다(25:55).

26:1-13은 '나는 여호와 너희의 하나님' 선포가 단락의 처음과 끝을 감싸며 다음과 같은 구조를 이룹니다.513)

A. 우상을 세우고 경배하지 말라, **나는 여호와 너희의 하나님**(26:1)
B. 안식일을 지키고 내 성소를 경외하라, 나는 여호와이니라(26:2)
  C. 너희가 나의 규례와 계명을 준행하면(26:3)
    D. 여호와께서 이스라엘 자손이 거하는 땅에 복을 주심(26:4-8)

---

513) A, B, C는 이스라엘 자손이 지킬 언약의 명령이며, A′, B′, C′는 여호와께서 이스라엘 자손을 위해 행하신(행하실) 언약이다. D는 A, B, C와 A′, B′, C′가 성취될 때 이스라엘 자손이 그 땅에서 누릴 복이다(D의 복은 a, b)

　　　　a. 내가 너희를 그 땅에서 **안전**(베타흐)하게 거주하게 할 것임(26:4-5)
　　　　b. 내가 그 땅에 **평화**(샬롬)를 줄 것임(26:6-8)
　　C'. 내가 너희를 돌보며 너희와 함께한 내 언약을 이행할 것임(26:9-10)
　B'. 내가 너희 가운데 성막을 세우고 너희의 하나님이 될 것임(26:11-12)
A' **나는 여호와 너희의 하나님** 너희를 똑바로 서서 걷게 하였음(26:13)

　26:1-13의 중심은 D입니다. **이스라엘 자손이 여호와의 규례와 계명을 준행하면(C),**514) 여호와께서도 여호와의 언약을 이행하시어(C') 이스라엘 자손이 여호와께서 주신 가나안 땅에서 안전과 평화를 누리게 될 것(D)이라 하십니다.
　25:18-19에서 말씀하신 '안전한 거주'가 26:1-13을 통해 **두려움이 없는 '안전한 평화(샬롬)'**로 확정됩니다.
　'샬롬'은 여호와와 백성이 함께 안식할 때 백성에게 임하는 축복입니다. 육체의 욕구와 영혼의 목마름이 완전히 채워진 충만감, 평강과 평안과 평화 가운데 번영하고 번창하는 상태를 의미합니다. 여호와는 이스라엘 자손이 여호와 이름으로 주신 규례와 계명을 준행하면, 여호와께서 언약하신 '안전과 평화(샬롬)'가 가나안 땅에 들어간 이스라엘 자손에게 풍성하게 임할 것을 선포하십니다.

26:14-15 그러나 너희가 내게 청종하지 아니하여(로 티쉬메우 לֹא תִשְׁמְעוּ) 이 모든 명령을 준행하지 아니하여(로 타아수 לֹא תַעֲשׂוּ) ¹⁵내 규례를 멸시하며(팀아수 תִּמְאָסוּ) 마음에(나프쉬켐 נַפְשְׁכֶם) 내 법도를

---

514) 여호와는 **여호와의 규례와 계명을 지키는 자를 여호와를 사랑하는 자**로 말씀하신다(출 20:6; 신5:10; 7:9-10).

싫어하여(티그알 תִגְעַל) 내 모든 계명을 준행하지 아니하며(레빌티 아소트 לְבִלְתִּי עֲשׂוֹת) 내 언약을 배반할진대(레하프르켐 לְהַפְרְכֶם)

26:14-15는 다음과 같은 구조를 이룹니다.

A. 너희가 내게 청종하지 아니함(26:14a)
  B. 여호와의 모든 명령을 준행하지 아니함(26:14b)
    C. 내 규례를 멸시하며 마음에(네페쉬) 내 법도를 싫어함(26:15a)
  B'. 내 모든 계명을 준행하지 아니함(26:15b)
A'. 내 언약을 배반함(26:15c)

'청종하다(샤마 שָׁמַע)'는 흘려서 듣는 것이 아니라 집중하여 경청하는 태도를 말합니다. 그러므로 여호와 경외함 없이는 여호와께 청종할 수 없습니다. 따라서 '너희가 내게 청종하지 아니하여'란 여호와를 경외하지 않음을 '듣는 행위'로 표현한 말씀입니다.

이스라엘 자손이 여호와께 청종하지 않으면(A), 언약을 배반하게 됩니다(A'). 여호와께 청종하지 않으므로 여호와의 모든 명령과(B) 모든 계명도 준행하지 않습니다(B').

이스라엘 자손이 A-A'와 B-B'를 행하게 된 까닭은 C입니다. **이스라엘 자손의 마음이(나프쉬켐) '여호와의 규례를 멸시하며 여호와의 법도를 싫어하기 때문입니다.**515)

---

515) 이스라엘 자손의 마음(네페쉬)이 여호와의 규례를 멸시하며 법도를 싫어한다는 말씀은 마음으로부터 여호와를 미워함을 의미한다. "… 여호와는 질투하는 하나님인즉 나를 미워하는 자의 죄를 갚되 … (출20:5; 신5:9)"

마음으로 여호와의 규례와 법도를 멸시하며 싫어한다면, 여호와 이름으로 규례와 법도를 주신 하나님을 모독하는 것입니다(24:15-16). 그 결과는 자기의 죄를 자신이 담당하여야 할 뿐입니다(24:23).

26:15는 시내 산에서 맺은 영원한 언약에 따라 영원히 이스라엘 자손을 사랑하는 여호와의 마음과는(26:11)[516] 반대로, 여호와의 규례와 법도를 싫어하여 여호와를 미워하는 이스라엘 자손을 대조합니다.

> **26:16-17** 내가 이같이 너희에게 행하리니 곧 내가 너희에게 놀라운 재앙을 내려 폐병과 열병으로 눈이 어둡고 생명이(네페쉬 נֶפֶשׁ) 쇠약하게 할 것이요 너희가 파종한 것은 헛되리니 너희의 대적이 그것을 먹을 것임이며 [17]내가 너희를 치리니 너희가 너희의 대적에게 패할 것이요 너희를 미워하는 자가 너희를 다스릴 것이며 너희는 쫓는 자가 없어도 도망하리라

이스라엘 자손이 여호와께 청종하지 아니하고 마음으로 여호와의 규례와 법도를 싫어하여 언약을 배반하므로, 여호와는 '내가 이같이 너희에게 행하리니 곧 내가 너희에게 놀라운 재앙을 내려'를 선포하십니다.

여호와께서 그들의 하나님을 멸시한 이스라엘 자손에게 내리실 재앙은 폐병과 열병[517] 같은 재앙입니다. 여호와는 이 재앙으로 이스라엘 자손에게

---

516) '내 마음이 너희를 싫어하지 아니할 것이며(로 티그알 나프쉬 에트켐)'은 '나의 네페쉬가 너희를 싫어하지 아니할 것'이란 뜻, 영원한 부정 '로(לֹא)'가 문장 앞에 있다.
517) 폐병과 열병으로 번역된 이 단어는 레위기와 신명기에서 한 번씩 쓰여서 어떠한 병인지를 파악하기는 어렵다. '여호와께서 폐병과 열병과 염증과 학질과 한재와 풍재와 썩는 재앙으로 너를 치시리니 이 재앙들이 너를 따라서 너를 진멸하게 할 것이라(신28:22)'

'눈이 어둡고 생명을(네페쉬) 쇠약하게 할 것'이라 하십니다. 눈의 어두움은 마음으로 여호와의 규례를 무시하고 여호와의 법도를 싫어한 결과, 즉 마음으로 여호와를 미워한 결과입니다.

26:16의 '생명(네페쉬)'은 26:15의 '너희의 마음(네페쉬)과 같은 '네페쉬'입니다. 마음과 생명을 '네페쉬'로 표현함은, 마음으로 여호와의 규례와 법도를 싫어하면 생명이 쇠약하게 되기 때문입니다.

여호와께서 주신 모든 말씀은 생명을(네페쉬) 살리는 말씀인데(18:5), 그 말씀을 마음으로(네페쉬) 싫어하니 생명이(네페쉬) 쇠약하게 됩니다.[518]

두려움을 주는 상황은 배고픔에서 먼저 시작합니다. 수고하여 파종하여도 원수들에 의해 모든 소출을 빼앗기게 됩니다. 여호와께서 대적을 통해 이스라엘 자손을 치게 하시기에 이스라엘 자손은 패하게 됩니다. 언약의 복이 뒤집혀서 재앙으로 이스라엘 자손에게 임하게 됩니다.

언약을 배반함으로 여호와의 땅에서 살롬은 깨어지며, 원수에게 패하며, 미워하는 자에 의해 다스림을 받으며, 두려움 가운데 처하여 쫓는 자가 없어도 도망하게 됩니다.

26:18 또 만일 너희가 그렇게까지 되어도 내게 청종하지 아니하면 너희의 죄로(하타트 חַטָּאת) 말미암아 내가 너희를 일곱 배나 더 징벌하리라

여호와께서 내리시는 재앙으로 눈이 어두워지고 생명이 쇠약하게 되어도 여호와께 청종하지 아니하면, 여호와는 너희의 죄로 말미암아 일곱 배나 더

---

[518] '살리는 것은 영이니 육은 무익하니라 내가 너희에게 이른 말은 영이요 생명이라(요6:63)'

징벌하겠다고 하십니다.

26:15에서 여호와는 '**내 규례를 멸시하며 너희 마음이(네페쉬) 내 법도를 싫어하여**'라고 하셨는데, 여호와는 이스라엘 자손의 **이러한 마음의 상태를 '죄(하타트)'**로 표현하십니다.

'일곱 배나 더 징벌하리라' 일곱 배의 의미는 '완전히'의 뜻으로,519) 여호와께서 이스라엘 자손이 마음의(네페쉬) 죄를 깨닫고, 여호와께로 돌이키기까지 여호와께서 징벌하실 것을 말씀합니다.

> **26:19-20** 내가 너희의 세력으로 말미암은 교만을(가온 גָּאוֹן) 꺾고 너희의 하늘을 철과 같게 하며 너희 땅을 놋과 같게 하리니 ²⁰너희의 수고가 헛될지라 땅은 그 산물을 내지 아니하고 땅의 나무는 그 열매를 맺지 아니하리라

여호와는 마음으로 여호와의 말씀을 멸시하고 미워하는 죄가 이스라엘 자손을 어떻게 만드는지를 말씀하십니다. **마음의 '죄'는 교만하게 합니다.** '너희의 세력으로 말미암은 교만'이라는 의미는 마음의 죄가 교만으로 드러나게 됨을 말씀합니다. '너희의 세력'은 '너희의 강함, 너희의 안전'이란 뜻인데, 가나안 땅에서 이스라엘 자손이 누리는 안전과 평화를 자신들이 이룬 것이라고 자랑하며 교만한 것을 말씀합니다. 그때 여호와는 그들의 마음에 있는 죄, 교만을 꺾겠다고 하십니다.

여호와는 26:4-8에서 이스라엘 자손이 거할 땅에서의 안전과 평화는 여호와께서 주신 것임을 분명히 말씀하셨습니다. 그런데도 여호와의 축복을

---

519) 키우치, 『레위기』, 627

자신들의 공로로 돌려 자신들이 이룬 것이라고 내세울 때, 여호와는 이스라엘 자손의 교만을 부수기 위해, 하늘을 철과 같이 땅을 놋과 같이 만들겠다고 하십니다. 그리하여 너희의 모든 수고가 '헛되게' 하겠다고 하십니다.

> **26:21-22** 너희가 나를 거슬러 내게 청종하지 아니할진대 내가 너희의 죄 대로(하타트 חַטָּאָה) 너희에게 일곱 배나 더 재앙을 내릴 것이라 ²²내가 들짐승을 너희 중에 보내리니 그것들이 너희의 자녀를 움키고 너희 가축을 멸하며(히크리타 הִכְרִיתָה) 너희의 수효를 줄이리니 너희의 길들이 황폐하리라

'너희가 나를 거슬러'는 여호와의 길과 이스라엘 자손이 걷는 길이 반대 방향으로, 서로 마주 보고 걸어와서 적으로서 얼굴을 대하는 상황입니다. 따라서 '너희가 나를 거슬러 내게 청종하지 아니할진대 내가 너희의 죄 대로' 말씀은 죄가 이스라엘 자손을 '죄의 종'이 되게 하여 여호와를 대항하게 하는 죄의 실체를 보여줍니다. 이렇게 마음의 **죄는 여호와를 대항하여 여호와를 적으로 마주 대하게 합니다.**

여호와는 언약의 축복에서 사나운 짐승을 이스라엘 자손이 거하는 땅에서 쫓아낼 것이라고 하셨습니다(26:6). 그런데 이스라엘 자손이 여호와를 대적하는 길로 걸어 올 때, 여호와는 사나운 들짐승을 보내어 자녀를 상하게 하고 가축을 멸하여 수효를 줄이겠다고 하시며 그들의 길을 황폐하게 하실 것이라 하십니다.

'너희 가축을 멸하며(히크리타)'의 '히크리타'는 '카라트(כָּרַת)'의 히필형 동사로 가축의 고기를 베어 그 조각들 사이로 지나가게 하여 언약을 맺을

때의 표현입니다(창15:17-18). 여호와는 언약을 배반한 이스라엘 자손에게 언약을 맺을 때의 표현을 사용하여, 언약을 맺은 그대로 여호와께서 이스라엘 자손에게 행하실 것을 말씀하십니다(출24:7).

> 26:23-24 이런 일을 당하여도 너희가 내게로 돌아오지 아니하고 내게 대항할진대(케리 קְרִי) ²⁴나 곧 나도 너희에게 대항하여(케리 קְרִי) 너희 죄로(하타트 חַטָּאת) 말미암아 너희를 칠 배나 더 치리라

마음의 죄, 교만으로 인하여 여호와의 징벌을 받음에도 이스라엘 자손이 돌이키지 않을 때 여호와의 징벌 수위도 더욱 높아갑니다.

여호와는 이스라엘 자손이 여호와를 대항하여 걸으므로 여호와께서도 이스라엘 자손을 대항하여 그들의 죄로 말미암아 그들을 칠 배나 더 칠 것이라고 하십니다.

'그들의 죄(하타트)'는 26:14-15를 가리킵니다. 마음에 여호와의 규례를 멸시하며 여호와의 법도를 싫어하여 여호와의 명령을 준행하지 않고 언약을 배반하는 것이 '죄'입니다. '죄'는 마음을 '교만(가온)'하게 합니다. 교만하면 여호와의 이름으로 주신 여호와의 계명을 떠나 자기를 위하여 만든 우상을 따라(26:1), 죄의 종노릇을 합니다. 그것은 곧 이스라엘 자손의 하나님, 여호와를 대항하여 걷는 것입니다.

여호와는 여호와와 언약을 맺은 이스라엘 자손이 마음의 죄로 교만하여 여호와를 대항하면, 그들을 돌이키게 하시기 위하여 '너희를 칠 배나 더 치리라' 하십니다.

26:25-26 내가 칼을 너희에게로 가져다가 언약을 어긴 원수를 갚을 것이며 너희가 성읍에 모일지라도 너희 중에 염병을 보내고 너희를 대적의 손에 넘길 것이며 ²⁶내가 너희가 의뢰하는 양식을 끊을 때에 열 여인이 한 화덕에서 너희 떡을 구워 저울에 달아 주리니 너희가 먹어도 배부르지 아니하리라

여호와는 마음의 죄로 여호와를 대항하는 이스라엘 자손을 '원수'로 표현하십니다. 여호와는 원수를 갚기 위해 '칼'을 가져오겠다고 하십니다.520) 이 칼은 이스라엘 자손을 지키기 위한 '칼'이(26:6-8) 아니라, 여호와를 향해 원수처럼 다가오는 이스라엘 자손을 내리칠 '칼'입니다. 여호와와 이스라엘 자손은 '칼'로 여호와와 언약을 맺었습니다521). 여호와는 언약의 칼을 언약을 어긴 원수 이스라엘 자손에게 가져올 것이라 하십니다. 언약을 깬 원수들에게 칼과 염병과 대적의 손과 기근을 보낼 것이라 하십니다.522)

26:27-28 너희가 이같이 될지라도 내게 청종하지 아니하고 내게 대항할진대 ²⁸내가 진노로(헤마 חֵמָה) 너희에게 대항하되 너희의 죄로(하타트 חַטָּאָה) 말미암아 칠 배나 더 징벌하리니

'너희가 이같이 될지라도 내게 청종하지 아니하고 내게 대항할진대' 말씀은 마음의 죄가 얼마나 악한 결과를 낳는지를 말씀합니다. 여호와께 '대항하

---

520) 여호와의 '원수'는 이스라엘 자손의 마음에 있는 '죄'이다.
521) '송아지를 둘로 쪼개고 그 두 조각 사이로 지나매 내 앞에 언약을 맺었으나 그 말을 실행하지 아니하여 내 계약을 어긴 그들을(렘34:18; 출24장 참조)'
522) 칼, 염병, 기근, 대적의 손은 언약을 어긴 이스라엘을 심판하는 여호와의 도구로 나타난다(렘21:7; 겔14:21 참조).

는' 죄를 깨닫게 하시려 여호와께서 칼, 염병, 대적, 기근을 보내어도 깨닫지 못하고 오히려 여호와 앞에 더욱 대항할 때, 여호와는 여호와의 진노로 이스라엘 자손을 대항할 것이라 하십니다. '진노(헤마)'는 불같은 분노로 여호와께서 이스라엘 자손의 교만함에 격노하여 강력한 형벌로 징벌할 것을 알리는 표현입니다.

'너희의 죄(하타트)로 말미암아 칠 배나 더 징벌하리니' 말씀은 이스라엘 자손이 여호와와 함께 영원한 언약을 맺었으므로(출31:16; 레24:8; 26:9), 여호와는 이스라엘 자손이 돌이킬 때까지 그들에게 징벌을 내리실 것이란 뜻입니다.

26:29 너희가 아들의 살을 먹을 것이요 딸의 살을 먹을 것이며

여호와의 불같은 진노의 징벌에도 불구하고 이스라엘 자손이 돌이키지 않으면, 마침내 이스라엘 자손은 그들이 낳은 자녀들의 살을 먹게 될 것이라 하십니다.

'아들과 딸의 살을 먹을 것'이란 몰렉 우상이 자녀들을 먹는 것처럼, 그들도 자녀들의 살을 먹는 '우상'이 될 것이란 뜻입니다. 여호와는 이스라엘 자손에게 우상 몰렉에게 자녀를 주지 말라고 명령하셨습니다(18:21. 20:3-5). 여호와는 몰렉에게 자신의 자녀를 주는 자를 그의 백성 중에서 '끊으실 것'이라고 하셨습니다. 따라서 우상이 되어 자녀의 살을 먹는 이스라엘 자손은 여호와의 땅에서 끊어지게 될 것입니다.

26:30 내가 너희의 산당들을(바마 בָּמָה) 헐며 너희의 분향단들을(함만 חַמָּן)

부수고 너희의 시체들을(페게르 פֶּגֶר) 부서진(페게르 פֶּגֶר) 우상들 위에 던지고 내 마음이(네페쉬 נֶפֶשׁ) 너희를 싫어할 것이며(가알 גָּעַל)

여호와는 우상처럼 변해버린 이스라엘 자손을 우상과 함께 파괴할 것이라 하십니다. 자녀들을 우상에게 준 산당을(바마) 헐고(렘32:35), 우상을 섬기는 분향단도(함만) 부술 것이라 하십니다(겔6:6).

여호와는 부서진 우상들(우상의 시체) 위에 이스라엘 자손의 시체를 던져 그들과 우상이 한 몸이 되게 할 것이라 하십니다(왕하 23장).

'내 마음이(네페쉬) 너희들을 싫어할 것이며' 여호와는 죽어서도 우상과 한 몸이 되는 자들을 향해 '내 마음이(네페쉬) 너희들을 싫어할 것'이라 하십니다.

여호와는 이스라엘 자손을 사랑하여 애굽에서 인도하여 내시고, '내 마음이 너희를 싫어하지 아니할 것(26:11)'이라고 고백하셨습니다. 여호와의 그 사랑이, 가나안 땅에서 우상과 한 몸이 되어 버린 이스라엘 자손을 향해, '내 마음이 너희를 싫어할 것'이라 하십니다.

26:31-33 내가 너희의 성읍을 황폐하게 하고 너희의 성소들을 황량하게 할 것이요 너희의 향기로운 냄새를 내가 흠향하지 아니하고 ³²그 땅을 황무하게 하리니 거기 거주하는 너희의 원수들이 그것으로 말미암아 놀랄 것이며 ³³내가 너희를 여러 민족 중에 흩을 것이요 내가 칼을 빼어 너희를 따르게 하리니 너희의 땅이 황무하여 너희의 성읍이 황폐하리라

여호와는 우상이 되어 자녀의 살을 먹는 이스라엘 자손의 모든 성읍과 성소들을 황량하게 하시고, 제사를 받지 않으실 것이라 하십니다.

그들이 거주하던 성읍과 성소들이 얼마나 황무하게 되는지 그 땅을 빼앗아 거주하게 될 원수들조차 놀랄 것이라 하십니다. 그래도 여호와의 진노는 멈추지 않으십니다. 이스라엘 자손을 여러 민족 가운데 흩어서 여호와의 칼이 따르게 하시어 그들이 거하는 곳 어디에서도 안식할 수 없게 하실 것이라 하십니다.

26:31-33은 처음과 끝이 교차 구조를 이루는데, 다음과 같습니다.

26:31-32a	26:33b
a. 내가 <u>너희의 성읍을 황폐하게 하고</u>	c′. 너희의 **땅이 황무하며**
b. 너희의 성소들을 황량하게 할 것이요 너희의 향기로운 냄새를 내가 흠향하지 아니하고	
c. 그 **땅을 황무하게** 하리니	a′. <u>너희의 성읍이 황폐하리라</u>

여호와께서 이스라엘 자손의 성읍을 황폐하게 하시므로(a), 그들의 성읍은 황폐하게 됩니다(a′). 여호와께서 이스라엘 자손이 거하는 땅을 황무하게 하시므로(c), 그들의 땅은 황무하게 됩니다(c′).

이스라엘 자손의 성읍과 땅이 황폐하고 황무하게 되는 까닭은, 여호와께서 여호와의 성소를 떠나시기 때문입니다(b). 여호와께서 성소에서 떠나실 것을 '너희의 향기로운 냄새를 내가 흠향하지 아니하고'로 알려주십니다.

따라서 b는 여호와께서 떠나시는 성소에서 이스라엘 자손이 드리는 제사는 헛된 제사가 될 것이며, 여호와와 함께 하는 안식이 끝나게 될 것을 표현합니다(겔8-10장).

26:34 너희가 원수의 땅에 살 동안에 너희의 본토가 황무할 것이므로 땅이 안식을(샤브토테이하 שַׁבְּתֹתֶיהָ) 누릴 것이라 그 때에 땅이 안식을 누리리니

이 말씀은 여호와께서 언약을 배반한 이스라엘 자손을 원수의 땅으로 쫓아내시고, 여호와 앞에 땅을 안식하게 하실 것이란 뜻입니다.

26:34를 원문의 순서를 살려 읽으면 다음과 같은 구조를 이룹니다.

a. 그때 그 땅은 땅의 안식을(샤브토테이하) 누릴 것이라
  b. 본토가 황무해질 날들에
  b'. 너희가 원수의 땅에 거할 때
a'. 그때 그 땅이 쉬어 안식을 누리게 될 것이라

'그때 땅은 땅의 안식을 누리니(a-a)'에서 '누리니'의 뜻은 땅이 땅의 안식을 기뻐할 것이란 뜻입니다. 가나안 땅은 여호와 앞에 안식하는 땅입니다(25:2). 그런데 가나안에 들어간 이스라엘 자손은 땅의 안식을 지키지 못하나, 여호와께서 땅의 안식을 지키시니, 땅은 슬픔 가운데도

기뻐합니다. 땅은 언약을 신실하게 지키시는 하나님을 기뻐합니다.

땅은 땅의 안식을 기뻐하지만(a-a′), 땅의 주인이 원수의 땅에 가 있으므로, 그 땅은 황무합니다(b-b′). 땅의 주인은 언약을 배반하여 원수의 땅으로 쫓겨나고, 여호와 홀로 언약을 지키시기에, 땅이 안식하는 동안, 그 땅은 여호와의 슬픔으로 황무합니다.

26:35 너희가 그 땅에 거주하는 동안 너희가 안식할 때에 땅은 쉬지 못하였으나 그 땅이 황무할 동안에는 쉬게 되리라

'너희가 그 땅에 거주하는 동안 너희가 안식할 때에 땅은 쉬지 못하였으나' 말씀은 가나안 땅은 여호와 앞에 안식하는 땅으로, 땅과 그 땅의 백성이 여호와 앞에 안식하는 거룩한 땅임을 말씀합니다. 여호와 앞에 안식하는 땅은 여호와의 말씀대로 살아야 하는 땅입니다. 그런데 '땅은 쉬지 못하였으니' 하심은 이스라엘 자손이 여호와 앞에 안식하는 땅에서 여호와의 규례와 법도를 따라 살지 못함을 가리킵니다.

'그 땅이 황무할 동안에는 쉬게 되리라' 이스라엘 자손이 여호와의 말씀을 거역한 결과로 여호와께서 주신 땅에서 쫓겨날 것입니다. 그리하여 그 땅은 황무하게 될 것입니다. 그러나 아이러니하게도 땅이 황무할 동안에 땅은 안식하게 됩니다. 이것은 여호와께서 홀로 여호와의 언약을 지키실 것이란 뜻입니다. 이스라엘 자손이 지키지 못한 땅의 안식을 여호와께서 땅을 황무하게 하심으로, 땅을 안식하게 하실 것을 말씀합니다.

여호와께서 땅의 안식을 위하여 이스라엘 자손을 여러 민족 가운데 흩으실 때 그들이 당하게 될 고난이 26:36-39입니다.

26:36-39 말씀은 다음과 같은 구조를 이룹니다.

A. 남은 자가 원수들의 땅에서 마음이 약하여 쫓는 자가 없어도 엎드러짐(26:36)
B. 원수들을 맞설 힘이 없음(26:37)
B'. 원수들의 땅이 이스라엘 자손을 삼킴(26:38)
A'. 남은 자가 원수들의 땅에서 자기와 조상의 죄로 인하여 쇠잔하게 됨(26:39)

26:36: 너희 남은 자에게는 그 원수들의 땅에서 그들의 마음을(레바브 לֵבָב) 약하게 하리니 그들은 바람에 불린 잎사귀 소리에도 놀라 도망하기를 칼을 피하여 도망하듯 할 것이요 쫓는 자가 없어도 엎드러질 것이라

가나안 땅에서 쫓겨난 자는 원수들의 땅에서도 두려움 가운데 살게 될 것입니다. 여호와는 그들의 '마음을 약하게 하리니' 하십니다. 여호와께서 원수들의 땅에서 남은 자의 마음에 두려움이 일어나게 하여 아무것도 할 수 없는 상태로 만드시겠다는 뜻입니다.

여호와와 함께 안식하는 가나안 땅에서 여호와 샬롬을 누릴 때(26:6),

그때는 이스라엘 자손이 누워서 잘 때조차 그들을 두렵게 할 자가 없습니다. 그러나 마음으로 여호와의 규례와 법도를 싫어하여 여호와로부터 쫓겨나 원수들의 땅에서 살아갈 때는, 그들이 어디에 이르든지 마음에 두려움이 가득하여 바람에 잎사귀가 떨어져도 마치 '칼'이 자기를 향해 내리치는 듯 소스라치게 놀라 도망할 것이라 하십니다. 두려움에 사로잡혀 '쫓는 자가 없어도 엎드러질 것'이라 하십니다.

26:37 그들은 쫓는 자가 없어도 칼 앞에 있음 같이 서로 짓밟혀 넘어지리니 너희가 원수들을 맞설 힘이 없을 것이요

'서로 짓밟혀 넘어지리니'는 '쫓는 자가 없어도 엎드러지는' 상황이 어떻게 일어나는지를 설명합니다. 떨어지는 잎사귀에도 놀라 도망가는데 발목에 힘이 없어서 제대로 걸을 수 없어 비틀거리는 걸음을 걷다가 서로 짓밟게 되어 엎드러진다는 것입니다. 이렇게 다리에 힘이 풀린 까닭은 마음에 두려움이 가득하기 때문입니다. 두려움이 가득한 마음은 서로 짓밟혀 넘어지게 할 뿐 원수를 맞서 싸울 힘은 도저히 낼 수 없습니다.

26:38 너희가 여러 민족 중에서 망하리니 너희의 원수들의 땅이 너희를 삼킬 것이라

여호와에 의해 여러 민족 중에 흩어진 이스라엘 자손이 망할 것이라 하십니다. 그리고 원수들의 땅에서 삼킴을 당하게 될 것이라 하십니다. 그들이 이렇게 되는 까닭은 그들의 마음에 두려움이 가득하여 스스로 설

힘이 전혀 없기 때문입니다.

26:39 너희 남은 자가 너희의 원수들의 땅에서 자기의 죄로(아본 עָוֹן) 말미암아 쇠잔하며 그 조상의 죄로(아본 עָוֹן) 말미암아 그 조상 같이 쇠잔하리라

26:36은 남은 자가 원수들의 땅에서 마음이 약하게 되어 쫓는 자가 없어도 엎드러질 것이라 하셨는데, 26:39는 남은 자가 원수들의 땅에서 자기의 죄와 조상들의 죄로 말미암아 쇠잔하게 될 것이라 하십니다.
'쇠잔하리라'는 썩고 문드러지게 될 것이란 뜻입니다. '쇠잔하리라'를 두 번 연거푸 말씀하신 것은 반드시 그렇게 될 것이란 뜻입니다.

'자기의 죄(아본)'와 '조상의 죄(아본)' 말씀은 26:14-39까지 이스라엘 자손의 '죄(하타트)'가 여호와께 대항한 '불의(아본)'임을 말씀합니다.

여호와는 이스라엘 자손이 마음으로 여호와의 규례와 법도를 싫어하는 죄를 범하고(하타트), 교만함으로 여호와를 대항할 때 징벌을 내리시어 그들을 돌이키게 하려 하십니다. 그러나 이스라엘 자손은 여호와를 향해 원수가 되고, 여호와께 대항하는 우상이 되어 자녀를 먹는 악을(아본) 저지릅니다(26:29).
이스라엘 자손의 악에(아본) 진노하시는 여호와는 이스라엘 자손을 원수들의 땅으로 쫓아내시고, 마음을 약하게 만들어 스스로 엎드러지게 하십니다. 이스라엘 자손을 원수들의 땅에서 썩어 문드러지게 하십니다.

한편 26장 구조에서 B와(26:14-17) B′를(26:34-39) 비교하면, 언약 배반으로 인한 결과에서 말씀의 변화를 찾을 수 있습니다.[523]

B(26:14-17)	B′(26:34-39)
a. 여호와께 청종하지 아니하여 마음에(네페쉬) 여호와의 규례와 법도를 싫어하여 언약을 배반함(26:14-15)	a′. 여호와께서 원수의 땅으로 쫓아내시고 땅이 안식을 누리게 하심(26:34-35)
b. 여호와께서 재앙을 내려 생명을(네페쉬) 쇠약하게 하여 쫓는 자가 없어도 도망하게 될 것임(26:16-17)	b′. 여호와께서 원수의 땅에서 마음을(레바브) 약하게 하시어 엎드러지게 하시고 그들의 죄로 인하여 쇠잔하게 하심(26:36-39)

a는 이스라엘 자손이 여호와께 청종하지 아니하여 마음에 여호와의 규례와 법도를 멸시하고 싫어하여 여호와와 맺은 언약을 배반함을 말씀합니다. 그런데 a′는 언약 배반으로 여호와께서 이스라엘 자손을 원수의 땅으로 쫓아내시고 여호와는 땅을 안식하게 하실 것을 말씀합니다.

a′는 이스라엘 자손이 마음의 죄로 언약을 배반하여 원수들의 땅으로 쫓겨나 있는 동안, 여호와는 '땅의 안식'을 주어 이스라엘 자손을 대신하여 언약을 지키시는 분이심을 드러냅니다. 즉 a와 a′는 언약을 배반하는 이스라엘 자손과 언약을 지키시는 여호와를 대조합니다.

---

[523] A. 언약의 축복(26:1-13)
    B. 언약을 배반할 때 초래될 결과(26:14-17)
        C. 언약 배반으로 인한 여호와의 징벌(26:18-33)
    B′. 언약을 배반한 결과(26:34-39)
  A′. 언약의 회복(26:40-46)

b에서 여호와는 마음의 죄로 언약을 배반한 이스라엘 자손에게 재앙을 내려 폐병과 열병으로 눈이 어둡고 생명을(네페쉬) 쇠약하게 하여 대적에게 패하여서 쫓는 자가 없어도 도망하게 되리라고 하십니다. b′는 언약 배반 결과로 원수들의 땅으로 쫓겨난 이스라엘 자손이 원수들의 땅에서 그들의 마음이(레바브) 약하게 되어 그들의 원수들에게 행하셨던 역사를(26:8) 그들에게 행하여 쫓는 자가 없어도 엎드러지게 하시며, 자기와 조상의 죄로 인하여 썩어져 문드러짐을 당하게 할 것이라 하십니다.

b와 b′의 변화는 b에서 '생명의(네페쉬)의 쇠약함'이 b′에서 '마음(레바브)의 약함'이 된다는 것입니다. 이것은 **'생명(네페쉬)'의 쇠약함은 곧 '마음(레바브)'의 약함**으로 나타난다는 것입니다.524)

b와 b′는 이스라엘 자손의 마음에(네페쉬-레바브) 여호와의 말씀을 두기까지는 이스라엘 자손에게 어떤 소망도 없음을 알게 합니다.525)

26:40-41 그들이 나를 거스른(마알 מֶעַל) 잘못으로(마알 מֶעַל) 자기의 죄악과(아본 עָוֹן) 그들의 조상의 죄악을(아본 עָוֹן) 자복하고

---

524) b와 b′에서 '네페쉬'와 '레바브'는 등치(等値)한다. 모세는 마음(레바브)이 생명(네페쉬)임을 알고 신명기에서 이스라엘 자손의 마음(레바브)에 여호와의 말씀을 담을 것을 끊임없이 명령한다. '이스라엘아 들으라 우리 하나님 여호와는 오직 유일한 여호와이시니 너는 마음(레바브)을 다하고 뜻(네페쉬)을 다하고 힘을 다하여 네 하나님 여호와를 사랑하라 오늘 내가 네게 명하는 이 말씀을 너는 마음(레바브)에 새기고… 기록할지라(신6:4-9).

525) '여호와의 말씀이니라 보라 날이 이르리니 내가 이스라엘 집과 유다 집에 새 언약을 맺으리라 이 언약은 내가 그들의 조상들의 손을 잡고 애굽 땅에서 인도하여 내던 날에 맺은 것과 같지 아니할 것은 내가 그들의 남편이 되었어도 그들이 내 언약을 깨뜨렸음이니라 여호와의 말씀이니라 그러나 그날 후에 내가 이스라엘 집과 맺을 언약은 이러하니 **곧 내가 나의 법을 그들의 속(케레브 קֶרֶב)에 두며 그들의 마음(레브 לֵב)에 기록하여** 나는 그들의 하나님이 되고 그들은 내 백성이 될 것이라 여호와의 말씀이니라(렘31:31-33)'

(히트봐두 הִתְוַדּוּ) 또 그들이 내게 대항하므로 ⁴¹나도 그들에게 대항하여 내가 그들을 그들의 원수들의 땅으로 끌어갔음을 깨닫고 그 할례 받지 아니한 그들의 마음이 낮아져서(이카나 레바밤 יִכָּנַע לְבָבָם) 그들의 죄악의 형벌을(아본 עוֹן) 기쁘게 받으면

'그들이 나를 거스른 잘못'에서 '거스른 잘못'은526) 마음으로 여호와의 규례와 법도를 싫어하여 여호와와 함께 맺은 언약을 지키지 않고 배반한 악을(아본) 가리킵니다(26:39). 원수의 땅에서 고통스러운 삶을 맞게 된 것은 우상과 한 몸이 되어 여호와를 대항한 자신의 악과 조상의 악으로 인함입니다. 이스라엘 자손은 여호와께 대항한 죄악을 자백해야(히트봐두) 합니다.527) 그리할 때, 소망이 있습니다.

'그들이 내게 대항하므로 나도 그들에게 대항하여' 말씀은 이스라엘 자손이 원수들의 땅으로 끌려가게 된 까닭을 말씀합니다. 여호와는 여호와의 법도를 마음으로(네페쉬) 싫어하는 이스라엘 자손을 향해 '생명이(네페쉬) 쇠약하게 할 것이요(26:16)' 하셨습니다. 이 말씀은 원수의 땅에 있는 이스라엘 자손에게 '그들의 마음(레바브)을 약하게 하리니 그들은 바람에 불린 잎사귀 소리에도 놀라 도망하기를 칼을 피하여 도망하듯 할 것이요(26:36)'로 증명됩니다.

여호와는 이스라엘 자손이 원수의 땅에서 살며 받는 모든 고통과 환난

---

526) '거스른 잘못'은 '거스르다(마알 מָעַל)'와 그 동사에서 파생한 명사 '잘못(마알 מַעַל)'을 겹쳐 표현하여 이스라엘 자손의 죄(아본)가 여호와를 대항함을 나타내고 있다. 여호와께 '마알'의 죄는 속건제를 드려야한다(5:15; 6:2).
527) 5:5 '아무 일에 잘못하였노라 자복하고(히트봐다)', 16:21 '이스라엘 자손의 모든 불의(아본)와 그 범한 모든 죄(하타트)를 아뢰고(히트봐다)' 참조

이 마음으로(네페쉬) 여호와의 법도를 싫어함에서 비롯되었음을 깨닫고 여호와 앞에 겸손하게 엎드릴 때, '할례 받지 아니한 그들의 마음이528) 낮아져서(이카나 레바밤)로'529) 말씀하십니다.

'그들의 마음이 낮아져서 그들의 죄악의 형벌을 기쁘게 받으면' 말씀은 원수의 땅에서 겪는 고통이 여호와의 말씀을 멸시하며 여호와를 대항한 결과임을 깨닫고 그 형벌을 순순히 받으며 여호와께 용서를 구하면 뜻입니다. 그리하면 여호와는 그들과 맺은 언약을 기억하여 그들을 다시 돌아오게 하실 것입니다.

26:42 내가 야곱과 맺은 내 언약과 이삭과 맺은 내 언약을 기억하며 (뵈자카르티 וְזָכַרְתִּי) 아브라함과 맺은 내 언약을 기억하고(에즈코르 אֶזְכֹּר) 그 땅을 기억하리라(에즈코르 אֶזְכֹּר)

여호와는 '나의 언약을 기억하고(뵈자카르티) 그 땅을 기억할 것(에즈코르)530)'을 야곱, 이삭, 아브라함 순으로 말씀하십니다.

여호와께서 이스라엘 자손에게 처음 나타나실 때 여호와는 '아브라함과 이삭과 야곱의 하나님'이라 말씀하셨습니다(출2:24; 3:16). 그런데 본 구

---

528) '할례받지 아니한 마음'을 직역하면 마음(레바브)의 껍질이 벗겨지지 않았다는 뜻으로, 여호와께서 주신 복을 그들의 세력으로 여긴 '교만한 마음(26:19)'을 가리킨다.
529) 26장 전반부는 마음을 '네페쉬'로 후반부는 '레바브'로 표현한다. 26장에서 '네페쉬'와 '레바브'가 같은 뜻으로 쓰이며, 이후부터는 마음(레바브)이 전면에 부상한다. 모세는 신명기에서 이스라엘 자손에게 '마음(레바브)'으로 여호와를 사랑할 것을 강력하게 권면한다.
530) '에즈코르'는 '기억하다(자카르 זָכַר)'의 칼 미완료, 1인칭 단수로, 여호와께서 기억하실 것을 말씀한다.

절에서는 야곱, 이삭, 아브라함으로 나아갑니다. 여호와께서 이스라엘의 조상을 차례로 언급하시며 '그 땅을 기억하리라' 하시는 것은, 여호와께서 야곱, 이삭, 아브라함에게 약속하신 언약, 가나안 땅을 후손에게 주겠다고 하신 언약으로 인하여(창 28:13; 26:3; 15:18), 이스라엘 자손을 다시 가나안 땅으로 돌아오게 하실 것을 말씀합니다.531)

> **26:43** 그들이(나프샴 נפשׁם) 내 법도를 싫어하며(마아수 מאסו) 내 규례를 멸시하였으므로(가알라 געלה) 그 땅을 떠나서 사람이 없을 때에 그 땅은 황폐하여 안식을 누릴 것이요(티레츠 תרץ) 그들은 자기 죄악의(아본 עון) 형벌을 기쁘게(이르추 ירצו) 받으리라

여호와는 이스라엘 자손의 마음이(나프샴) 여호와의 법도를 싫어하며 여호와의 규례를 멸시하여 그 땅을 떠나게 된 것이라 하십니다. 그리하여 그 땅에 사람이 없을 때 그 땅은 황폐하여 안식을 누리게 될 것이라 하십니다.

'안식'과 '황폐함'은 서로 어울리지 않습니다. 논리적으로도 맞지 않습니다. 그런데 여호와는 왜 이렇게 말씀하실까요?

'땅이 황폐함을 당함'은 이스라엘 자손으로부터 버려질 '땅'이 '여호와' 자신임을 표현하기 위함입니다. 이스라엘 자손이 여호와께서 주신 땅을

---

531) 여호와는 이스라엘 조상을 야곱, 이삭, 아브라함 순으로 말씀하시며, '아브라함'에게 주신 복을 성취할 것을 알리신다. '아브라함은 강대한 나라가 되고 천하 만민은 그로 말미암아 복을 받게 될 것이 아니냐 내가 그로 그 자식과 권속에게 명하여 여호와의 도를 지켜 의와(체다카 צדקה) 공도를(미쉬파트 משׁפט) 행하게 하려고 그를 택하였나니 이는 나 여호와가 아브라함에 대하여 말한 일을 이루려 함이니라(창18:18-19)' 아브라함에게 '할례'로 언약하신 복은 '새 언약'으로 성취된다(눅22:20; 행3:13-26).

떠나게 되는 것은, 그들이 여호와를 버리므로, 떠나게 됨을 의미합니다. 여호와께서 이스라엘 자손에게 주신 '땅'은 여호와께서 그들을 사랑하여 주신 언약의 선물입니다.532) 그런데 여호와께서 주신 선물을 싫어하여 그 땅에서 쫓겨 나가게 된 것을 여호와는 그들이 여호와를 버리는 것으로 표현하십니다. 여호와는 '땅의 황무함'으로 이스라엘 자손으로부터 버림받은 여호와의 슬픔을 표현하십니다. 이스라엘 자손의 언약 배반은 실상 여호와를 버리는 것입니다. 이스라엘 자손이 여호와께 행한 언약 배반의 고통을 여호와는 '땅의 황폐함'으로 에둘러 말씀하십니다.

'그 땅은 황폐하여 안식을 누릴 것이요' 땅은 황폐함을 당하면서 땅의 안식을 기뻐할 것이라 하십니다. '땅이 안식을 기뻐할 것'이란 이스라엘 자손이 지키지 못한 '땅의 안식'을 여호와께서 지키심으로 인하여 땅이 기뻐할 것이란 뜻입니다. 이스라엘 자손은 여호와와 함께 맺은 언약을 배반하고 그 땅을 떠나나, 여호와는 땅의 안식을 지키며 이스라엘 자손과 함께 맺은 언약을 신실하게 지키실 것을 말씀합니다.

'그들은 자기 죄악의 형벌을 기쁘게 받으리라' 말씀은 원수의 땅으로 끌려간 이스라엘 자손은 그곳에서 자신들의 죄악을 깨닫고 자신들에게 임한 죄악의 형벌을 받아들일 것이라는 뜻입니다.

이스라엘 자손이 죄악의 형벌을 기쁘게 받을 때는 '그들의 마음이(나프샴) 여호와의 법도를 싫어하며 여호와의 규례를 멸시하였음'을 깨달을 때일 것입니다. 그날이 오면 이스라엘 자손은 여호와께 대항한 불의를 자백하며 죄악의 형벌을 기쁘게 받게 될 것입니다(겔36:31-32).

---

532) 여호와께서 주신 말씀, 여호와의 계명도 언약의 선물이다. 여호와께서 사랑하시는 자에게 주신 선물이다.

26:44 그런즉(아프 감 조트 אַף גַּם זֹאת) 그들이 그들의 원수들의 땅에 있을 때에 내가 그들을 내버리지 아니하며(로 메아스팀 לֹא מְאַסְתִּים) 미워하지 아니하며(로 게알팀 לֹא נְעַלְתִּים) 아주 멸하지 아니하고 그들과 맺은 내 언약을 폐하지 아니하리니 나는 여호와 그들의 하나님이 됨이니라(아니 여호와 엘로헤헴 אֲנִי יְהוָה אֱלֹהֵיהֶם)

'그런즉(아프 감 조트)'은 '이것과 같은 상황에서도 또한 역시'[533]로 번역할 수 있습니다. '이것과 같은 상황'은 이스라엘 자손이 여호와의 규례를 멸시하고 마음에 여호와의 법도를 싫어하여(26:15) 여호와를 대항한 결과, 원수의 땅으로 쫓겨난 상황을 말씀합니다.

이스라엘 자손은 여호와를 버리고(마아쓰) 싫어하여(가알) 여호와를 떠났으나, 여호와는 원수들의 땅에 가 있는 이스라엘 자손을 버리지 않고 (로 마아쓰), 싫어하지 않을 것이라(로 가알) 하십니다. 이스라엘 자손은 언약을 배반하여도, 여호와는 그들과 맺은 언약을 깨뜨리지 않을 것이라 하십니다.

여호와는 이스라엘 자손과 맺은 영원한 언약을 반드시 지키실 것을 '나는 여호와 그들의 하나님이 됨이니라'로 선포하십니다. 여기서 거룩하신 여호와 이름 선포는 '언약에 신실하신 여호와' 되심을 뜻합니다. 거룩하신 여호와는 언약에 신실하시므로 여호와의 언약 그대로 지키실 것을 여호와의 이름으로 맹세하십니다.

26:45 내가 그들의 하나님이 되기 위하여 민족들이 보는 앞에서 애굽

---

533) 기동연, 『레위기』, 988.

땅으로부터 그들을 인도하여 낸 그들의 조상과의(리쇼님 רִאשֹׁנִים)
언약을 그들을 위하여 기억하리라(뵈자카르티 라헴 וְזָכַרְתִּי לָהֶם)
나는 여호와이니라(아니 여호와 אֲנִי יהוה)

여호와는 이스라엘 자손의 하나님이 되시기 위하여 애굽 땅에서 이스라엘 자손을 인도하여 내셨습니다. 이 놀라운 역사는 여호와께서 이스라엘 자손 조상과의 언약을 신실하게 지키기 위해 행하신 일입니다(신7:8). 따라서 비록 이스라엘 자손이 원수들의 땅에 가 있을지라도 여호와는 이스라엘 자손을 돌아오게 하실 것입니다. 여호와는 이스라엘 자손 조상과의 언약을 '그들을 위하여 기억하리라(뵈자카르티 라헴)' 하십니다. 여호와는 조상과의 언약을 신실하게 지키기 위하여 이스라엘 자손을 기억합니다. 여호와는 이스라엘 자손 조상과의 언약에 따라 이스라엘 자손을 가나안 땅으로 돌아오게 하실 것입니다. 여호와는 이스라엘 조상과의 언약을 신실하게 지키실 것을 '나는 여호와' 이름 선포로 확증하십니다.

26:46 이것은 여호와께서 시내 산에서 자기와 이스라엘 자손 사이에 모세를 통하여 세우신 규례와(후킴) 법도와(미쉬파팀) 율법(토로트)이니라

지금까지 말씀이 여호와께서 시내 산에서 모세를 통하여 이스라엘 자손과 세우신 규례와 법도와 율법으로 선포하며 종결합니다(출34:27).534)

---

534) '여호와께서 모세에게 이르시되 너는 이 말들을 기록하라 내가 이 말들의 뜻대로 너와 이스라엘과 언약을 세웠음이니라 하시니라(출34:27)'

▶▶본문 해석

레위기에서 여호와 이름 선포가 처음 나타나는 단락은 11:43-45이며, 가장 마지막으로 선포되는 단락은 26:43-45입니다.

11:43과 26:43을 함께 보겠습니다.

| 너희는 기는 바 기어다니는 것 때문에 <u>너희의 네페쉬를(나프쇼테켐)</u> 가증하게 되게 하지 말며 또한 그것 때문에 스스로 더럽혀 부정하게 되게 하지 말라(11:43) | → | <u>그들의 네페쉬가(나프샴)</u> 내 법도를 싫어하며 내 규례를 멸시하였으므로 그 땅을 떠나서 사람이 없을 때에… 그들은 자기 죄악의(아본 עָוֹן) 형벌을 기쁘게 받으리라 (26:43) |

11:43에서 여호와는 이스라엘 자손에게 '기는 바 기어다니는 것' 때문에 '<u>너희의 네페쉬(나프쇼테켐)</u>'를 가증하게 하지 말며 더럽혀 부정하게 하지 말라 명령하십니다.

26:43에서 여호와는 이스라엘 자손이 가나안에서 쫓겨나는 것은 '<u>그들의 네페쉬(나프샴)</u>'가 여호와의 법도를 싫어하며 여호와의 규례를 멸시한 결과로 말씀합니다.

11:43과 26:43은 이스라엘 자손이 여호와의 법도를 싫어하고 규례를 멸시한 까닭은 '<u>그들의 네페쉬(나프샴)</u>'가 '기는 바 기어 다니는 것'으로 더럽혀졌기 때문임을 말씀합니다. 즉 이스라엘 자손의 네페쉬는 '기는 바 기어 다니는 것', <u>땅 위의 길짐승(뱀)</u>으로 인해 더럽혀져 있습니다.[535]

---

[535] 사람의 네페쉬를 더럽혀 부정하게 하는 것은 '기어 다니는 것'이다(11:43). 11:43과 26:43 말씀은 네페쉬가 더럽혀 부정하게 되면, 마음으로(네페쉬) 여호와의 법도와 규례를 싫어하게 되어 여호와 앞에 죄를 범하게 됨을 보여준다.

그런데 이 모든 상황을 아시면서도 여호와는 처음부터 끝까지 여호와 이름을 선포하십니다. 레위기에서 여호와 이름 선포 처음과 마지막이 어떻게 이어지는지 보겠습니다.[536]

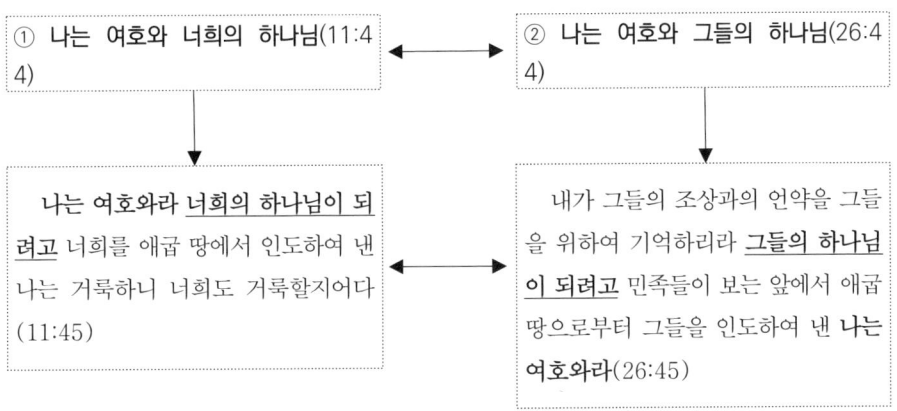

①은 '나는 여호와 너희의 하나님'에서 '너희의 하나님이 되려고'로 이어집니다.

②는 '나는 여호와 그들의 하나님'에서 '그들의 하나님이 되려고'로 이어집니다.

①에서 여호와는 이스라엘 자손의 하나님이 되시려고, 이스라엘 자손을 애굽 땅에서 인도하여 내셨습니다. 따라서 ②의 '나는 여호와 그들의 하나님, 그들의 하나님이 되려고' 선포는 원수들의 땅으로 쫓겨난 이스라엘 자손을 반드시 돌아오게 하시어 '그들의 하나님'이 되실 것을 의미합니다.

그런데 ①에서 꼭 기억해야 할 것이 있습니다.

---

536) 히브리어 원문이 같은 곳을 살려 사역하였다.

여호와께서 애굽 땅에 있던 이스라엘 자손에게 '나는 여호와 너희의 하나님'이 되시기 위해 하신 일이 있습니다. 그 일은 애굽에 있던 이스라엘 자손을 빼내기 위하여, '유월절 어린 양'의 피를 흘리게 하신 일입니다.

따라서 ②의 '나는 여호와 그들의 하나님, 그들의 하나님이 되려고' 선포는 두 번째 '유월절 어린 양'의 피 흘림이 있을 것을 암시합니다.537)

여호와께서 원수의 땅에 있는 이스라엘 자손을 되찾기 위한 두 번째 유월절은 첫 번째 유월절로 예표 된 **'어린 양'**이 진실로 희생될 것입니다.

그 어린 양은 이스라엘 자손이 마음으로(네페쉬) 여호와를 거스른 잘못(26:40), 여호와께 지은 죄와(하타트) 불의를(아본) 담당하는 속건제물로538) 여호와 앞에 드려지게 될 것입니다.

그 말씀이 27장에 이어집니다.

---

537) 생명, 영혼(네페쉬)의 속죄를 위하여는 '흠 없는 제물'의 피 흘림이 있어야 한다(17:11). '여호와께서 그에게 상함을 받게 하시기를 원하사 질고를 당하게 하셨은즉 **그의 영혼을 속건제물로**(아샴 나프쇼 נַפְשׁוֹ אָשָׁם) 드리기에 이르면 그가 씨를 보게 되며 그의 날은 길 것이요 또 그의 손으로 여호와께서 기뻐하시는 뜻을 성취하리로다(사53:10)'
538) 누구든지 여호와의 계명 중 하나라도 그릇 범하여 여호와 앞에 참으로 잘못하였을 때, 여호와께서 명하시는 제물의 값 '네가 지정한 가치를 따라 성소의 세겔로 몇 세겔 은에 상당한 흠 없는 숫양'으로 무슨 허물이든지 사함 받는 제물이다(5:14-6:7).

27:1-34
여호와께 온전히 바쳐진 지극히 거룩한 그 사람

온전히 바쳐진 그 사람은(하아담 הָאָדָם)
다시 무르지 못하나니 반드시 죽일지니라(27:29)

27장은 여호와의 성물에 관하여 말씀하는데,539) 사람의 값과 가축 예물을 드릴 때(27:2b-13), 집과 밭을 드릴 때(27:14-25), 여호와께 마땅히 드려야 할 성물(27:26-33) 순으로 내용이 전개됩니다.

---

539) 27장은 여호와의 성물에 관한 말씀이다. 성물에 부지중 잘못을 범하면 '속건제'를 드려야 한다(5:14-19). 27장에서 속건제물은 희년에 '여호와께 온전히 바쳐진 그 사람'이다(27:28-29). 여호와께 온전히 바쳐진 그 사람은 '아니 여호와 엘로헤켐(나는 여호와 그들의 하나님)'을 선포하신 여호와께서(26:44-45), 이스라엘 자손을 원수의 땅에서 돌아오게 하시기 위하여 가나안 땅에 유월절 어린 양으로 보내실 제물이시다. '네가 지정한 가치를 따라 성소의 세겔로 몇 세겔 은에 상당한 흠 없는 숫양'이시다.

27:1-2 여호와께서 모세에게 말씀하여 이르시되 ²이스라엘 자손에게 말하여 이르라 만일 어떤 사람이 사람의 값을 여호와께 드리기로 분명히 서원하였으면 너는 그 값을 정할지니(이쉬 키 야플리 네데르 **베에르케카 네파쇼트** 라여호와 נֶדֶר בְּעֶרְכְּךָ נְפָשֹׁת לַיהוָה אִישׁ כִּי יַפְלִא)

여호와는 모세를 통해 이스라엘 자손에게 '만일 어떤 사람이 <u>네가 정한 생명의 값을 여호와께</u>(베에르케카 네파쇼트 라여호와)540) 드리기로 분명히 서원하였으면 너는 그 값을 정할지니라' 하십니다.

27:3-7 네가 정한 값은(에르케카 עֶרְכְּךָ) 스무 살로부터 예순 살까지는 남자면 성소의 세겔로 은 오십 세겔로 하고 ⁴여자면 그 값을 삼십 세겔로 하며 ⁵다섯 살로부터 스무 살까지는 남자면 그 값을 이십 세겔로 하고 여자면 열 세겔로 하며 ⁶일 개월로부터 다섯 살까지는 남자면 그 값을 은 다섯 세겔로 하고 여자면 그 값을 은 삼 세겔로 하며 ⁷예순 살 이상은 남자면 그 값을 십오 세겔로 하고 여자는 열 세겔로 하라

여호와는 제사장에게 생명의 값을(에레크 עֶרֶךְ) 정해주십니다.541) 여호와는 생명의 값을 성소의 세겔로 말씀하십니다. 값은 나이와 성별에 따라

---

540) '베에르케카'는 '네가 정한 값으로'란 의미이다(5:15). '네파쇼트'는 '네페쉬(생명)'의 복수형이다.
541) 생명의 값은 여호와께서 정하신 값이다. 그래서 '성소의 세겔로' 계산한다. 이것은 '생명의 값'이 성물의 값임을 의미한다(5:15-16).

다음과 같습니다.

※단위: 성소의 세겔(은)

성별 \ 연령	1개월~5세	5세~20세	20세~60세	60세~
남자	5	20	50	15
여자	3	10	30	10

27:8 그러나 서원자가 가난하여 네가 정한 값을(메에르케카 מֵעֶרְכֶּךָ) 감당하지 못하겠으면 그를 제사장 앞으로 데리고 갈 것이요 제사장은 그 값을 정하되 그 서원 자의 형편대로 값을 정할지니라

서원한 자는 여호와께서 제사장을 통해 정해준 생명의 값을 여호와께 드려야 합니다. 그러나 그가 가난하여 '정한 값(메에르케카)'을 감당하지 못하면, 여호와는 그를 제사장 앞으로 데리고 가라고 명하십니다. 여호와는 제사장에게 서원한 자의 형편을 고려하여 값을 정하여 주어서 그가 값을 치를 수 있게 하라 하십니다.

27:9-10 사람이 서원하는 예물로 여호와께(라여호와 לַיהוה) 드리는 것이(야크리부 יַקְרִיבוּ) 가축이면 여호와께 드릴 때는 다 거룩하니(라여호와 이흐예 코데쉬 לַיהוה יִהְיֶה קֹדֶשׁ) ¹⁰그것을 변경하여 우열간 바꾸지 못할 것이요 혹 가축으로 가축을 바꾸면 둘 다 거룩할 것이며

'사람이 예물로 여호와께 드리는 것이 가축이면 여호와께 드릴 때는 다 거룩하니'의 뜻은 여호와께 드릴 예물로 가축을 정하면, 그때부터 그 가축 예물은 여호와께 속하여 거룩하다는 뜻입니다. 가축 예물이 여호와께 속하여 거룩하므로, 후에 사람이 마음대로 바꿀 수 없습니다.

'우열간 바꾸지 못할 것'은 여호와께 속한 예물을 사람이 보고 나쁜 것을 좋은 것으로, 또는 좋은 것을 나쁜 것으로 바꿀 수 없다는 뜻입니다. 만일 여호와께 드릴 가축 예물을 사람이 바꾸면 원래 가축과 바꾼 가축이 다 거룩하므로 둘 다 여호와께 드려야 합니다.

27:11-13 부정하여(타메 טָמֵא) 여호와께 예물로 드리지 못할 가축이면 그 가축을 제사장 앞으로 끌어갈 것이요 ¹²제사장은 우열간에 값을 정할지니 그 값이 제사장의 정한 대로(케에르케카 כְּעֶרְכְּךָ) 될 것이며 ¹³만일 그가 그것을 무르려면 네가 정한 값에(에르케카 עֶרְכְּךָ) 그 오 분의 일을 더할지니라

가축 예물이 부정하여 여호와께 드릴 수 없으면, 여호와는 그 가축을 제사장 앞으로 끌어가라 하십니다. 그 가축을 제사장이 보고 우열에 따라 값을 정하면, 제사장이 정한 값이 가축의 값이 됩니다. 여호와는 가축 예물을 드리기로 한 자가 가축을 무르기를 원하면 제사장이 정한 값에 1/5을 더하여 주고 무르라 하십니다.

27:14 만일 어떤 사람이 자기 집을 성별하여 여호와께 드리려하면(붸이쉬 키 야크디쉬 베토 코데쉬 라여호와 וְאִישׁ כִּי יַקְדִּשׁ אֶת בֵּיתוֹ קֹדֶשׁ לַיהוָה)

제사장이 그 우열간에 값을 정할지니 그 값은 제사장이 정한 대로 될 것이며

만일 사람이 자기의 집을 여호와께 성별하여(코데쉬 라여호와) 드리기를 원하면 여호와는 제사장에게 그 집을 보고 우열 간에 집의 값을 정하라고 하십니다. 제사장이 정한 값이 집의 값이 됩니다.

27:15 만일 그 사람이 자기 집을 무르려면 네가 값을 정한 돈에(케세프 에르케카 כֶּסֶף עֶרְכֶּךָ) 그 오 분의 일을 더할지니 그리하면 자기 소유가 되리라

여호와께 집을 성별하여 드린 사람이 그 집을 무르기를 원하면, 여호와는 제사장이 정한 값의 돈에(케세프 에르케카) 1/5을 더하여 제사장에게 주라 하십니다. 그리하면 그 집이 다시 자기 소유가 될 것이라 하십니다.

27:16 만일 어떤 사람이 자기 기업된(아훗자 אֲחֻזָּה) 밭 얼마를 성별하여 여호와께 드리려하면(야크디쉬 이쉬 라여호와 וְהִקְדִּישׁ אִישׁ לַיהוָה) 마지기 수대로 네가 값을 정하되(에르케카 עֶרְכְּךָ) 보리 한 호멜지기에는 은 오십 세겔로 계산할지며

만일 어떤 사람이 여호와께서 주신 기업(아훗자) 중 밭 얼마를 여호와께 구별하여 드리려면(야크디쉬) 네가 값을 정하되(에르케카), **마지기 수대로, 보리 한 호멜지기에는**542) **은 오십 세겔로 계산하라 하십니다.**543)

- 536 -

27:17-18 만일 그가 그 밭을 희년부터(하요벨 הַיֹּבֵל) 성별하여 드렸으면(야크디쉬 יַקְדִּישׁ) 그 값을 네가 정한 대로(케에르케카 כְּעֶרְכְּךָ) 할 것이요 ¹⁸만일 그 밭을 희년 후에 성별하여 드렸으면(야크디쉬 יַקְדִּישׁ) 제사장이 다음 희년까지 남은 연수를 따라 그 값을 계산하고 정한 값에서 그 값에 상당하게 감할 것이며

여호와는 제사장에게 밭의 값을 정하는 기준을 '희년'으로 하라 하십니다. 밭을 '희년'에 드렸으면, '네가 정한 대로(케에르케카)'하라 하십니다.
밭의 값은 마지기 수대로, '보리 한 호멜지기에 <u>은 오십 세겔</u>'로 계산한 상당한 값입니다. 그런데 밭을 희년 후에 드리면, 다음 희년까지 남은 연수를 따라 그 값을 계산하고 정한 값에서 <u>상당하게 감하라고 하십니다</u>.544)

27:19 만일 밭을 성별하여 드린 자가(하마크디쉬 הַמַּקְדִּישׁ) 그것을 무르려면 네가 값을 정한(에르케카 עֶרְכְּךָ) 돈에 그 오분의 일을 더할지니 그리하면 그것이 자기 소유가 될 것이요

여호와께 기업의 밭을 드린 자가 밭을 무르기를 원하면, 제사장이 정한 값

---

542) 한 호멜은 10 에바로(겔45:11), 현대의 양으로 230L 정도이다. 마지기는 보리 한 호멜의 양을 뿌릴 수 있는 면적이다. 한 호멜 마지기는 노동자의 5년치 월급에 해당하는 돈으로 살 수 있는 땅이라고 한다. 기동연, 『레위기』, 1008
543) 밭의 값은 생명의 값을 정할 때와 같이 '<u>네가 값을 정하되(에르케카)</u>'로 표현된다. 또 밭의 값 <u>보리 한 호멜지기에 **은 오십 세겔**, 스무살로부터 예순 살까지의 남자 **은 오십 세겔과 같다**(27:3). '밭의 값'은 '생명의 값'을 비유한다.</u>
544) 희년에 드리는 밭의 값은 감해지지 않는다. 그런데 희년 후에 성별한 밭의 값은 상당하게 감해진다. 가난한 자가 생명의 값을 드리지 못할 때 제사장이 상당하게 감하여 주는 것과 같다(27:8).

에(에르케카) 1/5을 더하여 제사장에게 돌리면 자기 소유가 될 것이라 하십니다.545)

27:20 만일 그가 그 밭을 무르지 아니하려거나 타인에게 팔았으면 다시는 무르지 못하고

여호와께 밭을 드린 후에 다시 무를 수 없는 경우가 있습니다.

첫째는 여호와께 밭을 드린 자가 '그 밭을 무르지 아니하려' 할 때입니다.

여호와께 드린 밭을 밭의 주인이 제사장이 정하여 준 밭 값에 1/5을 더하여 무르지 않으면 그 밭은 무를 수 없습니다.

둘째는 밭을 성별하여 드린 자가 그 밭을 '타인에게 팔았으면' 다시는 무르지 못합니다.

27:21 희년이 되어서 그 밭이 돌아오게 될 때에는 여호와께 바친 성물이 되어(코데쉬 라여호와 קֹדֶשׁ לַיהוָה) 영영히(하헤렘 הַחֵרֶם) 드린 땅과 같

---

545) 여호와께 집을 드릴 때와 기업 된 밭을 드릴 때 차이

	집을 드릴 때	기업(아후자) 된 밭을 드릴 때
드리는 표현	성별하여 드림으로(코데쉬 라여호와) 표현	여호와께 드림으로(라여호와) 표현, 희년이 되어 여호와께 바쳐질 때 '성별(코데쉬 라여호와)'됨(27:21)
값을 정하는 표현	제사장이 보고 우열간에 정함 (값이 정해져 있지 않음)	마지기 수대로 정함(값이 정해져 있음) ※보리 한 호멜지기 은 오십 세겔(27:16)
기준 해와 무르는 기한	없음	값을 정하는 기준은 **희년**이며, 무르는 기한도 **희년**까지 정해져 있음
감하는 표현	없음	**희년**에 드린 밭은 제사장이 정한 값대로 정해지며, **희년** 후에 드린 밭은 제사장이 상당하게 감할 수 있음(27:17-18)

이 제사장의 기업이(아훗자 אחזה) 될 것이며

'희년이 되어서 그 밭이 돌아오게 될 때' 뜻은 희년이 되면 밭은 원주인에게로 돌아오는데(25:28), 여호와께 드린 밭이 희년에 원주인에게 돌아오려면 제사장이 '마지기 수 대로 정한 밭의 값'과 그 값의 1/5을 더하여 제사장에게 돌려야 합니다. 그런데 밭의 주인이 밭의 값 무르기를 원하지 않거나 타인에게 팔았으면(27:20), 그 밭은 희년에 그 밭을 주신 여호와께로 돌아온다는 뜻입니다.

'여호와께 바친 성물이 되어'의 뜻은 희년이 되어 여호와께 돌아온 밭은 여호와께 바친 성물로서(코데쉬 라여호와) '영영히 드린 땅'이 된다는 말씀입니다. '영영히(하헤렘 החרם)[546] 드린 땅과 같이 제사장의 기업이 될 것'이란 여호와께 성물로 바쳐진 밭은 여호와께서 부정한 것을 진멸하는 '헤렘'을 행하시어 거룩하게 하신 후, 제사장에게 기업으로 줄 것이란 뜻입니다.

27:21은 여호와께 드린 밭을 희년까지 무르지 않으면, 그 밭은 여호와께 바쳐진 땅이 되고(**코데쉬 라여호와**), 여호와는 그 땅에 부정한 것을 진멸하는 헤렘을 행하셔서 거룩하게 하시고, 거룩한 제사장에게 기업으로 주실 것을 말씀합니다.

27:22-24 만일 사람에게 샀고 자기 기업이 아닌 밭을 여호와께 성별하여

---

546) '영영히'로 번역된 '헤렘(חרם)'은 '완전히 멸하기로 정해진 것'으로 '진멸되어야 할 것'이란 뜻이다.

드렸으면(야크디쉬 라여호와 יַקְדִּשׁ לַיהוָה) ²³너는 값을 정하고(하에르케카 הֶעֱרְכְּךָ) 제사장은 그를 위하여 희년까지 계산하고 그는 네가 값을 정한 돈을(하에르케카 הָעֶרְכְּךָ) 그날에 여호와께 드려 성물로(코데쉬 라여호와 קֹדֶשׁ לַיהוָה) 삼을지며 ²⁴그가 판 밭은 희년에 그 판 사람 곧 그 땅의 원주인에게로 되돌아갈지니라

만일 다른 사람에게서 산 밭을 여호와께 드렸으면, 제사장이 밭의 값을 희년까지 계산하여 제사장이 정한 그 값을(하에르케카) **그날에 여호와께 드려 성물을 삼으라**(코데쉬 라여호와) 하십니다.547) 그리고 그 밭은 희년에 그 밭을 기업으로 받은 자에게 되돌아갈 것이라 하십니다.

27:25 또 네가 정한 모든 값은(에르케카 עֶרְכְּךָ) 성소의 세겔로 하되 이십 게라를 한 세겔로 할지니라

여호와는 '네가 정한 모든 값(에르케카)'을 '성소의 세겔로 하되 이십 게라를 한 세겔'로 하라 하십니다. '네가 정한 값'과 '성소의 세겔' 표현은 이 값들이 여호와의 성물을 부지중에 범한 성물의 값으로 드리는 값을 의미합니다.548) 생명의 값(27:2:-8), 가축 예물을 무를 때의 값(27:9-13), 집을 성물로 드리고 무를 때의 값(27:14-15), 밭을 드리고 무를 때의 값(27:16-24)은 모두 여호와의 성물을 범하여 드리는 값입니다. 여호와는 여호와의

---

547) 다른 사람의 밭을 사서 여호와께 드린 자는 그날에 제사장이 정한 그 값을(하에르케카) 여호와께 드려 성물로 삼아야 한다. 밭의 값에 1/5을 더하라는 말씀이 없다.
548) '누구든지 **여호와의 성물에 대하여** 부지중에 범죄하였으면 여호와께 속건제를 드리되 **네가 지정한 가치를 따라(베에르케카) 성소의 세겔로 몇 세겔** 은에 상당한 흠 없는 숫양을 양 떼 중에서 끌어다가 속건제로 드려서(5:15)'

성물을 무르는 값을 성소의 세겔로 하되 이십 게라를 한 세겔로 하라고 명하십니다.

27:26-27 오직 가축 중의 처음 난 것은 여호와께(라여호와 לַיהוָה) 드릴 첫 것이라 소나 양은 여호와의 것이니(라여호와 후 לַיהוָה הוּא) 누구든지 그것으로는 성별하여 드리지 못할 것이며(로 야크디쉬 לֹא יַקְדִּישׁ) ²⁷만일 부정한 짐승이면 네가 정한 값에(베에르케카 כְּעֶרְכֶּךָ) 오분의 일을 더하여 무를 것이요 만일 무르지 아니하려면 네가 정한 값대로(베에르케카 בְּעֶרְכֶּךָ) 팔지니라

여호와는 가축 중의 처음 난 것은549) 여호와께 마땅히 드릴 것이므로 그것을 성별하여 드리지 말라 하십니다(출13:2, 12-16; 34:19-20 참조).

만일 여호와께 드릴 가축 중의 처음 난 것이 부정하면550) 제사장에게 가져가 제사장이 값을 정하게 하십니다. 그 가축을 무르기를 원하면 제사장이 정한 값에(베에르케카) 1/5을 더하여 제사장에게 주고, 만일 무르기를 원하지 않으면, 제사장이 정한 값에 팔아 그 값을 제사장에게 드려야 합니다.

27:28 어떤 사람이 자기 소유 중에서 오직 여호와께 온전히 바친 모든 것은(아크 콜 헤렘 아쉐르 야하림 이쉬 라여호와 미콜 아쉐르 로 אַךְ כָּל חֵרֶם אֲשֶׁר יַחֲרִם אִישׁ לַיהוָה מִכֹּל אֲשֶׁר) 사람이든지(메아담 מֵאָדָם) 가축

---

549) 여호와께서 기쁘게 받으시도록 여덟째 날 이후에 드려야 한다(22:27).
550) '부정한 짐승'은 흠 있는 짐승이다(22:19, 22-25). 나귀의 첫 새끼는 어린 양으로 대속해야 한다(출13:13; 34:20)

이든지(우베헤마 וּבְהֵמָה) 기업의 밭이든지(우미세데 아훗자토 אֲחֻזָּתוֹ וּמִשְּׂדֵה) 팔지도 못하고 무르지도 못하나니 바친 것은(헤렘 חֵרֶם) 다 여호와께 지극히 거룩함이며(코데쉬 코다쉼 קֹדֶשׁ קָדָשִׁים)

만일 사람이(이쉬) 여호와께 온전히 바친 모든 것은(콜 헤렘 아쉐르 야하림)551)' 사람이든지, 가축이든지, 기업의 밭이든지 팔지도 못하고 무르지도 못한다고 선포하십니다. 여호와께 온전히 바친 모든 것은 **여호와께 지극히 거룩하기(코데쉬 코다쉼)** 때문입니다.552)

27:29 온전히 바쳐진 그 사람은(콜 헤렘 아쉐르 요호람 민 하아담 הָאָדָם כָּל חֵרֶם אֲשֶׁר יָחֳרַם מִן) 다시 무르지 못하나니 반드시 죽일지니라(모트 유마트 מוֹת יוּמָת)

'온전히 바쳐진 그 사람(콜 헤렘 아쉐르 요호람 민 하아담)'의 뜻은 '**사람 중에서 헤렘을 당하기 위하여 바쳐진(요호람)**553) **한 사람**'입니다. 여호와는 여호와께 온전히 바쳐진 그 사람(하아담)은 **다시 무르지 못하므로 반드시 죽이라**(모트 유마트)554) 명령하십니다.

---

551) '야하림(יַחֲרִם)'은 명사 '헤렘'의 동사 '하람(חָרַם)'의 히필형으로 '완전히 봉헌하다, 철저한 진멸을 위해 드리다'의 뜻이다.
552) 여호와께 온전히(헤렘) 바쳐져 '헤렘을 행하는(야하림)' 성물은 희년에 여호와께 드려진 성물이다(27:21). 또 '코데쉬 코다쉼' 표현은 거룩한 제사장이 백성의 죄를 담당하기 위해 먹는 지극히 거룩한 제물 표현에 쓰인다(24:9 본문 설교 참조).
553) '요호람(יָחֳרַם)'은 명사 '헤렘'의 동사 '하람(חָרַם)'의 호팔형으로 '완전한 봉헌을 위해 철저한 진멸을 당하기 위해 드리다'의 뜻이다
554) '반드시 죽일지니(모트 유마트)'는 '반드시 죽임을 당해야 한다'를 의미한다(20:2, 9, 10, 11,…).

27:30-31 그리고 그 땅의 십분의 일(마아사르 하아레츠 מַעְשַׂר הָאָרֶץ) 곧 그 땅의 곡식이나 나무의 열매는 그 십분의 일은 여호와의 것이니 (라여호와 후 לַיהוָה הוּא) 여호와의 성물이라(코데쉬 라여호와 הוּא קֹדֶשׁ לַיהוָה) ³¹또 만일 어떤 사람이 그의 십일조를 무르려면(가올 이그알 גָּאֹל יִגְאַל) 그것에 오 분의 일을 더할 것이요

여호와는 그 땅의 십분의 일이 여호와의 것이라(라여호와 후) 하십니다. 곡식부터 나무 열매에 이르기까지 그 땅에서 나오는 십분의 일은 여호와의 것으로, 여호와께 성물로 드려야 합니다(코데쉬 라여호와). 만일 어떤 사람이 정말로(가올)555) 그의 십일조를 무르려면 십일조에 1/5을 더하여 무르라 하십니다.

27:32-33 모든 소나 양(쫀 צֹאן)의 십일조는 목자의 지팡이 아래로 통과하는 것의 열 번째의 것마다 여호와의 성물(코데쉬 라여호와 לַיהוָה קֹדֶשׁ)이 되리라 ³³그 우열을 가리거나 바꾸거나 하지 말라 바꾸면 둘 다 거룩하리니 무르지 못하리라

여호와는 모든 소와 양(쫀)의556) 십일조는 목자의 지팡이를 (가로로) 들어 그 아래를 통과하는 것의 열 번째가 여호와께 드릴 성물이라(코데쉬 라여호와) 하십니다. 여호와는 십일조로 드릴 소나 양의 우열을 가리거나 바

---

555) '정말로(가올)'는 '무르다(가알 גָּאַל)'의 절대형 부정사이다. 땅의 십일조는 제사장이 정하는 값 '에르케카' 표현이 없다. 땅의 십일조는 드리는 자에게 달려 있다. 여호와는 땅의 십일조를 정직하게 드릴 것을 '정말로'라는 표현으로 나타내신다.
556) '쫀'은 가축 중에서 몸집이 작은 양이나 염소들을 가리킨다.

꾸지 말라고 하십니다. 바꾸면 둘 다 거룩하여 무르지 못하고 둘 다 여호와께 드려야 합니다.

27:34 이것은 여호와께서 시내 산에서 이스라엘 자손을 위하여 모세에게 명령하신 계명(하미츠보트 הַמִּצְוֹת)이니라

레위기 말씀이 여호와께서 시내 산에서 이스라엘 자손을 위하여 모세에게 명령하신 계명임을 알리며 말씀을 종결합니다(출31:18; 34:29 참조).

▶▶본문 해석

"희년이 되어 그 밭이 돌아오게 될 때에는 여호와께 바친 성물이 되어 영영히 드린 땅과 같이 제사장의 기업이 될 것이며(27:21)"

여호와께서 주신 기업의 밭을 여호와께 성별하여 드린 후에, 희년까지 그 밭을 무르지 않으면, 희년에 그 밭은 여호와께로 돌아옵니다. 희년에 여호와께 돌아오는 밭은 여호와께 바쳐진 성물이 됩니다(**코데쉬 라여호와**). 여호와는 희년에 여호와께 성물로 바쳐진 밭에 부정한 것을 진멸하는 헤렘을 행하시어, 그 밭을 거룩한 제사장의 기업이 되게 하십니다.

이 말씀을 한 구절씩 찬찬히 살펴보겠습니다.

① '희년이 되어'

희년은 뿔나팔 소리로 가나안 땅에 울려 퍼집니다(25:8-9). 희년의 '뿔나팔(쇼파르) 소리'는 여호와께서 강림하심을 알리는 소리입니다.557) 따라서 '희년이 되어' 뜻은 '여호와께서 강림하시는 해가 되어'를 뜻합니다.558)

② '그 밭이 돌아오게 될 때에는 여호와께 바친 성물이 되어'

희년까지 무르지 않은 밭은 여호와께로 돌아와 '여호와께 바쳐진 성물(코데쉬 라여호와)'이 됩니다. 여호와께서 강림하시는 희년에 여호와는 '코데쉬 라여호와'로 여호와께 바쳐진 땅에 강림하십니다.

③ '영영히(헤렘) 드린 땅과 같이'

희년에 '코데쉬 라여호와'로 바쳐진 땅에 강림하시는 여호와는 그 땅의 부정한 모든 것을 진멸하는 '헤렘'을 행하십니다. 거룩하신 여호와께서 그 땅에 강림하시기에, 땅의 모든 부정한 것은 진멸을(헤렘) 당하게 됩니다.

'헤렘'은 희년에 밭의 값을 무르지 않아 거룩하신 여호와께 바쳐진 땅에 행해집니다. 희년에 여호와는 '코데쉬 라여호와'로 바쳐진 땅에 부정한 것을 진멸하시는 '헤렘'을 행하시고, 여호와 앞에 거룩한 땅이 되게 하십니다.

④ '제사장의 기업이 될 것이며'

거룩하신 여호와께 거룩한 성물로 바쳐져서 진멸을(헤렘) 당한 땅은 부정

---

557) 여호와는 시내 산 강림을 '쇼파르 소리'로 알리신다(출19:16, 19; 20:18).
558) '여호와께서 모세에게 이르시되 내가 빽빽한 구름 가운데서 네게 임함은(아부르 עֲבוּר) … (출19:9)'

한 모든 것이 진멸되어 거룩한 땅이 됩니다. 여호와는 거룩한 땅을 거룩한 제사장에게 주어 제사장의 기업이 되게 하십니다.

27:21 말씀은 가나안 땅 정복의 역사, 성경에 기록되어 있습니다.
여호와께서 희년에 여호와께 바쳐진 땅에 강림하시어 '헤렘'을 행하시고, 그 땅을 '제사장'에게 주어 기업으로 삼게 하신 생생한 기록이 여호수아서에 기록되어 있습니다.

여호와는 이스라엘 자손을 출애굽 시키시고 시내 산에서 그들을 '제사장 나라 거룩한 백성'이 되게 하겠다고 언약하셨습니다(출19:6). 여호와는 언약을 지키시기 위하여 여호와께 바쳐진 가나안 땅을 거룩하게 하여 '제사장 나라 거룩한 백성' 이스라엘에게559) 기업으로 주시기 위하여, 이스라엘 자손과 함께 가나안 땅으로 들어오십니다(수5:15).

여호와는 희년이 되어 여호와께 바쳐진 가나안 땅에 들어오심을 제사장들의 '뿔나팔 소리'로 가나안 땅에 울려 퍼지게 하십니다(25:9; 수6:4).560)
여호와는 가나안 땅의 희년에 모세의 수종자였던 눈의 아들 여호수아에게 명령하여 가나안 땅에 '헤렘'을 행하라 명령하십니다(수6:17-18).561)

---

559) 이스라엘 자손은 여호와의 명령에 따라 길갈에서 다시 할례를 행하고 유월절을 지켰다(수5:2-11).
560) '제사장 일곱은 일곱 양각 나팔을 잡고(쉬브아 쇼프로트 하요벨림 עָה שׁוֹפְרוֹת הַיּוֹבְלִים שֶׁב) 언약궤 앞에서 나아갈 것이요 일곱째 날에는 그 성을 일곱 번 돌며 그 제사장들은 나팔을 불 것이며(수6:4)', '일곱 양각 나팔(쉬브아 쇼프로트 하요벨림)'은 일곱 개의 '희년의 나팔'이란 뜻이다. '일곱 양각 나팔'을 일곱째 날에 성을 '일곱 번 돈 것'은 '칠 년이 일곱 번'으로 '희년'이 되었음을 의미한다.
561) '이 성과 그 가운데 있는 모든 것은 여호와께 온전히 바치되(헤렘) 기생 라합과 그 집

가나안 땅 여리고가 여호와께 바쳐져 '헤렘'을 당한 것은,562) 희년이 되어 여호와께서 오실 때까지 '밭의 값'을 무르지 않았기 때문입니다.

헤렘은 희년까지 밭의 값을 갚지 못한 땅에 일어납니다. 여호와는 희년에 여호와께 바쳐진 땅에 부정한 모든 것을 진멸하는 헤렘을 행하시고, 거룩한 땅이 되게 하십니다. 그리고 거룩한 땅을 제사장의 기업으로 주십니다.

27:21 말씀은563) **여호와께서 가나안 땅 여리고에 행하신 헤렘으로 증거됩니다.** 여호와는 일곱째 날에 일곱 제사장들의 뿔나팔 소리로 여리고 성을 일곱 번 돌게 하심으로 가나안 땅에 희년이 임함을 알리셨습니다(수6:4).

27:21 말씀대로 여호와는 여호수아와 이스라엘 자손에게 여리고 성에 '헤렘'을 행하게 하셨습니다. 희년이 되었으나 여리고 성 주민들은 여호와께 드려야 할 '밭의 값'을 드리지 못하여 헤렘을 당했습니다.564) 그들이 **여호와께 갚지 못한 '밭의 값'으로 '생명'이 모두 진멸되었습니다(수6:21).** 오직 라합과 그녀의 가족과 그녀에게 속한 모든 것만 살아남았습니다(수6:25).565)

에 동거하는 자는 모두 살려 주라 이는 우리가 보낸 사자들을 그가 숨겨 주었음이니라 ¹⁸너희는 온전히(헤렘) 바치고 그 바친 것 중에서(타하리무 תַּחֲרִימוּ) 어떤 것이든지 취하여 너희가 이스라엘 진영으로 바치는 것(헤렘)이 되게 하여 고통을 당하게 되지 아니하도록 오직 너희는 그 바친(헤렘) 물건에 손대지 말라(수6:17-18)'
562) 여호와는 가나안 땅의 죄악을 오래 참으시며, 그들이 돌이키도록 기다리셨다(창15:16). '밭의 값'은 '생명의 값'을 의미한다.
563) 여호수아서는 27:21 말씀이 어떻게 이루어졌는지 그대로 기록하고 있다.
564) 희년에 정해진 밭의 값이 얼마나 큰가를 보라(27:16-17). 여리고 성 주민이 무르지 못한 '밭의 값'은 '생명의 값'이다. '밭의 값'을 갚지 못해 자신들의 '생명'으로 담당한 것이다(27:2-8). 사람의 생명은 하나님께서 주셨다(창2:7). 사람의 생명은 여호와의 성물 중 가장 귀한 성물이다(렘2:3).
565) 라합은 이스라엘의 하나님 여호와를 진실로 경외하였다. '… 너희의 하나님 여호와는 위로는 하늘에서도 아래로는 땅에서도 하나님이시니라(수2:11)'

헤렘 말씀이 27:28-29에 계속됩니다. 27:28-29는 여호와께 온전히 바쳐진 모든 것 중, '한 사람'의 헤렘에 관해 말씀합니다. 27:28은 이 사람이 어떠한 사람인가를 말씀하며, 27:29는 이 사람이 어떠한 죽음으로 '헤렘'을 당하는지 말씀합니다.

"²⁸어떤 사람이 자기 소유 중에서 <u>오직 여호와께 온전히 바친 모든 것은</u>(콜 헤렘 아쉐르 야하림) 사람이든지 가축이든지 기업의 밭이든지 팔지도 못하고 무르지도 못하나니 <u>바친 것은</u>(콜 헤렘 כָּל חֵרֶם) 다 여호와께 지극히 거룩함이며(코데쉬 코다쉼 후 라여호와 קֹדֶשׁ קָדָשִׁים הוּא לַיהוה) ²⁹온전히 바쳐진 그 사람은(콜 헤렘 아쉐르 요호람 민 요호람) 다시 무르지 못하나니 <u>반드시 죽일지니라</u>(모트 유마트) (27:28-29)"

27:28b는 헤렘을 위해 바친 모든 것은(콜 헤렘) '다 여호와께 지극히 거룩하다(코데쉬 코다쉼 후 라여호와)' 하십니다. 그러므로 헤렘을 당하기 위해 여호와께 바쳐진 사람도 '지극히 거룩한(코데쉬 코다쉼) 사람'입니다. 그런데 '코데쉬 코다쉼' 표현은 여호와께서 향기로 받으시는 소제(2:3), 흠 없는[566] 제물을 드리는 속죄제(6:29), 성소의 세겔로 정한 값에 해당하는 흠 없는 숫양을 화제로 드리는 속건제에(7:1)[567] 표현됩니다. 따라서 헤렘을 위해 여호와께 바쳐진 지극히 거룩한 그 사람은 '여호와께서 기쁘게 받으시는 흠 없는 제물'로 바쳐진 사람이 됩니다.

---

566) 레위기에서 '흠 없음'은 아론과 그의 아들들, 가축 제물에 적용된다(21:16-23; 22:17-25).
567) '제사장은 그것을 다 제단 위에서 불살라 여호와께 화제로 드릴 것이니 이는 속건제니라 제사장인 남자는 모두 그것을 먹되 거룩한 곳에서 먹을지니라 그것은 <u>지극히 거룩하니라(코데쉬 코다쉼)</u>(7:5-6)'

27:29는 여호와께 온전히 바쳐진 그 사람은(헤렘을 당하기 위해 여호와께 바쳐진 사람) 무르지 못하므로 **여호와는 그 사람에게 '모트 유마트'를 행하라 하십니다.** 그래서 여호와께 바쳐진 이 사람이 반드시 죽임을 당하게 하라 하십니다.

'모트 유마트'는 여호와의 성호를 욕되게 하여(20:1-21, 27), '반드시 죽일지니라'가 선포된 자들이 받는 형벌입니다. 그런데 여호와는 '지극히 거룩한(코데쉬 코다쉼)' 그 사람에게 헤렘을 위해 '모트 유마트'의 형벌을 행하라 하십니다. 그러므로 어떤 사람에 의해 '여호와께 온전히 바쳐진 그 사람'은 '지극히 거룩한 사람'으로서 '모트 유마트'의 형벌을 당하는 사람입니다

여호와께 온전히 바쳐진 지극히 거룩한 그 사람에게 '모트 유마트'의 형벌로 헤렘을 행하라는 명령은 무엇 때문일까요?

여호와는 이스라엘 자손이 가나안 땅에 들어가면 일곱 안식년을 계수하여 '희년'을 지키라 명령하십니다(25:2-13). 여호와의 이 명령은 가나안 땅은 희년이 임하는 땅임을 말씀합니다. 이스라엘 자손이 가나안 땅에 들어갈 때 여리고 성에 '희년'이 선포된 것처럼, 이스라엘 자손이 가나안 땅에 거하면 그들도 여호와의 희년을 준비해야 합니다. 만일 가나안 땅에 희년이 돌아와 여호와께서 강림하실 때까지 밭의 값을 무르지 않으면 이스라엘 자손도 헤렘을 당하게 될 것입니다. 그러므로 가나안 땅에서 이스라엘 자손은 여호와의 희년이 오기 전에 헤렘 당하지 않기 위하여 밭의 값, 생명의 값을 준비해야 합니다.

그런데 여호와는 **특별하게도** 이스라엘 자손에게는 여호와께 드릴 생명의 값을 제사장에게 상당하게 감하여 주라고 하십니다(27:2-8).

"네가 정한 값은 스무살로부터 예순 살까지는 남자면 **성소의 세겔로 은 오십 세겔로 하고** … 그러나 서원자가 가난하여 네가 정한 값을 감당하지 못하겠으면 그를 제사장 앞으로 데리고 갈 것이요 제사장은 그 값을 정하되 그 서원자의 형편대로 값을 정할지니라(27:2, 8)"

'성소의 세겔로' 정한 생명의 값은 '성물의 값'으로 감할 수 없는 값입니다. 그런데 여호와는 '생명의 값'을 서원하고도 가난하여 감당하지 못하는 이스라엘 자손을 '제사장'에게 데리고 가서 '제사장'이 서원한 자의 형편대로 감하여 주라고 하십니다.568)

이렇게 제사장을 통해 이스라엘 자손이 여호와께 드려야 할 생명의 값을 감하여 주시는 것은, 가나안 땅의 희년에 이스라엘 자손이 여호와께 드려야 할 생명의 값은, 거룩한 제사장 '그'가 담당하게 될 것을 이스라엘 자손에게 '영원히 지킬 규례'로 주셨기 때문입니다(16:30).

"**이날에 그가 너희를 위하여 속죄하여 너희를 정결하게 할 것이다.** 너희의 모든 죄들로부터 너희가 여호와 앞에 정결하게 될 것이다. 이는 너희에게 안식일 중의 안식일인즉(샤바트 샤바톤) 너희는 스스로 괴롭게 할지니 **영원히 지킬 규례라** (후카트 올람 חֻקַּת עוֹלָם)(16:30-31)"

---

568) 이스라엘 자손이 여호와께 서원한 생명의 값은 시내 산 언약을 가리킨다(출24:1-11). 그들은 시내 산에 강림하신 여호와 앞에서 언약의 피로 언약했다.

16:30의 '그'는 안식일 중의 안식일(샤바트 샤바톤)에 이스라엘 자손의 모든 부정과 불의를(생명의 값) 담당하는 거룩한 대제사장입니다. 이 거룩한 대제사장이 27:8에서 희년에 여호와께 드려야 할 '생명의 값'을 감하여 주는 대제사장입니다. 이 거룩한 대제사장이 이스라엘 자손이 여호와께 드려야 할 생명의 값을 감하여 주었으므로, 거룩한 대제사장 '그'는 이스라엘 자손의 드려야 할 '생명의 값'으로, '**희년의 샤바트 샤바톤**'에 자신의 '**거룩한 생명**'을 여호와께 드리는 제사장입니다.

희년의 샤바트 샤바톤에 지극히 거룩한(코데쉬 코다쉼) 대제사장은 그의 대제사장 직분을 '코데쉬 코다쉼'으로 담당합니다. 그는 진실로 지극히 거룩한 대제사장입니다(24:9).

'이는 여호와의 화제 중 <u>그에게(로 ל) 돌리는 것</u>으로서 <u>지극히 거룩함이니라</u>(코데쉬 코다쉼 קֹדֶשׁ קָדָשִׁים) 이는 <u>영원한 규례니라</u>(호크 올람 חָק עוֹלָם)(24:9)'

희년의 샤바트 샤바톤에 지극히 거룩한 대제사장은 여호와께서 기뻐하시는 자신을 '코다쉬 코다쉼'의 화제로 드려, 백성의 죄, 생명의 값을 담당합니다.569) 지극히 거룩한 대제사장이 '코다쉬 코다쉼'인 자신을 여호와께 온전히 드리므로, 그의 지극히 거룩한 피는 수송아지와 염소의 피가 담당했던 일곱째 달 십 일 제사, 안식일 중의 안식일을(샤바트 샤바톤)570) 영원히 성취

---

569) '코데쉬 코다쉼'인 제사장'이 자신을 '코데쉬 코다쉼'으로 드리는 제사는 속건제이다. 속건제는 여호와와 백성을 영원히 화목하게 하는 완전한 제사이다.
570) 이날은 큰 안식일(출31:15), 엄숙한 안식일(출35:2), 안식일 중의 안식일(16:31), 쉴 안식일(레23:3, 32)이 성취된다.

합니다.

희년의 샤바트 샤바톤을 성취하는 그 거룩한 대제사장이 바로 희년에 '헤렘'을 당하기 위해 '여호와께 온전히 바쳐진 그 사람'입니다(27:28-29).

여호와는 희년의 샤바트 샤바톤에 '여호와께 온전히 바쳐진 그 사람'이 '모트 유마트'의 헤렘을 당해 '그의 지극히 거룩한 피'를 흘리게 하심으로, 시내 산에서 모세를 통해 선포하신 '샤바트 샤바톤'을 성취하여 안식일 언약 안에 있는 자들을 영원히 거룩하게 하십니다.571)

'너는 이스라엘 자손에게 말하여 이르기를 너희는 나의 안식일을 지키라 이는 나와 너희 사이에 너희 대대의 표징이니 **나는 너희를 거룩하게 하는 여호와인 줄** (키 아니 여호와 메카디쉬켐 כִּי אֲנִי יְהוָה מְקַדִּשְׁכֶם) 너희가 알게 함이라 … 엿새 동안은 일할 것이나 **일곱째 날은 큰 안식일이니 여호와께 거룩한 것이라**(샤바트 샤바톤 코데쉬 라여호와) **(그)안식일에**(하샤바트 הַשַּׁבָּת) 일하는 자는 누구든지 반드시 죽일지니라(모트 유마트 מוֹת יוּמָת)(출31:13, 15)'

여호와는 이스라엘 자손에게 샤바트 샤바톤을 영원한 언약으로 주시고(출31:12-18), 희년의 샤바트 샤바톤에 '여호와께 온전히 바쳐진 그 사람'이 오실 때까지, 안식일과 일곱째 달 십 일을 지킴으로 이스라엘 자손을 거룩하게 하시는 은혜를 이미 베푸십니다(겔20:11-12, 19-20 참조).

---

571) 예수님은 희년의 속죄일(샤바트 샤바톤)을 성취하셨다(25:8-13; 요19:30). 희년의 속죄일은 <u>유월절에 있는 그 안식일(하샤바트 הַשַּׁבָּת)</u>이다(출31:15). 예수님은 <u>그 안식일(하샤바트 הַשַּׁבָּת) 이튿날</u>에 부활하셨다(23:11, 요20:1).

▶27:21, 28-29를 연결하여 읽으면 다음과 같이 읽을 수 있습니다.

여호와는
① 여호와의 희년에
② 어떤 사람에 의해
③ 여호와께 온전히 바쳐진 지극히 거룩한 그 사람에게
④ '모트 유마트'의 헤렘을 행하실 것이며
⑤ 여호와께 온전히 바쳐진 그 사람이 헤렘을 당한 후에
⑥ 지극히 거룩한 제사장의 기업을 받게 하실 것입니다.572)

여호와의 말씀이 어떻게 성취되었는지 신약성경에서 찾을 수 있습니다.

① **여호와의 희년에**
→ 주의 성령이 내게 임하셨으니 이는 **가난한 자**에게573) 복음을 전하게 하시려고 내게 기름을 부으시고 나를 보내사 포로된 자에게 **자유**를574), 눈먼 자에게 다시 보게 함을 전파하며, 눌린 자를 자유롭게 하고 **주의 은혜의 해**를575) 전파하게 하려 하심이라(눅4:18-19)

---

572) '여호와께 성결(코데쉬 라여호와)'한 대제사장은 이스라엘 자손의 모든 죄책을 담당하므로(출28:36-38; 민18:1), 여호와께 드리는 모든 성물(코데쉬 라여호와, 라여호와로 드리는 성물)은 모두 그의 기업, 몫이다(민18:20).
573) '가난한 자'는 27:8과 같이 희년이 되었으나 가난하여 땅값을(생명의 값) 무르지 못해 헤렘에 처한 자이다. '땅값'은 곧 죄의 값이다. 첫 번째 그 사람(하아담)의 후손은 누구도 여호와께 죗값을 담당할 능력이 없다. 예수님은 첫 번째 그 사람(아담) 후손의 죗값을 담당하시기 위하여 두 번째 '그 사람'으로 하늘에서 오셨다(고전15:47).
574) '희년'의 기쁨은 자유이다(레25:10). 예수님은 희년을 선포하시고 희년의 속죄일에(유월절의 그 안식일) '모트 유마트'의 헤렘을 당하셔서, 예수님께 나오는 가난한 자의 생명의 값을 모두 담당하시어 가난한 자가 해방되게 하셨다.

② 어떤 사람에576) 의해

→ 그 때에 열둘 중의 하나인 가룟 유다라 하는 자가 대제사장들에게 가서 말하되 내가 예수를 너희에게 넘겨주리니 얼마나 주려느냐 하니 그들이 **은 삼십**을577) 달아 주거늘 그가 그때부터 예수를 넘겨줄 기회를 찾더라(마26:14-16)

③ 여호와께 온전히 바쳐진 지극히 거룩한 그 사람에게

→ 나도 그를 알지 못하였으나 나를 보내어 물로 세례를 베풀라 하신 그이가 나에게 말씀하시되 성령이 내려서 누구 위에든지 머무는 것을 보거든 그가 곧 성령으로 세례를 베푸는 이인 줄 알라 하셨기에 내가 보고 그가 **하나님의 아들**이심을 증언하였노라 하니라(요1:33-34)

④ '모트 유마트'의 헤렘을 행하실 것이며

→ 빌라도가 대답하여 이르되 너희는 내가 **유대인의 왕**을 너희에게 놓아주기를 원하느냐 하니 이는 그가 대제사장들이 시기로 예수를 넘겨준 줄 앎이

---

575) '여호와의 은혜의 해와 우리 하나님의 보복의 날을 선포하여 모든 슬픈 자를 위로하되 (사61:2)'에서 '우리 하나님의 보복의 날'은 십자가 위에서 예수님께서 담당하셨다. 예수님은 '우리 하나님의 보복의 날'을 당하시고, 우리에게는 '은혜 위에 은혜가' 더하게 하셨다(요1:14-16).

576) '… 미리 정한 사람에게 맡겨 광야로 보낼지니(16:21)' '아사셀 염소를' 이끌어 광야로 보내는 사람은 미리 정해져 있었다. '이 말씀은 가룟 시몬의 아들 유다를 가리키심이라 그는 열둘 중의 하나로 예수를 팔 자러라(요6:71)' 예수님을 팔 자도 미리 정해져 있었다.

577) 유다가 대제사장들에게 예수님을 팔고 받은 돈은 대제사장들이 성소의 세겔로 주었으므로(마26:14-15; 레27:3-7), 예수님의 값은 속건제물의 값이다(레5:15). 유다가 받은 돈은 성소의 세겔로 30세겔이다(마26:15). 그 돈은 여자의 생명의 값이다(레27:4). 예수님은 신부(교회)를 위한 생명의 값으로 팔리셨다(엡5:25). '신부를 취하는 자는 신랑이나 서서 신랑의 음성을 듣는 친구가 크게 기뻐하나니 나는 이러한 기쁨으로 충만하였노라(요3:29)'

러라 그러나 대제사장들이 무리를 충동하여 도리어 바라바를 놓아 달라 하게 하니 빌라도가 또 대답하여 이르되 그러면 너희가 유대인의 왕이라 하는 이를 내가 어떻게 하랴 그들이 다시 소리 지르되 그를 십자가에 못 박게 하소서 빌라도가 이르되 어찜이냐 **무슨 악한 일**을 하였느냐 하니 더욱 소리 지르되 십자가에 못 박게 하소서 하는지라 빌라도가 무리에게 만족을 주고자 하여 **바라바는 놓아주고**578) **예수는 채찍질하고 십자가에 못 박히게 넘겨 주니라**(막15:9-15)

→ 그들이 예수를 맡으매 **예수께서 자기의 십자가를 지시고 해골**(히브리 말로 골고다)**이라 하는 곳에 나가시니** … **예수께서 못 박히신 곳이 성에서 가까운 고로**579) 많은 유대인이 이 패를 읽는데 히브리와 로마와 헬라 말로 기록되었더라(요19:17, 20)

⑤ 여호와께 온전히 바쳐진 그 사람이 헤렘을 당한 후에

→ 제구 시에 예수께서 크게 소리 지르시되 **엘리 엘리 라마 사박다니** 하시니580) 이를 번역하면 나의 하나님, 나의 하나님 어찌하여 나를 버리셨나이까 하는 뜻이라(막15:34)

---

578) 지극히 거룩한 '그 사람' 예수님은 마땅히 '모트 유마트'를 당해야 할 자들의 왕이 되시어 악한 아들 '바나바'를 위하여 스스로 십자가를 지셨다.
579) 예수님은 예루살렘 성 바깥 골고다에서 십자가에 못 박히셨다. 골고다는 진영(예루살렘) 밖, 부정한 곳을 상징한다. 백성의 왕으로서 자기 백성의 모든 부정과 불의를 지시고 진영 밖에서 마땅히 '모트 유마트' 당해야 할 자를 위해 지극히 거룩하신 예수께서 헤렘을 받으셨다(레16장 참조)
580) 예수님은 거룩하신 하나님 아버지로부터 받는 헤렘, '모트 유마트'의 고통을 이렇게 절규하셨다(레16장; 사53장)

⑥ 지극히 거룩한 제사장의 기업을 받게 하실 것입니다.

→ 청년이 이르되 놀라지 말라 너희가 십자가에 못 박히신 나사렛 예수를 찾는구나 그가 살아나셨고 여기 계시지 아니하니라 보라 그를 두었던 곳이니라(막16:6) 주 예수께서 말씀을 마치신 후에 **하늘로 올려지사 하나님 우편에 앉으시니라**(막16:19)581)

→ 나의 자녀들아 내가 이것을 너희에게 씀은 너희로 죄를 범하지 않게 하려 함이라 만일 누가 죄를 범하여도 아버지 앞에서 우리에게 대언자가(파라클레토스 παράχλητος) 있으니 곧 의로우신 예수 그리스도시라 그는 우리 죄를 위한 화목제물이니 우리만 위할 뿐 아니요 온 세상의 죄를 위하심이라(요일2:1-2)582)

거룩하신 하나님은 아버지께 온전히 순종하신 하나님의 아들 예수님을 하나님 우편에 앉히시고583) **아들의 이름을 믿는 자에게 하나님의 자녀가 되는 권세를 부어주셨습니다.**

---

581) 예수님은 시내 산 언약에서 계시하신 대로 모두 이루시고 하나님 아버지께로 가셨다. 예수 그리스도를 믿고 따르는 자들은 예수 그리스도의 피로 씻기어 그의 신부에게 주시는 흰옷을 입고 대제사장 예수 그리스도께로 인도된다(히9:11-28; 계7:13-14).
582) 하나님의 아들 예수님은 자기 백성의 거룩함을 위해 영원한 언약, 안식일 언약을 이루신 안식일의 주인이시다(출31:12-18; 마12:8; 막2:28; 눅6:5). 예수님은 안식일 언약을 성취하시기 위해 자기 땅에 기름 부음 받은 대제사장으로 오셨다(21:10; 눅3:21-22). 기름 부음 받은 대제사장은 백성의 죄를 사하시기 위해 안식일에도 일하신다(6:19-23; 24:5-9; 요5:16-18 참조). 예수님은 안식일 언약에 따라 **그 안식일(하샤바트)**에 모트 유마트로 헤렘 당하신(출31:15; 레27:28-29) 언약에 신실하신 하나님이시다.
583) '이러므로 하나님이 그를 지극히 높여 모든 이름 위에 뛰어난 이름을 주사 하늘에 있는 자들과 땅에 있는 자들과 땅 아래에 있는 자들로 모든 무릎을 예수의 이름에 꿇게 하시고 모든 입으로 예수 그리스도를 주라 시인하여 하나님 아버지께 영광을 돌리게 하셨느니라(빌2:9-10)'

"영접하는 자 곧 그 이름을 믿는 자들에게는 하나님의 자녀가 되는 권세를 주셨으니 이는 혈통으로나 육정으로나 사람의 뜻으로 나지 아니하고 오직 하나님께로부터 난 자들이니라(요1:12-13)"

"깊도다 하나님의 지혜와 지식의 풍성함이여, 그의 판단은 헤아리지 못할 것이며 그의 길은 찾지 못할 것이로다 누가 주의 마음을 알았느냐 누가 그의 모사가 되었느냐 누가 주께 먼저 드려서 갚으심을 받겠느냐 이는 만물이 주에게서 나오고 주로 말미암고 주에게로 돌아감이라 그에게 영광이 세세에 있을지어다 아멘(롬11:33-36)"

끝.